엑셀과 SPSS를 활용한 통계

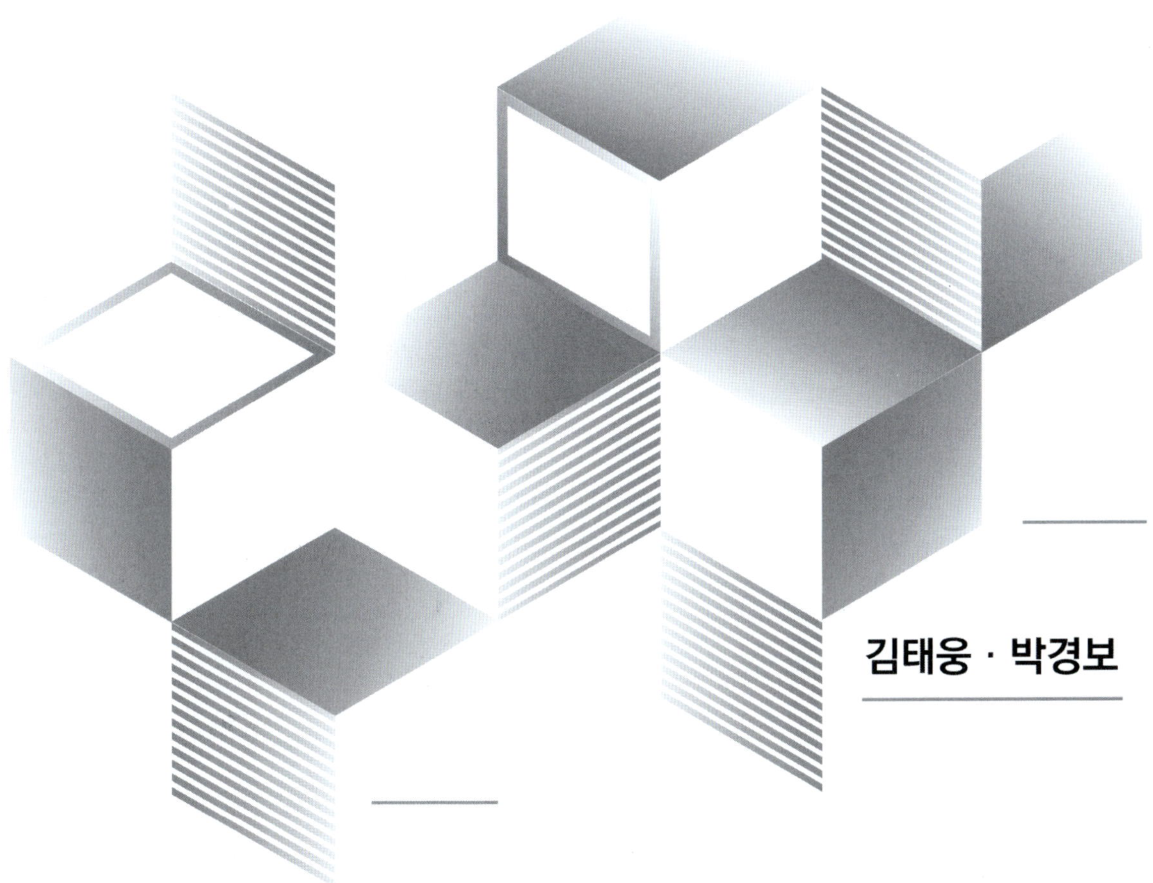

김태웅 · 박경보

신영사

머리말

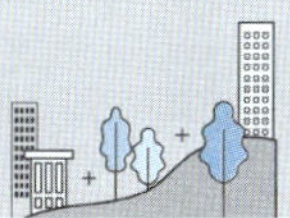

인터넷과 글로벌이라는 용어가 우리 생활 안에 들어와 버린 21세기는 그야말로 정보의 시대이다. 일상생활에서 우리는 엄청난 양의 자료와 정보를 접하고 있으며 매일매일의 결정도 사실 과거의 경험과 지식을 바탕으로 한 통계적 의사결정의 한 형태라고 볼 수 있다. 경쟁사회에서 남보다 나은 의사결정을 하기 위해서는 기본적인 정보처리기술과 통계적 지식을 갖추고 있어야 한다. 이용할 만한 정보가 많지 않았던 과거에는 의견이나 견해 또는 이전의 경험 등 주관적인 정보가 대부분이었다. 그러나 요즈음에는 엄청난 양의 수리적 정보가 쌓여가고 있기 때문에 이 속에서 의미 있는 정보를 색출해내고 이를 신속히 처리할 수 있는 능력을 갖추지 못한다면 제대로 된 의사결정은 하기 힘들어진다.

작게는 소규모의 인터넷 기반 상거래업체에서부터 크게는 대기업에 이르기까지 컴퓨터를 이용한 정보처리기술의 활용은 필수적이며 이를 잘 활용하는 경영자는 유능한 경영자로 평가받고 경쟁관계에서 남보다 유리한 입장에 서게 된다. 더욱이 컴퓨터의 대량보급과 소프트웨어의 가격하락으로 인해 EXCEL이나 SPSS와 같이 사용하기 쉬운 윈도 버전의 통계적 분석도구가 일반화되면서, 통계 활용은 신속한 의사결정에 필요불가결한 도구가 되어 버렸다.

그렇지만 대부분의 학생들은 아직도 고등학교 1, 2학년 때의 악몽과 같았던 수학공부에서 벗어나지 못하고 있다. 통계학 하면 으레 확률, 공식, 수식전개, 증명 등을 연상시키기 때문이다. 통계학을 전공으로 평생 연구하고자 하는 전문가를 제외한다면, 통계는 단지 의사결정을 위한 지원도구일 뿐이다. 적절한 통계기법을 적용하고, 그 결과가 의미하는 바를 일상적인 언어로 풀어낼 수 있다면 통계의 역할은 그것으로 충분하다.

이런 점을 감안하여 본서는 통계학을 처음 대하는 학부 학생들의 입문서로 사용할 수 있도록 이론적인 증명과 대부분의 공식도출과정을 생략하였으며, 그 대신 평이한 말로 통계적 기법의 이론적 배경과 적용과정만을 설명하고자 노력하였다. 또한 예제 위주의 적용방법에 많은 지면을 할애했으며, 부록에 EXCEL의 통계모듈과 IBM SPSS에 대한 간략한 사용방법도 소개하였다. IBM SPSS는 실제 사회조사분석사 실기시험에서 요구되는 데이터 처리와 분석 능력을 함양하는 데 필수적인 도구이므로, 본서의 학습을 통해 자연스럽게 관련 실무 역량을 기를 수 있을 것이다.

오랜 기간 본서의 출판을 기꺼이 후원해 주신 신영사의 권영섭 대표님께 더 큰 감사의 마음을 전하는 바이다.

2026년 1월

저 자

차 례

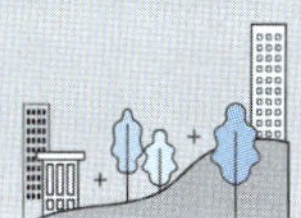

CHAPTER 1 통계의 의의와 목적

제 1 절 통계의 의의 ······ 13

1. 통계의 목적 / 13
2. 통계와 확률 / 14
3. 통계와 데이터 / 16

제 2 절 통계처리방법과 통계적 의사결정문제의 유형 ······ 18

1. 통계처리방법의 유형 / 18
2. 설문자료의 입력 / 19
3. 통계적 문제의 유형 / 22

■ 연습문제 / 24

CHAPTER 2 데이터의 요약과 정리

제 1 절 수치적 자료의 정리 ······ 29

1. 도수분포표의 작성 / 29
2. 히스토그램의 작성 / 32

제 2 절 범주적 자료의 정리 ······ 33

■ 연습문제 / 36

CHAPTER 3 집중경향치와 산포도

제 1 절 숫자를 이용한 자료의 요약 · 정리방법 ······ 41

제 2 절 집중경향치의 계산 ······ 42

1. 산술평균 / 42
2. 중앙값 / 43
3. 최빈값 / 44
4. 기하평균 / 45
5. 집중경향치의 선택 / 47

제 3 절 산포도 ······ 49

1. 범 위 / 49
2. 분산과 표준편차 / 50
3. 변동계수 / 54

제 4 절 평균과 표준편차의 적용 ······ 55

1. Z값 / 55
2. 체비셰프의 정리 / 56

■ 연습문제 / 59

CHAPTER 4 확률의 기초

제 1 절 확률의 개념 ······ 69

제 2 절 확률의 계산 ······ 71

제 3 절 통계적 독립사상과 조건부확률 ······ 74

1. 조건부확률의 계산과정 / 74
2. 새로운 정보를 반영한 조건부확률의 수정과정 / 77

■ 연습문제 / 83

CHAPTER 5 확률변수와 확률분포

제 1 절 확률변수와 확률분포의 개념 ······ 91

1. 확률변수의 정의 / 91
2. 확률모형의 개념 / 93
3. 확률변수의 기대치와 표준편차 / 94

제 2 절 이항분포 ······ 100

1. 이항확률변수의 개념 / 100
2. 이항분포에서의 확률계산 / 103
3. 이항분포의 기대치와 분산 / 108

제 3 절 정규분포 ······ 112

1. 정규분포의 특성 / 112
2. 정규분포에서의 확률계산 / 114

■ 연습문제 / 130

CHAPTER 6 표본분포

제 1 절 표본추출과 오류 ······ 139

1. 모집단과 표본 / 139
2. 오 류 / 140
3. 전문기관의 표본추출법 / 143

제 2 절 표본분포와 중심극한정리 ······ 144

1. 표본분포의 개념 / 144
2. 표본평균의 표본분포 / 146
3. 중심극한정리 / 149

■ 연습문제 / 154

CHAPTER 7 신뢰구간의 설정

제 1 절 모집단 표준편차가 알려져 있는 경우의 평균의 신뢰구간 ······ 163

제 2 절 모집단 표준편차가 알려져 있지 않은 경우의 평균의 신뢰구간 ······ 170

1. t-분포를 이용한 신뢰구간의 설정 / 170
2. 오차한계와 표본의 크기 결정 / 175

제 3 절 모집단비율의 신뢰구간과 표본의 크기 결정 ······ 177

1. 모집단비율의 신뢰구간 설정 / 177
2. 표본의 크기 / 178

■ 연습문제 / 180

CHAPTER 8 가설의 검정

제 1 절 가설검정의 의의 ······ 191

제 2 절 모집단평균의 가설검정 ······ 193

1. 가설검정의 기본절차 / 193
2. p값을 이용한 가설의 검정 / 202

제 3 절 평균차이에 관한 가설검정 ······ 209

1. 독립모집단의 경우 / 209
2. 대응모집단의 경우 / 214

제 4 절 모집단비율의 검정 ······ 220

■ 연습문제 / 232

CHAPTER 9 분산분석

제 1 절 분산분석의 개념 ······ 243

제 2 절 일원분산분석 ······ 244

1. 변동의 원인별 분해 / 244

2. F 분포를 이용한 검정 / 248
3. 분산분석에서 가설의 검정 절차 / 251

제 3 절 블록을 고려한 분산분석 255
1. 실험설계에서의 블록의 의의 / 256
2. 프로필분석 / 258
3. 블록설계하에서의 제곱합분해 / 259

제 4 절 이원분산분석 264

■ 연습문제 / 275

CHAPTER 10 상관과 단순회귀분석

제 1 절 공분산과 상관계수 293
1. 공분산 / 293
2. 상관계수 / 298

제 2 절 단순회귀분석의 구조 300
1. 회귀모형의 의의 / 300
2. 산점도의 활용 / 301
3. 회귀식의 도출 / 303

제 3 절 회귀분석에서의 통계적 추론 308
1. 회귀분석에서의 추론 / 308
2. 회귀식의 유의성 검정 / 309
3. 제곱합 분해와 분산분석 / 310
4. 결정계수의 산출 / 312

제 4 절 회귀계수의 검정과 활용 315
1. 회귀계수의 통계적 검정 / 315
2. 예측시의 주의사항 / 320

[보 론] 스피어만의 순위상관계수 321

■ 연습문제 / 325

CHAPTER 11 다중회귀분석

제 1 절 다중회귀모형의 구조와 분석결과의 해석 ······ 333

1. 다중회귀모형의 구조 / 333
2. 엑셀분석결과의 해석 / 334

제 2 절 다중회귀분석의 활용 ······ 341

1. 범주적 자료의 분석 / 341
2. 베타계수의 추정 / 344
3. 회귀분석 적용상의 주의점 / 346

■ 연습문제 / 348

CHAPTER 12 카이제곱 검정

제 1 절 세 개 이상의 모집단비율의 비교 ······ 363

제 2 절 독립성 검정 ······ 367

제 3 절 동질성 검정 ······ 370

제 4 절 적합성 검정 ······ 373

■ 연습문제 / 377

부 록 ······ 381

부록 Ⅰ. EXCEL 활용의 예 / 383

부록 Ⅱ. SPSS 활용의 예 / 410

부록 Ⅲ. 연습문제 풀이 / 446

부 표 ······ 473

찾아보기 ······ 484

CHAPTER

통계의 의의와 목적

제 1 절 통계의 의의
제 2 절 통계처리방법과 통계적 의사결정문제의 유형

예시|사례

저희는 온라인게임에 관한 연구를 진행하고 있습니다. 온라인게임이 성공하기 위한 중요요인은 무엇이고, 한국·일본·중국 등 3개국 게이머들의 온라인게임에 대한 인식 차이는 어떠한지 연구하고자 합니다. 귀하의 평소의견을 다음 문항에 따라 해당번호에 표시해 주십시오.

1. 응답하시는 분의 개인 관련 통계
   - 연령 : (　　　　　)세　　• 성별 : 남 □　여 □
   - 게임에 사용하는 월 평균 비용 : (　　　　　)원
   - 한 주일 평균 게임을 즐기는 시간 : (　　　　　)시간

2. 귀하께서 온라인게임을 즐겨 하시는 가장 큰 이유는 무엇입니까?
   (우선순위에 따라 1, 2, 3으로 세 가지만 선택해 주십시오)
   (1) 게임 자체가 주는 재미 □
   (2) 다른 친구들이 모두 하니까 □
   (3) 현실과는 다른 가상세계를 경험하기 위해서 □
   (4) 단순히 시간을 보내기 위해서 □
   (5) 네트워크 게임으로 상대방과의 대결이 재미있어서 □
   (6) 게임커뮤니티에 동참하기 위해서 □
   (7) 기타 ______________________________ □

3. 다음은 온라인게임의 부작용에 관한 설명입니다. 동의하는 항목 두 가지만 선택해 주십시오.
   (1) 온라인게임에의 몰입은 공부나 업무를 방해한다 □
   (2) 온라인게임은 한번 몰입하면 빠져나오기가 쉽지 않다 □
   (3) 가상세계를 현실과 혼돈하게 만든다 □
   (4) 불필요한 돈을 사용하게 만든다 □
   (5) 게임동료들과의 사회적 관계 유지에 불필요한 시간이 투입된다 □
   (6) 기타 ______________________________ □

4. 귀하께서 온라인게임을 평가하실 때 다음 항목에 대해 그 중요도를 5단계로 평가해 주십시오.

	중요치 않음		보통		매우 중요
(1) 그래픽의 우수성	①	②	③	④	⑤
(2) 사운드의 우수성	①	②	③	④	⑤
(3) 게임 속의 캐릭터	①	②	③	④	⑤
(4) 접속 용이성 및 서버의 안정도	①	②	③	④	⑤
(5) 게임 아이템의 구매용이	①	②	③	④	⑤

제 1 절 통계의 의의

1. 통계의 목적

통계란 단지 숫자들을 모아놓은 표나 그림만을 의미하지는 않는다. 경영·경제분야에서의 통계학은 숫자 안에 포함되어 있는 정보를 계량화하고 이를 예측이나 의사결정문제에 활용하고자 하는 일련의 학문분야이다. 기업 및 조직에 몸담고 있는 경영자나 관리자라면 다음과 같은 이유 때문에라도 통계 및 통계학에 대한 지식을 습득할 수밖에 없다.

- 우리에게 주어진 각종 데이터와 정보를 정리·요약하여 이해할 수 있는 형태로 가공하기 위해 통계적인 도구가 필요하다 : 빅데이터 시대에 접어들면서 엄청난 데이터가 생겨나고 있다. 그러나 그 많은 데이터들을 그냥 쳐다보기만 해서는 아무런 의미도 없다. 데이터는 의사결정에 도움이 되는 경우에만 정보로서의 가치를 제공하기 때문이다. 즉, 단순한 데이터(data)는 관찰된 사실이나 수치에 불과하지만, 이를 분석하여 의미를 부여하면 정보(information)가 된다. 그 정보가 조직의 경험·맥락과 결합되어 활용가능한 형태로 체계화되면 지식(Knowledge)으로 전환된다. 이처럼 데이터가 정보로, 정보가 지식으로 전환되는 과정이 곧 현대 경영의 핵심이라 할 수 있으며, 통계학은 이러한 지식의 창출과정을 과학적으로 지원하는 도구이다.
- 우리에게 주어진 각종 데이터는 전체에 관한 자료는 아니다 : 대개 전체 중의 일부에 해당하는 표본으로부터 나온 자료이다. 이런 부분적인 데이터를 어떻게 가공해야 전체에 대한 정보를 얻고 이를 토대로 하여 의사결정을 할 것인가?
- 무엇인가 문제가 발생했다면 당연히 그에 대한 원인이 있을 것이다 : 어떤 데이터들을 수집·분석해야 문제를 일으킨 원인을 식별해내고 그 정도를 짐작해 볼 수 있는가? 어떤 통계적인 분석도구를 사

용해야 누구나 이해할 수 있는 수준에서 원인과 결과에 대한 관계를 계량화하고 이에 대한 조치를 취할 수 있는가?

- 미래에 대한 계획을 세우려면 앞으로 어떤 사건들이 일어날 것인가에 대한 예측이 필요하다 : 공장을 새로 건설하거나, 레스토랑 규모를 늘리려 하더라도 앞으로 발생할 수요에 대한 예측이 필요하다. 통계적 예측기법은 이런 의사결정문제에도 도움을 줄 수 있다.

이제 통계학은 통계학자들만의 전유물에서 벗어나 합리적인 의사결정을 하기 원하는 모든 사람들에게 필수적인 도구가 되어 버렸다. 물론 통계학을 전공하는 전문가들과는 달리 통계적 분석결과를 의사결정에 이용하고자 할 때에는 통계전문가들처럼 복잡한 공식도출이나 심도 깊은 이론적 증명이나 명제, 확률분석 등에 대해 그리 큰 관심을 가질 필요는 없다. EXCEL과 같은 기본적인 사무처리 소프트웨어에도 통계모듈이 있으며, SPSS와 같은 역사가 오래된 통계분석 패키지도 윈도 버전으로 개발되어, 웬만한 통계처리는 몇 번의 클릭만으로도 끝난다.

통계적 배경 없이는 통계패키지로부터 도출된 결과물을 이해하기 힘들다. 그러나 자동차 엔진과 미션의 구동이론이나 구조에 대해 제대로 이해하지 못하더라도 자동차를 운전하는 데에는 별 어려움이 없는 것처럼 통계도 마찬가지이다. 기본적인 이론과 개념 정도만 이해하고 있어도 학생이나 일반 직장인들이 흔히 접하게 되는 통계문제의 처리에는 어려움이 없다. 고등학교 수학책에도 본서에서 다루고자 하는 통계이론의 60~70%는 이미 상세히 제시되어 있다. 그 정도로 통계는 일반화되어 있는 지식이다. 다만 어떤 문제를 왜, 어떻게 분석해야 하는가와 같은 프로세스적 안목이 모자랄 뿐이다.

2. 통계와 확률

통계는 데이터를 처리·가공·분석·해석하는 과정이다. 숫자가 없으면 통계분석을 할 것이 없다. 우리들이 접하는 대개의 데이터에는 확률이 포함되어 있지 않다. 예를 들어 모바일게임을 개발하는 IT기업이 고객들에 대한 자료를 수집한다면, 아마도 고객이 사는 곳, 소득, 직업, 하루 평균 게임을 즐기는 시간, 좋아하는 게임 장르, 한 달에 게임구매에 투자하는 돈 등등이 포함될 것이다. 이런 자료에는 확률이 전혀 포함되어 있지 않다. 그럼에도 불구하고 확률을 조금 알아야 한다.

왜냐하면 모바일게임을 즐기는 우리나라의 모든 소비자에 대해 조사할 수가 없기 때문이다. 만약 모든 통계적 조사가 전체를 대상으로 이루어진다면 확률은 필요 없을지도 모른다. 전체가 아닌 부분을 뽑아 조사하기 때문에 이 과정에서 확률에 대한 사전지식이 뒷받침해 주어야 한다. 정보를 얻고자 하는 대상의 전체 집단은 흔히 모집단(population)이라고 부르며, 모집단의 일부로서 모집단에 대한 정보를 얻기 위해 추출하는 개체의 모음을 표본(sample)이라 한다.

통계전문가가 아닌 이상 확률에 대해 지나친 시간과 노력을 투입할 필요는 없다. 복잡한 확률적 모형을 구축하여 무엇인가 새로운 통계연구를 시도하는 것이 목적이 아니고, 이미 개발된 통계도구의 활용에 목적이 있다면 복잡한 확률이론은 생략해도 상관없다. 기본적으로 확률에 대한 심도 깊은 이해가 없더라도 웬만한 통계기법은 별 문제없이 활용할 수 있기 때문이다.

확률과 통계는 그 성격이 다르고, 목적도 다르다. 예를 들어 큰 통 속에 다양한 공들이 섞여 있다고 생각해 보자. 통계는 [그림 1-1]에서와 같이 그 통에서 무작위로 꺼낸 몇 개의 공을 이용하여 그 통 속에 무엇이 들어 있는가를 고민하는 과정이고, 확률은 통 속에 어떤 공들이 들어 있는가에 대한 정보를 완전히 습득한 상태에서 눈 감고 통에서 꺼낸 몇 개의 공이 (여전히

[그림 1-1]
통계와 확률의 차이

통계 : 손 안의 정보를 토대로 통 안에 무엇이 들어 있는가를 고민

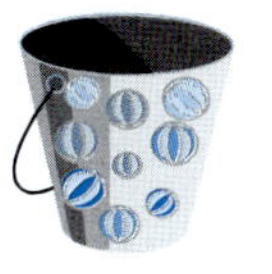

확률 : 통 안에 들어 있는 것에 관한 정보를 토대로 손 안에 무엇이 들어 있는가를 고민

(출처 : MIT Open 코스웨어의 통계학 관련자료)

눈을 감은 상태에서) 어떤 것일지를 추측하는 과정이라 비유할 수 있다. 대개 우리는 통 속에 들어가 있는 공의 구성에 대해 잘 모르고 있는 상태에서 부분적인 정보를 이용하여 통 속의 공에 대해 미루어 짐작하기를 원한다. 이런 점에서 복잡한 확률에 대한 논의는 상당 부분 생략해도 무방하다.

3. 통계와 데이터

통계는 데이터를 필요로 한다. 정부나 공공기관 등도 중요한 정책결정을 하기 위해 데이터를 수집한다. 예를 들어 취업률, 가구별 소득, 부동산 보유량, 개인들의 월별 예금수준, 기업들의 분기별 신규투자액 등 온갖 다양한 데이터를 이용하여 정책수립에 임한다. 기업들도 마찬가지이다. 경쟁에서 이겨나가기 위해서는 고객들이 어떤 상품을 좋아하는지, 서비스 품질은 어떤 정도가 되어야 하는지, 상품의 브랜드는 고객에게 인상적인지 등 다양한 데이터와 정보를 수집한다. 만성적인 품질문제에 시달리는 공장관리 담당자는 제품의 불량을 일으키는 원인들이 무엇인지, 어디에서 불량이 발생하는지, 그 정도는 얼마나 되는지 궁금할 것이다. 증권회사에서 투자상담을 하는 전문가는 어떤 주식들을 사는 것이 위험을 줄이며 예상이익을 높일 수 있는지, 다양한 주식관련 데이터를 분석해야 할 것이다.

데이터는 다음과 같은 몇 가지 소스(source)를 통해 구할 수 있다.

- 정부, 공공기관, 관련협회, 조사기관 등이 발표한 자료를 통해 간접적으로 데이터를 얻음
- 직접 실험을 해봄으로써 필요한 데이터를 얻음
- 설문지 등을 돌려서 데이터를 얻음
- 관심 있는 사물이나 연구객체(예를 들어 소비자그룹) 등에 대해 면밀하게 관찰함으로써 데이터를 얻음

데이터를 얻는 방법은 이처럼 다양하며, 연구목적과 연구에 소요되는 비용과 시간을 감안하여 구체적인 데이터 획득방법을 선택하지만 그 결과

로 수집되는 데이터 유형은 〈표 1-1〉에서와 같이 크게 두 가지로 분류된다.

범주적 자료(categorical data)는 남 · 녀, 1학년 · 2학년 · 3학년, 사무직 · 생산직 · 전문직 등과 같이 관찰대상의 특성을 기초로 하는 자료를 말한다. 이러한 범주적 자료는 명목척도(nominal scale)와 서열척도(ordinal scale)로 구분된다. 명목척도는 단순히 구분이나 분류의 의미만을 가지는 척도로, 예를 들어 성별(남 · 녀)이나 혈액형(A · B · O · AB)과 같이 대소관계가 존재하지 않는다. 반면 서열척도는 순서나 등급의 개념이 포함된 척도로, 예를 들어 학년(1학년 · 2학년 · 3학년)이나 직급(사원 · 대리 · 과장 · 부장)처럼 크기 비교는 가능하지만 그 간격의 크기가 일정하지는 않다.

수치적 자료(numerical data)는 체중, 거리, 시간 등과 같은 측정치, 혹은 상품구입횟수, 결근일자, 불량품수 등과 같은 도수(counts)로 이루어진 자료를 말한다. 수치적 자료는 다시 등간척도(interval scale)와 비율척도(ratio scale)로 구분된다. 등간척도는 측정값간의 간격이 동일하다는 특징을 가지며, 온도(섭씨, 화씨)나 시험점수와 같이 절대적인 0의 개념은 없지만 값의 차이를 비교할 수 있다. 사회과학에서 사용하는 리커트(Likert)척도 또한 등간척도라고 할 수 있다. 비율척도는 절대적인 0이 존재하고, 비율의 개념이 적용될 수 있는 척도로서 체중, 거리, 시간, 매출액 등과 같이 '두 배', '절반'과 같은

〈표 1-1〉 자료의 유형

- **범주적 자료**

  귀하는 몇 학년에 재학중입니까?

  □ 1학년 □ 2학년 □ 3학년 □ 4학년 □ 대학원

  귀하의 성별을 표기해 주십시오.

  □ 여자 □ 남자

- **수치적 자료**

  이산적 자료(discrete data)

  한 주일에 몇 번 인터넷을 통해 상품이나 서비스를 구입합니까? (　　)번

  연속적 자료(continuous data)

  한 달 매출액은 어느 정도입니까? (　　)원

  키가 얼마나 됩니까? (　　)cm

비교가 가능한 자료를 의미한다. 절대 0(absolute zero)이란 측정대상이 가진 속성이 완전히 존재하지 않는 상태, 즉 측정값이 '없음'을 의미하는 참된 0의 기준점을 말한다. 예를 들어, 체중이 0kg이면 이는 '무게가 전혀 없다'는 의미로, 0이 실제로 속성의 부재(absence of the attribute)를 나타낸다. 따라서 비율척도에서는 10kg이 5kg의 두 배라고 말할 수 있는 등, 값들 사이의 비율 비교가 가능하다. 이에 반해 등간척도(interval scale)에서의 0은 단지 임의로 정한 기준점일 뿐, 속성이 완전히 없는 상태를 의미하지 않는다. 예를 들어 섭씨 0도는 '온도가 없다'는 뜻이 아니라, 물이 어는 온도를 기준으로 한 상대적 지점일 뿐이다. 따라서 섭씨 20도가 섭씨 10도의 두 배로 따뜻하다고 할 수는 없다.

제 2 절 통계처리방법과 통계적 의사결정문제의 유형

1. 통계처리방법의 유형

통계는 물가상승률, 실업률, 1인당 교통사고율 등과 같이 일상생활에서 늘 접하는 말이지만, 통계가 이처럼 숫자 또는 이런 숫자들을 모아놓은 표만을 의미하지는 않는다. 통계, 즉 통계적 방법(statistical methods)이란 자료를 수집하여 정리·요약하고, 분석하고 해석하는 과정으로, 크게 기술통계와 추측통계의 두 분야로 나눌 수 있다.

기술통계(descriptive statistics)는 자료(data)를 수집하고 정리·요약함으로써 의미 있는 정보(information)를 창출하는 데 목적이 있다. 예를 들어 신문이나 잡지에서 흔히 볼 수 있는 표, 그래프, 차트를 만드는 것은 모두 기술통계에 속한다.

기술통계에서는 평균(mean), 최댓값(maximum), 최솟값(minimum), 분산(variance)과 표준편차(standard deviation), 그리고 중앙값(median)과 같은 지표들이 가장

널리 활용된다. 이러한 지표들은 자료의 전반적인 경향과 변동성을 한눈에 파악할 수 있게 해 주며, 복잡한 데이터 집합을 요약하여 의미 있는 정보를 제공한다. 예를 들어 평균은 자료의 중심적 경향을, 분산과 표준편차는 흩어짐의 정도를, 중앙값은 극단값의 영향을 받지 않는 위치적 특성을 보여준다. 따라서 기술통계는 단순한 요약을 넘어, 데이터의 구조와 분포를 이해하기 위한 기초적 분석단계로서 중요한 역할을 한다. 기술통계는 그 자체로도 여러 용도에 쓰일 수 있지만 대개는 보다 자세한 통계적 분석을 위한 전단계의 역할을 하게 마련이다. 통계적 분석의 최종목표는 주어진 자료에 포함되어 있는 정보를 제대로 활용하여 합리적인 의사결정을 도와주거나, 또는 보다 큰 집단의 특성에 관한 결론을 도출하고자 하는 데에 있다. 추측통계는 바로 이런 용도에 쓰인다.

추측통계(inferential statistics)는 부분적인 자료의 분석을 통해 전체에 대한 예측이나 추측을 하는 과정이다. 예를 들어 지난 20년간의 7월달 강수량을 기록에서 찾아내어 하나의 표로 요약·정리했다고 생각해 보자. 가장 비가 적게 왔던 해나 가장 비가 많이 왔던 해를 찾아보거나 7월 평균강수량을 계산하는 것 등은 모두 기술통계에 속한다. 그러나 만약 "내년 7월의 강수량은 200~210mm 정도가 될 것이다"라는 예측을 한다면 이는 추측통계에 속하는 내용이다.

2. 설문자료의 입력

경영·경제분야의 경우 문제해결이나 의사결정을 효율적으로 도모하기 위해서는 시의적절한 데이터의 확보가 중요하다. 국가나 공공기관 또는 관련 협회에서 제공하는 자료를 이용하는 경우도 있지만 자료의 속성이 연구자의 목적과 의도에 일치하지 않는 경우 직접 자료를 구축하기도 한다. 연구자 자신이 직접 만든 자료를 1차 자료, 공공기관이나 협회 등에서 이미 발표한 자료는 2차 자료라고 한다.

1차 자료를 구축하는 방법 중 가장 많이 사용하는 방법은 설문지를 활용하는 방법이다. 한두 사람의 의견은 그저 개인의 주관적인 의견으로 큰

〈표 1-2〉 온라인게임 설문응답지 예시

1. 응답하시는 분의 개인 관련 통계
   - 연령 : (24)세 • 성별 : 남 ■ 여 □
   - 게임에 사용하는 월 평균 비용 : (35,000)원
   - 한 주일 평균 게임을 즐기는 시간 : (4.5)시간

2. 귀하께서 온라인게임을 즐겨 하시는 가장 큰 이유는 무엇입니까?
   (우선순위에 따라 1, 2, 3으로 세 가지만 선택해 주십시오)
   (1) 게임 자체가 주는 재미 □
   (2) 다른 친구들이 모두 하니까 [3]
   (3) 현실과는 다른 가상세계를 경험하기 위해서 [1]
   (4) 단순히 시간을 보내기 위해서 □
   (5) 네트워크 게임으로 상대방과의 대결이 재미있어서 [2]
   (6) 게임커뮤니티에 동참하기 위해서 □
   (7) 기타 ________________________________ □

3. 다음은 온라인게임의 부작용에 관한 설명입니다. 동의하는 항목 두 가지만 선택해 주십시오.
   (1) 온라인게임에의 몰입은 공부나 업무를 방해한다 □
   (2) 온라인게임은 한번 몰입하면 빠져나오기가 쉽지 않다 ■
   (3) 가상세계를 현실과 혼돈하게 만든다 □
   (4) 불필요한 돈을 사용하게 만든다 □
   (5) 게임동료들과의 사회적 관계 유지에 불필요한 시간이 투입된다 ■
   (6) 기타 ________________________________ □

4. 귀하께서 온라인게임을 평가하실 때 다음 항목에 대해 그 중요도를 5단계로 평가해 주십시오.

	중요치 않음		보통		매우 중요
(1) 그래픽의 우수성	①	②	③	√④	⑤
(2) 사운드의 우수성	①	②	√③	④	⑤
(3) 게임 속의 캐릭터	①	②	③	④	√⑤
(4) 접속 용이성 및 서버의 안정도	①	②	③	√④	⑤
(5) 게임 아이템의 구매용이	①	②	③	√④	⑤

의미를 부여하기 힘들지만 몇 백명을 넘어서게 되면 특정집단을 대표하는 의견으로 받아들일 수 있다. 고객만족도나 여론 조사 같은 경우 설문지를 많이 활용하는데, 본절에서는 앞에서 예시자료로 제시한 온라인게임에 대한 설문지를 이용하여 엑셀에 자료를 입력하는 과정을 살펴보고자 한다. 시간과 비용을 들여 획득한 데이터들이 어떤 특성을 가지고 있는지 일목요연하게 알아보고, 관심 있는 외부 이해관계자에게 단순하고도 인상 깊게 그 결과를 제시하기 위해서는 자료의 입력과 정리 과정부터 명확해야 한다.

일반적으로 설문 응답내용은 엑셀에 입력한 후 분석에 활용하는데, 〈표 1-2〉의 응답내용을 엑셀에 입력하는 과정을 살펴보기로 하자. 우선 엑셀의 첫 번째 행에 각 설문항목에 해당하는 변수이름을 입력하는 것부터 시작한다. 〈표 1-3〉에 예시되어 있듯이, 설문지 번호, 연령, 성별, 비용, 게임시간, 게임이용 1순위, 2순위 등을 입력한다. 〈표 1-2〉의 응답내용을 입력하면 연령은 24, 성별에는 1을 입력하며(여성인 경우 2를 입력하면 됨), 비용에는 35,000, 게임시간에는 4.5를 입력한다. 게임이용 1순위에는 3, 2순위에는 5, 3순위에는 2를 입력한다.

〈표 1-3〉 변수의 정의와 입력

	A	B	C	D	E	F	G	H
1	설문지 번호	연령	성별	비용	게임시간	게임이용 1순위	게임이용 2순위	게임이용 3순위
2	1	24	1	35,000	4.5	3	5	2
3	2							
4	3							
5	4							
6	5							
7	6							
8								
9								

온라인게임의 부작용에 관한 항목은 기타까지 포함하여 6가지가 있는데, 각 항목을 독립된 변수로 처리한다. 즉 부작용 1, 부작용 2, …, 부작용 6으로 변수이름을 붙이고 해당항목에 체크했으면 1, 아니면 0을 입력한다. 게임의 평가요인도 평가 1, 평가 2 등으로 변수이름을 정할 수도 있고 그래픽, 사운드 등 내용을 의미하는 변수를 사용할 수도 있다. 게임 평가요인의

〈표 1-4〉 변수의 정의와 입력(계속)

H	I	J	K	L	M	N	O	P	Q	R	S
게임이용 3순위	부작용 1	부작용 2	부작용 3	부작용 4	부작용 5	부작용 6	평가 1	평가 2	평가 3	평가 4	평가 5
2	0	1	0	0	1	0	4	3	5	4	4

경우 입력한 값이 클수록 중요도도 높은 것으로 평가된다. 참고로 이 설문에서 성별, 게임이용 1순위, 2순위, 온라인게임의 부작용 등은 모두 범주적 자료이며 나머지는 수치적 자료에 해당한다.

3. 통계적 문제의 유형

신문이나 전문잡지를 보면 여러 다양한 문제들에 통계적 방법으로 접근하고 있음을 알 수 있다. 어떤 문제들은 본서에서 다루고 있는 방법으로 충분히 해결할 수 있으며, 또 어떤 부류의 문제들은 좀더 고차원적인 통계적 지식을 요구하기도 한다.

이들 중 큰 비중을 차지하는 것은 모집단의 미지의 특성을 추정하는 문제이다. 특정 TV프로그램을 시청하는 시청자 비율의 추정, 가구당 연평균 저축액의 추정, 서로 다른 두 제품그룹간의 불량률 비교, 새로 개발한 약의 효과 측정과 같은 문제가 좋은 예이다.

이제 본서에서 다루고자 하는 통계적 분석방법들을 간단한 예를 통해 유형별로 알아보기로 하자.

- **자료의 정리 · 측정 :** 어느 도시의 가구당 연평균저축액을 알아보기 위해 자료를 수집하였다. 수집한 자료들을 알아보기 쉽도록 표와 그림으로 요약하였으며 가구당 저축액의 평균과 중앙값도 계산하였다.
- **모집단평균에 관한 추정 :** 이번에 새로운 타입의 타이어를 개발하였다. 이 타이어의 평균수명을 알아보기 위해 400개의 타이어를 생산라

인에서 추출하고 주행실험용 자동차에 장착하여 주행거리를 측정하였다. 이 실험에서 나온 자료를 이용하여 타이어 수명이 포함되어 있을 구간을 통계적으로 추정하였다.

- **모집단비율에 관한 추정**: 특정 TV프로그램의 시청률을 알아보기 위해 900명의 시청자 집에 특수장치를 설치하였다. 여기서 나온 자료를 이용하여 프로그램 시청률이 포함되어 있는 구간을 통계적으로 추정하였다.
- **가설의 검정**: 모 제약회사가 새롭고 안전한 진통제를 개발하였다. 이 진통제는 부작용도 없으며 8시간 동안 통증을 없애준다고 한다. 이 주장을 통계적으로 분석하기 위해 피실험자를 대상으로 하여 약의 효과에 관한 실험을 실시하였다.
- **분산분석**: 상품을 쌓아두는 진열대의 위치에 따라 판매량이 달라지는지 알아보기 위해 눈높이를 기준으로 하여 상, 중, 하의 세 위치에 상품을 번갈아 진열하고 실제 판매량을 측정하였다. 그리고 눈높이에 따라 판매량이 달라지는지 알아보기 위해 통계적 분석을 실시하였다.
- **회귀분석**: 광고를 많이 하면 매출액이 늘어나는지를 알아보기 위해 월별 광고비액수와 매출액에 관한 지난 2년간의 자료를 수집하였다. 두 변수간의 관계를 1차식으로 정립한 뒤 통계적 분석을 통해 이들의 관계를 알아보았다.
- **독립성 분석**: 남녀간 성별에 따라 승진비율에 차이가 있는지를 알아보기 위해 대기업 남녀사원들의 인적자원 관련자료를 수집하였다. 그리고 통계적 분석을 통해 성별과 승진여부가 통계적으로 독립된 것인지 알아보았다.

연습문제

선택형 문제

1. 다음 중 측정된 변수의 척도 수준을 잘못 판단한 것은 어느 것인가?

① 학년(1~4학년)을 서열척도로 분류하였다.
② 은행 계좌 잔고(원)를 비율척도로 분류하였다.
③ 고객 만족도(1~10점 점수)를 등간척도로 분류하였다.
④ 체온(섭씨 ℃)을 비율척도로 분류하였다.

2. 다음 중 범주적 자료(categorical data)에 관한 설명이 바르게 된 것은?

① 남 · 녀, 1학년 · 2학년 · 3학년, 사무직 · 생산직 · 전문직 등과 같이 관찰대상의 특성을 기초로 하는 자료를 말함
② 체중, 거리, 시간 등과 같은 측정치, 혹은 상품구입횟수, 결근일자, 불량품수 등과 같은 도수(counts)로 이루어진 자료를 말함
③ 범주적 자료는 이산적 자료와 연속적 자료로 구분됨
④ 범주적 자료는 통계적 분석이 불가능하므로 추측통계에서는 사용이 불가능함

3. 다음 중 통계적 방법(statistical methods)에 대한 설명이 바르게 된 것은?

ㄱ. 기술통계(descriptive statistics)는 자료를 수집하고 정리 · 요약함으로써 의미 있는 정보를 창출하는 데 목적이 있다.
ㄴ. 기술통계는 그 자체로도 여러 용도에 쓰일 수 있지만 대개는 보다 자세한 통계적 분석을 위한 전단계의 역할을 한다.
ㄷ. 추측통계(inferential statistics)는 부분적인 자료의 분석을 통해 전체에 대한 예측이나 추측을 하는 과정이다.

---

① ㄱ, ㄴ
② ㄴ, ㄷ
③ ㄱ, ㄷ
④ ㄱ, ㄴ, ㄷ

4. 다음 중 연속적 자료에 대한 설명이 바르게 된 것은?

① 도수와 같이 한정된 숫자 중에서 그 값이 결정됨

② 유한이든 무한이든 간에 0, 1, 2, … 등과 같은 정수값을 취함

③ 데이터의 속성상 그 값이 취할 수 있는 범위에 제한이 없음

④ 0보다 작은 값을 취할 수 없음

5. 우체국에서 정해주는 우편번호는 다음 중 어디에 속하는가?

① 범주적 자료 ② 수치적 자료

③ 연속적 자료 ④ 추측통계

6. 갑돌이는 이번 통계학 수업의 과제로 프랜차이즈 관련 보고서를 작성하고자 한다. 다음 중 갑돌이 입장에서 2차 자료에 해당하지 않는 자료는?

① 공공기관에서 발표한 소득 및 복지 관련 자료

② 한국프랜차이즈협회에서 발표한 국내 프랜차이즈 매장의 종류와 매출액 자료

③ 공정거래위원회가 발표한 프랜차이즈 관련 정책 정보 및 데이터

④ 인근 프랜차이즈 매장 방문객에 대한 인터뷰 조사자료

7. "올해 도시근로자 2인 가구의 연평균 소득은 5,400만원이며 내년도에는 6,000만원~6,200만원 정도가 될 것이다"라는 예측을 하는 것과 같이 부분적인 자료 분석을 통해 전체에 대한 예측이나 추측을 하는 과정을 무엇이라 하는가?

① 범주적 자료 ② 연속적 자료

③ 기술통계 ④ 추측통계

8. 리커트척도는 자료의 유형 중 어떤 척도에 포함되는가?

① 명목척도 ② 서열척도

③ 등간척도 ④ 비율척도

CHAPTER

데이터의 요약과 정리

제 1 절 수치적 자료의 정리
제 2 절 범주적 자료의 정리

예시 | 사례

인터넷을 통해 스마트폰을 판매하고 스마트폰 관련 서비스를 주업으로 하는 월드닷컴은 자사 사이트를 이용하여 스마트폰을 구매하고 각종 서비스를 지원받고 있는 고객들에게 보다 높은 만족과 감동을 주는 서비스 제공을 목표로 하고 있다. 구체적인 전략계획을 수립하기에 앞서 월드닷컴에 대한 고객들의 서비스 품질에 대한 솔직한 평가를 얻기 위해 설문조사를 하기로 했다. 전략팀이 준비한 설문에는 다음과 같은 항목들이 포함되어 있다.

- 상품을 주문한 후 며칠 만에 물건이 도착하였습니까? (　　)일
- 우리 회사 제품의 품질수준을 어떻게 평가하십니까?
  - □ 기대보다 매우 만족함
  - □ 기대보다 만족함
  - □ 기대 정도임
  - □ 기대보다 만족 못함
  - □ 기대보다 매우 만족 못함
- 우리 회사 웹사이트의 서비스 품질수준을 어떻게 평가하십니까?
  - □ 기대보다 매우 만족함
  - □ 기대보다 만족함
  - □ 기대 정도임
  - □ 기대보다 만족 못함
  - □ 기대보다 매우 만족 못함
- 앞으로 6개월 내에 우리 회사 제품을 구매할 계획이 있으십니까?
  - □ 네
  - □ 아니오

만약 본인이 전략팀을 이끌어가는 팀장이라면 이 외에도 어떤 항목들을 설문에 포함시킬 것인가? 그리고 설문결과를 어떻게 분석하고 전략수립에 활용할 것인가?

제 1 절 수치적 자료의 정리

데이터를 통계적으로 요약·정리하는 것은 구체적인 통계분석에 들어가기 전에 반드시 거쳐야 하는 과정이다. 시간과 비용을 들여 획득한 데이터들이 어떤 특성을 가지고 있는지 일목요연하게 알아보고, 관심 있는 외부 이해관계자에게 단순하고도 인상 깊게 그 결과를 제시하는 것은 매우 중요하다. 또한 주어진 자료의 전체적 특성을 파악하는 것은 적절한 통계분석기법의 선택과 분석과정의 설계에 매우 중요하다.

EXCEL과 같은 사무자동화용 소프트웨어가 개발되기 전에는 데이터를 멋있는 그림이나 표로 요약·정리하는 것도 매우 중요한 학습과제 중의 하나였다. 그러나 이제는 별도의 고가 통계패키지를 사용하지 않고도, EXCEL의 차트마법사 기능과 같은 도구를 사용하여 손쉽게 데이터를 도식화할 수 있다.

우선 수치적 자료의 전체적인 파악을 위해 많이 사용되는 기법인 도수분포표와 히스토그램의 작성원리부터 살펴보기로 하자.

1. 도수분포표의 작성

자료의 양이 많은 경우 자료를 적절한 형태로 정리·요약하지 않고서는 제대로 분석하기 어렵다. 자료를 정리·요약하는 데 쓸 수 있는 가장 손쉬운 방법은 자료가 가지고 있는 특성을 기준으로 몇 개의 구간으로 나누고 각 구간별로 관측치 개수를 파악하여 정리하는 것이다.

도수분포표(frequency distribution table)는 같은 수치끼리 또는 각 범주나 구간별로 분류한 표로서 자료 자체의 특성이나 구조를 쉽게 파악할 수 있도록 하기 위해 사용된다.

도수분포표의 작성방법은 대략 다음과 같다.

① **구간의 수 결정 :** $2^k > n$(k는 구간 수, n은 관측자료 수)으로 결정되며, 5 이상 15 미만이 적당한 수준이다.

② **구간의 크기 결정 :** 구간의 크기는 각 구간들간의 차이가 의미가 있도록 설정되어야 한다. 구간의 수가 결정되면 구간의 크기는 다음과 같이 계산된다.

$$\text{구간의 크기} = \frac{(\text{자료의 최댓값} - \text{자료의 최솟값})}{\text{구간의 수}}$$

③ **경계값 설정 :** 위에서 계산한 구간의 크기를 정수값 또는 편리한 값이 되도록 조정한 후, 구간이 서로 중복되지 않도록 경계값을 설정한다.

④ 각 구간에 속하는 관측자료의 빈도수를 계산한다.

예제 2-1

다음의 자료는 현재 거래되고 있는 25개 펀드의 수익률을 모아놓은 것이다. 6개의 구간을 사용하여 도수분포표를 작성해 보자.

(단위 : %)

20.5	19.5	15.6	24.1	9.9
15.4	12.7	5.4	17.0	28.6
16.9	7.8	23.3	11.8	18.4
13.4	14.3	19.2	9.2	16.8
8.8	22.1	20.8	12.6	15.9

위의 자료를 살펴보면 가장 작은 값이 5.4이고 가장 큰 값이 28.6임을 알 수 있다. 임의로 6개의 구간을 이용하는 경우, 각 구간의 크기는 $(28.6-5.4) \div 6 = 3.87$이 되나, 편의상 이 값을 반올림하여 구간의 크기를 4로 하기로 하자. 또한 첫 구간을 5.4에서 시작하는 것보다는 5에서 시작하여 첫 구간을 5에서 8.99까지로 설정하는 것이 바람직하다. 따라서 6개 구간은 5~8.99, 9~12.99, 13~16.99, 17~20.99, 21~24.99, 25~28.99가 된다. 이를 이용하여 각 구간에 속하는 빈도수를 구하면 〈표 2-1〉과 같은 도수분포표가 만들어진다.

〈표 2-1〉 편드수익률의 도수분포표

구간(펀드수익률)	빈도수
5～ 8.99	3
9～12.99	5
13～16.99	7
17～20.99	6
21～24.99	3
25～28.99	1
합 계	25

〈표 2-2〉 펀드수익률의 상대도수분포표

구 간	빈도수	상대도수	누적상대도수
5～ 8.99	3	0.12	0.12
9～12.99	5	0.20	0.32
13～16.99	7	0.28	0.60
17～20.99	6	0.24	0.84
21～24.99	3	0.12	0.96
25～28.99	1	0.04	1.00
합 계	25	1.00	

도수분포표를 작성하는 데는 몇 가지 지침이 있다. 대체로 5 내지 15개의 계급간격을 사용하는 것이 바람직하다. 관측치 수가 적다면 보다 적은 수의 간격이 사용될 수 있다. 둘째, 어떤 관측치도 구간간의 경계상에 위치하지 않도록 조정한다. 〈표 2-1〉의 경우 각 구간의 한계치가 0.99로 설정되어 있어, 모든 관측치가 구간 내에 위치하며 경계값 위에 있는 것은 없다.

도수분포표에 기록된 구간별 빈도수를 총관측치 개수로 나누어 비율로 표시하면 상대도수분포표(relative frequency distribution table)가 된다. 상대도수가 구해지면 이를 이용하여 누적상대도수도 계산할 수 있다. 누적상대도수란 해당구간에 포함된 빈도수와 그 구간보다 앞에 위치한 구간에 포함된 빈도수를 모두 합한 누적빈도가 전체에서 차지하는 비율을 의미한다. 앞에서 작성한 도수분포표를 기준으로 하여 상대도수분포표와 누적상대도수분포표를 작성하면 〈표 2-2〉와 같다.

2. 히스토그램의 작성

주어진 자료를 여러 개의 구간으로 나누어 각 구간에 속하는 자료의 수를 표시한 도수분포표는 히스토그램을 이용하여 보다 알기 쉽게 나타낼 수 있다. 히스토그램은 도수분포표로 정리된 변수의 활동수준을 막대의 길이로 표시하여 수평이나 수직으로 늘어놓아 상호비교가 용이하게 만든 그림이다.

[그림 2-1]은 앞에서 예로 든 〈표 2-1〉 펀드수익률 도수분포표를 히스토그램으로 나타낸 것으로 각 기둥의 높이는 그 구간에 속하는 도수를 의미한다. 히스토그램은 또한 각 구간에 속하는 도수의 비율을 기초로 하여 작성할 수도 있다. [그림 2-2]는 〈표 2-2〉의 상대도수를 히스토그램으로 나타낸 것이다.

[그림 2-1]
펀드수익률의 히스토그램

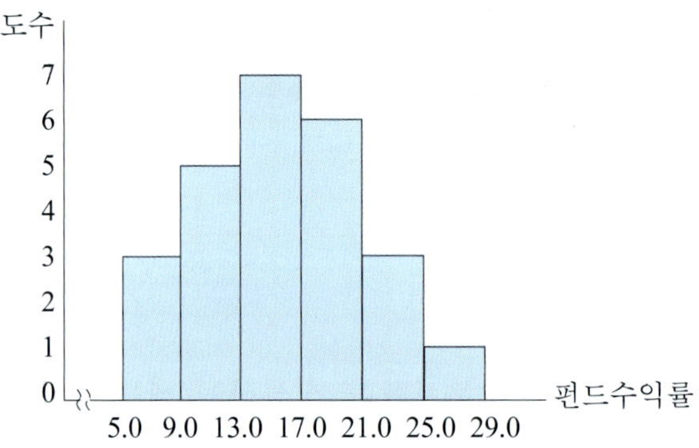

[그림 2-2]
상대도수를 나타낸 히스토그램

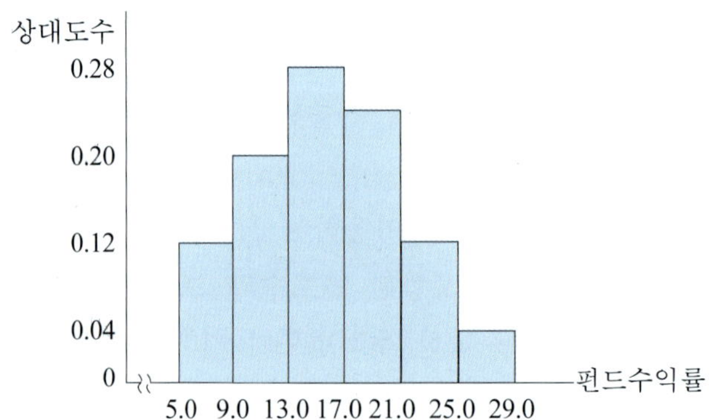

[그림 2-3]
편드수익률의 계단식 도표

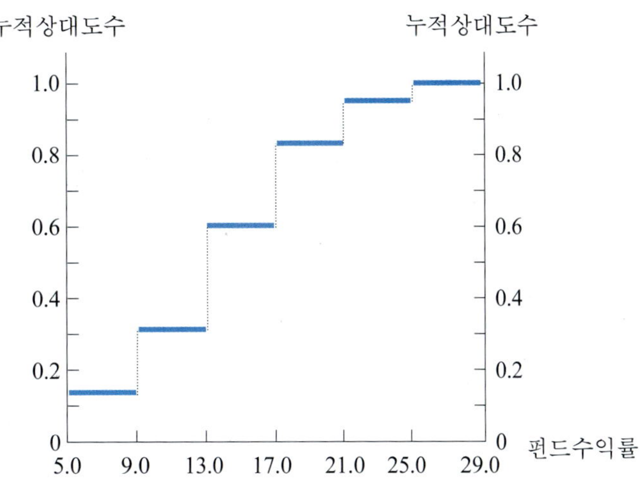

누적상대도수분포는 계단식 도표를 이용하여 알기 쉽게 나타낼 수도 있다. 계단식 도표(step diagram)는 한 구간에서 그 다음 구간으로 연속될 때 각 구간에 포함되어 있는 빈도수들이 연속적으로 누적된 것을 계단식으로 표시한 것이다. 〈표 2-2〉의 누적상대도수분포를 계단식 도표로 나타내면 [그림 2-3]과 같다.

제 2 절 범주적 자료의 정리

범주적 자료는 남성 또는 여성과 같이 자연적으로 둘 이상의 범주로 나누어지거나, 제조업·서비스업과 같이 분석의 목적에 따라 분류된 자료를 말한다. 범주적 자료는 막대그림표, 꺾은선그림표, 원그림표 등을 이용하여 알기 쉽게 나타낼 수 있다. 막대(bar)그림표는 히스토그램과는 달리 일반적으로 막대와 막대 사이에 공간을 둔다. 꺾은선그림표는 기간별로 변동해가는 정도를 알아보고자 할 때 많이 쓰이며, 두 변수간의 관계를 알아보는 데에도 도움을 줄 수 있다.

[그림 2-4]는 모 전자회사의 연도별 전체 매출액과 매출액 중 국내시장이 점유하는 비중을 나타낸 것이다. 전체 매출액은 막대그림표로 나타내고 있으며 국내시장 비중은 꺾은선그림표로 표시되어 있다.

기간별로 구성비율이 달라지는 자료는 막대그림표의 기간별 막대그림을 세분화시켜 알기 쉽게 나타낼 수 있다. [그림 2-5]는 모 전자회사의 사업부문에 대한 매출액의 구성비 변화추세를 보여주는 막대그림표이다.

원(pie)그림표는 각 범주가 전체에서 차지하는 비율을 나타낸 것으로, 분할된 원조각의 넓이는 그 범주에 속해 있는 관측자료의 상대빈도를 의미한다. [그림 2-6]은 모 전자회사의 작년도 주요 매출항목의 비중을 나타낸 원그림표이다.

[그림 2-4] 모 전자회사의 매출액 추이

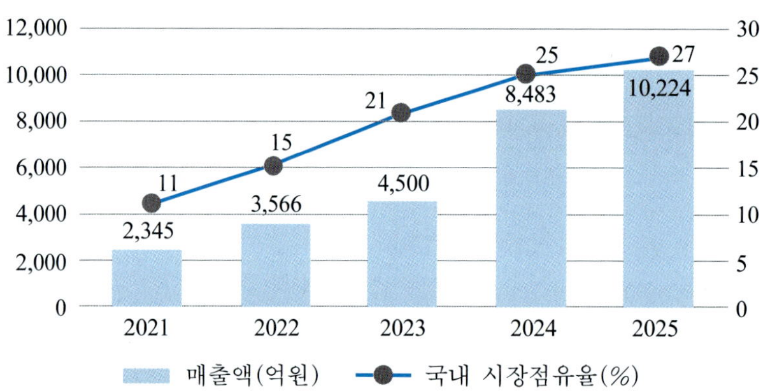

[그림 2-5] 모 전자회사의 연도별 매출액 구성비율

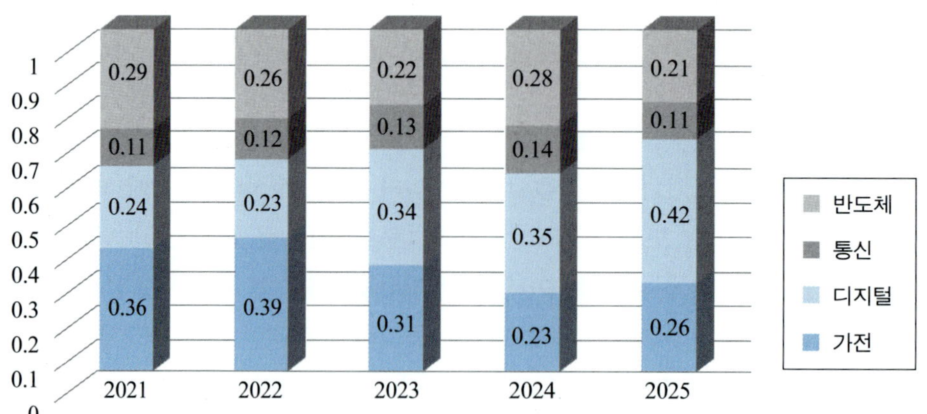

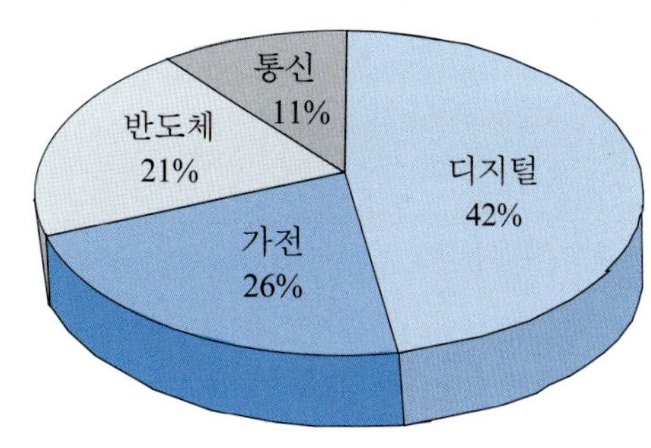

[그림 2-6]
원그림표의 예시

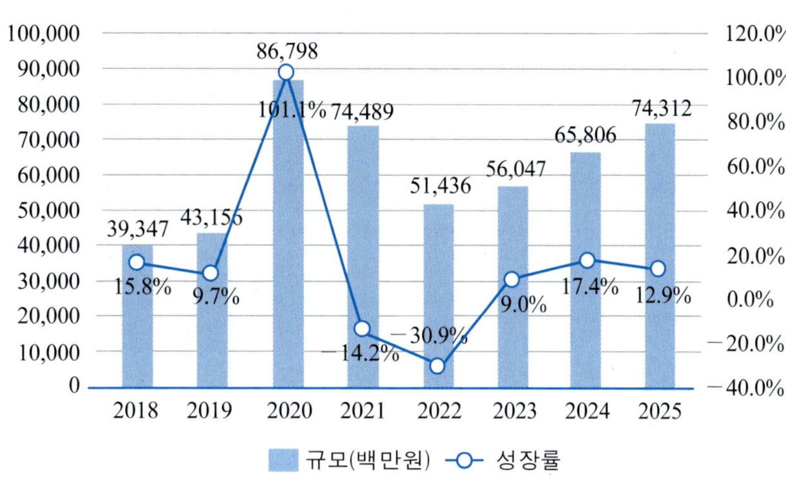

[그림 2-7]
막대그림표와
꺾은선그림표의 예시

[그림 2-7]은 모 전자회사의 지난 8년간 가전제품 매출액을 연도별로 정리한 것이다. 막대그림표는 연도별 매출액을 나타내며 꺾은선그림표는 연도별 성장률을 보여주고 있다.

연습문제

선택형 문제

1. 다음 중 도수분포표 작성에 관한 설명이 바르게 된 것은?

ㄱ. $2^k > n$(k는 구간 수, n은 관측자료 수)로 사용하는 것이 바람직하다.
ㄴ. 가급적 많은 관측치들이 구간간의 경계상에 위치하도록 조정한다.
ㄷ. 도수분포표에 기록된 구간별 빈도수를 총관측치 개수로 나누어 비율로 표시하면 상대도수분포표(relative frequency distribution table)가 된다.

---

① ㄱ, ㄴ　　② ㄴ, ㄷ
③ ㄱ, ㄷ　　④ ㄱ, ㄴ, ㄷ

2. 다음 중 범주적 자료를 나타내는 데 사용할 수 있는 도구인 것은?

ㄱ. 막대그림표　　ㄴ. 꺾은선그림표　　ㄷ. 원그림표

---

① ㄱ, ㄴ　　② ㄴ, ㄷ
③ ㄱ, ㄷ　　④ ㄱ, ㄴ, ㄷ

3. 막대그림표, 꺾은선그림표 또는 원그림표 등을 이용한 통계를 무엇이라 하는가?

① 기술통계　　② 추측통계
③ 표본통계　　④ 모집단통계

4. 도수분포표로 정리된 변수의 활동수준을 막대의 길이로 표시하여 수평이나 수직으로 늘어놓아 상호비교가 용이하게 만든 그림을 무엇이라 하는가?

① 막대그림표　　② 꺾은선그림표
③ 원그림표　　④ 히스토그램

5. 다음의 데이터 정리 및 요약 방법에 대한 설명 중 바르게 기술된 것은?

ㄱ. 범주적 자료의 정리용으로 다양한 도구를 이용하여 알기 쉽게 나타낼 수 있는 그림이나 그래프가 많이 사용된다.
ㄴ. 원그림표는 각 범주가 전체에서 차지하는 비율이나 비중을 나타내고자 할 때 많이 사용된다.
ㄷ. 꺾은선그림표는 기간별로 변동해가는 정도를 알아보고자 할 때 많이 쓰이며, 두 변수간의 관계를 알아보는 데에도 도움을 줄 수 있다.

① ㄱ, ㄴ ② ㄴ, ㄷ
③ ㄱ, ㄷ ④ ㄱ, ㄴ, ㄷ

1. 다음은 어느 공단에 입주해 있는 25개 중소기업의 임금인상률이다.

6.25	9.25	3.30	7.50	6.00
5.00	9.00	6.25	3.10	7.30
6.38	8.00	9.00	6.00	5.50
5.75	10.25	5.20	9.38	3.75
6.25	6.00	8.25	4.75	9.75

(a) 도수분포표와 상대도수분포표를 작성하여라. 단, 구간의 길이는 1.5로 하고 첫 번째 구간은 3~4.49로 설정하여라.
(b) 히스토그램을 작성하여라.
(c) 계단식 도표를 작성하여라.

2. 다음은 우리나라 기업들의 업종별 해외투자현황에 관한 자료이다. 막대그림표와 원그림표를 작성하여라.

(단위 : 십억달러)

업 종	투자액
제조업	2,274
광 업	580
무역업	938
부동산	85
수산업 · 임업	201
기 타	429
	4,507

3. 학부에서 개설하는 경영통계 과목을 수강한 32명을 대상으로 강의평가를 실시하였다. 강의평가 항목 중 마지막 항목은 강의만족도를 다섯 단계(매우 만족, 만족, 보통, 불만, 매우 불만) 중 하나로 답하는 것이었다. 다섯 단계로 나타낸 만족도를 5(매우 만족), 4, 3, 2, 1(매우 불만)의 숫자로 정리하면 다음과 같다.

3	4	4	5	1	5	3	4
4	5	5	4	1	4	5	4
5	5	3	4	5	5	2	4
4	3	5	4	5	4	3	5

(a) 위의 자료가 범주적 자료에 해당하는 이유를 설명하여라.

(b) 막대그림표와 원그림표를 작성하여라.

(c) 막대그림표와 원그림표를 근거로 볼 때 수강학생들의 과목에 대한 만족도는 어떠한가?

4. 다음은 우리나라 게임산업 종사자의 구성내역(단위 : 명)이다. 막대그림표와 원그림표를 이용하여 재구성하여라.

구 분	게임 PD	그래픽 디자이너	컴퓨터 프로그래머	시나리오 작가	사운드 크리에이터	H/W 개발	시스템 엔지니어	게임 운영자 (GM)	홍보 마케팅	일반 관리직	합 계
총직원수	5,355	11,642	12,187	454	494	906	1,685	3,709	4,297	6,322	47,051
업체당 평균	2.2	4.7	4.9	0.2	0.2	0.4	0.7	1.5	1.7	2.6	19.1
구성비	11.4%	24.7%	25.9%	1.0%	1.1%	1.9%	3.6%	7.9%	9.1%	13.4%	100.0%

5. 다음은 우리나라 식품산업분야의 출하액과 종사인력의 증가현황을 연도별로 정리한 것이다. 막대그림표, 꺾은선그림표를 이용하여 재구성하여라.

구 분	연도별 변화 추이					
	2018년	2019년	2020년	2021년	2022년	2023년
식품산업 출하액(십억원)	92,013	102,247	102,838	113,133	129,766	135,802
식품업체종사자(천명)	275.0	289.9	291.9	300.2	309.1	313.2

CHAPTER

집중경향치와 산포도

제 1 절 숫자를 이용한 자료의 요약 · 정리방법
제 2 절 집중경향치의 계산
제 3 절 산포도
제 4 절 평균과 표준편차의 적용

예시 | 사례

대학교 근처에 위치한 세 곳의 중식레스토랑이 치열하게 경쟁하고 있다. 주력 메뉴는 배달용 자장면과 짬뽕이다. 많은 학생과 직원, 교수들이 캠퍼스에서 배달주문을 하는데, 음식의 맛은 대동소이하며, 값 역시 치열한 경쟁 탓에 5,000원으로 동일하다. 결국 핵심은 어느 레스토랑이 가장 빨리 배달하느냐에 있다. 배달에 소요되는 시간은 주문적체량과 그날 배달담당자 수에 따라 달라진다.

지난 6개월 동안 이 세 곳 모두에서 번갈아가며 음식을 주문하고 배달소요시간까지 정확하게 측정하여 기록한 김 교수는 상황에 따라 선택적으로 이 세 곳에서 주문한다. 15분 내에 반드시 먹어야 할 때에는 레스토랑 A, 20분 이내에 먹으면 되지만 그래도 가능한 한 빨리 먹고 싶을 때에는 레스토랑 B, 빨리 먹어야 할 필요가 없는 경우에는 그래도 맛이 제일 낫고 전화번호도 기억하기 쉬운 레스토랑 C에서 주문한다.

지난 6개월 동안 수집한 배달소요시간을 어떻게 가공해야 원하는 답을 얻을 수 있을 것인가?

제 1 절 숫자를 이용한 자료의 요약 · 정리방법

분석하고자 하는 데이터의 특징을 알아보는 방법으로는 앞장에서 살펴본 각종 그래프기법을 동원하는 방법이 있고 몇 가지 단순한 통계측정치를 통해 알아보는 방법도 있다. 어떤 종류의 데이터이든 간에 두 가지 중요한 성질을 가지고 있다. 그 두 가지는 데이터가 집중적으로 몰려 있는 위치, 그리고 데이터가 그 값을 중심으로 퍼져 있는 정도이다. 전자를 집중경향치, 후자를 산포도라 부른다.

데이터들을 정리해 보면 대개 특정값 근처에 몰려 있는 경우가 많다. 이러한 현상을 수치로 나타내는 대표적인 통계량이 집중경향치이다. 주어진 자료의 특징이나 전체적 경향(tendency)을 나타내는 통계적 수치로 그 대표적인 것으로 평균을 들 수 있다. 그러나 일반적으로 쓰이는 평균은 엄격히 말해 산술평균이며 이 밖에도 중앙값, 최빈값 등도 자료의 중심경향을 나타내는 데 널리 사용된다. 또한, 성장률이나 증가율 같은 자료에는 기하평균(geometric mean)이 사용되기도 한다.

한편, 단순히 중심값만으로는 자료를 완전히 이해하기 어렵다. 각 관측치들이 중심값 주변에 얼마나 밀집해 있는지를 알아보기 위해서는 산포도를 살펴볼 필요가 있다. 범위, 분산, 표준편차 등은 자료의 흩어짐의 정도를 나타내는 대표적인 통계량으로, 자료의 일관성과 변동성을 파악하는 데 중요한 역할을 수행한다.

제 2 절 집중경향치의 계산

1. 산술평균

일반적으로 평균으로 지칭되는 산술평균(mean)은 누구나 잘 알고 있듯이 모든 관측치들을 다 합한 뒤 그 합을 전체 관측치 수로 나눈 값이다.

〈표 3-1〉은 어느 대형할인점의 10일 동안의 일일매출액을 기록한 것이다. 산술평균의 정의에 의해 대형할인점의 일일매출액 평균을 계산하면 다음과 같다.

〈표 3-1〉 예시자료 – 대형할인점의 일일매출액

(단위 : 천만원)

대형할인점의 일일매출액
31
33
36
36
37
38
39
41
44
47

$$\text{산술평균}(\bar{x}) = (31+33+36+36+37+38+39+41+44+47) \div 10$$
$$= 38.2 \ (\text{천만원})$$

2. 중앙값

중앙값(median)은 관측치의 분포가 극도로 편재되어 있는 경우에 많이 쓰이는 경향치로 모든 관측치를 크기의 순서대로 나열했을 때 중앙에 오는 관측치의 값을 말한다.[1)]

대형할인점의 일일매출액 예를 통해 중앙값의 계산과정을 살펴보기로 하자.

31, 33, 36, 36, 37, 38, 39, 41, 44, 47

중앙값을 계산하기 위해서는 우선 관측치를 크기순으로 재배열하고 상부에 총관측치의 50%, 하부에 나머지 50%가 놓이는 분기점을 선택하면 되는데, 위의 예의 경우 관측치 수가 모두 10개이므로 정확히 중앙에 위치하는 관측치는 존재하지 않는다. 예를 들어, 중앙값을 37로 설정하는 경우 이보다 작은 값은 4개이고 이보다 큰 값은 5개이므로 정확하게 중앙에 위치하지는 않는다.

관측치의 수가 이 예에서와 같이 짝수인 경우에는 중앙에 위치하는 두 개의 관측치를 찾은 뒤 이들 두 관측치의 중간값을 중앙값으로 정하면 된다. 대형할인점 매출액의 경우 중앙에 위치하는 두 개의 관측치는 37과 38이 되므로 중앙값은 대략 37.5가 된다.

중앙값과 산술평균의 차이는 중앙값의 경우 그 값보다 크거나 작은 관측치는 전혀 고려하지 않은 반면, 산술평균은 모든 관측치의 값을 다 반영하는 데 있다고 볼 수 있다. 따라서 다른 관측치들보다 그 값이 지나치게 크거나 작은 값이 포함된 경우에는(이런 자료 또는 수치를 특이값(outlier)이라 함) 중앙값과 산술평균의 차이가 커진다.

예를 들어 〈표 3-2〉와 같이 두 회사의 관리자 임금을 살펴보기로 하자. 두 회사의 관리자 평균임금(산술평균)은 460만원으로 같지만 B사의 경우는

1) 필요에 따라 상위 25%, 하위 25%에 해당하는 데이터값을 구하기도 한다. 데이터를 작은 것부터 큰 것 순으로 정렬했다고 하자. 중앙값이 상위 또는 하위 50%에 해당하는 통계치라 한다면, 제1사분위수는 하위 25%(작은 것부터 세어 25%에 해당하는 데이터값), 제3사분위수는 상위 25%(작은 것부터 세어 75%에 해당하는 데이터값)를 나타내는 통계치이다.

550만원을 받는 사람을 제외하면 평균은 437.5만원으로 줄어들게 된다. 이처럼 특이한 관측치가 포함되어 있는 경우 산술평균값만의 비교는 큰 의미가 없을 수 있다. 이 경우 산술평균보다는 중앙값(A사의 경우 460만원, B사의 경우 435만원)이 더욱 가치 있는 정보를 제공할 수 있다.

〈표 3-2〉 두 회사 임금의 평균과 중앙값

	A사	B사
	460만원	435만원
	460만원	550만원
	460만원	425만원
	460만원	420만원
	460만원	470만원
산술평균	460만원	460만원
중앙값	460만원	435만원

중앙값은 이처럼 소득과 같은 인구통계학적 자료의 요약에 자주 쓰이게 되는데, 이는 지나치게 큰 값이 자료 전체의 특성을 왜곡시키는 경향을 줄이기 위해서이다. 물론 특이값이 존재하지 않는 경우 중앙값과 산술평균값은 대개 비슷해진다.

3. 최빈값

집중경향을 나타내는 또 하나의 통계치는 최빈값(mode)이다. 이는 주어진 자료에서 가장 자주 나타나고 있는 수치를 말한다. 예를 들어 대형할인점의 일일매출액(단위 : 천만원)이

31, 31, 32, 33, 34, 35, 36, 37, 37, 37, 37, 38

의 형태로 나타났다면 최빈값은 이 중 나타난 빈도가 가장 많은 37이다.

하지만 최빈값은 일반적인 수치자료의 중심경향치를 설명하는 데에는

거의 사용되지 않는다. 그 이유는 다음과 같다.

첫째, 자료의 분포 형태에 따라 최빈값이 하나로 정해지지 않거나 존재하지 않는 경우가 많기 때문이다.

둘째, 최빈값은 극단값(outlier)이나 관측치간의 간격(interval)을 전혀 고려하지 않기 때문에 자료의 중심적 위치를 정확히 반영하기 어렵다.

셋째, 표본의 크기나 계급구간(class interval)의 설정에 따라 최빈값이 달라질 수 있어 일관성과 재현성이 떨어진다.

이러한 한계로 인해 최빈값은 주로 명목척도나 범주형 자료의 빈도분석에서 활용되며, 연속형 또는 수치형 자료에서는 평균값이나 중앙값이 중심경향치를 나타내는 데 더 적합한 통계량이다.

4. 기하평균

기하평균(geometric mean)은 증가율이나 성장률 자료가 주어졌을 때 월평균 증가율이나 연평균 성장률과 같은 통계량을 계산할 때 주로 사용된다. 예를 들어 모 자산운영회사에서 운영하는 주식형 펀드의 평가가치가 〈표 3-3〉과 같다고 가정하자.

전월 대비 수익률은 전월 대비 펀드의 평가가치의 증가율로서 다음과 같이 정의한다.

$$\text{전월 대비 수익률} = \frac{\text{이번 달 초의 평가가치} - \text{지난달 초의 평가가치}}{\text{지난달 초의 평가가치}} \times 100\%$$

한편 증가계수(growth factor)는 지난달 초의 평가가치 대비 이번 달 초의 평가가치로서 다음과 같이 정의한다. 전월 대비 수익률은 퍼센트로 나타냈지만 증가계수는 단순히 비율 또는 배수로 나타낸다.

$$\text{증가계수} = \frac{\text{이번 달 초의 평가가치}}{\text{지난달 초의 평가가치}}$$

〈표 3-3〉 주식형 펀드의 월말 평가액

(단위 : 억원)

평가시점	평가액	전월 대비 수익률	증가계수(growth factor)
1월초	100		
2월초	110	10%	1.1
3월초	105	−4.55%	0.9545
4월초	110	4.76%	1.0476
5월초	120	9.09%	1.0909
6월초	130	8.33%	1.0833
7월초	143	10%	1.1
8월초	150	4.89%	1.0489
9월초	135	−10%	0.9
10월초	150	11.11%	1.1111
11월초	165	10%	1.1
12월초	150	−9.09%	0.9090
12월말	150	0%	1.0

1월초에 100억원이었던 주식형 펀드의 12월말 평가가치는 150억원인데, 증가계수를 이용하여 월간 변동패턴을 반영한다면 다음과 같이 정리해 볼 수 있다.

$$(100\text{억원})(1.1)(0.9545)\ \cdots\ (0.9090)(1.0) = 150\text{억원}$$
$$(100\text{억원})(1.5) = 150\text{억원}$$

그렇다면 이 펀드가치의 월평균 증가율은 얼마나 될 것인가? 다음과 같이 정의되는 기하평균을 이용하면 월평균 증가율을 계산할 수 있다.

$$\text{기하평균} = \sqrt[n]{(x_1)(x_2)\cdots(x_n)}$$
$$= \sqrt[12]{(1.1)(0.9545)\cdots(0.9090)(1.0)} = 1.034343$$

즉, 펀드의 평가가치가 월평균 1.034343배만큼 상승한다는 의미로서,

$$(100\text{억원})(1.034343)^{12} = 150\text{억원}$$

이 된다는 의미이다. 또는 월평균 3.4343% 정도 펀드의 자산가치가 상승했다는 의미이다.

여기에서 단순히 전월 대비 수익률 값의 산술평균을 계산하여 이 값을 월평균 수익률로 사용해서는 안 된다는 점에 주의해야 한다. 전월 대비 수익률의 산술평균은 3.7117%이지만 이 값은 펀드가치의 평균 변화 정도를 제대로 나타내지 못한다.

$$\bar{x} = \frac{(10\% - 4.55\% + \cdots - 9.09\% + 0\%)}{12}$$

$$= 3.7117\%$$

참고로 엑셀의 통계기능인 GEOMEAN 함수를 이용하면

$$\text{GEOMEAN}(1.1,\ 0.9545,\ \cdots\cdots,\ 1.0) = 1.034343$$

이 도출되어 기하평균도 쉽게 구할 수 있다.

5. 집중경향치의 선택

기하평균은 성장률이나 증가율 등에 관심을 갖는 경우 흔히 사용되지만 산술평균, 중앙값, 최빈값은 자료의 특성이나 후속적인 통계분석의 목적에 따라 선택이 이루어진다.

첫째, 주어진 자료의 특성을 감안해야 한다. 예를 들어 [그림 3-1(a)]에서와 같이 관측치들의 분포가 거의 좌우대칭이며 봉우리가 하나인 형태를 취할 때에는 어떤 대표치를 선택하더라도 그리 큰 문제가 없으나 [그림 3-1(b)]에서와 같이 왼쪽 또는 오른쪽으로 편향된 분포형태를 취할 때에는 단순히 산술평균만을 그 대표치로 삼아서는 곤란하다. 이러한 경우에는 산술평균과 함께 중앙값을 대표치로 사용해야 한다.

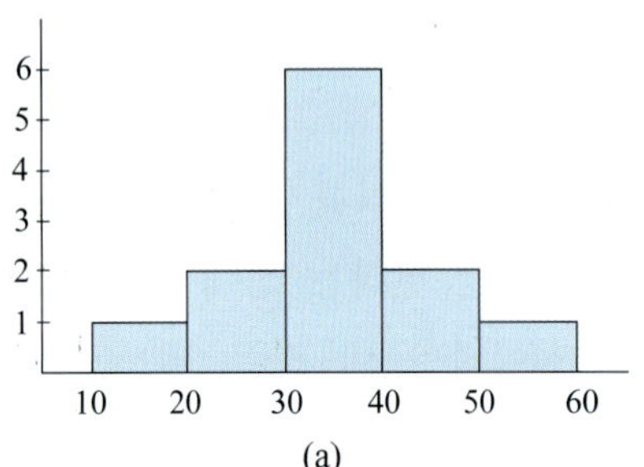

(a)

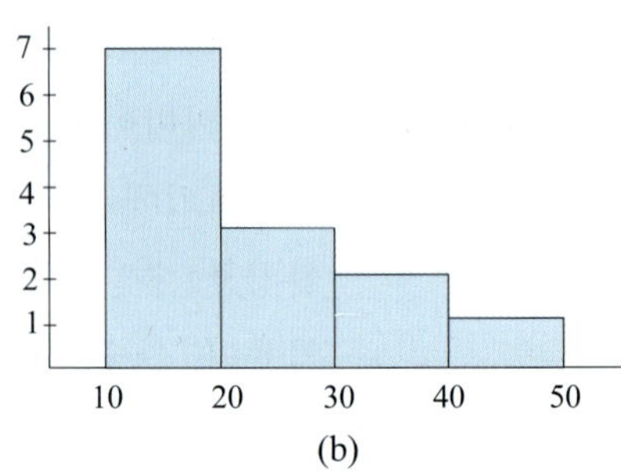

(b)

[그림 3-1]
좌우대칭인 분포와 한쪽으로 편향된 분포

둘째, 데이터 분포상에 극단적인 값을 갖는 사례가 포함되어 있는 경우에는 산술평균을 그 대표치로 선택해서는 곤란하다. 산술평균은 이 극단치가 분포의 어느 쪽에 포함되어 있느냐에 따라 큰 영향을 받게 되지만 중앙값의 경우 산술평균에 비해서는 그 영향의 정도가 극히 미미하다. 최빈값은 속해 있는 사례수가 가장 많은 구간에 의해 결정되므로 중앙값과 마찬가지로 그 영향을 별로 받지 않게 된다.

셋째, 집중경향치는 자료를 대표하는 특성치의 기능도 가지지만, 후속적인 통계분석의 자료로도 사용될 수 있다. 산술평균은 산포도나 상관도 등의 통계처리에 사용될 수 있지만 중앙값이나 최빈값은 대개 대표치로서의 기능만으로 끝나게 되는 경우가 많다. 따라서 주어진 자료에서 대표치 이외의 통계적 정보를 얻고자 하는 경우에는 산술평균을 선택하는 것이 바람직하다.

제 3 절 산포도

주어진 자료의 특성을 완전하게 기술하고 이해하기 위해서는 산술평균, 중앙값 등의 집중경향치와 함께 각 관측치들이 서로 얼마나 밀집 또는 분산되어 있는가를 알아야 한다. 이러한 산포도(variability, dispersion, spread)를 밝혀주는 통계적 방법으로 범위와 분산, 표준편차 등을 들 수 있다.

1. 범 위

범위(range)란 주어진 자료에서 가장 큰 값과 가장 작은 값의 차이를 의미하며 산포도를 알아보는 방법 중 가장 손쉽게 그 값을 구할 수 있는 방법이다.

대형할인점의 예를 다시 한 번 들면, 10개의 관측치 중 가장 작은 값은 31이고 가장 큰 값은 47이므로 범위 R은 이 두 관측치의 차이인 47−31=16이 된다. 이처럼 범위의 계산과정은 극히 간단하나 이를 이용하여 자료의 산포도를 나타내기에는 몇 가지 문제점이 있다. 첫째, 범위는 자료에 포함된 관측치 수가 몇 개이든 간에 오직 두 개의 관측치만을 사용한다는 것이다. 예를 들어 〈표 3-4〉와 같이 서로 다른 두 자료의 산포도를 생각해 보자. 둘 다 범위가 20임에도 불구하고 자료 A는 자료 B에 비해 상당히 밀집해

〈표 3-4〉 두 자료의 산포도 비교

	자료 A	자료 B
	60	40
	60	45
	60	50
	60	55
	40	60
범 위	20	20
산술평균	56	50

있으며 이 경우 범위만으로는 두 자료의 산포도를 비교해 보기 어렵다.

또 하나의 문제점은 범위의 경우 산술평균이나 중앙값을 전혀 고려하지 않는다는 것이다. 예를 들어 중앙값의 설명에서 예로 든 B사의 관리자 평균임금은 460만원이지만 회사의 어느 누구도 정확히 460만원을 받지는 않고 있다. 범위만으로는 주어진 자료의 퍼져 있는 정도를 평가하기가 어렵다.

2. 분산과 표준편차

산포도가 의미 있는 역할을 하기 위해서는 각 관측치들이 평균이나 중앙값으로부터 얼마나 떨어져 있는가를 나타내 주어야 한다. 예를 들어 어느 전원주택단지에 살고 있는 10가구의 자녀수를 모두 조사한 결과 다음과 같은 자료를 얻었다고 하자.

1, 3, 0, 0, 1, 0, 3, 0, 3, 4

평균값을 계산해 보면

$$\text{산술평균}(\bar{x}) = (1+3+0+0+1+0+3+0+3+4) \div 10$$
$$= 1.5\text{명}$$

이제 개별 관측치와 평균값 1.5명 간의 차이 또는 편차를 계산해 보면 [그림 3-2]와 같다. 예를 들어 어느 가구의 자녀수인 1은 평균으로부터 0.5명만큼 떨어져 있으며 그 위치는 평균의 왼쪽이다. 자녀수가 3명인 가구는 3가구이며 그 위치가 평균보다 오른쪽으로 1.5명 떨어져 있다. 이를 표로 정리하면 〈표 3-5〉와 같으며, 이 표에서 알 수 있듯이 편차를 모두 합하면 그 값이 0이 된다.

즉 양의 값을 지니는 편차와 음의 값을 지니는 편차가 서로 상쇄되어 전혀 차이가 없다는 의미 없는 결과가 나타난다. 이런 이유로 인해 산포도

[그림 3-2]
편차의 예시

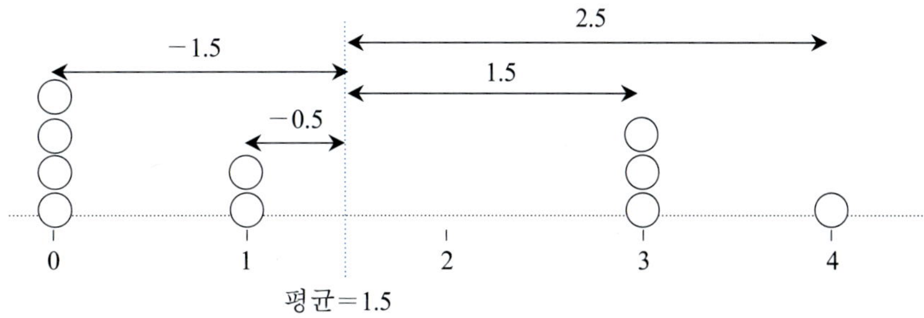

〈표 3-5〉 편차와 편차제곱의 계산

관측치(단위 : 명)	편차(단위 : 명)	편차의 제곱
1	−0.5	0.25
3	1.5	2.25
0	−1.5	2.25
0	−1.5	2.25
1	−0.5	0.25
0	−1.5	2.25
3	1.5	2.25
0	−1.5	2.25
3	1.5	2.25
4	2.5	6.25
합 계	0	22.5

를 측정할 때 편차 자체의 평균값을 계산하지 않고 평균과 관측치의 차이인 편차를 제곱한 값을 이용한다.

〈표 3-5〉에서 편차제곱의 합은 22.5이며 편차제곱의 평균값을 계산하면 다음 식에서 알 수 있듯이 2.25이다. 이런 식으로 계산하는 통계량을 분산(variance)이라고 한다. 즉, 산술평균과 각 관측치 간의 차이를 제곱하여 그 합을 구한 뒤 전체 관측치 수로 나누어 계산한 값이다.

$$\begin{aligned}\text{분산} &= [(1-1.5)^2+(3-1.5)^2+(0-1.5)^2+(0-1.5)^2+(1-1.5)^2 \\ &\quad +(0-1.5)^2+(3-1.5)^2+(0-1.5)^2+(3-1.5)^2+(4-1.5)^2]\div 10 \\ &= 22.5\div 10 = 2.25\end{aligned}$$

분산과 함께 자료의 산포도를 나타내는 또 하나의 통계치로는 **표준편차**(standard deviation)를 들 수 있다. 표준편차는 단순히 분산값의 양의 제곱근을 의미한다. 앞의 자료에 이 정의를 적용하면 표준편차는 1.5명이 된다. 표준편차는 원 데이터와 측정단위가 같다.

$$\text{표준편차} = \sqrt{2.25} = 1.5\text{명}$$

이제 〈표 3-4〉의 자료를 이용하여 분산과 표준편차를 계산해 보기로 하자.

자료 A

$$\text{분산} = [(60-56)^2 + (60-56)^2 + (60-56)^2 + (60-56)^2 + (40-56)^2] \div 5 = 64$$

$$\text{표준편차} = \sqrt{64} = 8$$

자료 B

$$\text{분산} = [(40-50)^2 + (45-50)^2 + (50-50)^2 + (55-50)^2 + (60-50)^2] \div 5 = 50$$

$$\text{표준편차} = \sqrt{50} = 7.07$$

분산과 표준편차는 범위와는 달리 모든 관측치를 이용하여 계산하며 편차제곱값을 이용하여 평균으로부터 퍼져 있는 정도를 나타내 준다. 위의 계산과정에서 알 수 있듯이 분산이나 표준편차 값은 0보다 작을 수 없으며 분산이 0인 경우에는 모든 관측치가 평균과 같은 값을 가지고 있다는 것을 의미한다.

그렇지만 주어진 자료가 모집단 전체가 아니고 표본인 경우 계산방식이 조금 달라진다. 표본의 분산은 표본의 평균과 각 관측치 간의 차이의 제곱합을 총관측치 수로 나누어 주지 않고 (총관측치 수−1)로 나누어 준다. 표본의 분산은 그 자체로 의미를 갖기보다는 모집단의 분산을 추정하기 위한 도구의 역할을 하게 되는데, 만약 총관측치 수로 나누어 표본의 분산을 계산하게 되면 결과적으로 모집단의 분산을 과소평가하게 되기 때문에 (총관측치 수−1)로 나누어 준다. 즉, 모집단으로부터 n개의 관측치로 구성된 표본을 뽑았고 표본평균이 $\overline{x}$로 계산되었을 때 표본의 분산 s^2은 다음과 같다.

$$s^2 = \frac{\sum_{i=1}^{n}(x_i - \overline{x})^2}{n-1}$$

일반적으로 (총관측치 수−1)과 같은 역할을 하는 통계치를 자유도(degree of freedom)라 부른다. 자유도는 주어진 표본 중 자유롭게 그 값이 변할 수 있는 데이터의 개수를 의미한다. 예를 들어 4개의 데이터가 주어져 있고 이 4개의 평균이 10이라 하자. 평균이 주어져 있으므로 표본에 포함된 4개의 데이터 중 3개의 값을 임의로 정해 버리면 나머지 1개의 데이터는 자동으로 값이 정해진다. 4개 중 3개의 값을 임의로 택해보자. 예를 들어 5, 10, 15라 하자. 그렇다면 나머지 하나의 데이터는 평균이 10인 점을 고려하면, 무조건 10이 되어야 한다. 4개 중 3개만이 자유롭게 어떤 값이든 가질 수 있어, 이 경우 자유도가 3이다.

이제 간단한 예를 이용하여 분산을 구해보기로 하자. 〈표 3-4〉의 자료가 모집단의 특성을 파악하기 위한 표본이라 한다면 분산과 표준편차는 다음과 같다.

자료 A

표본의 분산

$=[(60-56)^2+(60-56)^2+(60-56)^2+(60-56)^2+(40-56)^2]\div(5-1)=80$

표본의 표준편차

$=\sqrt{80}=8.94$

자료 B

표본의 분산

$=[(40-50)^2+(45-50)^2+(50-50)^2+(55-50)^2+(60-50)^2]\div(5-1)=62.5$

표본의 표준편차

$=\sqrt{62.5}=7.91$

통계의 목적이 표본을 통해 모집단에 관한 정보를 얻기 위한 것에 있다고 할 수 있으므로, 앞으로 분산을 계산할 때에는 총관측치 수인 n 대신 $(n-1)$로 나누어 줌으로써 표본의 분산을 계산하기로 한다.

3. 변동계수

측정단위가 서로 다른 두 개의 자료를 비교하고자 하는 경우 범위나 분산과 같은 산포도 측정치를 계산하는 것만으로는 충분하지 않다. 예를 들어 몸무게 자료와 키 자료를 직접 비교하기는 어렵다. 이런 경우 변동계수(coefficient of variation)를 이용하여 상대적인 산포 정도를 비교하기도 한다.

변동계수는 표준편차를 평균으로 나눈 값을 %로 변환시킨 값이다.

$$\text{변동계수 } CV = \frac{s}{x}(100\%)$$

예제 3-1

월드택배는 새로 트럭을 구입하고자 한다. 이를 위해 지난 1개월 동안 처리한 12,500개 택배물량의 특성을 측정한 결과 평균무게가 10kg, 표준편차가 2kg, 그리고 패키지 부피의 평균이 12m^3, 표준편차가 3m^3인 것으로 나타났다. 무게와 부피 중 어느 것이 더 상대적으로 변동이 크다고 할 수 있는가?

풀이

$$\text{무게의 변동계수} = \frac{2}{10} \times 100\% = 20\%$$

$$\text{부피의 변동계수} = \frac{3}{12} \times 100\% = 25\%$$

따라서 무게에 비해 부피의 상대적 산포도가 더 큰 것으로 판정된다.

제4절 평균과 표준편차의 적용

평균(산술평균)과 표준편차는 아마도 가장 중요한 모수와 통계량에 해당할 것이다. 앞으로 평균과 표준편차가 자료의 통계적 분석에 어떠한 역할을 하는지에 대해 자세히 알아보겠지만, 본절에서는 평균과 표준편차를 이용하여 주어진 통계자료에 관해 더 많은 내용을 파악할 수 있는 방법을 배우기로 한다.

1. Z값

평균과 표준편차를 이용함으로써 어느 특정 자료집단 내의 어떤 관측치라도 자료집단 내에서의 상대적 위치를 정할 수 있다. n개의 관측치(x_1, x_2, $\cdots$, x_n)로 구성되고 평균과 표준편차가 각각 $\overline{x}$, s인 표본을 고려해 보자. 이 경우 각 관측치 x_i는 자신만의 독특한 Z값, 즉 Z_i를 갖는다. 이 Z값은 아래와 같이 계산된다.

$$Z_i = (x_i - \overline{x})/s$$

여기서 Z_i는 관측치 x_i의 Z값이라 불리며, 특정 관측치 x_i가 표본평균 $\overline{x}$로부터 표본 표준편차의 몇 배만큼 떨어져 있는지를 나타낸다. 위의 공식으로부터 알 수 있듯이 양의 Z값은 평균보다 크고 음의 Z값은 평균보다 작음을 의미한다. 예를 들어 $Z_1 = 1.7$은 x_1이 평균보다 표준편차의 1.7배만큼 크다는 것을 뜻한다. 마찬가지로 $Z_5 = -2$는 x_5가 평균보다 표준편차 2배만큼 작다는 것을 보여준다. 물론 Z값이 0이면 해당 관측치는 평균과 동일하다.

예제 3-2

(a) 30개의 관측치로 구성된 어느 표본의 평균과 표준편차가 각각 50과 5이다. 이 표본에 속한 관측치, 43과 54의 Z값을 계산하고 각 Z값의 의미를 해석하여라.

(b) 평균과 표준편차가 각각 67과 9인 표본에 포함되어 있는 어느 특정 관측치의 Z값이 2.3이었다면, 이 특정 관측치의 값은 얼마이겠는가? 만약 Z값이 -1.9였다면 이에 상응하는 관측치의 값은 얼마인가?

풀이

(a) 43의 Z값 : $(43-50)/5=-7/5=-1.4$

54의 Z값 : $(54-50)/5=4/5=0.8$

따라서 43은 평균보다 표준편차의 1.4배만큼 작고, 54는 평균보다 표준편차의 0.8배만큼 크다.

(b) $Z=2.3=(x_i-67)/9$로부터 $x_i=67+(2.3)(9)=87.7$

$Z=-1.9=(x_i-67)/9$로부터 $x_i=67+(-1.9)(9)=49.9$

2. 체비셰프의 정리

평균과 표준편차를 알면 데이터의 퍼져 있는 정도를 어느 정도 짐작해 볼 수 있다. 체비셰프의 정리(Tchebycheff's Theorem)는 이를 보다 구체적으로 설명해 줄 수 있는 이론이다.

체비셰프의 정리

총자료 중 최소한 $100\left(1-\dfrac{1}{h^2}\right)$퍼센트의 관측치들은 평균으로부터 h표준편차 이내에 위치한다. 여기서 h는 1보다 큰 임의의 값이다.

여기서 h는 앞에서 정의한 Z값의 절댓값에 해당한다. 이 정리가 의미하는 바를 이해하기 위하여, h 대신에 여러 가지 값을 넣어서 확률을 계산해 보자.

① h가 **1.5일 때** : 최소한 총자료의 55.5%가 평균으로부터 1.5표준편차 이내에 위치한다.

② h가 **2일 때** : 최소한 총자료의 75%가 [평균−2표준편차]와 [평균+2표준편차] 이내에 위치한다.

③ h가 **3일 때** : 최소한 총자료의 88.8%가 [평균−3표준편차]와 [평균+3표준편차] 이내에 위치한다.

체비셰프의 정리는 자료집합에 속한 관측치들의 분포형태에 대한 조건을 포함하지 않고 있다는 점을 주목할 필요가 있다. 즉, 자료의 분포형태와 상관없이 적용될 수 있다는 것이다. 체비셰프의 정리가 의미하는 바를 그림으로 나타내면 [그림 3-3]과 같다. 즉 평균 μ로부터 $h\sigma$만큼 떨어져 있는 구간을 그려보면 최소한 $[1-1/h^2]\times 100\%$만큼의 관측치가 그 구간 안에 포함된다는 것이다.

[그림 3-3]
체비셰프의 정리

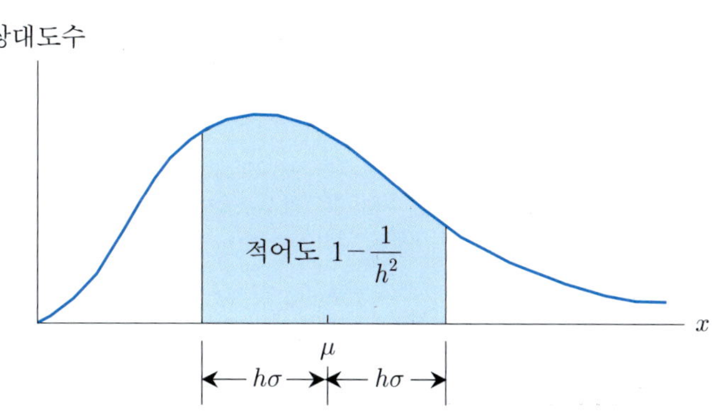

예제 3-3

다음 10개의 자료를 이용하여 $h=1.5$, $h=2.0$일 때의 체비셰프의 정리를 확인해 보아라.

31	38
33	39
36	41
36	44
37	47

풀이

평균 $\bar{x}=38.2$, 표준편차 $s=4.83$이므로 이를 이용하여 체비셰프의 정리를 적용하면 다음과 같은 표를 만들 수 있다.

h값	체비셰프의 정리	실제구간	실제 자료에서의 비율
1.5	적어도 55.5%의 자료가 평균으로부터 1.5 표준편차 이내에 있다.	30.96～45.44	9÷10=90%
2.0	적어도 75%의 자료가 평균으로부터 2표준편차 이내에 있다.	28.54～47.86	10÷10=100%

앞에서 강조하였듯이 체비셰프의 정리는 자료의 분포형태와 상관없이 적용된다. 그러나 실제 자료집합을 살펴보면 그 분포가 [그림 3-4]와 같이 '작은 산(mound)' 또는 '종(bell)' 모양을 가진 경우가 많다. 이 작은 산 또는 종 모양의 분포는 우선 봉우리가 하나이고(uni-modal) 봉우리를 중심으로 좌우대칭이라는 특징을 지니고 있다. 만약 자료의 실제 분포가 이 종모양과 비슷하다고 여겨지는 경우에는 아래와 같은 경험규칙이 적용된다.

[그림 3-4]
작은 산 또는 종 모양 분포

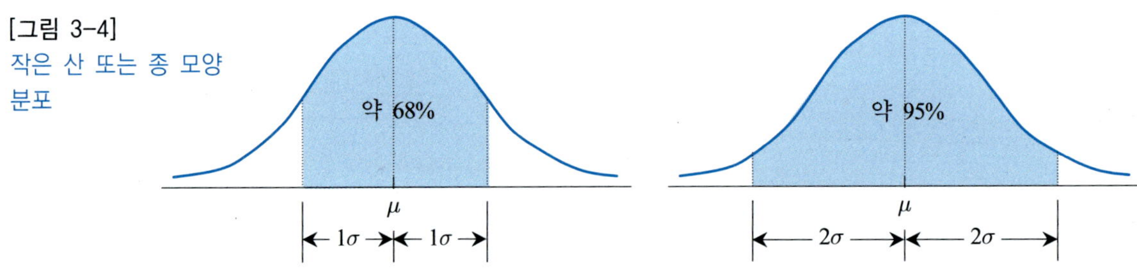

경험규칙

종모양을 가진 자료의 관측치 중
약 68%가 평균으로부터 표준편차 ±1배의 범위 내에 있고
약 95%가 평균으로부터 표준편차 ±2배의 범위 내에 있으며
거의 대부분이 평균으로부터 표준편차 ±3배의 범위 내에 있다.

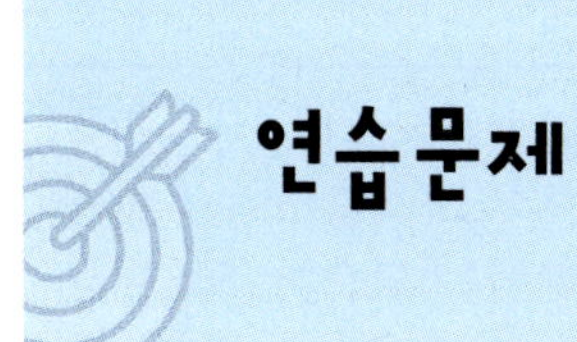

연습문제

선택형 문제

1. 다음은 데이터를 정리하는 방법에 대한 설명이다. 바르게 된 것은?

ㄱ. 집중경향치란 주어진 자료의 특징이나 전체적 경향(tendency)을 나타내는 통계적 수치이다.
ㄴ. 산술평균과 중앙값 및 최빈값은 산포도를 나타내는 통계적 수치이다.
ㄷ. 각 관측치들이 서로 얼마나 밀집해 있는가를 알아보기 위해서는 분산이나 표준편차와 같은 통계량을 계산한다.

---

① ㄱ, ㄴ　② ㄴ, ㄷ
③ ㄱ, ㄷ　④ ㄱ, ㄴ, ㄷ

2. 다음 중 중앙값(median)에 대한 설명이 바르지 않은 것은?

① 관측치의 분포가 극도로 편재되어 있는 경우에 많이 쓰이는 경향치로, 모든 관측치를 크기의 순서대로 나열했을 때 중앙에 오는 관측치의 값을 말한다.
② 중앙값을 계산하기 위해서는 우선 관측치를 크기순으로 재배열하고 상부에 총관측치의 50%, 하부에 나머지 50%가 놓이는 분기점을 선택한다.
③ 관측치의 수가 짝수인 경우에는 중앙에 위치하는 두 개의 관측치를 찾은 뒤 이들 두 관측치의 합을 중앙값으로 정한다.
④ 중앙값은 소득과 같은 인구통계학적 자료의 요약에 자주 쓰이게 되는데, 이는 지나치게 큰 값이 자료 전체의 특성을 흐려버리는 경향을 줄이기 위해서이다.

3. 산술평균, 중앙값, 최빈값을 선택할 때 고려해야 할 사항으로 바르게 된 것은?

ㄱ. 관측치들의 분포가 거의 좌우대칭이며 봉우리가 하나인 형태를 취할 때에는 어떤 대표치를 선택하더라도 그리 큰 문제가 없다.

ㄴ. 관측치들의 분포가 왼쪽 또는 오른쪽으로 편향된 분포형태를 취할 때에는 단순히 산술평균만을 그 대표치로 삼아서는 곤란하다. 이러한 경우에는 산술평균과 함께 중앙값을 대표치로 사용해야 한다.

ㄷ. 주어진 자료에서 대표치로 이외의 통계적 정보를 얻고자 하는 경우에는 산술평균을 선택하는 것이 바람직하다.

---

① ㄱ, ㄴ
② ㄴ, ㄷ
③ ㄱ, ㄷ
④ ㄱ, ㄴ, ㄷ

4. 측정단위가 서로 다른 두 개의 자료를 비교하고자 하는 경우 범위나 분산과 같은 산포도 측정치를 계산하는 것만으로는 충분하지 않다. 예를 들어 몸무게 자료와 키 자료를 직접 비교하기는 어렵다. 이런 경우 사용할 수 있는 통계량은 무엇인가?

① 범위
② 변동계수
③ 산포도
④ 표준편차

5. 주어진 자료에서 가장 큰 값과 가장 작은 값의 차이를 의미하며 산포도를 알아보는 방법 중 가장 손쉽게 그 값을 구할 수 있는 것은 무엇인가?

① 범위
② 변동계수
③ 편차
④ 표준편차

6. 다음 중 분산에 관한 설명이 바르지 않은 것은?

① 산술평균과 각 관측치 간의 차이를 제곱하여 그 합을 구한 뒤 전체 관측치 수로 나누어 계산한 값이다.

② 범위와는 달리 모든 관측치를 이용하여 계산하며, 단순히 얼마나 퍼져 있는가를 나타내기보다는 평균에서 얼마나 떨어져 있는가를 나타내 준다.

③ 분산의 값은 0보다 작을 수 없으며 분산이 0인 경우에는 모든 관측치가 평균과 같은 값을 가지고 있다는 것을 의미한다.

④ 표본을 추출하여 모집단의 특성을 알아보더라도 공식은 모집단 전체를 대상으로 계산하는 경우와 동일하다.

7. 표본은 모집단으로부터 추출되었다. 그렇다면 표본의 평균값은 다음 중 어떤 특성을 가지는가?

① 모집단평균보다 작은 값을 취한다.

② 모집단평균보다 큰 값을 취한다.

③ 모집단평균과 같다.

④ 모집단평균보다 클지, 작을지 알 수 없다.

8. 다음의 집중경향치 중 특이값에 의해 영향을 가장 많이 받는 것은?

① 산술평균 ② 최빈치 ③ 중앙값

9. 연도별 자료가 주어져 있을 때 연평균 증가율이나 성장률 등을 계산하곤 한다. 이때 사용되는 집중경향치는 다음 중 어떤 것인가?

① 산술평균 ② 기하평균

③ 최빈치 ④ 중앙값

10. 다음은 36개로 구성된 표본으로부터 계산한 값이다. 변동계수는 얼마인가?

산술평균=160	범위=60	
최빈치=165	분산=324	중앙값=170

① 0.1125% ② 11.25%

③ 203.12% ④ 0.20312%

11. 다음의 체비셰프의 정리에 대한 설명에서 (A)에 들어가야 할 것은?

> 총자료 중 최소한 100(A)퍼센트의 관측치들은 평균으로부터 h표준편차 이내에 위치한다. 여기서 h는 1보다 큰 임의의 값이다.

① $1-\frac{1}{h^2}$ ② $1+\frac{1}{h^2}$

③ $1-\frac{1}{h}$ ④ $1+\frac{1}{h}$

12. 데이터를 히스토그램으로 나타내면 평균을 중심으로 해서 거의 좌우가 동형일 때 주로 적용되는 규칙으로 경험적 규칙이라는 것이 있다. 이에 대한 설명으로 바른 것은?

ㄱ. 전체 데이터의 약 50% 정도는 평균으로부터 1배의 표준편차 내에 위치한다.
ㄴ. 전체 데이터의 약 95%는 평균으로부터 2배의 표준편차 내에 위치한다.
ㄷ. 거의 대부분의 데이터가 평균으로부터 3배의 표준편차 내에 위치한다.

---

① ㄱ, ㄴ
② ㄴ, ㄷ
③ ㄱ, ㄷ
④ ㄱ, ㄴ, ㄷ

13. 표본을 추출하여 모집단의 특성을 알아보고자 하는 경우, 표본의 분산은 표본의 평균과 각 관측치 간의 차이의 제곱합을 총관측치 수로 나누어 주지 않고 (총관측치 수−1)로 나누어 준다. 이 경우 (총관측치 수−1)을 무엇이라 하는가?

① 자유도
② 산포도
③ 편차
④ 기술통계량

14. 물가가 급등하여 1상자에 10,000원 하던 사과가 한 달 사이에 4배가 올라 40,000원이 되었고 그 뒤 한 달 만에 다시 2배가 올라 80,000원이 되었다. 그렇다면 한 달 평균 몇 배가 오른 것인가?

① 2배
② 2.828427배
③ 3배
④ 3.5배

15. 다음의 기하평균에 대한 설명 중 바른 것은?

ㄱ. 여러 개의 수를 연속으로 곱해 그 개수의 거듭제곱근으로 구한 값으로, 흔히 성장률이나 증가율의 평균을 구할 때 적용된다.
ㄴ. 산포도가 커서 산술평균이나 중앙값을 사용하기 힘든 경우 주로 사용된다.
ㄷ. 각 자료값에 음수의 값이 나타나지 않을 경우에 한해서 이용할 수 있다.

---

① ㄱ, ㄴ
② ㄴ, ㄷ
③ ㄱ, ㄷ
④ ㄱ, ㄴ, ㄷ

계산형 문제

1. 다음 자료의 산술평균, 중앙값, 최빈값을 구하여라.

4	7	0	7	10	4
1	6	3	5	8	7

2. 다음은 10명의 시민이 불우이웃돕기 성금으로 보낸 금액(단위 : 천원)을 모은 자료이다. 산술평균과 최빈값을 구하여라.

10	40	25	5	20
10	25	50	30	10

3. A타이어회사는 생산되는 타이어 중에 10개의 타이어를 무작위로 추출하여 수명에 관한 자료를 분석하고 있다. 10개 타이어의 수명(단위 : km)이 다음과 같았을 때 표준편차와 변동계수를 구하여라.

48,000	53,000	45,000	61,000	53,000
59,000	56,000	63,000	49,000	54,000

4. 다음은 무작위로 뽑은 12명의 학생들의 1학기 성적이다. 제1사분위수,[2)] 제3사분위수, 표준편차, 변동계수를 구하여라.

3.2	1.9	2.7	2.4
2.8	2.9	3.8	3.0
2.5	3.3	1.8	2.5

5. 다음은 무작위로 뽑은 10명 학생의 한 달 용돈(단위 : 만원)이다. 평균, 표준편차, 변동계수, 제1사분위수 그리고 제3사분위수를 구하여라.

20	25	30	32	34
18	20	26	25	24

---

2) 관측치가 작은 것부터 x_1, x_2, $\cdots$, x_n으로 나열되어 있을 때 제1사분위수는 $(0.25)(n+1)$번째에 위치한 값이고 제3사분위수는 $(0.75)(n+1)$번째에 위치한 값이다. 만약, $(0.25)(n+1)$과 $(0.75)(n+1)$이 정수가 아니면 인접해 있는 2개의 관측치의 가중평균을 이용한다. 예를 들어 2, 5, 8, 10, 11, 14의 6개의 자료가 있을 때 제1사분위수는 1.75번째의 관측치이므로 $2+(0.75)(5-2)=4.25$, 제3사분위수는 5.25번째에 오는 관측치이므로 $(11)+(0.25)(14-11)=11.75$이다.

6. 체비셰프의 정리를 이용하여 다음 문제에 답하여라.

(a) 이번 공인회계사 모의 1차시험의 평균은 75점이고 표준편차는 5점이다. 성적이 50점과 100점 사이인 학습자의 비율은 몇 %일 것인가?

(b) 새로이 출범하는 이웃돕기협동조합의 조합원 평균연령은 40세이고 표준편차는 8세이다. 연령대가 20세와 60세 사이인 조합원 비율은 몇 %일 것인가?

7. 통계자료에 의하면 대도시 가구의 한 달 통신비 평균이 27.5만원이고 표준편차가 3.5만원인 것으로 알려져 있다.

(a) 체비셰프의 정리를 이용하여 한 달 통신비가 20.5만원에서 34.5만원 사이, 18.75만원에서 36.25만원 사이에 있는 가구의 비율을 구하여라.

(b) 만약 한 달 통신비 자료가 종모양의 분포를 이루고 있다면 한 달 통신비가 20.5만원에서 34.5만원 사이에 있을 가구의 비율은 어느 정도일 것으로 추정할 수 있는가?

8. 성인의 IQ 분포가 종모양을 이루고 평균과 표준편차가 각각 100과 15였다.

(a) 85와 115 사이의 IQ를 가진 성인의 비율은?

(b) 70과 130 사이의 IQ를 가진 성인의 비율은?

(c) 130 이상의 IQ를 가진 성인의 비율은?

9. 2016년도 초에 중국펀드와 동유럽펀드에 각각 1억원과 5천만원을 투자하였다. 2016년도 말부터 2024년도 말까지 연말에 제시된 중국펀드와 동유럽펀드 평가액이 다음과 같다고 할 때, 기하평균을 이용하여 연평균 펀드수익증가율을 계산하여라.

(단위 : 억원)

연 도	중국펀드	동유럽펀드
2016	1.1	0.56
2017	1.2	0.63
2018	1.3	0.69
2019	1.4	0.76
2020	1.5	0.85
2021	1.6	0.92
2022	1.7	0.99
2023	1.8	10.6
2024	1.9	11.2

10. 다음은 체인으로 운영되고 있는 가족형 레스토랑의 지점별 매장면적과 연간 방문고객수, 하루 평균 순이익을 요약한 자료이다.

지점위치	레스토랑 면적 (단위 : 평)	작년도 방문고객수 (단위 : 백명)	작년도 순이익 (단위 : 만원)
서울 강북1	195	236	84.2
서울 강북2	187	211	75.5
서울 강남1	184	197	70.5
서울 강남2	185	194	71.8
서울 강남3	170	185	65.9
서울 서초1	167	175	64.9
서울 서초2	105	163	65.0
인천북	138	160	57.2
인천남	119	151	62.7
인천중	118	149	59.4
부천북	179	145	55.8
부천남	111	142	40.4
성남동	154	137	62.2
성남서	125	135	51.9
성남남	110	130	48.3
성남분당	108	123	51.2
과천1	109	117	46.7
과천2	101	112	34.1
과천3	105	109	33.9
과천4	89	100	41.5
의정부1	100	96	38.3
의정부2	91	91	53.7
의정부3	86	89	42.5
의정부4	94	79	46.7
동두천북	78	78	39.1
동두천남	67	72	36.1
동두천중	80	70	24.1

(a) 레스토랑 면적과 방문고객수, 순이익의 평균과 표준편차를 구하여라.

(b) 변동계수를 구하고 방문고객수와 순이익 중 어느 요인의 상대적 변동 정도가 큰지도 제시하여라.

(c) 각 요인별로 평균으로부터 3배의 표준편차 이내에 위치한 자료의 비율을 구하여라.

11. 다음은 카드사용규모에 대한 분석을 하기 위해 표본고객으로부터 추출한 자료이다.

재 산 (단위:만원)	연수입 (단위:천원)	카드 보유장수	연카드사용액 (단위:천원)	재 산 (단위:만원)	연수입 (단위:천원)	카드 보유장수	연카드사용액 (단위:천원)
92,540	120,279	5	8,460	8,650	13,047	3	141
51,046	178,174	2	6,645	8,245	19,734	2	1,009
46,991	145,348	2	9,163	7,978	32,836	1	3,015
45,845	78,508	3	6,093	7,802	15,070	3	2,199
35,606	59,978	3	3,640	7,648	14,538	4	555
33,292	59,828	2	2,603	7,517	117,958	3	6,503
26,981	90,840	2	8,203	7,057	16,701	2	3,205
23,819	42,895	5	3,119	7,039	20,917	3	1,491
23,055	48,836	5	3,256	6,806	11,409	4	1,643
21,566	34,697	4	3,591	6,778	17,701	2	1,465
19,797	56,114	3	6,310	6,534	9,750	1	302
17,457	35,764	4	3,415	6,485	23,637	4	4,614
16,461	30,602	5	3,332	6,389	9,057	3	740
16,283	39,730	3	2,405	6,387	13,561	4	912
14,017	25,070	4	6,945	6,380	10,062	2	1,427
13,480	29,794	5	1,180	6,275	17,057	3	1,016
12,371	21,562	6	1,452	6,234	13,155	4	559
12,357	18,868	3	4,129	6,130	13,319	4	1,073
11,271	20,018	2	1,907	6,121	17,378	3	1,226
11,153	24,584	1	1,855	5,917	14,196	2	2,043
10,872	22,629	2	4,777	5,697	7,251	5	955
10,120	24,713	3	1,191	5,640	20,096	4	2,222
9,141	61,147	4	2,805	5,637	12,504	6	2,223
8,900	31,731	3	1,953	5,570	27,132	5	2,586
8,863	30,381	4	3,708				

(a) 각 변수의 평균과 표준편차, 그리고 변동계수를 구하여라.

(b) 각 변수별로 평균으로부터 3배의 표준편차 이내에 위치한 자료의 비율을 구하여라.

(c) 연수입을 3개의 구간으로 나누고 카드 보유장수도 3개의 구간으로 나누어 각각의 경우에 해당되는 표본수를 구하여라.

(d) 앞의 문제에서 각각의 경우에 해당되는 표본고객의 연평균 카드사용액을 구하여라.

CHAPTER

확률의 기초

제 1 절　확률의 개념

제 2 절　확률의 계산

제 3 절　통계적 독립사상과 조건부확률

예시 | 사례

최첨단 컬러복사기를 저가에 판매하는 월드닷컴은 6개월 전 설문조사에서 자사제품을 구매한 고객들을 대상으로 서비스 만족도를 5점 만점으로 평가한 적이 있다. 5점은 매우 만족을 의미하며, 4점은 만족, 3점은 보통, 2점은 불만, 1점은 매우 불만을 나타낸다. 모두 1,000명의 응답자 중 5점은 300명, 4점은 450명에 달했다. 전체적으로 보통 이상이 98%를 차지하여 서비스 품질부서는 나름대로 안심하고 있었다. 그 후 신제품이 출시되고 이에 대한 대대적인 광고선전이 이루어진 뒤 이들 고객들을 대상으로 재구매 정도를 분석하였다. 매우 만족이라고 응답한 고객 300명 중 180명은 새로 나온 신제품을 반복 구입했지만, 4점의 만족에 체크한 고객은 겨우 90명만이 신제품을 구매했다. 나머지 보통 이하로 답한 고객 250명 중 신제품을 구입한 고객은 10명에 불과했다.

- 신제품을 구입한 고객이 설문조사에서 만족했다고 답했을 확률은?
- 신제품을 구입한 고객이 설문조사에서 보통 또는 그 이하의 만족도에 답했을 확률은?
- 설문조사에서 매우 만족에 답한 고객이 신제품을 구매하지 않을 확률은?
- 설문조사에서 보통 또는 그 이하의 만족도에 답한 고객이 신제품을 구매하지 않을 확률은?

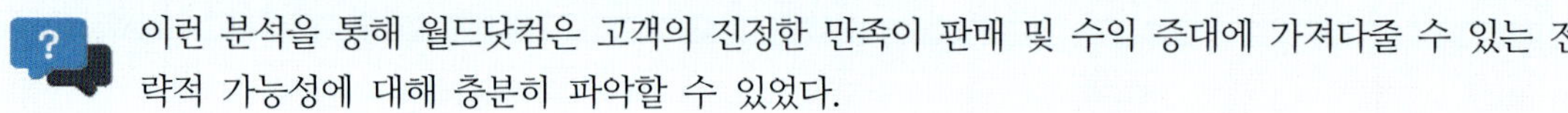

이런 분석을 통해 월드닷컴은 고객의 진정한 만족이 판매 및 수익 증대에 가져다줄 수 있는 전략적 가능성에 대해 충분히 파악할 수 있었다.

제1절 확률의 개념

일상생활에서 가능성이란 말은 자주 쓰인다. 내일 주식시장이 상승세를 보일 가능성이 있는가? 또는 복권 추첨에서 당첨될 가능성은 얼마인가? 통계학에서의 가능성은 확률이라는 말로 표현된다.[1)]

확률(probability)은 어떤 사건(event)이 일어날 가능성을 의미한다. 예를 들어 주사위를 던져 순서를 정할 때 1이 나올 가능성, 신제품이 시장에서 성공할 가능성, 내일 비가 올 가능성 등 모두 특정사건이 발생할 가능성을 내포하고 있으며, 최하 0에서 최고 1까지의 값을 갖는다. 확률이 1이라는 것은 특정사건이 반드시 발생한다는 의미이고, 0은 그 사건이 절대로 일어나지 않는다는 의미이다. 또 모든 발생가능한 경우를 모두 고려하고 그 발생가능 확률을 합하면 그 값은 당연히 1이 된다. 따라서 다음의 확률법칙은 별다른 추가 설명이 필요 없는 당연한 명제라 할 수 있다.

확률법칙

확률은 반드시 0 (0%)과 1 (100%) 사이의 값을 취한다.
일어날 수 있는 모든 가능한 사건들의 확률의 합은 언제나 1 또는 100%이다.

확률은 크게 수학적 확률, 통계적 확률 그리고 주관적 확률로 나누어 볼 수 있다.

수학적 확률은 특정사건이 발생하게 되는 프로세스 또는 과정을 살펴볼 때 미리 알 수 있는 확률이다. 예를 들어 주사위를 던지는 실험을 할 때 짝수가 나올 가능성(확률)은 0.5이며, 4나 5가 나올 가능성은 1/3이다. 물론 주

1) 확률은 경영 및 경제 분야의 다양한 연구문제를 해결하는 데 필수적인 도구이다. 그렇지만 모집단의 특성을 유추하기 위한 통계적 추론과정에서는 복잡한 확률모형이 꼭 필요하지만은 않다. 특히 고등학교 과정에서 많이 다루어 보았던 다양하고도 골치 아픈 확률문제는 본장의 관심범위를 벗어난다. 확률에 관한 논의는 본장 이후에서 다룰 표본분포, 신뢰구간, 가설의 검정 등의 내용을 이해하기 위해 최소한으로 필요한 정도로 그치고자 한다.

사위를 연속으로 2번 던질 때 한 번은 반드시 짝수, 또 한 번은 반드시 홀수가 나온다는 의미는 아니다. 주사위 던지기를 수도 없이 반복한다면 짝수가 나올 비율이 0.5에 가까워진다는 뜻이다. 이런 경우 주사위에 아무런 속임수를 쓰지 않았다면 주사위의 구조만으로도 확률을 계산해 볼 수 있다. 따라서 수학적 확률이란 똑같은 조건하에서 표본추출이나 실험을 계속 반복할 때 어떤 결과 또는 사건(event)이 나올 상대빈도수 또는 비율이라고도 할 수 있다.

이에 반해 통계적 확률은 여러 다양한 사건이 발생했던 과거경험을 토대로 하여 구한 확률이다. 즉, 특정사건을 불러일으키는 실험과정에 대한 사전적(prior) 지식에 의존하지 않는 확률이다. 예를 들면 설문조사에서 최첨단 디지털 카메라를 보유한 학생들에 대한 비율을 구했다면, 임의로 한 학생을 택했을 때 그 학생이 최첨단 디지털 카메라를 보유하고 있을 확률은 앞에서 구한 비율과 같다고 할 수 있다. 이처럼 과거 이미 발생한 사건에 대한 데이터를 이용하여 구한 확률이 바로 통계적 확률이다. 본서에서의 주된 관심은 바로 이 통계적 확률에 있다.

마지막으로 주관적 확률(subjective probability)은 개인의 과거경험, 개인적 의견, 특정상황에 대한 개인적인 분석 등을 토대로 도출되는 확률이다. 예를 들어 석유가격이 연내로 배럴당 100달러를 넘을 가능성, 10년 내에 남북한이 통일될 가능성 등과 같이 응답하는 개인에 따라 값이 달라질 수 있는 확률을 의미한다. 주관적 확률개념은 같은 개인이라 할지라도 상황에 따라 확률의 결정방식에 일관성이 없을 수도 있고, 같은 사건이라 하더라도 개인에 따라 확률값이 달라질 수도 있기 때문에 본서에서는 주관적 확률에 대한 논의는 하지 않는다.

제 2 절 확률의 계산

확률에는 확률을 계산하고자 하는 사건의 특성에 따라 단순확률, 결합확률, 조건부확률 등이 있다. 단순(simple)확률은 하나의 특정사건이 일어날 확률, 결합(joint)확률은 둘 이상의 특정사건이 동시에 일어날 확률, 조건부(conditional)확률은 어떤 사건이 이미 발생했다는 전제하에 또 다른 사건이 발생할 확률을 말한다. 이제 다음 예를 통해 이들 세 가지 확률의 의미를 생각해 보기로 하자.

예제 4-1

학생들의 IQ와 대학입시 합격률 간의 관계를 알아보기 위해 3년간 총 200명의 학생을 대상으로 하여 연구조사를 수행한 결과 다음과 같은 자료를 수집할 수 있었다.

IQ 125 이상이면서 합격한 학생수 – 60명
IQ 125 이상이면서 불합격한 학생수 – 20명
IQ 125 미만이면서 합격한 학생수 – 50명
IQ 125 미만이면서 불합격한 학생수 – 70명

풀이

이 자료를 간단히 표로 만들면 다음과 같다. 이런 표를 통계분할표(contingency table)라 부르는데, 2가지 차원(dimension)의 자료를 정리・요약하는 데 많이 사용된다. 여기서 2가지 차원이란 IQ 수준과 대학에의 합격・불합격 여부를 의미한다. 각 차원은 그 종류나 수준에 따라 상호배타적(mutually exclusive)인 여러 개의 그룹으로 나눌 수 있으나 이들을 합하면 모든 가능성을 전부 고려한 결과가 되도록 설정되어야 한다.

	IQ 125 이상	IQ 125 미만	계
합 격	60	50	110
불합격	20	70	90
계	80	120	200

우선 몇 가지 단순확률을 계산해 보기로 하자.

(a) 학생들의 IQ를 고려하지 않고 또한 별다른 추가적인 정보가 주어지지 않았다 하자. 임의의 한 학생을 선정했을 때 그 학생이 대학에 합격할 확률은 얼마인가?

⇒ 하나의 사건, 즉 대학에의 합격여부만을 고려하므로 이 확률은 단순확률이다. 200명 중 110명이 합격했으므로, 답은 0.55 또는 55%이다.

(b) 200명의 학생 중 임의로 한 학생을 택했을 때, 그 학생의 IQ가 125를 넘을 확률은 얼마인가?

⇒ 이 역시 단순확률이다. IQ가 125를 넘는 조건(사건)만을 감안하고 있기 때문이다. 답은 80÷200=0.4이다.

이번에는 결합확률, 즉 2가지 이상의 사건(이 경우는 학생들의 특성)이 같이 발생할 확률을 알아보기로 하자.

(c) 임의의 한 학생을 선정했을 때 그 학생이 대학에 합격했을 뿐만 아니라 IQ도 125를 넘을 확률은 얼마인가?

⇒ 이 문제의 경우 합격과 IQ 125 이상이라는 두 가지 사건(특징)이 동시에 일어나고 있어 이 문제에서의 확률은 결합확률이다. 이 두 가지 특성을 모두 가지고 있는 학생수가 60명이고 전체가 200명이므로 답은 60÷200=0.3이다.

(d) 임의의 한 학생을 선정했을 때 그 학생이 대학에 합격했지만 IQ는 125를 넘지 않을 확률은 얼마인가?

⇒ 이 문제도 합격과 IQ 125 미만이라는 두 가지 사건(특징)이 동시에 일어나고 있어 이 문제에서의 확률도 결합확률이다. 이 두 가지 특성을 모두 가지고 있는 학생수가 50명이고 전체가 200명이므로 답은 50÷200=0.25이다.

조건부확률은 어떤 사건이 이미 발생한 상태에서, 혹은 표본으로 뽑힐 학생의 특징이 전제조건으로 주어진 상태에서 또 다른 사건이 일어날 가능성이다.

(e) 무작위로 한 학생을 뽑았더니, 그 학생의 IQ가 125 미만이라는 것이 알려졌다. 이 학생이 대학에 입학할 확률은 얼마인가?

⇒ 이 문제에서의 확률은 조건부확률이다. 학생의 IQ가 125 미만이라는 사실이 조건으로 주어진 상태이기 때문이다. IQ가 125 미만인 학생수만을 고려하면 총 120명이고 이 중 50명이 대학에 합격하였으므로 구하고자 하는 확률은 $50 \div 120 = 0.4167$이다. 확률 계산과정에서 분모에 200명이 아닌 120명이 들어가 있음에 주의해야 한다. 즉, 전제조건을 만족시키는 120명이 분모에 해당된다. 앞의 문제에서는 분모에 전체 학생수 200명이 사용되었다.

(f) 임의로 택한 한 학생이 대학에 합격했다고 자신을 소개했다. 이 학생의 IQ가 125 미만일 확률은 얼마인가?

⇒ 대학에 합격한 학생수는 총 110명이고 이 중 50명이 IQ 125 미만이므로 구하고자 하는 확률은 $50 \div 110 = 0.4545$이다. 여기서도 전제조건을 만족시키는 110명이 분모에 해당된다.

(g) 임의로 택한 한 학생의 IQ가 125 이상이라는 정보가 제공되었다. 학생들의 IQ를 고려하지 않고 또한 별다른 추가적인 정보가 주어지지 않았다면, 임의로 택한 한 학생이 대학에 합격할 확률은 0.55 또는 55%이다. 그렇다면 학생의 IQ가 125 이상이라는 정보가 0.55라는 대학입학의 확률을 바꾸게 되는가?

⇒ 임의로 택한 학생의 IQ가 125 이상이라는 것이 조건으로 주어진 경우 대학 합격가능성은 조건부확률로서 $60 \div 80 = 0.75$이다.

제 3 절 통계적 독립사상과 조건부확률

1. 조건부확률의 계산과정

통계적 자료를 분석하는 목적 중의 하나는 데이터 안에 포함된 변수 또는 사건 간의 관계를 알아보고자 하는 데에 있다. 예를 들어 비타민 C를 많이 복용하면 감기에 걸릴 확률이 줄어드는가? 또는 소득이 높을수록 TV광고보다는 신문광고에 의해 구매의사가 증가하는가 등과 같이 어떤 관계를 알아보기 위해서는 기본적으로 통계적 독립(statistical independence)의 개념을 이해해야 한다.

주어진 두 사건 또는 사상 A, B는 한 사건의 발생이 또 다른 사건의 발생에 영향을 미치지 못할 때 통계적으로 독립사상이라 한다. 예를 들어 100명의 학생이 통계학을 수강하면 평균 20명이 F를 받아 재수강해야 한다고 가정해 보자. 아무런 추가적인 자료가 주어지지 않을 때 임의의 한 학생이 통계학 과목에서 F를 받지 않을 확률은 80%이다. 만약 다음 두 가지의 추가적 자료가 주어져 있을 경우 이 확률은 어떻게 변화할 것인가?

(a) 통계학을 수강한 학생 한 명을 임의로 택하였더니, 그 학생의 키가 180cm를 넘음을 알 수 있었다. 이 학생이 통계학을 무난히 수강할 확률은?

⇒키와 학점은 관계가 없으므로 80%의 확률은 변하지 않을 것이다.

(b) 통계학을 수강한 학생 한 명을 임의로 택하였더니, 이 학생은 한 주 평균 20시간 이상을 통계학 공부에 할애한다고 한다. 이 학생이 통계학을 무난히 수강할 확률은?

⇒학습시간 증대는 학점을 올릴 가능성이 높으므로 통계학을 무난히 수강할 가능성은 80%를 훨씬 상회할 것이다.

첫 번째 경우 키와 학점은 아무런 관계가 없으므로 이 두 사상은 통계적 독립사상이라 할 수 있으나, 두 번째 경우 20시간 이상을 공부한다는 사실은 통계학 학점에 영향을 미칠 것이므로 두 사상은 통계적 독립사상이 아니라 할 수 있다.

지금까지의 예에서는 어떤 주어진 사람들이 통계적으로 독립사상인지 아닌지에 대해 논리적으로 결정하였다. 그러나 자료가 방대하거나 상황이 복잡한 경우에는 이처럼 단순논리만으로는 통계적 독립사상의 여부를 판단하기 힘들다. 예를 들어 비타민 C의 섭취가 과연 감기에 걸릴 가능성을 줄이겠는가? 이러한 유형의 문제를 해결하기 위해서는 구체적인 실험설계를 통해 자료를 수집하고 분석해야 한다. 이제 이런 유형의 문제에 대해 자세하게 알아보도록 하자.

예제 4-2

어느 의학자가 비타민 C의 섭취량과 감기에 걸리는 빈도수에 관한 연구를 수행하였다. 600명의 사람을 무작위로 선정하고 이들을 네 그룹으로 나누어 무작위로 각각 150명씩을 배정하였다. 각 그룹끼리는 서로 다른 양의 비타민 C를 섭취하도록 하였는데, 자세한 내용은 다음과 같다.

그룹 1 : 비타민 C를 복용시키지 않음
그룹 2 : 1,000mg의 비타민 C를 매일 복용시킴
그룹 3 : 5,000mg의 비타민 C를 매일 복용시킴
그룹 4 : 10,000mg의 비타민 C를 매일 복용시킴

각 그룹 안에 속해 있는 사람은 자신이 어떤 비타민을 얼마만큼씩 복용하는지 모를 뿐 아니라 연구를 담당하는 의학자 역시 누가 어떤 그룹에 속하는지를 알 수 없도록 되어 있다. 이들 600명은 매주 정기적인 진단을 통해 감기의 감염여부를 검사받도록 되어 있다. 겨울이 지난 뒤 이들 600명의 감기감염에 관한 자료를 정리한 결과 다음과 같은 자료를 얻을 수 있었다.

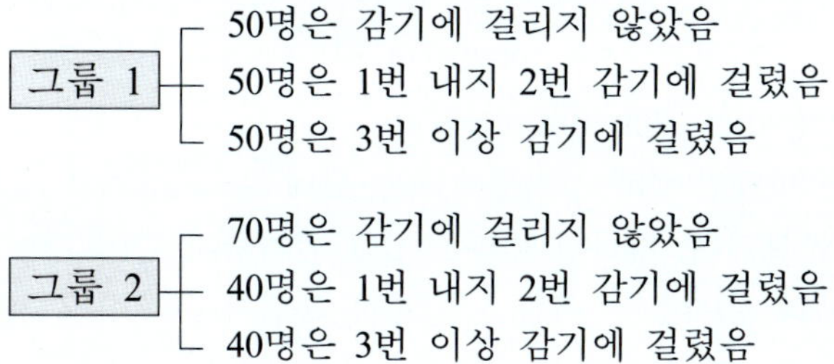

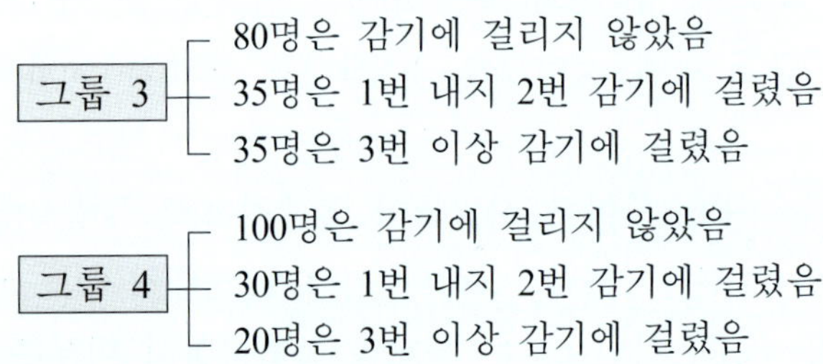

(a) 통계분할표를 작성하여라.

(b) 실험대상을 임의로 뽑았을 때 그 사람이 감기에 전혀 걸리지 않았을 확률은 얼마인가?

(c) 무작위로 한 사람을 택했더니, 그 사람이 그룹 1에 속해 있음을 알게 되었다. 그렇다면 그 사람이 감기에 걸리지 않았을 확률은 얼마인가?

(d) 무작위로 한 사람을 택했더니 이 사람은 전혀 감기에 걸린 적이 없다고 말했다. 이 사람이 그룹 4에 속해 있을 확률은 얼마인가?

(e) 비타민 C의 섭취와 감기에 걸리는 빈도는 서로 통계적으로 독립사상이라 할 수 있는가?

풀이

(a)

감기에 걸린 횟수	그룹 1	그룹 2	그룹 3	그룹 4	계
0	50	70	80	100	300
1~2	50	40	35	30	155
3 이상	50	40	35	20	145
계	150	150	150	150	600

(b) 감기에 전혀 걸리지 않았다는 하나의 사건만을 고려하므로 이 확률은 단순확률이다. 600명 중 300명이 전혀 감기에 걸리지 않았으므로 답은 300÷600=0.5이다.

(c) 그룹 1에 속해 있다는 사실이 전제조건으로 주어진 상태이기 때문에 이 확률은 조건부확률이다. 그룹 1에 속해 있는 사람이 모두 150명이며, 이 중 감기에 걸리지 않은 사람이 50명이므로 답은 50÷150=0.333이다. 조건부확률 계산시 분모는 모두 해당조건을 충족하는 경우의 수가 된다.

(d) 감기에 걸리지 않았다는 사실이 전제조건으로 주어진 상태이기 때문에 이 확률은 조건부확률이다. 감기에 걸리지 않은 사람은 모두 300명이고 이 중 그룹 4에 속해 있는 사람이 100명이므로, 조건부확률은 100÷300=0.333이다.

(e) 통계분할표에서도 알 수 있지만 비타민 C의 섭취량이 증가함에 따라 감기에 걸리지 않을 확률 역시 증가하는 경향을 보인다. 따라서 비타민 C의 섭취량과 감기 저항력은 서로 영향을 미치는 것처럼 보인다. 즉 이 두 사상은 통계적 독립사상이 아닐 가능성이 높다. 보다 심도 깊은 분석은 제12장에서 다룰 카이제곱분석기법을 이용해야 한다.

2. 새로운 정보를 반영한 조건부확률의 수정과정

통계분할표는 주어진 자료의 일목요연한 정리와 함께 통계적 독립성 여부를 판단하는 데 유용하다. 그뿐만 아니라 통계분할표는 새로운 자료나 정보가 추가적으로 제공되었을 때 기존의 확률을 재조정하는 데 쓰이기도 한다. 이러한 과정은 일반적으로 베이스 정리(Bayes' Theorem)[2]에 기초를 두게 되는데, 이 절에서는 베이스 정리 대신 통계분할표를 이용하여 그 과정을 설명하고자 한다.

어떠한 사건 A가 발생할 확률이 주어져 있을 때 새로운 사건 B에 관한 정보가 주어지게 되면, A가 발생할 확률은 조건부확률이 된다. 만약 A와 B가 통계적 독립사상이 아니라면 새로운 조건부확률은 기존의 무조건부확률과는 다른 값을 취하게 되며 이 확률값은 보다 많은 정보를 반영하게 되므로 기존의 무조건부확률보다는 정확할 것이다. 이제 예제 4-3 을 통해 새로운 정보가 얼마나 가치 있으며, 이 정보로 인해 확률이 어떻게 변화하는가를 살펴보기로 하자.

예제 4-3

LED 모니터를 생산하는 모 기업은 새로운 자동검사기를 도입하여 품질관리에 임하고 있다. 이 검사기는 불량으로 판정되는 LED 모니터에만 표시를 하게 되어 있고 양질의 것은 그대로 통과시킨다. 생산라인에서의 불량률은 평균 10%로 알려져 있으며 검사기 성능은 100% 완전한 것이 아니어서 양질의 LED 모니터는 90% 정도를 아무 표시 없이 통과시키며 불량품인 모니터는 95% 정도를 제대로 가려내어 표시한다. 품질관리 담당자가 생산라인에서 임의로 한 대의 LED 모니터를 추출하여 검사기를 통해 테스트한 결과, 불량으로 판정되었다 하자. 이때 이 모니터가 정말 불량품일 확률은 얼마일까?

---

2) 상호배타적인 k개의 사건 $B_1, B_2, \cdots, B_k$가 발생가능하고, 임의의 사상 A가 주어질 때 모든 $j=1, 2, \cdots, k$에 대해 다음과 같은 공식이 성립한다. 이 공식이 베이스 정리이다. 여기서 $P(B_j|A)$는 사상 A가 나타났다는 전제하에 B_j가 나타날 조건부확률이다.

$$P(B_j|A) = \frac{P(B_j)P(A|B_j)}{P(B_1)P(A|B_1)+P(B_2)P(A|B_2)+\cdots+P(B_k)P(A|B_k)}$$

이제 이 문제를 통계분할표를 이용하여 해결해 보기로 하자. 만약 200대의 LED 모니터가 검사기를 통해 그 품질이 결정되었다고 하면 다음과 같은 결과를 기대해 볼 수 있다.

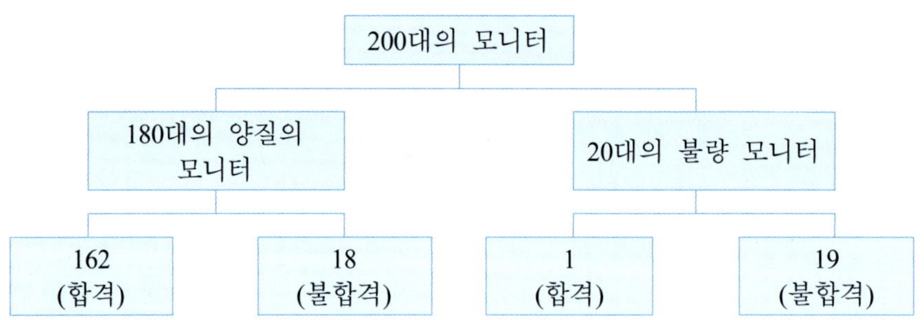

생산라인에서 200대가 생산되었을 때 불량률이 10%이므로 180대는 양질이며 나머지 20대는 불량품일 것이다. 검사기에서 양질의 모니터를 합격으로 판정할 가능성이 90%이므로 $180 \times 0.9 = 162$대의 모니터는 불량으로 표시되지 않고 통과될 것이고, 나머지 18대는 불량으로 판정될 것이다. 한편 20대의 불량 모니터 중 $20 \times 0.95 = 19$대의 모니터는 제대로 불량으로 표시될 것이고 나머지 1대만 양질의 모니터로 잘못 판정되어 통과될 것이다. 이를 정리하여 통계분할표로 작성하면 〈표 4-1〉과 같다.

〈표 4-1〉 검사기 문제의 분할표

	검사기에서 양질의 제품으로 통과	검사기에서 불량품으로 표시	계
양품 모니터	162	18	180
불량품 모니터	1	19	20
계	163	37	200

이제 이 표를 이용하여 몇 가지 확률을 계산해 보자.

(a) 먼저 검사기에서 불량품으로 표시된 모니터가 정말로 불량품일 확률부터 계산해 보자. 200대의 모니터 중 검사기에서 불량품으로 표

시된 것은 37대이며 이 중 진정한 불량품은 19대에 불과하다. 따라서 확률은 0.5135이다.[3)]

$$\frac{19}{37}=0.5135$$

(b) 검사기에서 양품으로 표시된 모니터가 정말로 양품일 확률을 계산해 보자. 200대의 모니터 중 검사기에서 양품으로 표시된 것은 163대이며 이 중 진정한 양품은 162대이다. 따라서 확률은 0.9938이다.

$$\frac{162}{163}=0.9938$$

(c) 검사기에서는 양품으로 표시되었지만 이 제품이 불량일 확률을 계산해 보자. 200대의 모니터 중 검사기에서 양품으로 표시된 것은 163대이며 이 중 불량은 1대이다. 따라서 확률은 1÷163=0.0062이다.

$$\frac{1}{163}=0.0062$$

따라서 검사기에서 양질로 통과할 모니터는 거의 100% 가까이 믿을 수 있으며 추가적인 검사가 불필요할 것이다. 즉 검사기 도입 전에는 임의로 한 대의 모니터를 추출했을 때 그 제품이 양질의 것일 가능성이 90%였으나, 검사기를 통해 양질로 판단된 제품이 진정한 양질의 것일 가능성은 거의 100%로 증가하였다. 그러나 검사기에서 불량으로 표시된 모니터는 약

---

3) 생산라인에서 생산된 모니터 중 10%가 불량품(D)이고 90%가 양품(G)이므로 아무런 추가적인 정보가 없다면 $P(D)=0.1$, $P(G)=0.9$가 성립한다. 검사기가 양품으로 판정하는 경우를 g, 불량품으로 판정하는 경우를 d로 표시한다면 조건부확률 $P(g|G)=0.9$, $P(d|D)=0.95$는 문제에 주어져 있다.

$P(d|G)+P(g|G)=1$이므로 $P(d|G)=0.1$임을 알 수 있고, $P(d|D)+P(g|D)=1$에서 $P(g|D)=0.05$임을 알 수 있다. 불량품으로 판정된 모니터가 정말 불량일 조건부확률은 $P(D|d)$이다. 베이스 정리를 적용해 보면

$$P(D|d)=\frac{P(D)P(d|D)}{P(D)P(d|D)+P(G)P(d|G)}$$

$$=\frac{(0.1)(0.95)}{(0.1)(0.95)+(0.9)(0.1)}=\frac{0.095}{0.095+0.09}=0.5135$$

이 식의 도출과정을 잘 살펴보면 통계분할표를 만들고 조건부확률을 계산했던 과정이 모두 다 반영되어 있음을 알 수 있다. 분자의 0.095는 양질의 모니터이면서도 검사기에서 불량으로 판정될 확률이며, 분모의 (0.095+0.09)는 모니터가 원래 양품이든 불량품이든 관계없이 검사기에서 불량으로 판정될 확률을 의미한다.

절반 정도만 불량이며 나머지는 양질의 것이라 할 수 있다. 따라서 이 검사기를 도입한다면 생산된 모니터 중 18.5%(=37÷200)만 추가적인 검사를 수행하면 될 것이다.

참고로 이 예에서 생산된 모니터 대수를 200대로 정한 것은 계산을 용이하게 하기 위한 것일 뿐 별다른 의미는 없다. 100으로 하든 200으로 하든 확률은 똑같다.

예제 4-4

신용카드를 사용하고 이에 대한 대금결제를 미루는 불성실한 고객들로 인해 고심하고 있는 A백화점은 모 연구소의 자문하에 새로운 신용평가시스템을 개발하였다. 이 시스템은 고객의 신용도를 높음, 중간, 낮음으로 등급을 매긴다. 과거자료를 이용하여 이 시스템을 테스트해 본 결과 다음과 같은 표를 작성할 수 있었다.

		평가시스템에 의한 평가		
		높 음	중 간	낮 음
고객의 실제신용도	높 음	0.95	0.05	0.0
	중 간	0.2	0.6	0.2
	낮 음	0.0	0.1	0.9

이 표에서 예를 들어, 0.95는 고객의 실제신용도가 높을 때 평가시스템이 이 고객을 신용이 높다고 판정할 확률이다.

과거의 자료를 분석한 결과 평균적으로 고객의 50%는 신용도가 높고 30%는 중간이며 20%는 신용도가 낮은 것으로 나타났다. 어느 한 고객의 신용도가 평가시스템에 의해 낮다고 판정되었을 때 실제 그 고객의 신용도가 낮을 확률은 얼마인가? 또한 어느 고객의 신용도가 높다고 판정되었음에도 불구하고 실제로는 신용도가 낮거나 중간일 확률은 얼마인가?

풀이

임의의 고객 100명이 이 평가시스템에 의해 평가되었다고 가정하자. 이 중 50명은 신용도가 높고, 30명은 중간, 그리고 나머지 20명은 신용도가 낮을 것이다.

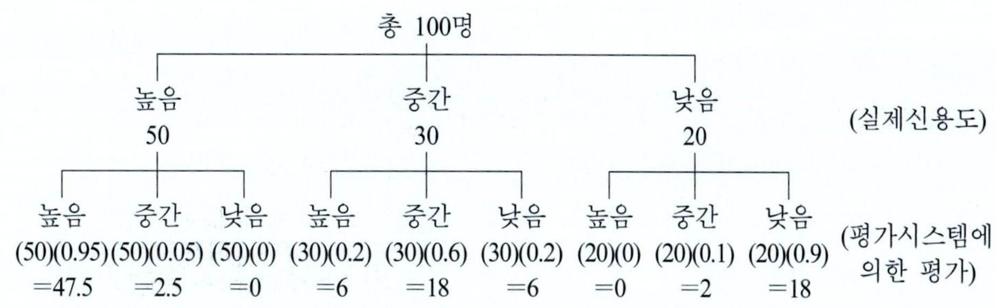

이 표를 통계분할표로 작성하면 다음과 같다.

		평가시스템에 의한 평가			계
		높 음	중 간	낮 음	
고객의 실제신용도	높 음	47.5	2.5	0	50
	중 간	6	18	6	30
	낮 음	0	2	18	20
계		53.5	22.5	24	100

따라서 평가시스템에 의해 신용도가 낮다고 판정된 고객의 실제신용도가 낮을 확률은 18÷24=0.75=75%이며 평가시스템에 의해 신용도가 높다고 판정되었음에도 불구하고 실제로는 신용도가 낮거나 중간일 확률은 6÷53.5=0.112이다.

예제 4-5

20명 중 평균 1명만이 창의력을 가지고 있다고 알려져 있다. 어느 심리학자가 창의력을 가지고 있는지 여부를 판단할 수 있는 새로운 테스트 프로그램을 개발하였다고 주장한다. 창의력을 가지고 있다고 알려진 사람의 60%가 이 테스트에서 70점 이상을 획득했고, 이에 반해 창의력을 갖추고 있지 못하다고 알려진 사람의 2%만이 70점 이상을 획득하였다. 피조사자가 이 테스트에서 70점 이상 맞았을 때 그 사람이 창의력을 가졌을 확률은 얼마인가?

풀이

편의상 100명이 이 테스트에 참여하였다고 하자. 즉, 100명 중 5명이 창의력을 가지고 있다고 볼 수 있으며 나머지 95명은 창의력을 가지고 있지 못하다. 창의력을 가진 5명 중 이 테스트에서 70점 이상을 맞을 수 있는 사람은 60%, 즉 (5)(0.6)=3명이며 창의력을 갖지 못한 95명 중 (95)(0.02)=1.9명만이 70점 이상을 맞을 수 있다.

	테스트 결과		계
	70점 이상	70점 미만	
창의력이 있는 사람	3	2	5
창의력이 없는 사람	1.9	93.1	95
계	4.9	95.1	100

100명 중 4.9명만이 70점 이상을 받았으므로 창의력이 있을 확률은 3÷4.9=0.612245가 된다.

예제 4-6

입시사정관제도를 운영하고 있는 월드기술대학은 우수학생의 선발을 위해 모 연구기관의 자문하에 새로운 사정·평가시스템을 개발하였다. 이 시스템은 지원학생의 역량을 높음, 중간, 낮음으로 등급을 매긴다. 과거자료를 이용하여 이 시스템을 테스트해 본 결과 다음과 같은 표를 작성할 수 있었다. 과거자료를 분석한 결과 평균적으로 지원자의 50%는 역량이 우수하고 30%는 중간이며 20%는 역량이 낮은 것으로 나타났다. 어느 한 지원자의 역량이 사정·평가시스템에 의해 낮다고 판정되었을 때 실제 그 학생의 역량이 낮을 확률은 얼마인가?

		사정·평가시스템에 의한 평가		
		높 음	중 간	낮 음
지원자의 실제역량	높 음	0.9	0.1	0.0
	중 간	0.1	0.8	0.1
	낮 음	0.0	0.1	0.9

풀이

총지원자수를 100명이라 가정하고 통계분할표를 작성해 보자.

		사정·평가시스템에 의한 평가			계
		높 음	중 간	낮 음	
지원자의 실제역량	높 음	45	5	0	50
	중 간	3	24	3	30
	낮 음	0	2	18	20
계		48	31	21	100

사정·평가시스템에 의해 역량이 낮은 것으로 판단된 학생이 21명이고 이 중 실제역량이 낮은 학생수는 18명이므로 답은 18÷21=0.8571이다.

연습문제

선택형 문제

1. 다음 중 확률에 대한 설명이 바르게 된 것은?

ㄱ. 확률은 반드시 0(0%)과 1(100%) 사이의 값을 취하며, 일어날 수 있는 모든 가능한 사건들의 확률의 합은 언제나 1 또는 100%이다.
ㄴ. 수학적 확률은 특정사건이 발생하게 되는 프로세스 또는 과정을 살펴볼 때 미리 알 수 있는 확률이다.
ㄷ. 주관적 확률은 개인의 과거경험, 개인적 의견, 특정상황에 대한 개인적인 분석 등을 토대로 도출되는 확률이다.

---

① ㄱ, ㄴ　　② ㄴ, ㄷ
③ ㄱ, ㄷ　　④ ㄱ, ㄴ, ㄷ

2. 여러 다양한 사건이 발생했던 과거경험을 토대로 하여 구한 확률로서 특정사건을 불러일으키는 실험과정에 대한 사전적 지식에 의존하지 않는 확률을 무엇인가? 예를 들어 과거 이미 발생한 사건에 대한 데이터를 이용하여 구한 확률을 총칭하여 무엇이라 하는가?

① 주관적 확률　　② 통계적 확률　　③ 수학적 확률

다음은 문제 3~6의 답을 위한 자료이다.

어느 대학원에서 지원자의 토익점수와 대학원 입시 합격률 간의 관계를 알아보기 위해 3년간 총 300명의 학생을 대상으로 하여 연구조사를 수행한 결과 다음과 같은 자료를 수집할 수 있었다.

토익점수 850 이상이면서 합격한 학생수－90명
토익점수 850 이상이면서 불합격한 학생수－20명
토익점수 850 미만이면서 합격한 학생수－10명
토익점수 850 미만이면서 불합격한 학생수－180명

	850점 이상	850점 미만	계
합 격	90	10	100
불합격	20	180	200
계	110	190	300

3. 지원자의 토익성적을 고려하지 않고 또한 별다른 추가적인 정보가 주어지지 않았다. 임의의 한 학생을 선정했을 때 그 학생이 대학원에 합격할 확률은 얼마인가?

① 90/300 ② 100/300
③ 200/300 ④ 90/110

4. 임의의 한 학생을 선정했을 때 그 학생이 대학원에 합격했을 뿐만 아니라 토익성적도 850점을 넘을 확률은 얼마인가?

① 90/300 ② 100/300
③ 110/300 ④ 90/110

5. 임의의 한 학생을 선정했을 때 그 학생이 대학원에 합격했지만 토익성적은 850점을 넘지 않을 확률은 얼마인가?

① 10/300 ② 90/300
③ 180/300 ④ 10/190

6. 임의로 택한 한 학생이 본인 토익성적이 850점 이상이라고 소개했다. 이 학생이 대학원에 합격할 확률은 얼마인가?

① 20/110 ② 90/100
③ 90/110 ④ 90/300

7. 동일한 부품을 생산하는 X, Y, Z의 기계 세 대가 있다. 기계 X에서 생산된 제품은 5%가 불량품이고 기계 Y는 10%, 그리고 기계 Z는 15%의 불량품이 발생한다. 세 기계에서 생산된 제품은 모두 혼합되어 있어 어느 제품이 어느 기계에서 생산되었는지를 알 수 없지만 매일 세 기계가 똑같은 양을 생산한다고 가정하자. 임의의 한 제품을 선택하여 살펴본 결과 불량품이었다면, 이 불량품이 기계 Y에서 생산된 것일 확률은 얼마인가?

① 5/15 ② 7.5/15
③ 5/12 ④ 15/150

계산형 문제

1. 200명의 성인을 무작위로 뽑아 성별과 교육정도에 따라 분류하였다.

교육정도	성 별	
	남	여
고 졸	38	17
대학졸	28	50
대학원졸	22	45

(a) 이 중에서 임의로 1명을 뽑았을 때 그 사람이 대학을 졸업한 것으로 밝혀졌다. 이 사람이 남자일 확률은?

(b) 임의로 1명을 뽑았을 때 그 사람이 여성인 것으로 밝혀졌다. 이 사람이 대학원졸이 아닐 확률은?

2. 자동차 구입자의 성별과 선호하는 색깔 간의 관계를 알아보기 위해 지난 6개월간의 판매실적을 정리한 결과 다음과 같은 표를 작성할 수 있었다.

선호하는 색깔	성 별		
	남	여	계
어두운 색 계통	100	40	140
밝은 색 계통	100	60	160
계	200	100	300

(a) 어느 한 자동차 구입자가 어두운 색 계통을 선호할 확률은?

(b) 어느 한 자동차 구입자가 남자이면서 어두운 색 계통을 선호할 확률은?

3. 최근 MBA 학생들을 대상으로 한 조사에서 그들은 현재 재학중인 학교를 선택한 가장 중요한 이유에 대해 다음과 같이 답하였다.

재적상태	선택이유			
	명 성	등록금	기 타	총 합
Full time	421	393	76	890
Part time	400	593	46	1,039
총 합	821	986	122	1,929

(a) Full time 학생이 명성 때문에 학교를 선택했을 확률은?

(b) Part time 학생이 등록금 때문에 학교를 선택했을 확률은?

(c) 어느 특정학생이 Full time 학생일 사건과 명성 때문에 학교를 선택할 사건이 서로 독립적인가? 그 이유를 밝혀라.

4. 어느 도시의 경찰청은 L_1, L_2, L_3, L_4의 4군데에 스피드 측정기를 설치해 놓았다. 각각의 측정기가 제대로 작동할 확률은 0.4, 0.3, 0.2, 0.3이다. A씨는 출근하기 위해서는 이 4군데 중 1군데는 꼭 거쳐가야 하는데, 언제나 과속하여 제한속도를 위반한다. L_1, L_2, L_3, L_4를 지나갈 확률이 각각 0.2, 0.1, 0.5, 0.2이다.

(a) A씨가 속도위반으로 범칙금을 낼 확률은?

(b) 범칙금 티켓을 이미 발부받았다고 할 때 A씨가 L_2를 지나갔을 확률은?

5. 40세 이상의 성인이 암에 걸린 확률은 2%라고 한다. 한편 암에 걸린 환자를 제대로 진단할 확률은 78%이며 건강한 사람을 암환자로 오진한 확률은 6%라고 한다.

(a) 40세 이상의 성인이 진단을 받은 후 암환자로 판정받을 확률은?

(b) 암환자로 판정받은 사람이 진짜 암환자일 확률은?

6. 사회적 기업에 대한 투자를 목적으로 설립된 국책은행은 2,374개의 사회적 기업에 투자를 하였고, 투자건수의 지역별 분포는 서울 1,434건, 경기 390건, 충청 217건, 대구경북 112건 그 외 기타 지역이 221건이다. 성격으로 보면 전체 투자건의 22%는 초기투자에 해당하고 55%는 확장투자에 해당한다. 투자한 은행은 투자를 받은 사회적 기업을 하나 선정하여 시험적으로 투자금이 사용된 용도를 파악하고자 한다.

(a) 선정된 사회적 기업이 서울에 소재할 확률은?

(b) 선정된 사회적 기업의 투자조건이 초기투자에 해당하지 않을 확률은?

(c) 초기투자에 해당하는 투자건수의 비율이 모든 지역에 동일하다고 가정하자. 임의로 선정한 기업에 대한 투자가 초기투자에 해당한다고 하면, 그 기업이 경기지역에 소재한 사회적 기업일 가능성은?

7. 김 교수는 퇴근시 교통혼잡도에 따라 한강을 건널 때 A대교, B대교, C대교 중 한 곳을 거쳐 집으로 간다. 통상적으로 김 교수가 A대교를 건널 확률은 20%, B대교를 건널 확률은 50%, 그리고 C대교를 건널 확률은 30%이다. 건너는 데 소요되는 시간이 30분 이상일 확률이 A대교는 5%, B대교는 4%, C대교는 8%이다.

(a) 김 교수가 한강다리를 건널 때 30분 이상 걸릴 확률은?

(b) 김 교수가 한강다리를 건너는 데 30분 이상 소요되었다고 했을 때 C대교를 이용했을 확률은?

8. 우리나라의 저가항공사 A, B, C의 김포공항 정시도착률은 각각 83.4%, 75.1%, 70.1%이다. 그리고 김포공항의 활주로에 도착하는 저가항공사 소속 비행기의 도착빈도수는 A사가 40%, B사가 35%, C사가 25%로 알려져 있다.

(a) 위에 제시된 자료를 근거로 통계분할표(행－저가항공사 A, B, C ; 열－정시도착과 지연도착)를 작성하여라.

(b) 지금 김포공항의 2번 게이트에 도착하는 저가항공의 비행편이 어느 항공사 소속일 확률이 가장 높은가?

(c) 문항 (b)의 비행편이 정시도착일 확률은?

(d) 문항 (b)의 비행편이 지연도착일 경우 어느 저가항공사 소속일 확률이 가장 높고 낮은가?

9. 어느 시중은행은 신용카드 소지 고객에 대한 과거 데이터를 분석한 결과 그들의 약 5%가 대금을 갚지 못하는 신용불량 상태가 되어 은행에 손해를 입히고, 신용불량이 아닌 고객의 20%는 대금을 연체하는 것으로 나타났다(물론 신용불량 고객의 100%는 대금연체 상태이다).

(a) 어느 고객이 카드대금을 연체하였다면 그 고객이 신용불량 상태가 될 확률은?

(b) 이 은행은 신용불량 상태일 확률이 20%가 넘는 고객의 카드는 취소하기로 결정하였다. 만약에 어느 고객이 카드대금을 연체한다면 은행이 이 고객의 카드를 취소해야 하는지의 여부와 그 이유를 설명하여라.

10. 대학교육협의회의 한 조사에 따르면 대학 신입생의 47%가 5년 내에 대학을 졸업한다고 한다. 남학생의 경우는 군대 입대 시간을 빼고 조사하였다. 그리고 5년 내 졸업한 학생의 반은 여학생이고 5년 내에 졸업하지 못한 학생의 45%는 남학생이었다. 5년 내 졸업하지 못한 학생들은 휴학 또는 중퇴하였거나 아직 재학중이다.

(a) A＝5년 내에 졸업할 사건, B＝5년 내에 졸업하지 못할 사건, F＝신입생이 여학생일 사건이라고 정의하자. A가 일어날 확률, B가 일어날 확률, A가 일어났다는 가정하에 F가 일어날 확률, B가 일어났다는 가정하에 F가 일어날 확률을 각각 계산하여라.

(b) 여학생이 5년 내에 졸업할 확률은?

(c) 남학생이 5년 내에 졸업할 확률은?

(d) 신입생이 남학생일 확률과 여학생일 확률을 각각 구하여라.

11. 어느 한 인터넷 사용자에 대한 조사에 의하면 18세 이상 인터넷 사용자의 8%가 개인블로그를 가지고 있는 블로거(blogger)에 해당한다고 한다. 그리고 블로거의 54%와 비블로거(non-blogger)의 24%가 18세 이상 30세 미만 연령대에 해당한다.

(a) 블로거와 비블로거, 18세 이상 30세 미만 성인과 30세 이상 성인 간 분포를 볼 수 있는 통계분할표를 작성하여라.

(b) 어느 인터넷 사용자가 18세 이상 30세 미만에 해당할 확률은?

(c) 어느 인터넷 사용자가 블로거이면서 18세 이상 30세 미만일 확률은?

(d) 어느 인터넷 사용자가 25세일 때 이 사람이 블로거일 확률은?

CHAPTER

확률변수와 확률분포

제 1 절 확률변수와 확률분포의 개념

제 2 절 이항분포

제 3 절 정규분포

예시|사례

1. 월드항공은 서울과 백두산을 연결하는 항공노선을 운영하고 있다. 항공기는 1회에 100명을 태울 수 있는데, 주말에는 100% 예약이 찬다. 그러나 예약했다고 해서 탑승하기 위해 다 나타나지는 않는다. 보통 100명의 예약손님 중 15명 정도는 예약취소도 하지 않고 탑승하러 나타나지도 않는 비양심고객들이다. 월드항공은 이런 불성실고객으로 인한 손실을 줄이기 위해 초과예약제를 고려하고 있다. 즉 좌석수보다 더 많은 수의 고객으로부터 예약을 받으려고 한다. 그렇지만 초과예약을 받은 후 좌석수보다 실제로 더 많은 고객이 나타나면 초과고객 1인당 30만원을 위약금으로 지불해야 한다. 빈 좌석이 생기는 경우 한 좌석당 15만원의 손실이 발생한다.

몇 좌석이나 초과예약을 하는 것이 이익을 가장 많이 낼 수 있을 것인가?

2. 한국K2사이버대학의 홈페이지에는 다양한 정보가 수록되어 있다. 그래픽이나 사진 등이 많으면 다운로드에 시간이 더 걸리지만, 보통 1페이지 다운로드에 걸리는 시간의 평균은 4초이며, 표준편차는 1초 정도이다. 과거자료를 수집하여 분석해 본 결과, 다운로드 시도횟수 중 약 3분의 2 정도는 3초에서 5초 정도 소요되었으며, 다운로드 시도횟수 중 약 95%는 2초에서 6초 정도 소요되었다. 전체적으로 다운로드에 소요되는 시간은 평균 4초를 중심으로 대칭을 이루고 있는 것으로 나타났다.

학생들에 대한 서비스품질 극대화에 노력하고 있는 정보통신팀은 다운로드에 5초 이상 걸리는 경우가 몇 %나 되며, 다운로드에 몇 초 이상 걸려야 서비스품질 차원에서 최악의 1%에 해당되는지 궁금해하고 있다.

제 1 절 확률변수와 확률분포의 개념

앞장에서 간략히 살펴보았던 다양한 확률개념은 본장 이후에서는 별로 사용되지 않는다. 확률은 본장에서 논의할 확률변수와 확률분포의 형태를 통해 그 개념이 반영될 뿐이다.

1. 확률변수의 정의

누구나 잘 알고 있듯이 상수(constant)가 아닌 것이 변수(variable)이다. 변수는 미리 정해진 두 개 이상의 값 중에서 하나의 값을 갖는다. 예를 들면 주사위를 던지면 1, 2, 3, ⋯, 6 중에서 하나의 값이 나온다.

확률변수(random variable)는 변수가 취할 수 있는 다양한 값이 각각 나타날 가능성이 미리 확률로 주어진 경우의 변수를 말한다. 이론적으로 정의하면, 확률변수는 두 개 이상의 값을 취할 수 있는 임의의 사상으로, 그 사상이 어떤 특정값을 취할 가능성이 확률로 표시될 수 있는 사상이다. 예를 들어 주사위 1개를 던져 나오는 눈금에 따라 복권 당첨금을 나눈다고 하자. 주사위 1개를 던졌을 때 나올 수 있는 눈금의 값을 변수 X라 한다면 X는 1, 2, 3, 4, 5, 6 중의 하나의 값을 취하게 되고 각각의 값이 나올 확률은 1/6이다. 이 경우 X는 확률변수이다.

우선 다음의 몇 가지 예를 통하여 확률변수의 개념과 그 종류를 구체적으로 살펴보기로 하자.

(a) 월드항공은 서울과 제주를 운항하고 있는 항공노선을 운영하고 있다. 항공기는 1회에 100명을 태울 수 있는데, 주말에는 100% 예약이 찬다. 그러나 예약했다고 해서 탑승하기 위해 다 나타나지는 않는다. 보통 100명의 예약손님 중 15명 정도는 예약취소도 하지 않고 탑승하러 나타나지도 않는 비양심고객들이다. 이번 주말에 100

명이 예약했을 때 몇 명이나 탑승하러 나타나겠는가?

(b) 월드닷컴건강진단센터에서 5대의 심전도 측정기기를 이용하여 진단에 임하고 있다. 아무 문제없이 운영되는 심전도 측정기기는 몇 대나 될 것인가?

(c) 새로 개발한 첨단 3D모니터는 최소 1만 시간 이상을 사용해도 화면에 아무 문제가 없다고 자랑한다. 생산라인에서 무작위로 한 대의 모니터를 추출했을 때, 이 모니터의 수명은 몇 시간이나 될 것인가?

(d) 월드택배회사는 새로 배달용 트럭을 구입하기 위해 평균적인 소포물의 부피를 측정하고자 한다. 월 평균 5만 건의 택배물량을 처리하는데, 이 중 무작위로 소포물 한 개를 집어낸다면 이 소포의 부피는 얼마나 될 것인가?

(a)에서 알아보고자 하는 것은 주말에 예약한 100명 중 탑승하러 나타나는 승객수이다. 이와 같이 정의되는 승객수를 확률변수라 한다면, 이 변수는 0에서부터 100까지의 정수 중 하나를 취할 것이다. 변수가 취할 수 있는 각각의 값이 나올 가능성만 확률로 계산할 수 있다면 이 변수는 확률변수가 된다.

(b)에서 알아보고자 하는 것은 5대 중 아무 문제없이 운영되는 심전도 측정기기 대수이다. 모두 5대가 있으므로, 5대 중 아무 문제없이 운영되는 심전도 측정기기 대수로 정의되는 확률변수값은 0에서 5 사이의 정수값을 가진다.

(c)에서 정의할 수 있는 확률변수는 새로 개발한 첨단 3D모니터의 수명이다. 수명은 0에서부터 몇 만 시간까지 가능하며 정수가 아니라도 무방하므로, 이 변수가 취할 수 있는 경우의 수는 무한하다.

(d)에서 찾아볼 수 있는 확률변수는 소포물의 부피이다. 얼마나 정확히 측정할지는 개인의 데이터 활용용도에 따라 다르지만, 이 변수도 취할 수 있는 값의 범위가 무한하다.

위의 예에서 알 수 있는 바와 같이 확률변수는 변수가 취할 수 있는 값의 유형에 따라 두 종류로 구분된다. 자료종류에 이산형 자료와 연속형 자료가 있듯이, 확률변수도 이산확률변수와 연속확률변수의 2가지 유형으로 분류된다. (a)와 (b)에서처럼 확률변수가 취할 수 있는 값이 한정되어 있는 경우는 이산확률변수라 부른다. 연속확률변수는 (c)와 (d)에서처럼 상한과 하한 사이에 연속해 있는 무한히 많은 값 중 아무 값이나 취할 수 있는 확률변수를 말한다.

2. 확률모형의 개념

확률모형은 확률변수가 어떤 특정한 값을 취할 가능성을 손쉽게 계산하기 위해 사용되는 모형으로, 모형에서 사용되는 확률변수의 종류에 따라 이산확률모형과 연속확률모형으로 나누어 볼 수 있다.

우선 이해가 쉬운 이산확률모형부터 살펴보기로 하자. 예를 들어 3명이 탈 수 있는 전세비행기에 예약을 한 고객 3명 중 탑승하기 위해 나타나는 고객의 수를 확률변수로 정의해 보기로 하자. 이 3명이 비행기 탑승을 위해 나타날 가능성은 각각 50%라고 가정해 보자. 즉, A, B, C 3명이 예약했다면, A가 나타날 확률도 50%, B가 나타날 확률도 50%, 그리고 C가 나타날 확률도 50%이다.

고객 3명 중 탑승하기 위해 나타나는 고객의 수를 x라 한다면, x는 0, 1, 2, 3 중의 하나의 값을 취한다. 이 확률변수가 취할 수 있는 각각의 값이 나올 확률은 다음과 같다.

모두 나타나지 않을 확률	1/8
1명만 나타날 확률	3/8
2명만 나타날 확률	3/8
3명 모두 나타날 확률	1/8
합 계	1.0

이산확률모형 또는 이산확률분포란 이와 같이 이산확률변수가 취할 수 있는 모든 값과 그 값들이 각각 나타날 확률을 관계지은 분포로, 이 예의

[그림 5-1]
탑승하기 위해 나타나는 고객의 수를 나타낸 확률막대그림

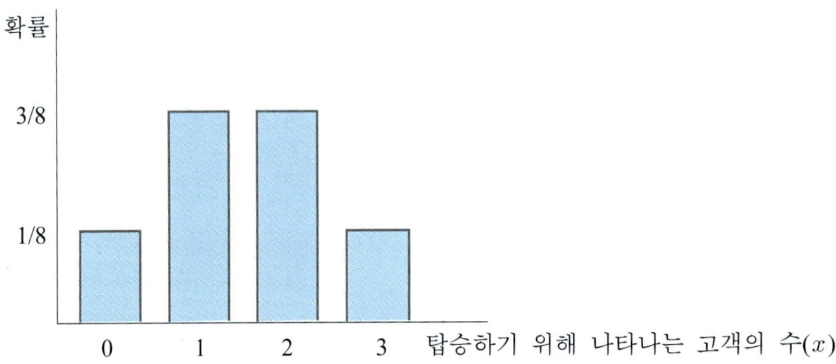

경우 네 개의 확률값의 합은 1.0이 되어 확률분포의 기본특성을 만족시킨다. 이산확률분포는 [그림 5-1]과 같은 확률막대그림을 통해 변수가 취할 수 있는 값과 그 값이 나올 확률을 표시할 수 있다. 확률막대그림은 확률분포를 그림으로 표현한 일종의 막대그림으로, 다른 막대그림과 마찬가지로 막대나 직사각형으로 구성된다. 각 직사각형 밑변의 크기를 1로 설정하고 높이로 해당 확률변수값의 확률을 나타내면 확률막대그림 아래의 전체면적은 100%이다. 이 그래프에서 알 수 있듯이 확률분포는 사실상 상대도수분포의 개념과 동일한 것으로 간주해도 무방하다.

이제까지 소개된 확률분포의 개념은 이산확률변수의 확률분포, 즉 이산확률분포에 적합하나 연속확률변수에는 그대로 적용될 수 없다. 왜냐하면 연속확률변수가 취할 수 있는 값은 무한개이므로 확률변수가 정확히 하나의 값을 취할 확률은 개념적으로 성립할 수 없기 때문이다. 따라서 연속확률변수의 확률분포, 즉 연속확률분포에서는 확률변수가 일정구간 내에 있을 확률만이 성립된다. 다음 절에 제시될 확률변수의 여러 특성이 편의상 이산확률분포 위주로 설명되어 있으나 기본개념은 연속확률분포의 경우로 확장될 수 있음을 기억하기 바란다.

3. 확률변수의 기대치와 표준편차

확률분포를 확률막대그림으로 그려보면, 확률변수가 취할 수 있는 값들이 어디에 집중되어 있으며, 얼마나 퍼져 있는지를 대략 짐작해 볼 수 있다.

〈표 5-1〉 복권 당첨가능액수와 당첨매수

당첨가능액수	당첨매수(발행복권수 1,000장)
200만원	1
100만원	2
50만원	5
10만원	10
1만원	100
0	882

일반 데이터의 평균과 분산을 구하듯이 확률변수도 평균과 분산을 구할 수 있다. 확률변수의 평균은 기대치(expected value)라 부른다.

사례를 통해 확률변수의 기대치와 분산 개념을 알아보기로 하자. 〈표 5-1〉은 가상의 복권을 구입했을 때 당첨가능한 액수와 당첨매수를 요약해 놓은 것이다. 복권 1장의 가격은 1만원이며 발행된 복권은 모두 다 팔린다고 가정해 보자.

〈표 5-1〉에서 알 수 있듯이 200만원에 당첨될 가능성도 없지 않지만 대개는 한 푼도 받지 못하거나 잘해야 1만원 정도의 당첨금을 타는 경우가 많다. 만약 이 복권을 매주 끊임없이 구입한다고 할 때 당첨되어 받게 될 금액의 평균값은 얼마나 될 것인가? 또는 장기적으로 볼 때 복권을 구입함으로써 매번 벌 수 있는 액수는 얼마인가? 기대치란 이와 같은 확률적 자료의 집중경향을 나타내는 통계치이다.

다시 말해 기대치란 확률을 감안한 가중평균으로, 발생할 가능성이 있는 결과에 확률을 곱하여 모두 합한 값이다. 예를 들어 1,000장의 복권이 팔렸을 때 당첨금의 기대치를 계산해 보면 다음과 같다.

$$\begin{aligned}\text{기대치} &= \Big(200\text{만원} \times \frac{1}{1,000} + 100\text{만원} \times \frac{2}{1,000} + 50\text{만원} \times \frac{5}{1,000} \\ &\quad + 10\text{만원} \times \frac{10}{1,000} + 1\text{만원} \times \frac{100}{1,000} + 0\text{원} \times \frac{882}{1,000}\Big) \\ &= 8,500\text{원}\end{aligned}$$

기대치는 당첨자를 발표하기 전까지 각각의 복권구입자가 당첨되리라 기대하는 금액의 평균치이다. 그러므로 8,500원은 복권을 매주 끊임없이 구입할 때 당첨금으로 받을 수 있는 금액의 평균값으로, 단 한 번 복권을 구입했을 때 얻을 수 있는 액수는 아니다.

만약 각 당첨금별 복권당첨자가 발표되었다면 이제 기대치는 사라진다. 각자가 가지고 있는 복권은 불확실성이 전혀 개입되어 있지 않은 현금이거나 또는 휴지 조각에 불과하다. 1,000명 모두가 받을 수 있는 당첨금의 평균을 구해도 8,500원이다. 다만 이 경우 기대치가 아니라 복권당첨금의 산술평균이 도출되었음을 유념해야 한다.

결국 기대치도 일종의 산술평균이라 할 수 있다. 누가 얼마짜리 복권에 당첨되었는지 발표가 난 후에는 복권구입자 1,000명이 가지고 있는 복권당첨액의 산술평균을 구하면 그 값도 8,500원이다. 기대치는 누가 얼마짜리 복권에 당첨되었나가 알려지기 전의 값이고, 산술평균은 당첨자가 결정된 후의 값이다.

그렇다면 기대치 그 자체는 어떤 가치가 있는가? 기대치는 표준편차 또는 분산을 구하지 않고서는 그 의미가 상당히 퇴색된다. 표준편차가 기대치에 비해 상대적으로 작은 경우에는 단 한 번의 복권구입으로도 기대치만큼의 수익을 얻을 수 있다고 기대할 수 있지만, 표준편차가 평균보다 매우 크면 지속적으로 복권구입을 하는 경우에만 기대치만큼의 수익을 기대할 수 있을 뿐 단 한 번의 복권구입으로 기대치수준의 수익을 올릴 수 있으리라고 기대해서는 곤란하다. 이러한 경우에는 분산 또는 표준편차를 구하여 당첨금의 산포도를 알아보아야 한다.

확률변수의 분산은 각 자료치와 기대치의 차이를 제곱한 값에 확률을 곱한 뒤 총합을 구하면 얻어진다. 참고로 누가 얼마짜리 복권에 당첨되었는지 발표가 난 후에는 복권구입자 1,000명이 가지고 있는 복권당첨액의 분산도 같은 값을 가진다.

$$\text{분산} = \Big\{ (200\text{만원} - 0.85\text{만원})^2 \times \frac{1}{1{,}000} + (100\text{만원} - 0.85\text{만원})^2 \times \frac{2}{1{,}000}$$
$$+ (50\text{만원} - 0.85\text{만원})^2 \times \frac{5}{1{,}000} + (10\text{만원} - 0.85\text{만원})^2 \times \frac{10}{1{,}000}$$

$$+(1\text{만원}-0.85\text{만원})^2\times\frac{100}{1,000}+(0\text{만원}-0.85\text{만원})^2\times\frac{882}{1,000}\Big\}$$
$$=728,775$$

예제 5-1

보험회사 역시 기대치의 개념을 잘 활용하고 있다. 예를 들어 35살된 남자가 연간 20만원을 지급하고 1년 기한 5,000만원짜리 생명보험에 가입할 수 있다고 하자. 만약 35살된 남자가 1년 안에 사망할 가능성이 1천분의 1이라면, 장기적으로 보아 보험회사에 돌아갈 이익은 얼마이겠는가? 이 경우 1년 내에 사망하거나 또는 1년 이상 생존하는 두 가지 결과만을 고려한다.

풀이

가능한 결과	보험회사의 이익	확 률
1. 1년 이상 가입자 생존	+20만원	$\frac{999}{1,000}=0.999$
2. 1년 이내 가입자 사망	20만원 − 5,000만원 = −4,980만원	$\frac{1}{1,000}=0.001$

$$\text{기대치}=(20\times0.999)+(-4,980\times0.001)=15\text{만원}$$
$$\text{분산}=(20-15)^2\cdot(0.999)+(-4,980-15)^2\cdot(0.001)=24,975$$

물론 보험회사가 모든 가입자에게 일률적으로 15만원의 수익을 올리는 것은 아니다. 1년 이상 생존한 가입자에게는 1인당 20만원의 수익을 올리며, 1년 이내에 사망한 가입자에게는 1인당 4,980만원의 손해를 본다. 그러나 가입자가 많아지는 경우에는 평균적으로 1인당 15만원의 수익을 기대해 볼 수 있다.

예제 5-2

통계학 입문과목의 시험을 치른 월드사이버대학의 K교수는 채점 결과 평균이 50점, 표준편차가 10점인 것으로 나타나 실의에 잠겨 있다. 성적이 너무 낮은 것을 한탄한 K교수는 모든 학생들에게 각자 받은 성적에 20%를 더해 주기로 했다. 즉 80점을 받은 학생은 96점을 받게 된다. 그렇지만 이것으로 충분하지 않은 학생들이 많아 그렇게 올려준 성적에 또 10점씩을 더 주기로 했다. 원래 점수가 80점인 학생은 이제 (80)(1.2)+10=106점을 받게 되었다.

다음 달에 치르게 될 또 한 번의 통계학 시험의 성적을 확률변수(x)로 정의하고, 이 변수가 기대치 50점, 표준편차 10점인 확률분포를 띨 것이라고 가정해 보자. 앞에서와 같이 성적을 올려

줄 것이라면 확률변수(x)의 기대치와 표준편차는 어떻게 변할 것인가? 즉, 확률변수 $y=1.2x+10$의 기대치와 표준편차를 구하여라.

풀이

기대치부터 구해보면, 모든 학생들에게 각자 받은 성적에 20%를 더해 주면 원래 평균점수인 50점은 (50)(1.2)=60점이 될 것이다. 거기에다가 한 명도 빼놓지 않고 모든 학생들에게 10점을 더해주면 평균 역시 10점이 상승하게 되어, 기대치는 70점이 된다.

$$\text{새로운 기대치 } (50)(1.2)+10=70\text{점}$$

한편 표준편차는 이처럼 계산이 간단하지 않다. 표준편차가 10점이므로 분산은 100점이다. 확률변수의 분산의 정의를 되새겨보면, 분산은 확률변수가 취할 수 있는 값과 기대치 간의 차이를 제곱한 것이다. 따라서 각자의 성적을 10점씩 올려준 것은 기대치도 10점을 올리는 효과를 나타내기 때문에 분산에는 아무런 영향이 없다. 각자의 성적과 기대치가 모두 10점이 증가하면 기대치와 각 값 간의 거리에는 아무런 변화가 없기 때문이다. 그렇지만 원래 성적에 1.2배를 하면 성적이 시원치 않은 학생들은 몇 점 올라가지 않지만, 시험을 잘 본 학생들은 기대치가 증가한 것보다 더 큰 폭의 혜택을 보게 된다.

분산을 구할 때 (개별수치−기대치)를 제곱하기 때문에 이 예제에서처럼 원래 점수에 1.2를 곱하면, 1.2가 괄호 밖으로 나가게 되어 분산은 1.2의 제곱만큼 증가한다. 따라서 새로운 분산값은 144가 된다.[1)]

$$\text{새로운 분산값}=(1.2)^2(100)=144$$

단, 표준편차는 144의 제곱근이므로 12가 된다.

예제 5-3

50대의 복사기를 운영하고 있는 한국 OA는 지난 6개월간 하루에 고장난 복사기 대수를 조사한 결과, 하루도 고장이 안 나는 날이 없었다고 한다. 매일 고장나는 복사기 대수의 평균값이 1.85대, 분산이 1.1275대인 것으로 나타났다. 복사기가 고장나는 경우 고장대수에 관계없이 출장비 3만원을 지불해야 하고, 또한 고장난 복사기 한 대당 8천원의 수리비용을 지불해야 한다고 할 때 일일수리비용의 기대치와 분산을 구하여라.

1) 이 계산과정을 요약하면, a와 b가 상수일 때 확률변수 $aX+b$의 기대치와 분산은 $E(aX+b)=aE(X)+b$, $Var(aX+b)=a^2\,Var(X)$이다.

풀이

일일수리비용 Y를 고장난 복사기 대수 X의 함수로 나타내면 $Y = 30{,}000 + 8{,}000X$이므로 기대치와 분산은 다음과 같다.

$$\text{기대치} = 30{,}000 + (8{,}000)(1.85) = 44{,}800\text{원}$$
$$\text{분산} = (8{,}000)^2(1.1275) = 72{,}160{,}000$$

예제 5-4

한국월드전자는 A와 B의 두 공급업체로부터 전자부품을 공급받는다. 공급업체 A의 경우 부품 100개당 불량품 개수의 평균이 2개이고 분산은 0.5, 공급업체 B의 경우 부품 100개당 불량품 개수의 평균이 1.5개이고 분산은 0.5인 것으로 나타났다. 공급업체 A는 매일 600개를 공급하고 공급업체 B는 매일 400개를 공급한다고 한다. 내일 공급받을 1,000개의 부품에 섞여 있을 불량품 개수의 기대치와 분산을 구하여라.

풀이

(a) A와 B의 두 공급업체는 서로 아무런 관계가 없다고 볼 수 있으므로, 납품하는 부품에 섞여 있는 불량품 개수도 서로 아무런 관계가 없다고 봐도 무방하다. 따라서 내일 공급받을 1,000개의 부품에 섞여 있을 불량품 개수의 기대치는, A사가 공급하는 부품 600개와 B사가 공급하는 부품 400개에 섞여 있을 불량품 개수의 기대치를 더한 값이 된다.

$$\text{A사 불량품 개수의 기대치} = (6)(2) = 12$$
$$\text{B사 불량품 개수의 기대치} = (4)(1.5) = 6$$

양사가 납품한 1,000개에 섞인 불량품 개수의 기대치는 $12 + 6 = 18$개이다.

(b) 분산의 경우도 A업체와 B업체의 생산라인에는 아무런 연관관계가 없을 것이므로, A사가 공급하는 부품 600개와 B사가 공급하는 부품 400개에 섞여 있을 불량품 개수의 분산을 구해 더하면 된다.

$$\text{A사 불량품 개수의 분산} = (6)^2(0.5) = 18$$
$$\text{B사 불량품 개수의 분산} = (4)^2(0.5) = 8$$

양사가 납품한 1,000개에 섞인 불량품 개수의 분산은 $18 + 8 = 26$개이다.[2)]

---

2) 상호독립적인 두 확률변수 X와 Y의 기대치를 각각 $E(X)$와 $E(Y)$라 할 때 확률변수 $X+Y$의 기대치와 분산은 $E(X+Y) = E(X) + E(Y)$, $Var(X+Y) = Var(X) + Var(Y)$이다.

제 2 절 이항분포

1. 이항확률변수의 개념

이항확률변수 X는 성공확률이 p일 때 n번의 시도에서 나타날 성공횟수이다. 예를 들어 동전을 100번 던질 때 이 중 20번이 앞면일 확률, 100명이 탑승예약한 비행기노선에 60명만이 탑승을 위해 나타날 확률, 백화점 고객을 고액구매자와 소액구매자로 구분할 때 100명의 신규고객 중 80명이 고액구매자일 확률 등과 같이, 둘 중에 하나만 발생가능한 상황에서 특정사건이 일정횟수 나타날 확률을 구하는 문제는 흔히 부딪히는 의사결정문제이다.

이제 다음의 가상 예를 통해 이항확률변수의 적용과정을 살펴보기로 하자. 서울과 백두산을 연결하는 새로운 항공노선이 개설되었다고 할 때, 30명이 탑승할 수 있는 작은 비행기만을 운행하는 이 노선의 예약부도율은 10%이다. 즉, 10명이 예약하면 평균 1명은 비행기를 타지 않는다는 의미이다. 오늘 출발하기로 예약한 고객 중 무작위로 4명을 뽑았을 때 이 중 3명만이 탑승할 확률은 얼마인가?

무작위로 뽑힌 4명의 고객에 대해 과거 탑승기록이나 별다른 신상조사를 하지 않는다면, 이들 각각이 탑승하지 않을 확률은 10%이다. 4명 중 3명이 탑승하는 경우는 〈표 5-2〉와 같다.

〈표 5-2〉 4명의 고객 중 3명만이 탑승하는 경우의 발생확률

승객구분				발생확률
승객 A	승객 B	승객 C	승객 D	
○	○	○	×	.0729
○	○	×	○	.0729
○	×	○	○	.0729
×	○	○	○	.0729

○ : 탑승, × : 나타나지 않음

4명이 서로 아무런 관계가 없으므로 승객 A, B, C만 나타나고 승객 D는 나타나지 않을 확률은 (0.9)(0.9)(0.9)(0.1)=0.0729이다. 마찬가지로 승객 C를 제외한 나머지 3명이 나타날 확률 역시 0.0729이다. 누가 탑승하지 않느냐만 차이가 있을 뿐 탑승객수는 똑같으며, 결과적으로 발생확률도 같다. 4명 중 3명만이 탑승하는 경우는 모두 4가지이다. 각각의 경우가 나타날 확률이 0.0729이므로 이들 경우의 수를 모두 감안한 확률은 다음과 같다.

$$(0.0729)(4)=0.2916$$

이번에는 4명 중 2명만이 탑승하는 경우의 확률을 구해보기로 하자. 4명 중 2명만이 탑승하는 경우는 〈표 5-3〉과 같다.

4명이 서로 아무런 관계가 없으므로 승객 A, B만 나타나고 승객 C와 D는 나타나지 않을 확률은 (0.9)(0.9)(0.1)(0.1)=0.0081이다. 마찬가지로 승객 A, C만 나타나고 승객 B와 D는 나타나지 않을 확률 역시 0.0081이다. 4명 중 2명만이 탑승하는 경우는 모두 6가지이다. 각각의 경우가 나타날 확률이 0.0081이므로 이들 경우의 수를 모두 감안한 확률은 다음과 같다.

$$(0.0081)(6)=0.0486$$

이와 같이 발생가능한 경우의 수를 알고, 이 중 하나의 사건이 발생할 가능성만 계산할 수 있으면 쉽게 계산이 가능한 이항확률변수를 확률변수

〈표 5-3〉 4명의 고객 중 2명만이 탑승하는 경우의 발생확률

승객구분				발생확률
승객 A	승객 B	승객 C	승객 D	
○	○	×	×	.0081
○	×	○	×	.0081
○	×	×	○	.0081
×	○	○	×	.0081
×	○	×	○	.0081
×	×	○	○	.0081

○ : 탑승, × : 나타나지 않음

로 하는 분포를 이항분포(binomial probability distribution)라 한다. 이항분포는 경영·경제 분야에서 가장 많이 활용되는 이산확률분포이다. 우선 이항분포가 적용될 수 있는 상황을 알아보기로 하자. 이항분포는 분포를 정의하는 확률변수가 다음과 같은 특징[3]을 지니는 경우에 편리하게 이용할 수 있다.

(a) 이항분포의 이론적 근거를 제공하는 통계적 실험과정에서 나오는 결과는 오직 두 가지뿐이며, 또한 상호 배타적이다.

 예를 들어 기계의 작동여부(작동 또는 고장), 동전 던지기(앞면 또는 뒷면), 후보자의 특성(남자 또는 여자), 비행기 예약승객(나타남 또는 나타나지 않음)의 예에서와 같이 둘 중의 하나만 나타난다. 물론 두 가지 이상의 결과가 나타날 수 있는 시행도 시행결과의 재분류를 통해 전환할 수 있다. 예를 들어 주사위 던지기에서는 1, 2, 3, 4, 5, 6의 여섯 가지 결과가 나타날 수 있으며, 정당선호조사에서는 정당수만큼의 다양한 결과가 출현가능하다. 그러나 이들의 경우에서도 시행결과를 상호 배타적이고 포괄적인 두 종류로 분류할 수 있다. 예를 들어, 주사위 던지기에서 짝수와 홀수, 정당선호조사에서는 특정정당을 선호하는 집단과 그 외의 집단으로 구분하면 상호 배타적인 두 종류로 구분된다.

(b) 관심을 가지는 결과(사건 또는 사상)가 나타날 확률(예를 들어 동전 던지기에서 앞면이 나올 확률, 예약한 고객이 나타날 확률, 기계가 문제없이 작동할 확률 등)은 시행횟수에 관계없이 언제나 일정하다.

 이 특성이 의미하는 바는 한 번의 시행에서 어떤 값이 나오든간에 그 값이 나타날 확률은 그 이전의 시행에서 나타난 값에 의해 전혀 영향을 받지 않는다는 것이다. 예를 들어 어떤 동전을 던질 때, 앞면이 나올 확률이 0.6이라고 하자. 첫 번째 시행에서 앞면이 나왔다 하더라도, 두 번째 시행에서 앞면이 나올 확률은 증가하거나 감소하지 않는다. 또 10번 시행에서 첫 9번이 모두 앞면이 나왔다 하더라도 마지막 10번째에서 앞면이 나올 확률은 여전히 0.6이

---

3) 이런 특징을 지니는 실험과정을 베르누이 과정(Bernoulli process)이라 부른다.

다. 즉, 동전을 던져 나오는 결과들은 통계적으로 독립사상으로 시행횟수나 그 이전 시행에서 나온 결과에 의해 영향을 받지 않는다.

또 다른 예로, 어느 항공노선의 예약부도율이 10%라고 가정해 보자. 10명이 예약하면 평균 1명은 비행기를 타지 않는다는 의미이다. 이 노선에 예약한 100명의 고객에게 1번에서 100번까지의 번호표를 제공한다면, 1번 고객이 나타날 확률이나 33번 고객이 나타날 확률, 또는 100번 고객이 나타날 확률은 모두 90%로 같다는 것이다. 다시 말해 이 특성은 연속된 시행에서의 결과들이 통계적 독립사상이어야 한다는 것과 일치한다.

(c) 둘 또는 그 이상의 통계적 독립사상의 결합확률은 각 사상이 나타날 단순확률의 곱과 같다.

예를 들어 동전을 던질 때, 앞면이 나올 확률이 0.6이라고 하자. 3회의 시행에서 앞면, 앞면, 뒷면의 순으로 나타날 확률은 0.144이다.

$$\begin{aligned} P(\text{앞면, 앞면, 뒷면}) &= P(\text{앞면}) \times P(\text{앞면}) \times P(\text{뒷면}) \\ &= 0.6 \times 0.6 \times 0.4 \\ &= 0.144 \end{aligned}$$

이항분포는 바로 이와 같은 특성을 지니는 통계적 실험과정을 이론적 근거로 하는 확률모형이다.

2. 이항분포에서의 확률계산

이항분포를 정의하는 확률변수는 n번을 시행할 때 나타날 수 있는 성공횟수 x이다. 예를 들어 예약한 승객이 비행기를 타러 나타난다는 사건을 성공이라고 정의한다면, 100명의 고객 중 비행기탑승을 위해 나타나는 고객의 수가 이항분포를 따른다고 가정할 때

$$n = 100,\ x = \text{탑승하기 위해 나타나는 승객수}$$

로 정의할 수 있다. 이항확률은 각각의 시행에서의 결과가 통계적 독립사상이라는 점을 이용하여 간단히 구할 수 있다.

또 다른 예를 들어보기로 하자. 월드닷컴백화점은 월 50만원 이상의 고액구매자와 그 미만의 소액구매자를 구분하여 관리한다. 평균적으로 40%의 고객이 고액구매자이며 나머지 60%가 소액구매자인 것으로 나타났다고 할 때, 3명의 고객 중 2명이 고액구매자이고 1명이 소액구매자일 확률은 얼마인가? 이 예에서 이항분포가 적용가능하기 위해서는 앞에서 논의한 확률적 특성이 성립해야 한다.

(a) 백화점 고객은 고액구매자 아니면 소액구매자이므로 통계적 실험과정에서 나오는 결과는 오직 두 가지뿐이며, 또한 상호 배타적이다.
(b) 3명이든 100명이든 간에 이 예에서는 별다른 고객정보가 제시되어 있지 않으므로 각각의 고객이 고액구매자일 확률은 항상 40%이다. 몇 명을 예로 들든 간에 임의의 고객이 고액구매자일 확률은 항상 40%이다.
(c) 따라서 둘 또는 그 이상의 통계적 독립사상의 결합확률은 각 사상이 나타날 단순확률의 곱이다.

이 세 가지 특성을 만족하므로 이항분포의 적용이 가능하다. 이제 3명의 고객 중 2명이 고액구매자이고 1명이 소액구매자일 확률은 얼마인가? 즉 $n=3$, $x=2$일 확률을 구해야 한다. 이항확률은 각각의 시행에서의 결과가 통계적 독립사상이라는 점을 이용하면 다음과 같이 손쉽게 계산할 수 있다.

(a) 구하고자 하는 결과를 임의의 순서로 나열한다. 2명의 고액구매자(H)와 1명의 소액구매자(L)인 경우, 가능한 배열 중의 하나는 (H, H, L)이다.
(b) 이 사건이 나올 확률을 계산한다.

$$P(H,\ H,\ L)=0.4\times0.4\times0.6=0.096$$

(c) 가능한 모든 경우가 몇 가지나 되는지 계산한다. 3명 중 2명이 고액 구매인 경우는 (H, H, L), (H, L, H), (L, H, H)의 세 가지이다.

(d) (b)에서 구한 확률과 (c)에서 구한 경우의 수를 곱한다.

$$(0.096)(3)=0.288 \text{ 또는 } 28.8\%$$

이처럼 문제의 크기가 크지 않을 경우 상이한 배열을 갖는 모든 가능한 경우의 수를 찾는 것은 큰 문제가 되지 않는다. 그러나 문제의 크기가 클 때, 모든 가능한 경우의 수는 다음과 같은 조합(combination)의 개념을 이용하여 손쉽게 구할 수 있다.

$$\frac{(\text{구매자 수})!}{(\text{고액구매자 수})!\ (\text{소액구매자 수})!}$$

여기서 !부호는 팩토리얼이라고 읽는 수학적 기호로, 부호 앞에 있는 수에서 시작하여 1이 될 때까지 그 값을 1씩 줄여가며 차례로 곱하라는 의미이다. 예를 들면 3!은 (3)(2)(1)=6을 의미한다. 다만 0!은 0이 아니라 1로 정의된다. 따라서

$$\frac{(\text{구매자 수})!}{(\text{고액구매자 수})!\ (\text{소액구매자 수})!}=\frac{3!}{2!\ 1!}=3$$

이 확률변수에 대한 확률막대그림을 그리면 [그림 5-2]와 같다.

이와 같은 확률계산방법을 일반화시키면 다음과 같은 이항분포모형을 도출해낼 수 있다. 특정사상이 발생할 확률이 p이고, 그 사상이 나타나지 않을 확률 $q=1-p$일 때 n번의 시행에서 특정사상이 x번 나올 확률은 다음과 같이 정의된다.

$$\text{이항분포의 정의 : } {}_nC_x\, p^x\, q^{n-x} \qquad (x=0,\ 1,\ 2,\ \cdots,\ n)$$

$$\left({}_nC_x=\frac{n!}{x!(n-x)!}\right)$$

[그림 5-2]
고액구매자일 확률이 0.4일 때 3명의 고객에 포함된 고액구매자 수의 확률막대그림

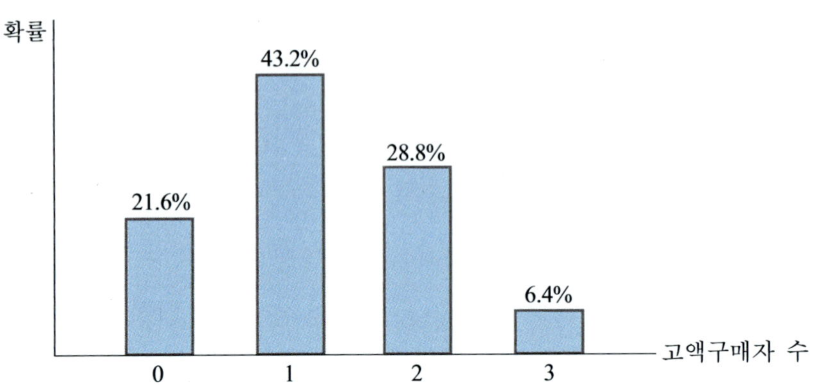

예를 들어 백화점의 고객관리를 위해 월평균 카드사용액을 기준으로 고객집단을 A, B, C의 세 그룹으로 분류한 결과, 전체 카드소유자 중 A그룹이 30%, B그룹이 50%, C그룹이 20%인 것으로 나타났다고 가정하고, 카드소유자 명단에서 임의로 4명을 뽑았을 때 4명 모두가 A그룹에 속할 확률을 구해보자.

먼저 발생할 수 있는 사상이 A, B, C 세 가지이므로 이항분포모형을 적용할 수 없을 것 같으나, 고객집단을 A그룹과 여타의 그룹으로 다시 분류하면 이항분포를 이용하여 확률을 계산할 수 있다. 임의의 고객이 A그룹에 속할 확률은 30%이므로 4명 모두가 A그룹에 속할 확률은 ${}_4C_4(0.3)^4(0.7)^0$ $=0.0081$이 된다.

위와 같은 방법으로 4명 중 3명만이 B그룹에 속할 확률을 구해보면, 임의의 고객이 B그룹에 속할 확률이 0.5이고 A나 C에 속할 확률도 0.5이므로 4명 중 3명만이 B그룹에 속할 확률은 ${}_4C_3(0.5)^3(0.5)^1=0.25$이다.

예제 5-5

각 문항마다 4개의 답 중에서 하나를 고르는 선택형 시험에서 무작위로 답을 고르고자 한다. 20개의 문제가 주어져 있을 때 최소한 2개 이상 정답을 고를 확률이 얼마인지 계산하여라.

풀이

4개의 답 중에서 하나를 고르는 문제이므로 정답을 고를 확률은 0.25이다. 총 20개의 문제 중 2개 이상을 맞힐 확률은

$$\sum_{k=2}^{20} \frac{20!}{(20-k)!k!}(0.25)^k(0.75)^{20-k}$$

가 된다. 2개 이상의 정답을 맞힐 확률을 계산하기 위해서는 k가 2에서 20이 될 때까지 모두 계산한 후 이들을 더해 주어야 한다. 그러나 이와 같은 계산은 상당히 복잡하므로 다음의 식을 이용하는 것이 손쉬울 것이다.

20개의 문제 중 최소한 2개 이상 정답을 고를 확률
=1−(20개 모두 틀릴 확률+20개 중 1개를 맞힐 확률)이므로

$$20\text{개 모두 틀릴 확률} = \frac{20!}{20!0!}(0.25)^0(0.75)^{20} = 0.0032$$

$$20\text{개 중 1개를 맞힐 확률} = \frac{20!}{19!1!}(0.25)(0.75)^{19} = 0.0211$$

따라서 20개 중 최소한 2개 이상 정답을 고를 확률은 0.9757이다.

$$1-0.0032-0.0211=0.9757$$

예제 5-6

서울과 베이징을 연결하는 노선의 1등석은 다른 등급의 좌석에 비해 예약 후 탑승하지 않는 고객의 비율이 다소 높다. 과거 자료를 참고하면 예약하더라도 별다른 연락을 취하지 않고 탑승하러 나타나지 않는 고객의 비율이 10%라고 한다.

금요일 오전시간대 1등석 좌석 10석이 모두 예약된 것으로 나타났다. 8명 이상의 예약손님이 탑승하기 위해 나타날 확률은 얼마인가?

풀이

$$\begin{aligned} &{}_{10}C_8(0.9)^8(0.1)^2 + {}_{10}C_9(0.9)^9(0.1)^1 + {}_{10}C_{10}(0.9)^{10}(0.1)^0 \\ &= 0.1937 + 0.3874 + 0.3487 \\ &= 0.9298 \end{aligned}$$

3. 이항분포의 기대치와 분산

이제 앞절에서 설명한 확률변수의 기대치와 분산의 정의를 이항분포에 적용해 보기로 하자. 앞에서 예로 든 3명의 고객에 포함된 고액구매자 수를 확률변수로 하는 확률막대그림을 이용하여 고액구매자 수의 기대치를 구해 보면 다음과 같다.

고액구매자 수의 기대치
$=(0)P(\text{고액구매자 수}=0)+(1)P(\text{고액구매자 수}=1)$
$\quad +(2)P(\text{고액구매자 수}=2)+(3)P(\text{고액구매자 수}=3)$
$=(0)(0.216)+(1)(0.432)+(2)(0.288)+(3)(0.064)$
$=1.2$명

기대치가 의미 있는 숫자가 되기 위해서는 표준편차, 즉 확률적 자료가 평균 주위에 흩어져 있는 정도를 나타내는 통계치의 값이 작아야 한다. 고액구매자 수의 분산을 구해보면 다음과 같다.

$$\text{분산}=(0-1.2)^2(0.216)+(1-1.2)^2(0.432)+(2-1.2)^2(0.288)+(3-1.2)^2(0.064)=0.72$$

$$\text{표준편차}=\sqrt{0.72}=0.85$$

물론 이처럼 기대치와 분산을 구해도 무방하나 시행횟수인 n값이 커지면 계산에 상당한 시간이 소요된다. 이런 경우에는 다음의 간편 정리를 이용하는 것이 바람직하다.

시행횟수가 n이고 특정사상이 발생할 확률이 p인 이항분포의 기대치와 표준편차는 다음과 같다.

$$\text{기대치} \quad \mu=np$$

$$\text{표준편차} \quad \sigma=\sqrt{np(1-p)}$$

예제 5-7

온라인판매를 위주로 하는 월드닷통상은 고객의 주문을 제대로 처리하는 비율이 약 90% 정도인 것으로 추정하였다. 즉 주문품목을 누락하거나 주문량을 제대로 맞히지 못하는 경우가 약 10% 정도이다. 만약 이번 주에 5건의 주문이 들어왔다고 가정한다면 주문내역을 제대로 처리할 주문 건수의 기대치와 표준편차는 얼마인가?

주문내역을 제대로 처리할 비율이 0.9이므로 이 문제에서는 $n=5,\ p=0.9$이다.

$$\text{기대치}=np=(5)(0.9)=4.5$$
$$\text{표준편차}=\sqrt{np(1-p)}=\sqrt{(5)(0.9)(0.1)}=0.671$$

이제 이항분포가 의사결정에 어떻게 이용될 수 있는지 가상적인 예를 통해 살펴보기로 하자. 물론 이 경우 이항분포가 의사결정에 직접 이용된다기보다는 필요한 확률의 계산에 이항분포모형이 이용된다는 의미이다.

예제 5-8

월드베스트 베이커리는 현재 다섯 대의 오븐을 가동중이다. 각각의 오븐의 가동확률은 0.9이다. 보통 하루의 수요를 만족시켜 주기 위해서는 최소한 4대의 오븐을 가동할 수 있어야 한다. 그러나 세 대 이하의 오븐만 작동한다면 판매감소로 하루 평균 10만원의 손실이 발생할 뿐만 아니라 제때에 빵을 구입할 수 없어 실망한 일부 손님은 다시는 찾아오지 않게 된다. 베이커리 주인은 추가로 오븐 한 대를 월 17만 5천원에 임대할 것을 고려중이다. 베이커리 주인은 신용의 실추로 인한 고객감소는 고려하지 않고 추가로 임대한 오븐의 임대료가 공급능력의 부족으로 발생하는 손실보다 많지 않다면 기꺼이 임대할 생각이나, 추가로 임대한 오븐이 어느 정도나 공급능력을 증대시켜 줄 것인지 판단이 서지 않는다. 추가로 한 대를 더 임대하는 것은 현명한 판단일까?

추가로 한 대의 오븐을 더 도입함에 따라 줄일 수 있는 판매손실 기대액을 결정하기 위해서는 현재와 같이 다섯 대의 오븐으로 운영할 경우 발생하게 될 판매손실과 여섯 대의 오븐으로 운영할 경우 발생하게 될 판매손실을 알아야 한다. 여기서 각 오븐의 고장은 통계적으로 상호독립적인 것으로 관찰되었다.

다섯 대의 오븐을 가동시킬 때, 최소한 네 대가 작동중일 확률은 네 대의 오븐이 작동중일 확률과 다섯 대 모두가 작동중일 확률의 합이다. 이제 각각의 확률을 계산해 보기로 하자.

$$P(\text{최소한 4대가 작동}) = P(\text{4대가 작동}) + P(\text{5대가 작동})$$
$$= \frac{5!}{1!4!}(0.9)^4(0.1)^1 + \frac{5!}{0!5!}(0.9)^5(0.1)^0$$
$$= 0.919$$

이는 최소한 4대의 오븐이 작동하는 날은 한 달(30일)에 평균적으로 27.57일(=30×0.919)이 된다는 것을 의미한다. 즉, 한 달에 평균 2.43일은 소비자의 수요를 감당하지 못하게 되며 결과적으로 월평균 24만 3천원(=10만원×2.43)의 손실이 발생한다는 뜻이다.

1대를 더 임대하여 6대의 오븐을 가동시킨다면 오븐고장으로 인한 예상 판매손실은 얼마나 될까? 여기서 추가로 임대할 오븐 역시 고장날 확률이 10%라 가정해 보자. 이제 최소한 4대가 작동중일 확률은 다음과 같이 4대, 5대, 6대의 오븐이 작동중일 확률의 합이 된다.

$$P(\text{최소한 4대가 작동}) = P(\text{4대가 작동}) + P(\text{5대가 작동}) + P(\text{6대가 작동})$$
$$= \frac{6!}{2!4!}(0.9)^4(0.1)^2 + \frac{6!}{1!5!}(0.9)^5(0.1)^1 + \frac{6!}{0!6!}(0.9)^6(0.1)^0$$
$$= 0.984$$

6대의 오븐을 작동시킬 경우, 최소한 4대의 오븐이 작동하는 날은 한 달에 29.52일(=30×0.984)이 된다. 따라서 한 달 평균 0.48일은 오븐고장으로 고객수요를 만족시킬 수 없을 것이며 이로 인한 손실액은 4만 8천원(=10만원×0.48)에 불과하다. 이를 종합해 보면 오븐을 한 대 더 가동시킴으로써 줄일 수 있는 판매손실 기대액은 한 달에 평균 19만 5천원(=243,000−48,000)이나, 오븐 1대의 월 임대료는 17만 5천원이므로 오븐 1대를 추가하는 것이 2만원의 이익을 증가시킬 수 있다는 결론에 도달할 수 있다.

예제 5-9

S대학교에서는 현재 5대의 셔틀버스를 운영하고 있는데, 최소한 4대의 셔틀버스가 정상운영되어야 손실이 발생하지 않는다. 각 셔틀버스의 정상작동확률은 0.85이고 3대 이하로 운영할 경우에는 15만원의 1일 손실액이 발생한다. S대학교는 셔틀버스 1대를 추가로 임대하여 기대손실액을 20만원 이상 감소시키려고 한다. 이 경우에 임대료는 얼마로 계약되어야 하는가?

풀이

[그림 5-3]
엑셀을 이용한
이항분포확률의 계산

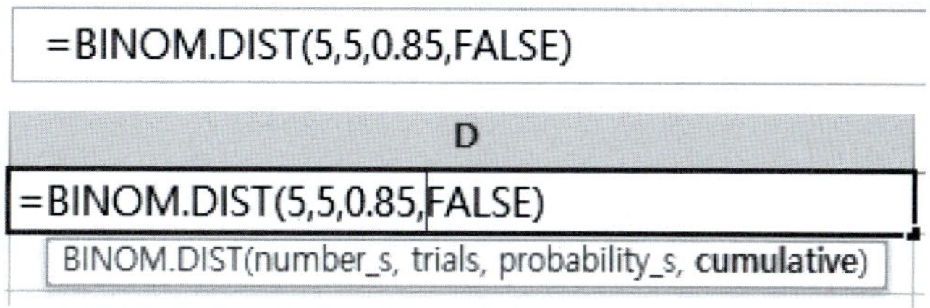

=BINOM.DIST(5,5,0.85,FALSE)

D

=BINOM.DIST(5,5,0.85,FALSE)

BINOM.DIST(number_s, trials, probability_s, **cumulative**)

5대 운영시의 정상영업확률은 0.8352이다.

$$
\begin{aligned}
&{}_5C_5(0.85)^5(0.15)^0 + {}_5C_4(0.85)^4(0.15)^1 \\
&= 0.4437 + 0.3915 = 0.8352
\end{aligned}
$$

계산기를 이용하는 것보다는 엑셀의 BINOM.DIST 함수를 이용하면 간편하다. 앞의 식은 [그림 5-3]과 같이 엑셀함수를 이용하여 계산할 수 있다.

BINOM.DIST(5, 5, 0.85, FALSE)
+BINOM.DIST(4, 5, 0.85, FALSE)

또는

1－BINOM.DIST(3, 5, 0.85, TRUE)＝1－0.1648＝0.8352

이 계산과정에서 TRUE는 누적확률을 계산할 때 쓰고 그렇지 않은 경우에는 FALSE를 입력한다. 이 예제에서 BINOM.DIST 계산에 사용된 정보를 살펴보면, 첫 번째 자료인 3은 특정사건이 나타난 횟수, 두 번째 자료 5는 총시행횟수, 세 번째 자료 0.85는 특정사건이 나타날 확률로 정의된다.

버스를 5대 운영시 기대손실액은 다음과 같다.

$$(1-0.8352)\times 30\times 15\text{만원}=74.16\text{만원}$$

한편 6대 운영시 정상영업확률은

$$
\begin{aligned}
&{}_6C_6(0.85)^6(0.15)^0 + {}_6C_5(0.85)^5(0.15)^1 + {}_6C_4(0.85)^4(0.15)^2 \\
&= 1-\text{BINOM.DIST}(3,\ 6,\ 0.85,\ \text{TRUE}) \\
&= 1-0.0473 = 0.9527
\end{aligned}
$$

기대손실액은 $(0.0473)\times 30\times 15$만원＝21.29만원이 된다. 5대 운영시의 기대손실액에서 6대 운영시의 기대손실액을 빼면 52.87만원이므로 20만원 이상의 기대손실액 감소를 원한다면 임대료는 32.87만원 이하로 책정되어야 한다.

제 3 절 정규분포

이미 설명한 바와 같이 연속확률변수는 이산확률변수와는 달리 무한히 많은 값을 취할 수 있다. 연속확률분포는 연속확률변수가 취할 수 있는 값의 구간과 그 구간 내에 값을 가질 확률을 연결한 모형으로 확률변수가 취할 수 있는 값이 한정되어 있으나 그 수가 아주 많은 경우에도 이용될 수 있다. 여기서는 정규분포를 통해 연속확률모형의 특성을 살펴보고자 한다.

1. 정규분포의 특성

정규분포는 통계학의 학습과정에서 가장 중요한 개념이다. 정규분포는 다음과 같은 이유로 인해 그 중요성이 더욱 부각된다.

- 정규분포는 지능지수, 사람들의 키, 대학생들의 평균성적, 최고혈압 또는 생산부품의 직경 등과 같이 여러 요인에 의해 영향을 받는 변수들의 확률분포로 이용될 수 있다. 즉, 많은 독립적 요인들이 하나의 변수에 영향을 미칠 때 정규분포는 이들 연속확률변수들의 행태를 비교적 잘 설명해 줄 수 있다는 것이다.
- 다양한 연속확률변수의 확률값도 정규분포를 이용하여 근사값을 구할 수 있다.
- 정규분포는 '중심극한정리'라는 명제를 통해 추리통계의 기반을 제공한다. 중심극한정리란 모든 표본분포는 표본의 크기가 커짐에 따라 정규분포와 유사한 형태로 변해간다는 이론을 말한다(이에 대한 자세한 설명은 다음 장에서 다루기로 한다).

이제 정규분포의 특성에 대해 간략히 알아보기로 하자.

(1) 정규분포는 좌우대칭이며 확률곡선은 평균치에서 최고점을 가진다.
(2) 모든 연속확률분포와 마찬가지로 곡선 아래의 전체면적은 100%이다.
(3) 곡선은 횡축에 닿는 것처럼 보이나 결코 닿지는 않는다. 즉, 평균보다 매우 크거나 작은 값이 나타날 확률은 매우 작을 수는 있으나 0은 아니다.
(4) 정규분포는 평균과 분산에 따라 다양한 모양을 가질 수 있다. 분산이 커지면 커질수록 평평한 모양을 취하게 되며, 분산이 같더라도 평균값의 차이에 따라 분포의 위치가 달라진다.[4)]

[그림 5-4]는 평균은 같지만 표준편차가 다른 2개의 정규분포를 보여주고 있다. 즉 분포의 중심은 같지만 표준편차가 클수록 옆으로 더 퍼져 있는 형태를 취한다.

[그림 5-4]
평균은 같으나 표준편차가 다른 정규분포
($\sigma_1 < \sigma_2$)

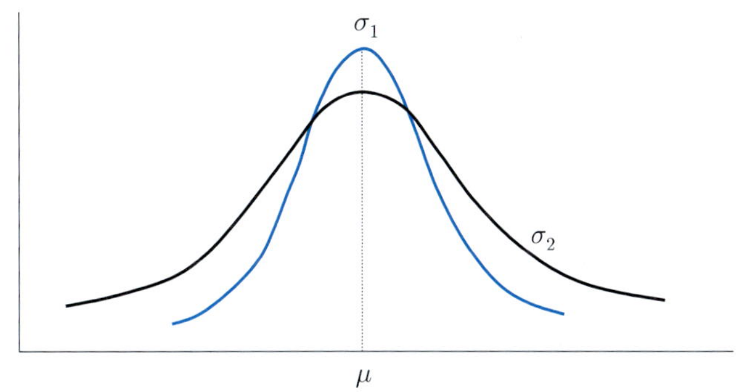

[그림 5-5]는 표준편차는 같지만 평균이 다른 2개의 정규분포를 나타내고 있다. 왼쪽편의 분포를 오른쪽으로 평행이동시키면 두 분포는 정확히 하나로 겹쳐진다. 한편 [그림 5-6]은 평균과 표준편차가 모두 다른 2개의 정규분포를 보여주고 있다.

4) 평균이 μ이고 표준편차가 σ인 정규분포확률함수를 수학식으로 나타내면 다음과 같다.

$$f(x) = \frac{1}{\sigma\sqrt{2\pi}} e^{-\frac{1}{2}\left(\frac{x-\mu}{\sigma}\right)^2}$$

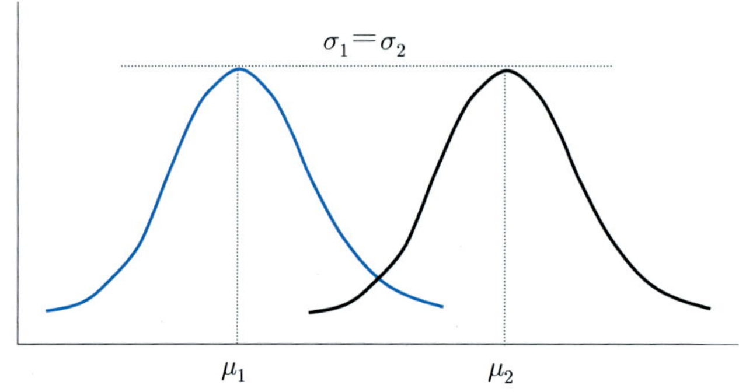

[그림 5-5]
표준편차는 같으나 평균이 다른 정규분포
($\mu_1 < \mu_2$)

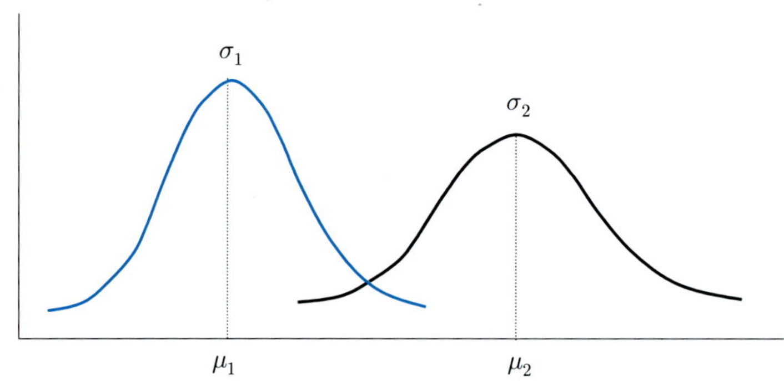

[그림 5-6]
평균과 표준편차가 모두 다른 정규분포
($\mu_1 < \mu_2$, $\sigma_1 < \sigma_2$)

2. 정규분포에서의 확률계산

정규분포는 수학적으로 매우 복잡해 보이지만, 확률계산은 매우 쉽다. 정규분포는 평균과 표준편차를 필요로 하는데, 이 두 값만 알고 있으면 부록의 통계표를 이용하여 손쉽게 확률을 구할 수 있다.

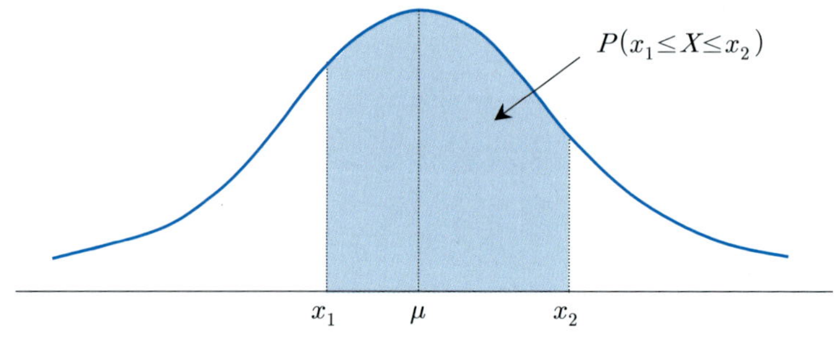

[그림 5-7]
$P(x_1 \le X \le x_2)$
=색깔 있는 부분

정규분포에서 확률변수 X가 x_1과 x_2 사이의 값을 가질 확률은 [그림 5-7]에서와 같이 정규분포곡선과 $x=x_1$, $x=x_2$가 둘러싸고 있는 색깔 있는 부분의 넓이를 의미한다.

그러나 정규분포곡선은 평균과 분산값에 따라 그 모양과 위치가 달라지므로 적분을 이용하여 확률을 구하기에는 너무 시간이 많이 소요된다. 다행히도 확률변수 X를 다음과 같이 표준화된 확률변수 Z로 바꾸어 놓으면 손쉽게 확률을 구할 수 있다.

$$Z=\frac{X-\mu}{\sigma}$$

이 식에서 Z값은 확률변수의 값이 평균으로부터 표준편차의 몇 배만큼 아래나 위쪽에 떨어져 있는가를 나타내는 값이라 정의할 수 있다. 따라서 확률변수값이 평균보다 클 때에는 Z가 양의 값을 가지며 평균보다 작으면 음의 값을 갖는다.

예를 들어 대학생들의 한 달 용돈규모를 조사한 결과 평균이 40만원이고 표준편차가 5만원인 정규분포를 띤다고 생각해 보자. [그림 5-8]은 정규분포상에서 25, 30, 35, 40, 45, 50, 55 등 확률변수(대학생의 한 달 용돈, 단위 : 만원)가 취할 수 있는 값들과 그에 해당하는 표준화된 Z값을 보여주고 있다. 만약 한 달 용돈이 35만원에서 40만원 사이인 대학생의 비율을 구하고 싶으면, 평균이 40만원이고 표준편차가 5만원인 정규분포를 이용하는 대신, 표준정규분포에서 Z값이 -1과 0 사이일 확률을 구하면 된다. 정규분포

[그림 5-8]
평균이 40만원이고 표준편차가 5만원인 정규분포와 Z값

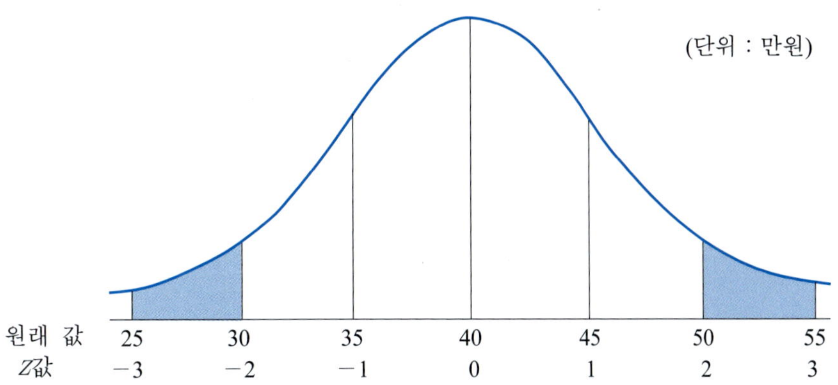

〈표 5-4〉 정규분포면적표

Z값	0과 Z값 사이의 면적
0.50	19.15%
1.00	34.13%
1.50	43.32%
1.60	44.52%
1.64	44.95%
1.96	47.50%
2.00	47.72%
2.33	49.01%
2.50	49.38%
2.58	49.51%

의 평균과 표준편차가 어떤 값을 취하든 간에 확률의 계산은 표준정규분포상에서 이루어져야 한다.

[그림 5-8]에서 Z값이 -1과 $+1$ 사이의 면적은 68.26%이고, -2에서 $+2$ 사이는 95.44%이다. 또한 Z값이 -3에서 $+3$ 사이에 해당하는 경우의 면적은 99.74%이다. 정규분포곡선이 종모양을 취하고 있다는 것은 평균치로부터 멀리 떨어져 있는 사상은 가까이 있는 사상보다 훨씬 드물게 발생한다는 것을 의미한다. 예를 들어, 우리나라 남성의 키가 평균 170cm인 정규분포를 띠고 있다고 가정한다면 167cm와 170cm 사이의 키를 가지는 남성의 수는 160cm와 163cm 사이의 키를 갖는 남성의 수보다 많다는 것을 별다른 분석을 통하지 않고서도 알 수 있다.

〈표 5-4〉는 부록의 정규분포면적표의 일부분을 발췌한 것이다. 여기서 0과 Z값 사이의 면적은 양의 Z값과 음의 Z값에 대해 동일하다. 정규분포의 한 특성인 좌우대칭성을 생각해 보면 같게 됨을 쉽게 이해할 수 있다.

이제 평균이 40만원이고 표준편차가 5만원인 정규분포를 띠고 있다고 가정한 대학생들의 한 달 용돈사례를 이용하여 몇 가지 확률을 계산해 보기로 하자.

(a) 무작위로 한 학생을 택했을 때 그 학생의 한 달 용돈이 325,000원과 475,000원 사이에 있을 확률은 얼마인가?

우선 325,000원과 475,000원을 Z값으로 바꾸고 구하고자 하는 확률면적을 색깔로 표시하면 [그림 5-9]와 같다.

[그림 5-9]
한 달 용돈이 325,000원과 475,000원 사이일 확률

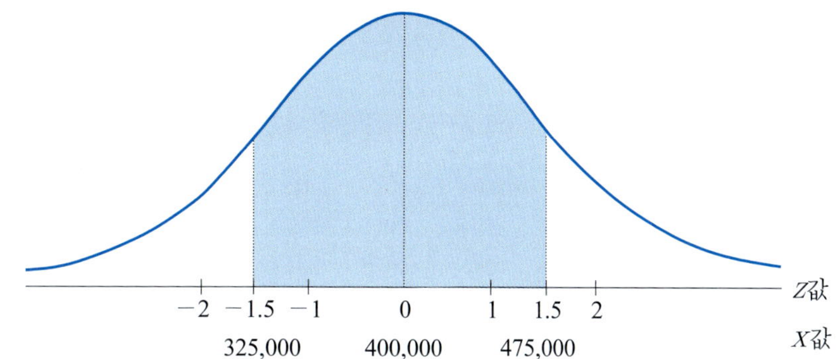

$$Z = \frac{X-\mu}{\sigma}$$

$$Z_1 = \frac{325{,}000\text{원} - 400{,}000\text{원}}{50{,}000\text{원}} = -1.5$$

$$Z_2 = \frac{475{,}000\text{원} - 400{,}000\text{원}}{50{,}000\text{원}} = 1.5$$

또는

$$\begin{aligned} &P(325{,}000\text{원} \leq X \leq 475{,}000\text{원}) \\ &= P\left(\frac{325{,}000\text{원} - \mu}{\sigma} \leq \frac{X-\mu}{\sigma} \leq \frac{475{,}000\text{원} - \mu}{\sigma}\right) \\ &= P\left(\frac{325{,}000\text{원} - 400{,}000\text{원}}{50{,}000\text{원}} \leq Z \leq \frac{475{,}000\text{원} - 400{,}000\text{원}}{50{,}000\text{원}}\right) \\ &= P(-1.5 \leq Z \leq 1.5) \end{aligned}$$

로 계산이 가능하다.

두 Z값이 같고 정규분포가 좌우대칭인 점을 이용하면, 한 달 용돈이 325,000원과 475,000원의 사이일 확률은 400,000원과 475,000원의 사이일 확률의 2배임을 알 수 있다. 한 달 용돈이 400,000원과 475,000원의 사이일 확률은 Z값이 0과 1.5 사이일 확률인데, 〈표 5-5〉의 정규분포표에서 Z값이 0에서 1.5 사이일 확률은, 첫 번째 열에 수록된 값에서 1.5를 찾고 첫 번째 행에 수록된 값에서 .00를 찾은 후 이에 해당하는 값을 찾으면 0.4332임을 알 수 있다.

따라서 구하고자 하는 확률은 (2)(0.4332)=0.8664이다.

〈표 5-5〉 표준정규확률분포표 - Z값에서 확률값 찾아가기

z	.00	.01	.02	.03	.04	.05	.06	.07	.08	.09
0.0	.0000	.0040	.0080	.0120	.0160	.0199	.0239	.0279	.0319	.0359
0.1	.0398	.0438	.0478	.0517	.0557	.0596	.0636	.0675	.0714	.0753
0.2	.0793	.0832	.0871	.0910	.0948	.0987	.1026	.1064	.1103	.1141
0.3	.1179	.1217	.1255	.1293	.1331	.1368	.1406	.1443	.1480	.1517
0.4	.1554	.1591	.1628	.1664	.1700	.1736	.1772	.1808	.1844	.1879
0.5	.1915	.1950	.1985	.2019	.2054	.2088	.2123	.2157	.2190	.2224
0.6	.2257	.2291	.2324	.2357	.2389	.2422	.2454	.2486	.2518	.2549
0.7	.2580	.2612	.2642	.2673	.2704	.2734	.2764	.2794	.2823	.2852
0.8	.2881	.2910	.2939	.2967	.2995	.3023	.3051	.3078	.3106	.3133
0.9	.3159	.3186	.3212	.3238	.3264	.3289	.3315	.3340	.3365	.3389
1.0	.3413	.3438	.3461	.3485	.3508	.3531	.3554	.3577	.3599	.3621
1.1	.3643	.3665	.3686	.3708	.3729	.3749	.3770	.3790	.3810	.3830
1.2	.3849	.3869	.3888	.3907	.3925	.3944	.3962	.3980	.3997	.4015
1.3	.4032	.4049	.4066	.4082	.4099	.4115	.4131	.4147	.4162	.4177
1.4	.4192	.4207	.4222	.4236	.4251	.4265	.4279	.4292	.4306	.4319
1.5	.4332	.4345	.4357	.4370	.4382	.4394	.4406	.4418	.4429	.4441
1.6	.4452	.4463	.4474	.4484	.4495	.4505	.4515	.4525	.4535	.4545
1.7	.4554	.4564	.4573	.4582	.4591	.4599	.4608	.4616	.4625	.4633
1.8	.4641	.4649	.4656	.4664	.4671	.4678	.4686	.4693	.4699	.4706
1.9	.4713	.4719	.4726	.4732	.4738	.4744	.4750	.4756	.4761	.4767

(b) 무작위로 한 학생을 택했을 때 그 학생의 한 달 용돈이 480,000원 이상일 확률은 얼마인가?

480,000원을 Z값으로 바꾸고 구하고자 하는 확률 면적을 색깔로 표시하면 [그림 5-10]과 같다.

[그림 5-10]
한 달 용돈이 480,000원 이상일 확률

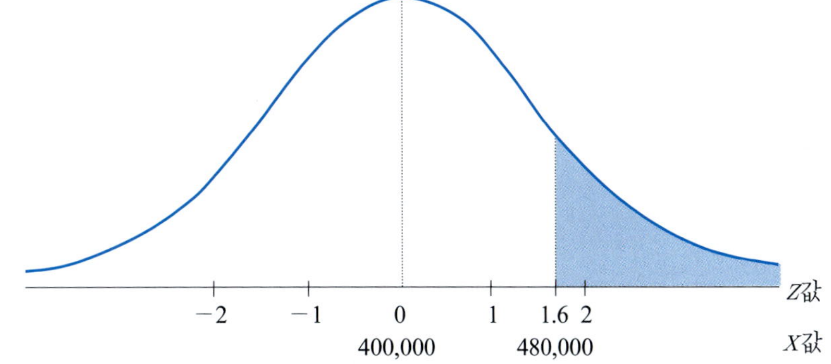

$$Z = \frac{480{,}000\text{원} - 400{,}000\text{원}}{50{,}000\text{원}} = 1.6$$

또는

$$\begin{aligned} &P(480{,}000\text{원} \le X) \\ &= P\left(\frac{480{,}000\text{원} - \mu}{\sigma} \le \frac{X - \mu}{\sigma}\right) \\ &= P\left(\frac{480{,}000\text{원} - 400{,}000\text{원}}{50{,}000\text{원}} \le Z\right) \\ &= P(1.6 \le Z) \end{aligned}$$

〈표 5-6〉에서 Z값이 0과 1.6 사이일 확률은 0.4452로 주어져 있다. 구하고자 하는 확률은 1.6보다 큰 값이므로 답은 0.5−0.4452=0.0548임을 알 수 있다.

〈표 5-6〉 표준정규확률분포표 – Z값에서 확률값 찾아가기

z	.00	.01	.02	.03	.04	.05	.06	.07	.08	.09
0.0	.0000	.0040	.0080	.0120	.0160	.0199	.0239	.0279	.0319	.0359
0.1	.0398	.0438	.0478	.0517	.0557	.0596	.0636	.0675	.0714	.0753
0.2	.0793	.0832	.0871	.0910	.0948	.0987	.1026	.1064	.1103	.1141
0.3	.1179	.1217	.1255	.1293	.1331	.1368	.1406	.1443	.1480	.1517
0.4	.1554	.1591	.1628	.1664	.1700	.1736	.1772	.1808	.1844	.1879
0.5	.1915	.1950	.1985	.2019	.2054	.2088	.2123	.2157	.2190	.2224
0.6	.2257	.2291	.2324	.2357	.2389	.2422	.2454	.2486	.2518	.2549
0.7	.2580	.2612	.2642	.2673	.2704	.2734	.2764	.2794	.2823	.2852
0.8	.2881	.2910	.2939	.2967	.2995	.3023	.3051	.3078	.3106	.3133
0.9	.3159	.3186	.3212	.3238	.3264	.3289	.3315	.3340	.3365	.3389
1.0	.3413	.3438	.3461	.3485	.3508	.3531	.3554	.3577	.3599	.3621
1.1	.3643	.3665	.3686	.3708	.3729	.3749	.3770	.3790	.3810	.3830
1.2	.3849	.3869	.3888	.3907	.3925	.3944	.3962	.3980	.3997	.4015
1.3	.4032	.4049	.4066	.4082	.4099	.4115	.4131	.4147	.4162	.4177
1.4	.4192	.4207	.4222	.4236	.4251	.4265	.4279	.4292	.4306	.4319
1.5	.4332	.4345	.4357	.4370	.4382	.4394	.4406	.4418	.4429	.4441
1.6	.4452	.4463	.4474	.4484	.4495	.4505	.4515	.4525	.4535	.4545
1.7	.4554	.4564	.4573	.4582	.4591	.4599	.4608	.4616	.4625	.4633
1.8	.4641	.4649	.4656	.4664	.4671	.4678	.4686	.4693	.4699	.4706
1.9	.4713	.4719	.4726	.4732	.4738	.4744	.4750	.4756	.4761	.4767

(c) 한 달 용돈이 318,000원 이상이고 480,000원 이하인 학생들의 비율은 몇 %인가?

이 문제는 임의의 한 학생을 대상으로 할 때, 그 학생의 한 달 용돈이 318,000원 이상이고 480,000원 이하일 확률과 같은 문제이다. 앞에서와 같이 Z_1과 Z_2를 구하면

$$Z_1 = \frac{318{,}000\text{원} - 400{,}000\text{원}}{50{,}000\text{원}} = -1.64$$

$$Z_2 = \frac{480{,}000\text{원} - 400{,}000\text{원}}{50{,}000\text{원}} = 1.6$$

또는

$$\begin{aligned} & P(318{,}000\text{원} \le X \le 480{,}000\text{원}) \\ & = P\left(\frac{318{,}000\text{원} - \mu}{\sigma} \le \frac{X-\mu}{\sigma} \le \frac{480{,}000\text{원} - \mu}{\sigma}\right) \\ & = P\left(\frac{318{,}000\text{원} - 400{,}000\text{원}}{50{,}000\text{원}} \le Z \le \frac{480{,}000\text{원} - 400{,}000\text{원}}{50{,}000\text{원}}\right) \\ & = P(-1.64 \le Z \le 1.6) \end{aligned}$$

이며 Z값이 0과 -1.64 사이일 확률과 Z값이 0과 1.6 사이일 확률을 합하면 구하고자 하는 확률이 나온다.

$$0.4495 + 0.4452 = 0.8947$$

[그림 5-11]
한 달 용돈이 318,000원과 480,000원 사이일 확률

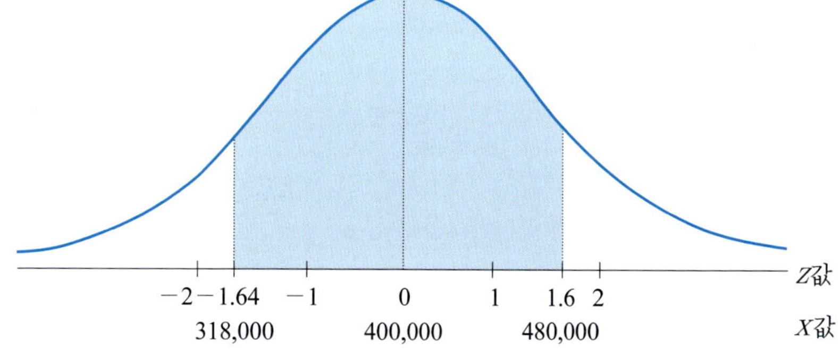

〈표 5-7〉 표준정규확률분포표 – Z값에서 확률값 찾아가기

z	.00	.01	.02	.03	.04	.05	.06	.07	.08	.09
0.0	.0000	.0040	.0080	.0120	.0160	.0199	.0239	.0279	.0319	.0359
0.1	.0398	.0438	.0478	.0517	.0557	.0596	.0636	.0675	.0714	.0753
0.2	.0793	.0832	.0871	.0910	.0948	.0987	.1026	.1064	.1103	.1141
0.3	.1179	.1217	.1255	.1293	.1331	.1368	.1406	.1443	.1480	.1517
0.4	.1554	.1591	.1628	.1664	.1700	.1736	.1772	.1808	.1844	.1879
0.5	.1915	.1950	.1985	.2019	.2054	.2088	.2123	.2157	.2190	.2224
0.6	.2257	.2291	.2324	.2357	.2389	.2422	.2454	.2486	.2518	.2549
0.7	.2580	.2612	.2642	.2673	.2704	.2734	.2764	.2794	.2823	.2852
0.8	.2881	.2910	.2939	.2967	.2995	.3023	.3051	.3078	.3106	.3133
0.9	.3159	.3186	.3212	.3238	.3264	.3289	.3315	.3340	.3365	.3389
1.0	.3413	.3438	.3461	.3485	.3508	.3531	.3554	.3577	.3599	.3621
1.1	.3643	.3665	.3686	.3708	.3729	.3749	.3770	.3790	.3810	.3830
1.2	.3849	.3869	.3888	.3907	.3925	.3944	.3962	.3980	.3997	.4015
1.3	.4032	.4049	.4066	.4082	.4099	.4115	.4131	.4147	.4162	.4177
1.4	.4192	.4207	.4222	.4236	.4251	.4265	.4279	.4292	.4306	.4319
1.5	.4332	.4345	.4357	.4370	.4382	.4394	.4406	.4418	.4429	.4441
1.6	.4452	.4463	.4474	.4484	.4495	.4505	.4515	.4525	.4535	.4545
1.7	.4554	.4564	.4573	.4582	.4591	.4599	.4608	.4616	.4625	.4633
1.8	.4641	.4649	.4656	.4664	.4671	.4678	.4686	.4693	.4699	.4706
1.9	.4713	.4719	.4726	.4732	.4738	.4744	.4750	.4756	.4761	.4767

(d) 한 달 용돈이 318,000원 이하인 학생들의 비율은 몇 %인가?

$$Z = \frac{318{,}000\text{원} - 400{,}000\text{원}}{50{,}000\text{원}} = -1.64$$

또는

$$\begin{aligned} & P(X \leq 318{,}000\text{원}) \\ & = P\left(\frac{X-\mu}{\sigma} \leq \frac{318{,}000\text{원} - \mu}{\sigma}\right) \\ & = P\left(Z \leq \frac{318{,}000\text{원} - 400{,}000\text{원}}{50{,}000\text{원}}\right) \\ & = P(Z \leq -1.64) \end{aligned}$$

Z값이 0과 1.64일 확률은 0.4495이므로, Z값이 -1.64보다 작을 확률은 0.5에서 0.4495를 빼준 값인 0.0505이다.

EXCEL을 이용할 수 있다면 이 문제는 [그림 5-12]에서와 같이 NORM.DIST 함수를 이용하여 쉽게 구할 수 있다. NORM.DIST는 정규분포에서 평균, 표준편차가 주어져 있을 때 목표로 하는 X값보다 작거나 같을 누적정규확률을 구하는 데 사용된다. 이 문제에서는 NORM.DIST(318000, 400000, 50000, TRUE)를 입력하면 0.050503이 답으로 계산된다.

[그림 5-12]
엑셀을 이용한
정규분포확률의 계산

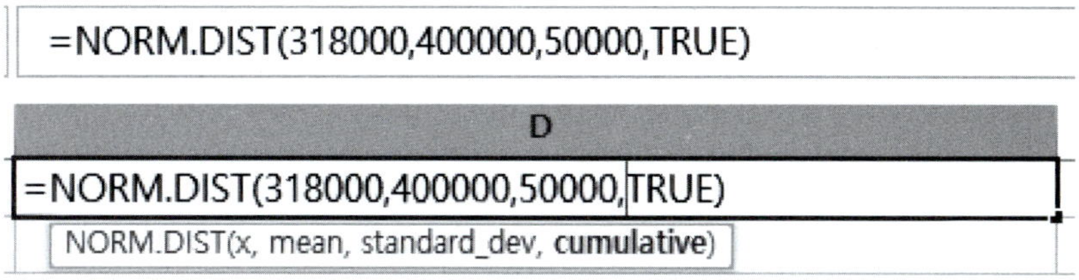

=NORM.DIST(318000,400000,50000,TRUE)

D

=NORM.DIST(318000,400000,50000,TRUE)

NORM.DIST(x, mean, standard_dev, **cumulative**)

[그림 5-13]
한 달 용돈이 318,000원
이하일 확률

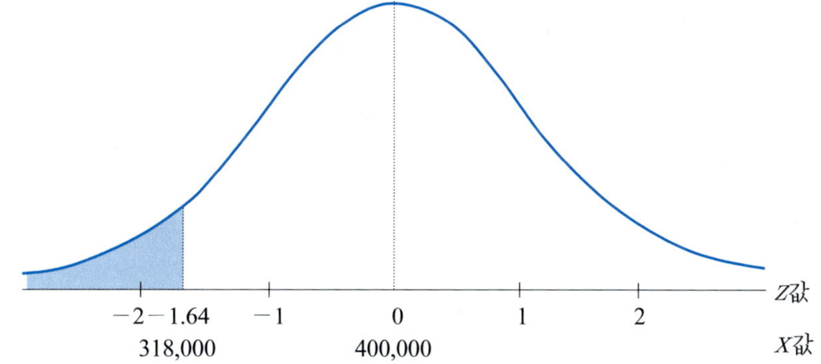

(e) 무작위로 한 학생을 택했을 때 그 학생의 한 달 용돈이 정확히 430,000원일 확률은 얼마인가?

정규분포는 연속확률분포이므로 확률변수가 정확히 하나의 값만을 취할 확률은 0이다.

예제 5-10

무림대학교 근처에 위치한 소림관과 무당관은 배달전문 중식레스토랑이다. 주력 메뉴는 배달용 자장면과 짬뽕이다. 많은 학생과 직원, 교수들이 캠퍼스에서 배달주문을 하는데, 음식의 맛은 대동소이하며, 값 역시 치열한 경쟁 탓에 5,000원으로 동일하다. 결국 핵심은 어느 레스토랑이 가장 빨리 배달하느냐에 있다. 배달에 소요되는 시간은 주문적체량과 그날 배달담당자 수에 따라 달라지는데, 소림관과 무당관의 배달소요시간에 관한 통계자료는 다음과 같다. 단, 두 곳 모두 배달소요시간은 정규분포를 가정한다.

소림관 배달소요시간 : 평균=20분, 표준편차=5분
무당관 배달소요시간 : 평균=15분, 표준편차=10분

(a) 주문 후 25분 이내에 식사를 개시하기를 원한다면 어떤 레스토랑에 주문하는 것이 가능성이 더 높을 것인가?

(b) 주문 후 30분 이내에 식사를 개시하기를 원한다면 어떤 레스토랑에 주문하는 것이 가능성이 더 높을 것인가?

풀이

(a) 주문 후 25분 이내에 식사를 개시하기를 원한다면 25분 이내에 주문한 음식이 도착할 확률이 높은 곳에 주문해야 한다. 소림관의 경우 25분은 평균으로부터 1표준편차에 위치하며, 무당관 역시 25분은 평균으로부터 1표준편차에 위치하므로 두 레스토랑 어디에 주문하더라도 25분 이내에 주문한 음식이 도착할 확률은 같다.

(b) 소림관의 경우 30분은 평균으로부터 2표준편차에 위치하며, 무당관의 경우(30분−15분)÷10분=1.5이어서 25분은 평균으로부터 1.5표준편차에 위치한다. 따라서 정확한 확률을 계산하지 않더라도 소림관에 주문하는 것이 30분 이내에 음식이 도착할 확률이 높다.

예제 5-11

3번을 치른 통계학 시험에서 평균 65점에서 75점 사이를 받은 학생은 B를 받는다고 한다. 만약, 전 수강생의 평균이 70점이고 표준편차가 10점이며, B학점을 받은 학생의 수가 60명이라면 모두 몇 명이 통계학을 수강하고 있는가? (학생들의 평균성적은 정규분포를 이루고 있다고 가정한다)

풀이

우선 65점과 75점 사이의 성적을 받은 학생수를 %로 나타내보자. 65점과 75점을 Z값으로 각각 나타내면

$$Z_1 = \frac{65-70}{10} = -0.5, \quad Z_2 = \frac{75-70}{10} = 0.5$$

가 된다. 정규분포표에서 Z값이 -0.5와 0.5 사이에 있을 확률은 (2)(0.1915)=0.383이다. 38.3%에 해당하는 학생수가 60명이므로 총 수강학생수는 60÷0.383=156.7, 즉 156명 혹은 157명이다.

예제 5-12

한국카드주식회사는 총 25,000명의 회원을 확보하고 있다. 고액 및 소액 결제액 계좌를 구분하여 관리하기 위해 자료조사를 한 결과 계좌당 지난해 연간 결제액은 평균이 150만원, 표준편차가 50만원인 정규분포를 띠고 있음을 확인하였다. 고액결제계좌를 특별관리하기 위해 결제액 상위 15%를 선택하고자 할 때, 연간 결제액이 얼마 이상이어야 이 안에 포함될 수 있는가?

풀이

지금까지의 예제와는 달리 이번 문제는 확률 또는 비율이 주어져 있고, 그에 해당하는 실제값을 구해야 한다. 우선 그림으로 이를 표시하면 [그림 5-14]에서와 같이 X에 해당하는 결제액이 상위 15%에 해당한다.

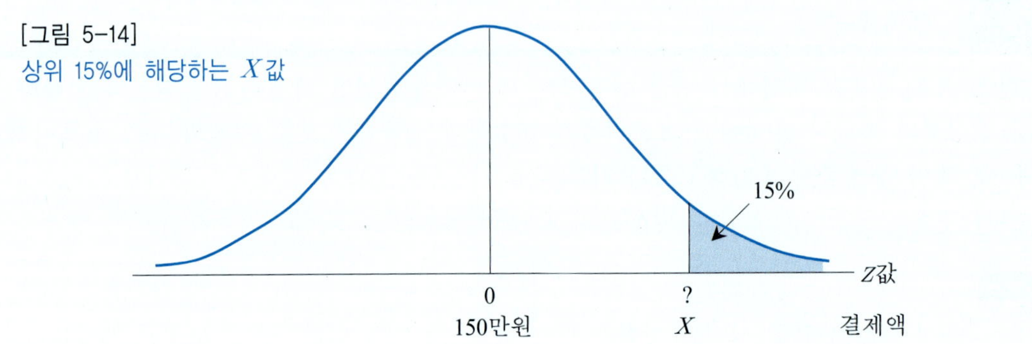

[그림 5-14]
상위 15%에 해당하는 X값

정규분포표에서 우측 끝부분이 0.15일 때의 Z값은 정규분포표에서 확률이 $0.5-0.15=0.35$에 해당한다. 확률값이 정확히 0.35인 것은 찾기 어려우므로 〈표 5-7〉에서 근사값인 0.3508에 해당하는 Z값을 이용하면 1.04임을 알 수 있다. Z값이 1.04일 때의 X값은 다음과 같이 구할 수 있다.

$$Z\text{값}=1.04=\frac{X-150}{50} \rightarrow X=202\text{만원}$$

[그림 5-15]에서와 같이 엑셀을 이용하면 표를 이용한 근사값 대신에 정확한 값을 구할 수 있다. 엑셀에서 NORMINV 함수를 이용하면,

NORMINV(0.85, 150, 50) = 201.82

가 도출되어 답은 201.82만원임을 쉽게 알 수 있다. NORMINV 함수는 평균과 표준편차가 주어져 있을 때 원하는 누적확률에 대응하는 X값을 구하는 데 사용된다. 이 함수를 이용할 때에는 0.35 대신에 누적정규확률인 0.85를 입력해야 한다.

[그림 5-15]
엑셀을 이용한 정규분포에서의 확률변수값 계산

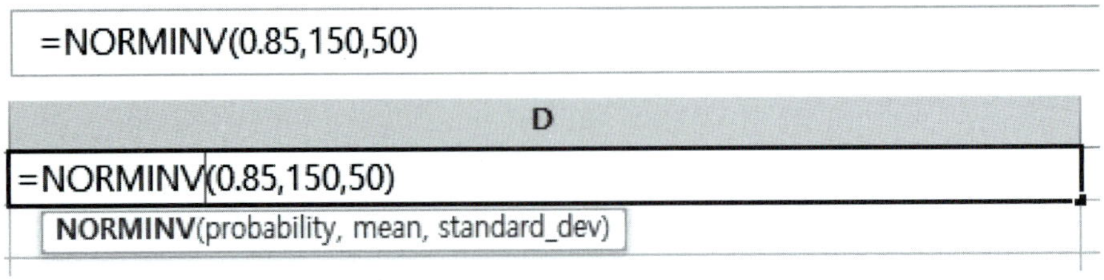

```
=NORMINV(0.85,150,50)

D
=NORMINV(0.85,150,50)
NORMINV(probability, mean, standard_dev)
```

예제 5-13

예방적 설비보전이란 고장이 나기 전에 주기적으로 설비를 보수해 가는 방법을 의미한다. 이는 설비가 고장난 후에 보수하는 것보다 비용이 절감되며 미리 계획을 세워 보수할 수 있기 때문에 설비의 효율성을 향상시킬 수 있기 때문이다.

한국기계는 작업장의 조명에 5,000개의 전구를 사용하는데, 이들 전구의 수명은 평균이 1,000시간, 표준편차가 50시간인 정규분포를 띠고 있다. 작업 도중에 수명이 다하는 전구의 수를 최소화하기 위해 설비유지부서는 일정시간이 지나면 모든 전구를 한꺼번에 교체한다. 전구교체시간이 되기 전에 수명이 다하는 전구가 1%를 초과하지 않도록 하기 위해서는 얼마나 자주 전구를 교체해야 하는가?

풀이

현재 시간을 0이라 하고 방금 모든 전구를 교체했다고 생각해 보자. 앞으로 y시간 후에 전구를 모두 교체할 예정인데, 이 시간 내에 수명이 다할 전구는 1%를 넘지 않아야 한다. 즉, y시간보다 수명이 짧은 전구는 1%를 넘어서는 안 된다는 것이다. 이를 그림으로 표시하면 [그림 5-16]과 같다.

[그림 5-16] 전구의 수명을 나타낸 확률분포

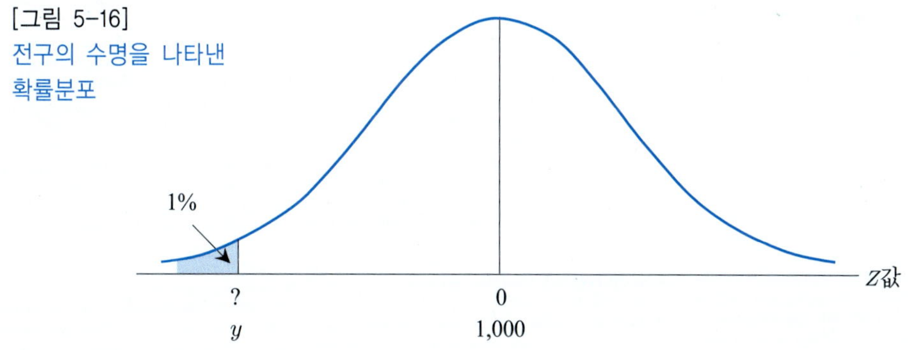

정규분포에서 왼쪽 끝부분이 0.01일 때의 Z값, 즉 정규분포표에서 확률이 0.49인 경우를 찾으면 〈표 5-8〉에서 알 수 있듯이 Z값은 대략 2.33이다. 문제에서는 왼쪽 끝부분이 0.01인 경우이므로 Z값은 -2.33이다. y는 다음 식에 의해 구할 수 있다.

$$-2.33=\frac{y-1,000}{50} \rightarrow y=883.5\text{시간}$$

〈표 5-8〉 표준정규확률분포표 – 확률값에서 Z값 찾아가기

z	.00	.01	.02	.03	.04	.05	.06	.07	.08	.09
1.0	.3413	.3438	.3461	.3485	.3508	.3531	.3554	.3577	.3599	.3621
1.1	.3643	.3665	.3686	.3708	.3729	.3749	.3770	.3790	.3810	.3830
1.2	.3849	.3869	.3888	.3907	.3925	.3944	.3962	.3980	.3997	.4015
1.3	.4032	.4049	.4066	.4082	.4099	.4115	.4131	.4147	.4162	.4177
1.4	.4192	.4207	.4222	.4236	.4251	.4265	.4279	.4292	.4306	.4319
1.5	.4332	.4345	.4357	.4370	.4382	.4394	.4406	.4418	.4429	.4441
1.6	.4452	.4463	.4474	.4484	.4495	.4505	.4515	.4525	.4535	.4545
1.7	.4554	.4564	.4573	.4582	.4591	.4599	.4608	.4616	.4625	.4633
1.8	.4641	.4649	.4656	.4664	.4671	.4678	.4686	.4693	.4699	.4706
1.9	.4713	.4719	.4726	.4732	.4738	.4744	.4750	.4756	.4761	.4767
2.0	.4772	.4778	.4783	.4788	.4793	.4798	.4803	.4808	.4812	.4817
2.1	.4821	.4826	.4830	.4834	.4838	.4842	.4846	.4850	.4854	.4857
2.2	.4861	.4864	.4868	.4871	.4875	.4878	.4881	.4884	.4887	.4890
2.3	.4893	.4896	.4898	.4901	.4904	.4906	.4909	.4911	.4913	.4916
2.4	.4918	.4920	.4922	.4925	.4927	.4929	.4931	.4932	.4934	.4936
2.5	.4938	.4940	.4941	.4943	.4945	.4946	.4948	.4949	.4951	.4952
2.6	.4953	.4955	.4956	.4957	.4959	.4960	.4961	.4962	.4963	.4964
2.7	.4965	.4966	.4967	.4968	.4969	.4970	.4971	.4972	.4973	.4974
2.8	.4974	.4975	.4976	.4977	.4977	.4978	.4979	.4979	.4980	.4981
2.9	.4981	.4982	.4982	.4983	.4984	.4984	.4985	.4985	.4986	.4986

따라서 매 883.5시간마다 모든 전구를 교체하면 교체 전에 수명이 다하는 전구의 비율을 1% 미만으로 유지할 수 있다. 참고로 엑셀의 NORMINV 함수를 이용하면

$$\text{NORMINV}(0.01,\ 1{,}000,\ 50) = 883.6826$$

임을 확인할 수 있다.

예제 5-14

월드사이버대학에서 원균이와 순신이는 각각 통계학 입문과 인터넷 경영이라는 과목을 수강하고 있다.

(a) 통계학 입문 강의는 모두 100명이 듣고 있는데, 원균이는 이번 중간고사에서 매우 걱정스러운 성적을 받았다. 모두 100명이 듣는 이 강의에서 48점을 받아 하위 2.5% 수준의 성적으로 거의 최하 점수를 받았다. 담당교수는 통계학을 가르치는 교수답게 성적의 평균은 가르쳐 주지 않고, 그 대신 시험성적은 표준편차가 12점인 정규분포를 띤다고만 말해 주었다. 그렇다면 이번에 치른 시험의 평균점수는 얼마인가?

(b) 이에 반해 인터넷 경영을 수강하는 순신이는 92점을 기록하여 상위 1% 수준의 놀라운 점수를 기록했다. 모두 200명이 치른 중간고사 성적이 표준편차가 3점인 정규분포를 띤다면 이번에 치른 시험의 평균점수는 얼마인가?

풀이

(a) 정규분포에서 밑에서 2.5%에 해당하는 Z값, 즉 왼쪽 끝부분의 넓이가 2.5%인 Z값은 〈표 5-8〉을 참고하면 −1.96이다. Z값을 구하는 공식을 적용하면 평균은 71.52이다.

$$-1.96=\frac{48-\text{평균}}{12} \quad \rightarrow \text{평균}=71.52$$

(b) 정규분포에서 위에서 1%에 해당하는 Z값, 즉 오른쪽 끝부분의 넓이가 1%인 Z값은 대략 2.33이다. Z값을 구하는 공식을 적용하면 평균은 85.01이다.

$$2.33=\frac{92-\text{평균}}{3} \quad \rightarrow \text{평균}=85.01$$

연습문제

선택형 문제

1. 다음 중 확률변수에 대한 설명이 바르게 된 것은?

ㄱ. 변수가 취할 수 있는 다양한 값이 각각 나타날 가능성이 미리 확률로 주어진 경우의 변수를 말한다.

ㄴ. 두 개 이상의 값을 취할 수 있는 임의의 사상으로, 그 사상이 어떤 특정값을 취할 가능성이 확률로 표시될 수 있는 사상이다.

ㄷ. 확률변수는 이산확률변수와 연속확률변수 그리고 범주형 확률변수로 구분된다.

---

① ㄱ, ㄴ　　② ㄴ, ㄷ

③ ㄱ, ㄷ　　④ ㄱ, ㄴ, ㄷ

2. 다음 중 연속확률변수에 해당하는 것은?

① 주말 저녁 8시 이후 A백화점에 쇼핑하러 온 고객수

② A병원에서 아무 문제없이 운영되는 X-ray의 기계대수

③ 새로 개발한 3D 모니터의 수명

④ 내일 중국으로 정시 출발할 비행기의 대수

3. 다음 중 연속확률분포의 특징인 것은?

① 확률변수가 일정구간 내에 있을 확률만이 성립된다.

② 연속확률변수가 취할 수 있는 값의 개수가 일정수준 이하로 제한된다.

③ 확률변수가 정확히 하나의 값을 취할 확률이 정의된다.

④ 표준편차를 구할 수 없다.

4. 다음 중 확률분포의 평균과 분산에 대한 설명이 바르게 된 것은?

ㄱ. 확률변수의 평균은 기대치(expected value)라 부른다.
ㄴ. 확률변수의 분산은 각 자료치와 기대치 차이의 절댓값에 확률을 곱한 뒤 총합을 구하면 얻어진다.
ㄷ. 기대치란 확률을 감안한 가중평균으로, 발생할 가능성이 있는 결과에 확률을 곱하여 모두 합한 값이다.

---

① ㄱ, ㄴ
② ㄴ, ㄷ
③ ㄱ, ㄷ
④ ㄱ, ㄴ, ㄷ

5. 기업유치로 세금수입이 넘치는 자치단체에서 저소득층에 대한 지원을 강화하기로 했다. 기존의 지원금은 1인당 평균 40만원, 표준편차가 10만원인데, 이번에 모든 수혜자에게 각자 받는 지원금액에 20%를 더해 주기로 했다. 즉 10만원을 받은 주민은 12만원을 받게 된다. 그렇지만 이것으로 충분하지 않은 주민들이 많아 그렇게 올려준 지원금에 또 10만원씩을 더 주기로 했다. 1인당 지원금의 평균과 표준편차는 얼마인가?

① 평균=48, 표준편차=12
② 평균=48, 표준편차=144
③ 평균=58, 표준편차=10
④ 평균=58, 표준편차=12

6. 다음 중 이항분포가 성립하기 위한 가정에 해당하지 않는 것은?

① 이항분포의 이론적 근거를 제공하는 통계적 실험과정에서 나오는 결과는 오직 두 가지뿐이며, 또한 상호 배타적이다.
② 관심을 가지는 결과(사건 또는 사상)가 나타날 확률은 시행횟수에 관계없이 언제나 일정하다.
③ 연속된 시행에서의 결과들이 통계적 독립사상일 필요는 없다.
④ 둘 또는 그 이상의 통계적 독립사상의 결합확률은 각 사상이 나타날 단순확률의 곱과 같다.

7. 평균 4% 정도의 고객들이 신용카드 사용액 결제를 제대로 못하고 있다고 한다. 5명의 고객을 임의로 선정했을 때 이 중 2명이 카드 사용액 결제를 제대로 못할 확률은?

① 0.2592
② 0.0142
③ 0.9588
④ 0.7408

8. 평균 20% 정도의 대학 졸업생이 대학원에 진학한다고 한다. 100명이 졸업한다고 하면 대학원에 진학할 학생수의 표준편차는 얼마인가?

① 20 ② 16
③ 4 ④ 2

9. 여론조사에 의하면 평균 40% 정도의 주민이 새로운 스포츠 시설단지의 도입에 찬성한다고 한다. 5명의 주민을 택해 찬성 여부를 질문하였다. 이 문제에서 확률변수는 무엇인가?

① 찬성하는 주민수의 평균
② 찬성하는 주민수의 분산
③ 찬성하는 주민수
④ 표본으로 뽑힌 5명의 주민 중 찬성하는 주민수

10. 9번 문제에서 5명 중 아무도 찬성하지 않을 확률은 얼마인가?

① 0.0778 ② 0.7780
③ 0.5000 ④ 0.3456

11. 평균이 100이고 표준편차가 20인 정규분포에서 $x=100$이 나올 확률은 얼마인가?

① 1.0 ② 0.5
③ 0.5와 1 사이 ④ 0

12. 다음 중 정규분포의 특성이 아닌 것은?

① 산술평균과 중앙값이 같다.
② 평균값은 어떤 값이든 취할 수 있다.
③ 분포의 모양이 평균을 중심으로 좌우 동형이다.
④ 표준편차가 작을수록 분포가 평평해진다.

13. 통계학 과목에서 순신이는 최종성적으로 80점을 받았다. 모두 200명 학생들이 치른 성적의 평균과 표준편차가 발표되었는데, 평균은 70점, 표준편차는 10점인 정규분포를 띠고 있는 것으로 나타났다. 그런데 그 다음 날 표준편차가 5점인 것으로 수정·발표되었다. 다음 중 순신이의 성적에 대한 설명으로 바른 것은?

① 평균값은 변화가 없으므로 표준편차가 얼마이든 간에 순신이는 별로 나아질 것이 없다.
② 표준편차가 줄어들어 순신이의 학점은 더 나빠질 가능성이 높다.
③ 표준편차가 줄어들어 순신이의 학점은 더 좋아질 것으로 예상된다.

④ 평균값 변화가 없어 이전보다 더 좋은 학점을 받을지 나쁜 학점을 받을지 알 수 없다.

14. 중간고사를 치른 학생 전체의 평균성적이 70점인데, 내 성적은 72점인 것으로 나타났다. 성적 분포가 정규분포를 이룬다고 할 때 (a) 표준편차=4점, (b) 표준편차=12점 중 어떤 경우가 나에게 더 유리하다고 볼 수 있는가?

① 표준편차=4점인 경우가 더 유리하다.

② 표준편차=12점인 경우가 더 유리하다.

③ 표준편차 값은 내 성적에 영향을 미치지 않는다.

15. 기술명장을 배출하기로 유명한 한국기술전문대학원 졸업생의 평균 연봉이 4,000만원이고 표준편차가 500만원인 정규분포를 띠고 있는 것으로 알려져 있다. 임의로 한 명의 한국기술전문대학원 졸업생을 뽑았을 때 이 졸업생의 연봉이 최소 3,000만원 또는 이를 넘을 확률은 얼마인가?

① 0.4772 ② 0.9772

③ 0.0228 ④ 0.5000

16. 15번 문제에서 임의로 한 명의 한국기술전문대학원 졸업생을 뽑았을 때 이 졸업생의 연봉이 4,750만원을 넘거나 같을 확률은 얼마인가?

① 0.4332 ② 0.9332

③ 0.0668 ④ 0.5000

다음은 문제 17~19에 해당하는 내용이다.
이번에 새로 개발한 신형 타이어의 수명이 평균 40,000km, 표준편차가 5,000km인 정규분포를 띠고 있는 것으로 나타났다.

17. 무작위로 뽑은 타이어의 수명이 최소 30,000km 이상일 확률은 얼마인가?

① 0.4772 ② 0.9772

③ 0.0228 ④ 0.5000

18. 무작위로 뽑은 타이어의 수명이 최소 47,500km 이상일 확률은 얼마인가?

① 0.4332 ② 0.9332

③ 0.0668 ④ 0.4993

19. 무작위로 뽑은 타이어의 수명이 정확히 47,500km일 확률은 얼마인가?

① 0.4332 ② 0.9332

③ 0.0668 ④ 0.0

계산형 문제

1. 통 안에 500원짜리 동전 4개, 100원짜리 동전 2개가 들어 있다. 무작위로 3개의 동전을 뽑을 때 동전의 합계를 T라 하자. T의 확률분포를 구하여라.

2. 확률변수 X가 다음과 같은 확률분포를 가질 때 분산을 구하여라.

x	0	1	2	3
$P(X=x)$	$\frac{2}{6}$	$\frac{3}{6}$	0	$\frac{1}{6}$

3. 다음은 세차장에 오는 자동차 대수 x의 확률분포이다. 세차장 직원은 1대당 2만원의 수입을 올리지만 매일 수도요금으로 사용량에 관계없이 1만원을 지불해야 한다. 세차장 직원의 하루 수입의 평균값을 구하여라.

x	14	15	16	17	18	19
$P(X=x)$	$\frac{1}{12}$	$\frac{1}{12}$	$\frac{1}{4}$	$\frac{1}{4}$	$\frac{1}{6}$	$\frac{1}{6}$

4. 다음과 같이 확률분포가 주어져 있다고 가정하고 물음에 답하여라.

Y	1	2	3	4	5	6
확 률	0.2	0.3	0.25	0.1	0.1	0.05

(a) 확률변수 Y의 평균과 표준편차를 구하여라.

(b) 확률변수 $5Y+10$의 평균과 표준편차를 구하여라.

5. 적군의 미사일 공격을 상시 감시하는 미사일 감지시스템이 실제 공격을 감지하여 경고를 발송하는 정상작동의 확률이 0.9라 하자. 다음 질문에 대해 이항분포를 이용하여 답하여라.

(a) 만약 두 대의 미사일 감지시스템을 설치하여 운영한다면, 이 둘 중 최소한 하나가 정상 작동할 확률은?

(b) 만약 세 대의 미사일 감지시스템을 설치하여 운영한다면, 이 셋 중 최소한 하나가 정상 작동할 확률은?

(c) 만약 10대의 미사일 감지시스템을 설치하여 운영한다면, 정상작동할 시스템의 평균 개수와 이의 표준편차를 구하여라.

6. 현재의 직장에 대한 만족도가 매우 높은 직장인들을 대상으로 "만약에 다른 곳으로부터 현 연봉보다 20% 더 주겠다는 제안을 수용하여 이직하겠느냐?"는 질문에 대해 23%가 이직하겠다고 답하였다.

(a) 현 직장에 만족도가 높은 6명이 이러한 제안을 받았을 때, 이 중 2명이 이러한 제안을 받아들이지 않고 현 직장에 남아 있을 확률은?

(b) 현 직장에 만족도가 높은 6명이 이러한 제안을 받았을 때, 6명 중 최소한 2명이 현 직장에 남아 있을 확률은?

(c) 현 직장에 만족도가 높은 10명이 이러한 제안을 받았을 때, 이들 10명이 모두 수용하고 현 직장을 떠날 확률은?

7. 항공사들과 호텔들은 종종 예약 후 나타나지 않는 고객들로 인한 손실을 최소화하기 위해 정원을 초과해서 예약을 받는다. 경우에 따라서는 실제 서비스를 받기 위해 나타난 고객의 수가 정원을 초과할 수도 있다. 평균적으로 비행기의 좌석을 예약한 손님들의 5%가 제 시간에 탑승하지 않는다고 가정해 보자. 정원 10명의 좌석에 12명의 예약을 받았을 때,

(a) 실제 비행기를 타기 위해 나타난 손님의 수가 정원을 초과할 확률은?

(b) 정원을 초과해서 나타나는 손님수의 기댓값은?

8. 전국적으로 시청자의 60%가 SBC뉴스를 시청한다고 알려져 있다. 10명의 TV시청자를 무작위로 선정했을 때 이 중 4명이 SBC뉴스를 시청할 확률은?

9. A카드는 카드소유자의 계좌를 고액, 소액 사용자로 나누어 관리하고자 한다. 지난해 계좌당 평균 사용액이 500만원이었고 표준편차는 50만원이었다고 하면, 고액 매출계좌를 특별관리하기 위해 매출액 순으로 상위 5%를 선택하고자 할 때, 연간 매출액이 얼마 이상이어야 이 안에 포함될 수 있는가?

10. A사의 주종상품은 200g들이 꽁치 통조림이다. 이 제품의 무게는 정규분포를 따르고 평균은 200g이며 분산은 4g이다.

(a) 통조림의 무게가 199g과 201g 사이에 있을 확률은?

(b) 통조림의 무게가 정확히 202g일 확률은?

11. 수학시험의 평균이 82점이고 표준편차가 5점이었다. 88점에서 94점을 받은 학생은 A를 받는다. 8명이 A를 받았다면 모두 몇 명이 시험을 보았는가?(정규분포를 가정한다)

12. 학교까지 가는 데 소요되는 시간이 평균이 24분, 표준편차가 4분인 정규분포를 이룬다고 한다.

(a) 학교까지 가는 데 적어도 30분이 걸릴 확률은?

(b) 9시에 수업이 시작한다. 8시 45분에 출발한다면 지각할 확률은?

(c) 9시에 수업이 시작한다. 앞으로 3일간 매일 8시 30분에 출발한다고 했을 때 3일 중 2일을 지각할 확률은?

13. 매일 주식시장 개장 직후 30분은 매우 거래가 많은 시간대에 해당한다. 지난해 동안 개장 직후 30분간 거래된 주식량의 평균과 표준편차를 계산하였더니 각각 2,000,000주와 260,400주이었다. 거래량이 정규분포를 따르고 있다는 가정하에 아래 질문에 답하여라.

(a) 어느 날 오전 개장 직후 30분 동안 거래된 주식량이 1,800,000주보다 적을 확률은?

(b) 어느 날 오전 개장 직후 30분 동안 거래된 주식량이 2,300,000주보다 많을 확률은?

(c) 오전 개장 직후 30분간의 거래량이 상위 5%에 해당하면, 그날은 '유동성이 풍부한 날'로 간주한다. '유동성이 풍부한 날'로 간주되기 위해서는 최소한 얼마만큼의 주식량이 거래되어야 하는가?

14. 어느 자동차 리스회사는 리스자동차에 대한 유지보수 서비스 상품을 개발하여 고객에게 판매하고 있다. 이 회사의 사장님은 지난 경험으로 볼 때 연간 평균 유지보수비용은 정규분포를 따르고 평균과 표준편차는 각각 150,000원과 25,000원일 것으로 추정한다. 이 회사가 유지보수 서비스 상품을 200,000원에 판매하기로 결정하였다고 가정하자.

(a) 이 상품 구매고객의 몇 %의 경우에 서비스 비용이 20만원을 초과하여 회사가 손해보겠는가?

(b) 이 상품의 판매로부터 예상되는 판매건당 평균이윤은?

15. 어느 대학교 학생들의 한 달 용돈을 조사해 보니 평균이 40만원이고 표준편차가 5만원인 정규분포를 띠고 있다고 한다.

(a) 무작위로 한 학생을 택했을 때 그 학생의 한 달 용돈이 37만 5천원과 47만 5천원 사이에 있을 확률은?

(b) 한 학생을 무작위로 선택했을 때, 그 학생의 한 달 용돈이 48만원 이상일 확률은?

(c) 한 달 용돈이 31만 8천원 이상이고 48만원 이하인 학생들의 비율은 몇 %인가?

CHAPTER

표본분포

제 1 절　표본추출과 오류
제 2 절　표본분포와 중심극한정리

예시|사례

월드망고는 망고주스를 생산·판매하고 있다. 망고주스캔 하나의 무게는 180g이다. 현재 생산라인에서는 하루 5,000개의 주스캔을 생산하고 있는데, 품질팀장의 주된 임무는 캔 하나에 들어가는 주스의 양을 일정하게 하는 데 있다. 너무 많이 들어가면 원가에 부담이 되며, 너무 적게 들어가면 소비자 불만을 유발하기 때문에 항시 180g에 근접한 수치를 유지하기 위해 노력하고 있다. 이를 위해 매 4시간마다 16개의 주스캔을 생산라인에서 무작위로 추출하여 무게를 잰 뒤, 16캔의 평균값을 이용하여 생산라인의 문제점을 점검하고자 계획하고 있다.

16개의 주스캔 무게의 평균값이 어느 범위 내에 있어야 현재 생산라인이 180g짜리 망고주스를 아무런 문제없이 생산하고 있다고 판정할 수 있는가? 만약 일정범위를 벗어나면 생산라인을 가동중지시키고 설비를 재조정해야 한다.

제 1 절 표본추출과 오류

제5장에서 정규분포를 기초로 한 확률계산방법을 소개할 때 분포함수의 평균과 표준편차는 사전에 알고 있는 것으로 가정하였다. 그러나 확률개념을 실제 문제에 적용하고자 할 때 이 값들을 사전에 알고 있는 경우도 있겠으나, 대부분의 경우 그렇지 못한 것이 현실이다. 본장에서는 모집단의 평균과 표준편차를 추정하는 데 필수적인 표본추출절차와 추론방법에 대해 간략히 살펴보기로 하자.

우선 표본추출과 관련된 몇 가지 기본적인 개념을 정의해 보기로 하자.

1. 모집단과 표본

모집단(population)은 정보를 얻고자 하는 대상의 전체 집단을 의미하며, 표본(sample)은 모집단의 일부로, 모집단에 대한 정보를 얻기 위해 사용된다. 모집단의 평균이나 표준편차와 같은 모수(parameter)는 모집단분포에 관한 특성을 대표하는 중요한 정보로 보통 그 실제값은 알려져 있지 않다. 표본통계량은 표본으로부터 계산된 수치로, 미지의 모수값을 추정하기 위해 사용된다. 모수는 해당 모집단의 고유한 일정한 상수인 데 반해, 표본통계량은 표본을 달리 취하면 그 값이 달라진다. 이제 이들 개념을 다음의 두 가지 예를 통해 구체적으로 알아보기로 하자.

(a) 월드통상은 망고주스를 중소식품업체에서부터 공급받아 대형할인점에 납품하고 있는데, 캔당 주스함유량이 180ml이어야 한다. 하루 5,000캔을 납품받는 월드통상은 주스함유량이 미달되지는 않을까 다소 우려하고 있다.

(b) 돌아오는 시장보궐선거에서 누가 승리할 것인가가 궁금하여 의견조사를 전문으로 하는 여론조사기관에 조사를 의뢰하였다.

(a)에서 모집단과 모수는 무엇이 되는가? 망고주스를 납품하는 업체가 앞으로 공급할 캔주스가 모집단이 되며, 회사가 알고 싶어하는 정보인 모수는 모집단을 구성하는 망고주스캔의 평균 주스함유량이 된다. 첫 납품물량의 품질이 앞으로 들어오게 될 캔주스의 품질을 대표할 수 있다고 가정할 수 있다면, 미래 납품물량의 평균 주스함유량은 첫 납품물량을 표본으로 하여 계산한 표본평균값을 이용할 수 있다. 여기서 표본평균은 모수를 추정하기 위해 사용되는 표본통계량으로 그 값을 알 수 있으나 앞으로 들어올 모든 제품의 평균 주스함유량은 모수로 미지의 값임을 주의해야 한다.

(b)의 경우, 모집단은 시장선거의 투표인 명부에 등록된 모든 유권자일 것이고, 선거일에 각 후보자가 얻게 될 지지율이 미지의 모수가 되며, 표본통계량은 표본으로 추출된 유권자의 각 후보에 대한 지지율, 즉 표본비율이 된다.

이 예에서와 같이 흔히 사용되는 표본통계량으로는 표본평균과 표본비율을 들 수 있다. 표본평균은 북극의 1월 평균기온과 같이 음수가 될 수도 있고 컴퓨터 칩의 평균수명과 같이 양수도 될 수 있는 반면, 표본비율은 0과 1 사이의 값만을 취한다. 표본평균과 표본비율의 또 하나의 차이는 표본평균은 컴퓨터 칩의 수명과 같이 정량적인 자료가 주어져 있을 때 계산할 수 있으며, 표본비율은 갑 후보에 투표할 것인가라는 질문에 예 · 아니오와 같이 정성적인 자료가 있을 때 사용된다.

관심 있는 모집단의 모수는 표본통계량을 통해 추정하게 되는데, 그 추정이 얼마나 정확할 것인가 하는 의문은 다음에 설명할 표본추출 오류(bias)에 의해서도 많은 영향을 받는다.

2. 오 류

평균, 표준편차 등의 모집단 모수는 표본추출상의 오류에 의해 과대 또는 과소하게 추정될 가능성이 있다. 표본추출의 오류란 바로 이 자료수집과정의 실수를 의미하는 것으로 대개 세 가지 유형으로 분류될 수 있다.[1)]

(1) 선정오류

선정오류(selection bias)에 대한 전형적 예로는 1936년 여름에 시행한 미국 대통령 선거 의견조사를 들 수 있다. 당시 루스벨트는 대통령 후보로 출마하여 알프 랜든(Alf Landon)과 경합하고 있었다. 대부분의 여론조사는 루스벨트의 승리를 예언하였으나 리터러리 다이제스트(Literary Digest)의 여론조사는 랜든이 크게 이길 것이라고 예측하였다. 대부분의 여론조사는 1,400 내지 1,800명의 표본을 이용하였으나 리터러리 다이제스트는 240만명의 표본을 사용하였다. 그러나 투표결과 랜든은 단지 메인과 버몬트 2개 주에서만 승리하였고 나머지 주에서는 루스벨트가 승리하였다. 리터러리 다이제스트의 여론조사는 랜든이 57 : 43으로 이길 것이라 하였으나 실제로는 루스벨트가 62%의 지지를 얻어 승리하였다.

이 조사에서 다이제스트는 전화번호부에서 찾은 이름과 주소로 1,000만 장의 여론조사서를 발송하여 그 결과를 분석, 선거결과를 추정하였다. 그러나 1936년경 경제공황은 최악의 상태에 이르러 전화를 소유할 수 있는 대부분은 랜든이 소속한 공화당을 지지하는 부유한 계층이었고 결과적으로 리터러리 다이제스트의 여론조사에 응답한 대부분의 유권자는 랜든의 지지기반인 공화당원이었다는 문제가 있었다. 그들은 의견조사에서와 같이 투표에서 랜든을 지지했을 것이나 민주당을 지지하는 많은 유권자가 의견조사에서 배제되어 결국 루스벨트가 선거에서 이기게 되었던 것이다.

이처럼 표본추출시 모집단의 일부가 체계적으로 제외되는 경향을 선정오류라 한다. 선정오류를 없애기 위해서는 모든 모집단 구성원이 똑같은 확률로 표본에 뽑힐 수 있도록 해야 한다. 단순히 표본의 크기를 증가시키는 것만으로는 선정오류 현상을 줄일 수 없으며 오히려 악화시킬 우려가 크다.

(2) 응답오류

이러한 현상은 일반적으로 대중 여론조사에서 나타난다. 조사자는 질문내용

---

1) Brightman, H.J., *Statistics in Plain English* (South Western Publishing, 1986), pp. 125～129에서 발췌.

을 약간 바꾸어 줌으로써 어떤 문제에 대한 선호비율과 같은 표본통계량을 쉽게 바꿀 수 있다. 한 예로 일부에게는 대통령 단임제를 헌법에 삽입해야 할 것인가를 묻고, 다른 일단에게는 단임제를 포함시키기 위해 헌법을 바꾸어야 할 것인가를 물을 때, 전자에서는 6%가 후자에서는 50%가 동의하였다는 통계조사를 들 수 있다.

또 다른 예로 여론조사로 입후보자의 지지도를 알고자 할 때, 지지도는 여론조사서에 후보자의 이름을 어떤 순서로 써 넣느냐에 따라서도 바뀌게 되는데, 대개 맨 처음 이름이 기입된 후보자가 보통 5% 정도 더 높은 지지를 받은 것으로 나타났다.

이러한 오류현상도 표본크기를 크게 한다고 해서 없어지지는 않으며 확률 또는 임의 표본추출로도 이런 현상은 줄일 수 없다. 응답오류(response bias)는 표본이 문제가 아니라 어떤 방식으로 질문을 하느냐, 질문을 어떻게 표현하느냐, 누가 질문하느냐 등이 문제가 되기 때문이다.

(3) 무응답오류

앞에서 예로 든 다이제스트의 조사에서 1천만 유권자 중 76%인 760만명이 응답하지 않았다. 이처럼 많은 수의 무응답은 표본통계량에 심각한 오류현상을 일으킬 수 있다. 다이제스트의 조사에서 응답하지 않은 760만명의 유권자는 어떤 사람들이었을까? 그들은 응답자들보다 가난해서 회신할 우표를 살 수 없었을 수도 있고 문맹으로 여론조사서를 읽을 수 없어 응답하지 않았을지도 모른다. 아무튼 최종 240만명은 여론조사서가 발송된 1,000만명의 대표집단이라고도 볼 수 없다.

어느 연구보고에 의하면 일반적으로 저소득층과 고소득층은 우편여론조사에 응답하지 않는 경향이 있다고 한다. 이것은 중산계층의 의견이 우편의견조사에서 무응답오류(nonresponse bias)에 의하여 과대 반영된다는 것을 의미한다. 무응답오류는 면접조사에서도 나타난다. 면담자가 방문했을 때 집에 있지 않은 사람들은 집에 있는 사람과 체계적으로 다를 수 있다.

따라서 여론조사에서는 최소한, 응답자와 무응답자가 연령, 성별, 경제, 사회적 위치로 보아 체계적으로 어떤 차이가 있는지를 검토해야 하고 어떤 뚜렷한 차이가 있을 수 있다면 이러한 조사를 바탕으로 하여 통계적 추론을 시도해서는 안 된다.

3. 전문기관의 표본추출법

대부분의 전문여론조사기관은 특정후보에 대한 선호도 조사시 단순무작위 표본추출법(simple random sampling)을 사용하지 않는다. 단순무작위 표본추출법을 이용하기 위해서는 전국의 유권자 명단을 가지고 있어야 하며, 이러한 명단이 있어 추출이 가능하다 할지라도 표본으로 뽑힌 유권자는 전국에 걸쳐 흩어져 있게 되어 그들을 면접하기 위해서는 상당한 비용과 시간을 소모해야 하기 때문이다.

실제로 많은 여론조사기관은 확률표본추출 절차인 단계적 집단 표본추출법(multistage cluster sampling)을 주로 이용한다. 이 방법은 예를 들어 전국을 크게 네 지역으로 분할하고, 각 지역을 다시 크기에 따라 몇 개의 집단으로 만든 뒤 무작위 추출법으로 집단을 추출한 뒤, 선정된 집단 내에서 조사대상 가구를 무작위로 추출한다. 단계적이란 말은 단순히 표본추출의 과정이 몇 단계에 걸쳐 이루어진다는 것을 의미하며, 집단이란 한 지역 내에 있는 도시들을 크기별로 집단화한다는 것을 의미한다. 미국 갤럽의 경우 약 1,500명의 유권자를 표본으로 선정하지만, 그 추정결과는 일반적으로 2% 내지 3% 정도의 오차한계를 보여줄 정도로 정확한 것으로 알려져 있다.

제 2 절 표본분포와 중심극한정리

1. 표본분포의 개념

본장에서 다루게 될 가장 중요한 내용은 모집단의 평균이나 표준편차와 같은 모수를 추정하는 방법에 관한 것으로, 이는 표본분포와 중심극한정리에 그 기초를 두고 있다. 구체적인 추정방법을 논의하기에 앞서 우선 다음의 예를 통해 표본분포의 개념을 살펴보기로 하자.

6명의 정규직원이 근무하고 있는 월드베스트 건강진단센터의 지난 1/4분기 휴가신청일수를 정리한 결과가 〈표 6-1〉과 같다고 하자.

〈표 6-1〉 예시자료 – 1/4분기 휴가일수

직원번호	휴가일수
1	0
2	9
3	6
4	3
5	1
6	5

이 모집단의 평균과 표준편차는 얼마인가? 모집단의 크기가 클 때에는 이를 쉽게 계산할 수 없지만 위의 예에서와 같이 소규모 모집단일 때에는 손쉽게 계산할 수 있다.

모집단평균 $\mu = (0+9+6+3+1+5) \div 6 = 4$

모집단분산 $\sigma^2 = [(0-4)^2+(9-4)^2+(6-4)^2+(3-4)^2+(1-4)^2+(5-4)^2] \div 6$
$= 9.33$

모집단 표준편차 $\sigma = \sqrt{9.33} = 3.05$

σ^2의 계산과정에서 분모는 5가 아닌 6으로 되어 있다. 제3장에서 분산과 표준편차를 계산할 때 분모는 항상 $(n-1)$이 된다고 하였지만 이는 미지의 모집단 표준편차에 대한 보다 정확한 추정치를 얻기 위해서였고, 이 경우는 모집단 자체의 표준편차를 계산하므로 분모로 N을 이용해야 한다.

이제 위의 모집단으로부터 표본크기가 3이 되는 모든 표본을 취해 보자. 크기가 3인 표본의 개수는 앞장에서 소개한 조합의 개념을 이용하여 손쉽게 계산할 수 있다. 즉, 선택가능한 표본의 총수는 모두 20개이다.

$$_6C_3 = \frac{6!}{3!3!} = 20$$

이 20개의 표본에 대하여 각각의 표본평균을 계산하고 이를 막대그래프로 표시하면, 이것이 바로 표본분포(sampling distribution)가 된다. 이론적으로 표본분포를 정의하면, 주어진 모집단으로부터 동일한 크기(n)의 모든 표본을 추출하여 각 표본의 통계량($\bar{x}$, s^2 등)을 계산한다고 할 때, 표본분포는 이 모든 동일 크기의 표본들로부터 계산된 특정 통계량의 확률분포이다.

표본분포란 이름이 붙은 것은 특정크기의 모든 표본을 가설적으로 취하여 분포를 구성하기 때문이다. 〈표 6-2〉는 각 표본의 평균을 계산한 것이고 [그림 6-1]은 이를 그림으로 나타낸 것이다.

〈표 6-2〉 표본의 크기가 3인 표본과 표본평균

표 본	$\bar{x}$	표 본	$\bar{x}$
(0, 1, 3)	1.33	(1, 3, 5)	3.00
(0, 1, 5)	2.00	(1, 3, 6)	3.33
(0, 1, 6)	2.33	(1, 3, 9)	4.33
(0, 1, 9)	3.33	(1, 5, 6)	4.00
(0, 3, 5)	2.67	(1, 5, 9)	5.00
(0, 3, 6)	3.00	(1, 6, 9)	5.33
(0, 3, 9)	4.00	(3, 5, 6)	4.67
(0, 5, 6)	3.67	(3, 5, 9)	5.67
(0, 5, 9)	4.67	(3, 6, 9)	6.00
(0, 6, 9)	5.00	(5, 6, 9)	6.67

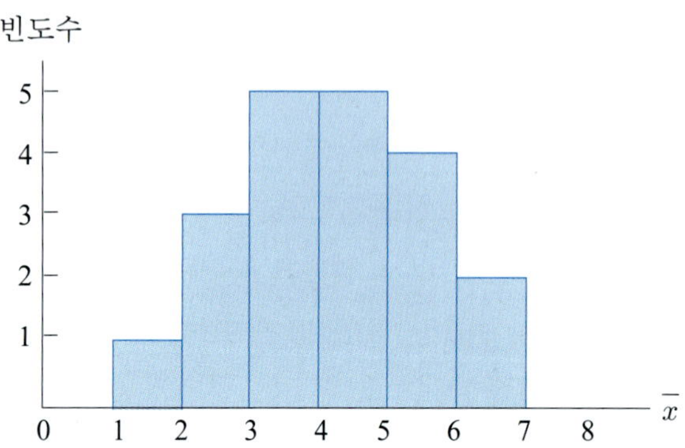

[그림 6-1]
표본의 크기가 3인 표본분포

주어진 모집단에서 표본을 추출할 때마다 특정 통계량, 예를 들어 표본평균 또는 표준편차는 달라지게 마련이다. 즉, 주어진 모집단에서 동일 크기의 표본을 추출하는 실험을 반복적으로 시행하고, 각 실험의 결과를 평균이나 표준편차 등의 통계량 계산방법을 이용하여 수치적 값을 배정하는 것이다. 따라서 실험의 결과로 나타나는 각종 통계량은 확률변수이며, 이 확률변수들의 분포를 표본분포라고 부르는 것이다.[2)]

통계량의 종류에 따라 여러 종류의 표본분포가 존재한다. 예를 들어 표본평균의 표본분포, 표본분산의 표본분포, 표본비율의 표본분포 등이 있다. 앞의 예에 설명된 표본분포는 표본평균의 표본분포(sampling distribution of $\bar{x}$)이다. 이제 표본평균의 표본분포에 대해 더 자세히 알아보기로 한다.

2. 표본평균의 표본분포

모집단, 표본, 그리고 표본분포의 평균과 표준편차가 어떻게 다른지 살펴보자. 편의상 달리 언급이 없는 한 앞으로 표본분포는 표본평균의 표본분포를

2) 그러나 표본분포는 이론적 개념으로만 존재할 뿐 실제 이를 구성하기 위해 모집단에서 가능한 모든 표본을 추출하지는 않는다. 예를 들어, 모집단의 크기가 100개만 되어도 표본크기가 3인 추출가능한 표본의 수는 ${}_{100}C_3=161,700$이 되어 이들을 모두 검토하기란 사실상 불가능하다. 가능한 모든 표본을 추출하는 과정을 언급한 이유는 상이한 표본이 많이 존재하며 이 상이한 표본의 표본통계량들 또한 서로 다르다는 것을 설명하기 위함이다. 실제로는 표본의 크기가 n인 표본 하나만을 취하여 미지의 모집단의 평균과 표준편차를 추정한다.

지칭하는 것으로 한다. 우선 표본분포의 평균과 표준편차는 다음과 같이 나타내기로 한다.

$$표본분포의 평균=\mu_{\bar{x}}=\bar{\bar{x}}$$
$$표본분포의 표준편차=\sigma_{\bar{x}}$$

앞의 예에서와 같이 모집단으로부터 크기가 3인 표본을 취하면, 이 표본으로부터 $\bar{x}$와 s를 계산할 수 있다. 이 중 s는 표본에 포함된 세 관측치가 표본평균 $\bar{x}$ 주위에 퍼져 있는 정도를 나타낸다. 이에 반해 표본평균의 평균인 $\mu_{\bar{x}}$는 가능한 모든 표본을 취한 뒤 이들 표본의 평균을 각각 계산하고 이렇게 계산된 20개 표본평균의 평균값을 의미한다. 이들 20개의 평균값은 모두 동일하지 않으며, 〈표 6-1〉에서 알 수 있듯이 1.33에서 6.67까지 변한다. 표본평균의 표준편차인 $\sigma_{\bar{x}}$는 $\mu_{\bar{x}}$ 주위에 이들 표본평균값이 퍼져 있는 정도를 나타낸다. 한편, 모집단을 구성하는 여섯 개의 관측치 평균은 μ이고 모집단 표준편차인 σ는 이들 6개의 관측치가 μ의 주위에 퍼져 있는 정도를 나타낸다.

앞의 예에서 모집단평균 μ는 4일이었다. 그렇다면 표본분포의 평균 $\mu_{\bar{x}}$는 얼마이겠는가? 결론부터 말하면 $\mu_{\bar{x}}=\mu$가 성립하게 된다. 앞의 예를 통해 이를 확인해 보면 $\mu_{\bar{x}}$는 20개 표본평균의 평균으로 다음과 같다.

$$\mu_{\bar{x}}=\frac{\bar{x}_1+\bar{x}_2+\cdots\cdots+\bar{x}_{20}}{20}=4$$

한편 표본분포의 표준편차 $\sigma_{\bar{x}}$는 표본데이터의 표준편차인 s와 구분하기 위해 표준오차(standard error)라고도 부른다. 앞의 예에서 표준오차는 모집단의 표준편차 3.05와 어떤 관계에 있는가? 모집단에 포함된 여섯 개의 관측치가 퍼져 있는 정도와 20개의 표본평균간의 퍼진 정도를 비교해 보면, 모집단의 경우 결근일수는 작게는 0에서 크게는 9까지 변하고 있으나, 표본평균은 최소 1.33, 최대 6.67까지로 표본평균의 평균인 4 근처에 몰려 있다. 따라서 표본분포의 표준오차가 모집단의 표준편차보다 작다는 것을 쉽게 알 수 있다.

이번에는 6명의 모집단에서 표본크기가 4인 모든 표본을 취해 보자. 표본의 수는 ${}_6C_4 = \frac{6!}{2!4!} = 15$개가 되며 이들 15개의 표본평균을 계산하여 막대그림으로 표시하면 [그림 6-3]과 같다. 15개의 표본평균의 최솟값은 2.25이며 최대 5.75까지 퍼져 있다. 다만, 표본평균의 평균은 모집단의 평균에 일치하는 경향이 있으므로 이 경우 역시 표본분포의 평균은 4일이 된다.

그렇다면 표준오차도 표본크기가 3일 때와 같은가? [그림 6-2]와 [그림 6-3]을 비교해 보면 표본크기가 4인 경우 평균 4에 좀더 밀접해 있는 것을 발견할 수 있다. 즉, 표본의 크기가 4일 때의 표준오차가 표본의 크기가 3일 때에 비해 상대적으로 작다. 다시 말해, 표준오차는 표본의 크기가 증가해 감에 따라 점차 작아지는 경향이 있다.

그 이유를 알아보기 위하여 앞에서 사용한 종업원 휴가일수 자료를 다시 이용해 보자. 모집단변수값인 휴가일수는 0에서 9까지의 값을 취하고 있으며 이들 관측치들은 모집단평균값인 4에 그다지 근접해 있지 않다. 이러한 이유로 인해 모집단 표준편차는 3.05일 정도로 비교적 큰 값을 취한다.

[그림 6-2]
표본의 크기가
3일 때의 표본분포

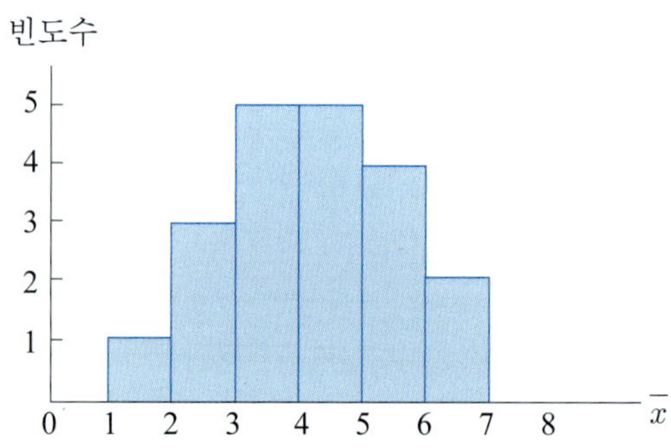

[그림 6-3]
표본의 크기가
4일 때의 표본분포

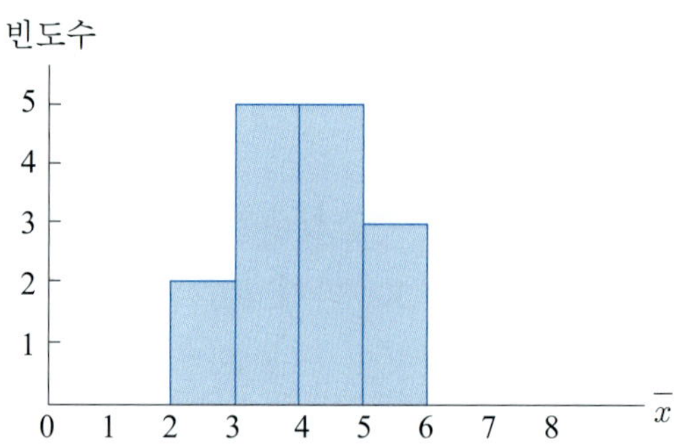

그러나 표본의 크기가 3인 표본을 취하여 그들의 평균을 구해 보면 이들은 비교적 4에 가깝게 분포하고 있다. 즉 휴가를 많이 사용했던 한 종업원이 표본에 포함되면 이보다 휴가일수가 적은 종업원에 의해 평균값은 줄어들게 되어 결과적으로 표본평균값들은 표본분포의 평균값에 비교적 가까이 분포하게 되며, 이에 따라 표준오차는 줄어든다. 표본의 크기가 4인 표본을 취하게 되면 표본평균값들은 모집단평균에 좀더 근접하게 된다.

요약하면, 표본의 크기가 커지면 커질수록 표본평균은 표본분포 및 모집단의 평균에 점점 근접하게 되며 이에 따라 표본평균의 표준편차인 표준오차도 감소하게 된다.

3. 중심극한정리

미지의 모집단평균을 추정하고자 할 때 표본의 크기는 어느 정도가 적당할 것인가? 예를 들어 표본의 크기가 3인 경우와 30인 경우를 고려해 보면, 표본추출과 계산에 소요되는 비용과 시간을 무시할 때 표본의 크기가 클수록 모집단에 대한 대표성이 높아지므로 표본의 크기는 30일 때가 바람직하다. 이는 다음의 표본분포의 특성을 감안한다면 쉽게 이해할 수 있다.

모집단으로부터 표본의 크기가 3인 모든 표본과 표본의 크기가 30인 모든 표본을 추출한다면, 두 표본분포의 평균은 미지의 모집단평균과 일치하는 경향이 있다. 즉 표본의 크기에 관계없이 표본분포의 평균은 모집단평균에 근접한다. 그렇지만 평균값의 표준오차는 표본의 크기가 증가해 감에 따라 감소한다. 예를 들어 표본의 크기가 30인 표본들의 평균값은 표본의 크기가 3인 표본들의 평균값보다 모집단평균값에 상대적으로 더 가깝게 분포하며, 이에 따라 30개의 관측치를 갖는 하나의 표본으로부터 계산된 평균값은 표본의 크기가 3인 표본의 평균에 비해, 미지의 표본분포 평균값, 즉 모집단평균값에 더 가까울 가능성이 높아진다.

[그림 6-4]에서 알 수 있듯이 모집단 막대그림은 종모양의 정규분포곡선의 형태를 취하고 있지 않으나 표본분포는 표본의 크기가 증가함에 따라 정규분포곡선과 유사해진다. 이 점이 바로 중심극한정리(central limit theorem)

[그림 6-4]
모집단분포와 표본분포의 차이

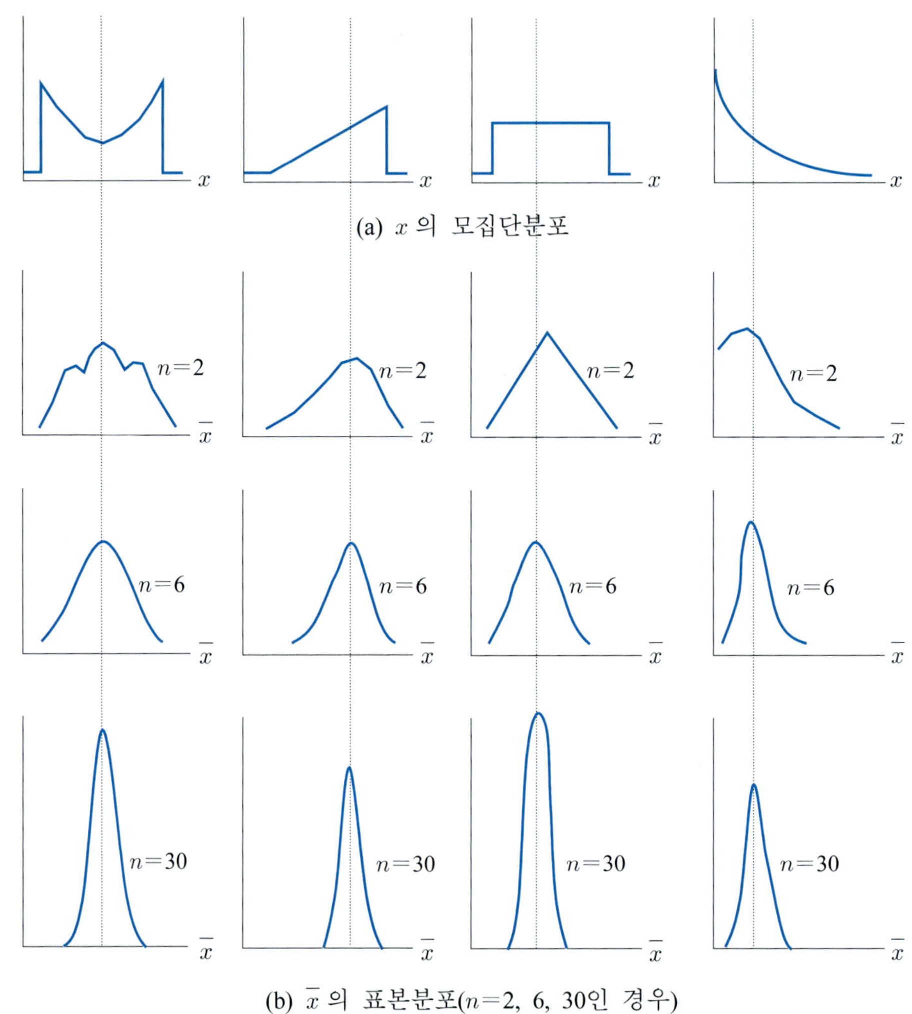

(a) x 의 모집단분포

(b) $\bar{x}$ 의 표본분포(n=2, 6, 30인 경우)

의 기초를 이루는 개념이다. 중심극한정리는 모집단이 정규분포를 따르지 않는다 하여도 표본분포는 정규분포에 가까운 형태를 취하며, 표본의 크기가 커지면 커질수록 표본분포는 점점 더 정규분포에 가까워진다는 것을 의미한다. 특히 표본의 크기가 30개 이상인 경우, 거의 모든 표본분포는 모집단분포에 관계없이 정규분포형태를 띠게 된다.

이러한 정리가 도출된 배경은 다음과 같다. 표본분포의 특성으로부터, 표본의 크기가 점점 커지면 표본평균값($\bar{x}$)들은 점차 표본분포의 평균값($\mu_{\bar{x}}$) 근처에 밀집하게 된다는 사실을 알 수 있다. 물론 경우에 따라 표본평균값이 $\mu_{\bar{x}}$ 로부터 멀리 떨어진 값을 취할 수도 있으나 이런 경우는 드물게 나타나고 대부분의 표본평균값은 $\mu_{\bar{x}}$ 근처에 위치하게 되므로 확률막대그림을 그리면 종모양을 이루게 된다.

바로 이러한 표본분포의 특성 때문에 표본통계량을 이용한 미지의 모집단 모수에 대한 통계적 추론이 가능해진다. 구체적인 통계적 추론과정을 설명하기에 앞서 지금까지 기술한 내용을 요약해 보기로 하자.

중심극한정리

평균이 μ이고 표준편차가 σ인 모집단으로부터 크기가 n인 표본을 취할 때, n이 큰 값이면 표본평균의 표본분포는 평균이 $\mu_{\bar{x}}=\mu$이고 표준오차가 $\sigma_{\bar{x}}=\sigma/\sqrt{n}$ 인 정규분포에 가깝다.

중심극한정리를 이용하면 표본분산의 자유도 구조를 설명할 수 있다.

$$
\begin{aligned}
E[S^2] &= E\left[\frac{1}{n-1}\times\sum(X_i-\overline{X})^2\right] \\
&= E\left[\frac{1}{n-1}\times\sum(X_i-\mu-\overline{X}+\mu)^2\right] \\
&= E\left[\frac{1}{n-1}\times\sum\{(X_i-\mu)^2-2(X_i-\mu)(\overline{X}-\mu)+(\overline{X}-\mu)^2\}\right] \\
&= E\left[\frac{1}{n-1}\times\{\sum(X_i-\mu)^2-2\sum(X_i-\mu)(\overline{X}-\mu)+\sum(\overline{X}-\mu)^2\}\right] \\
&= E\left[\frac{1}{n-1}\times\{\sum(X_i-\mu)^2-2\sum(X_i-\mu)(\overline{X}-\mu)+n(\overline{X}-\mu)\}\right. \\
&= \frac{1}{n-1}(n\sigma_{X_i}^2-\sigma_{X_i}^2)=\frac{1}{n-1}(n-1)\sigma_{X_i}^2 \\
&= \sigma_{X_i}^2
\end{aligned}
$$

일반적인 통계학적 관행은 모집단분포의 형태와 상관없이 표본의 크기 n이 30 이상이면 표본분포가 정규분포를 따르는 것으로 본다. [그림 6-4]는 모집단분포와 상관없이 표본의 크기가 커지면서 표본분포가 빠른 속도로 정규분포에 접근함을 보여주고 있다. 실제로 경영, 경제 분야에서 표본의 크기가 30개를 넘지 못하는 경우는 거의 찾아보기 힘들다.

예제 6-1

A냉장은 참치통조림을 생산하는 중견기업이다. 지난 1년간의 자료에 의하면 참치통조림의 중량은 평균 120g, 표준편차 3g인 것으로 나타났다. 36개의 참치통조림을 무작위로 추출하여 중량의 평균을 계산한다고 할 때 다음 물음에 답하여라.

(a) 36개 참치통조림의 평균중량이 121g 이상일 확률은?

(b) 36개 참치통조림의 평균중량이 119.5g 이하일 확률은?

(c) 36개 참치통조림의 평균중량이 119g과 120.5g 사이일 확률은?

풀이

(a) 36개 참치통조림의 평균은 모집단평균인 120g과 같을 것이므로 표준오차만 계산하면, 답은 정규분포를 이용하여 계산할 수 있다.

$$\text{표준오차} = \frac{\sigma}{\sqrt{n}} = \frac{3}{\sqrt{36}} = 0.5$$

우선 121g을 Z값으로 나타내면 $Z=(121-120)\div 0.5=2$이므로 구하고자 하는 확률값은 $0.5-0.4772=0.0228$이다.

(b) $Z=(119.5-120)\div 0.5=-1$이므로 구하고자 하는 확률값은 $0.5-0.3413=0.1587$이다.

(c) $Z_1=(119-120)\div 0.5=-2$, $Z_2=(120.5-120)\div 0.5=1$이므로 표본의 평균중량이 119g과 120.5g 사이일 확률은 $0.4772+0.3413=0.8185$이다.

예제 6-2

A지역의 소방서가 화재신고를 받고 현장에 도착하기까지 걸리는 시간, 즉 반응시간이 평균 14분, 표준편차 4분인 정규분포를 따른다고 알려져 있다. 이 소방서에 접수되는 화재신고 16건을 무작위로 추출하였다. 다음 물음에 답하여라.

(a) 16건의 평균반응시간이 15분 이하일 확률은?

(b) 16건의 평균반응시간이 12.5분과 15.5분 사이일 확률은?

풀이

모집단이 정규분포를 따르므로 표본의 크기($n=16$)가 작더라도 표본분포는 정규분포를 따른다. 표본분포의 평균과 표준오차는 각각 14분, 1분($=4/\sqrt{16}$)이다.

(a) 따라서 16건의 평균반응시간이 15분 이하일 확률은 아래와 같이 계산된다.
$Z=(15-14)\div 1=1$에서 Z값이 1보다 작거나 같을 확률은 $0.5+0.3413=0.8413$이다.

(b) $Z_1=(12.5-14)\div 1=-1.5$, $Z_2=(15.5-14)\div 1=1.5$에서 16건의 평균반응시간이 12.5분과 15.5분 사이일 확률은 Z값이 -1.5와 1.5 사이일 확률이다. 답은 $(2)(0.4332)=0.8664$이다.

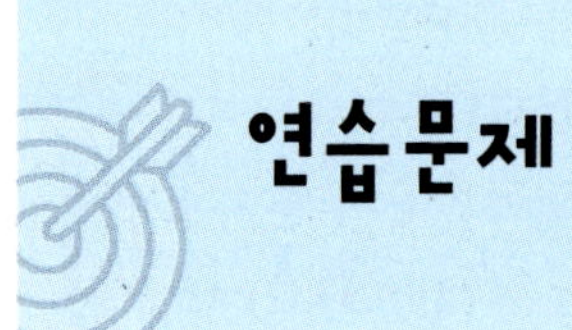

연습문제

선택형 문제

1. 다음 중 표본과 모집단에 대한 설명이 바르지 않은 것은?
   ① 모집단은 정보를 얻고자 하는 대상의 전체 집단을 의미하며, 표본은 모집단의 일부로 모집단에 대한 정보를 얻기 위해 사용된다.
   ② 모수는 해당 모집단의 고유한 일정한 상수이므로 표본통계량도 표본을 적절하게 추출하면 당연히 그 값이 일정하다.
   ③ 모집단의 평균이나 표준편차와 같은 모수는 모집단분포에 관한 특성을 대표하는 중요한 정보로 보통 그 실제값은 알려져 있지 않다.
   ④ 표본통계량은 표본으로부터 계산된 수치로, 미지의 모수값을 추정하기 위해 사용된다.

2. 표본의 크기는 항상 모집단보다 작다. 따라서 표본의 평균값은 그 크기가 어느 정도 될 것인가?
   ① 모집단평균보다 항상 작다.
   ② 모집단평균보다 항상 크다.
   ③ 모집단평균과 같다.
   ④ 모집단평균보다 클 수도 있고 작을 수도 있으며 같을 수도 있다.

3. 표본분포의 표준편차는 일반 모집단이나 평균의 표준편차와는 달리 고유한 이름이 붙어 있다. 표본분포의 표준편차를 무엇이라 하는가?
   ① 표준오차　　② 편차평균
   ③ 결정계수　　④ 상관계수

4. 다음 중 표본추출 관련 오류에 대한 설명이 바르게 된 것은?

ㄱ. 선정오류는 표본추출시 모집단의 일부가 체계적으로 제외되는 경향을 말한다. 선정오류를 없애기 위해서는 모든 모집단 구성원이 똑같은 확률로 표본에 뽑힐 수 있도록 해야 한다.

ㄴ. 응답오류는 표본이 문제가 아니라 어떤 방식으로 질문을 하느냐, 질문을 어떻게 표현하느냐, 누가 질문하느냐 등이 문제가 되어 나타나는 현상이다.

ㄷ. 무응답오류는 선정오류와는 구별된다. 선정오류는 추출된 표본이 모집단의 대표집단이 아닐 경우를 말하며, 무응답오류는 응답한 집단이 애초에 표본으로 설정한 집단과 일치하지 않아 발생하는 경우를 말한다.

---

① ㄱ, ㄴ　　② ㄴ, ㄷ
③ ㄱ, ㄷ　　④ ㄱ, ㄴ, ㄷ

5. 다음 중 중심극한정리에 대한 설명이 바르게 된 것은?

① 중심극한정리는 모집단이 정규분포를 따르지 않는다 하여도 표본분포는 정규분포에 가까운 형태를 취하며, 표본의 크기가 커지면 커질수록 표본분포는 점점 더 정규분포에 가까워진다는 것을 의미한다.

② 표본의 크기가 100개 이상이어야만 표본분포가 모집단분포에 관계없이 정규분포형태에 가까워진다.

③ 표본의 크기가 점점 커지면 표본평균값들은 점차 모집단의 평균값($\mu_{\bar{x}}$)에서 멀어진다.

④ 평균이 μ이고 표준편차가 σ인 모집단으로부터 크기가 n인 표본을 취할 때, n이 큰 값이면 표본평균의 표본분포는 평균이 $\mu_{\bar{x}} = \mu$이고 표준오차가 $\sigma_{\bar{x}} = \sigma / \sqrt{n}$인 이항분포에 가까워진다.

6. 국내 도시근로자를 모집단으로 설정하고 64명을 무작위로 추출하였다. 이들의 월평균 생활비는 320만원이었다. 모집단의 표준편차가 120만원이라면 표본분포의 표준오차는 얼마인가?

① 1.875만원　　② 40만원
③ 5만원　　④ 15만원

7. 표본의 크기가 커지면 어떤 현상이 일어나는가?

① 모집단의 표준편차가 커진다.
② 모집단평균값이 커진다.
③ 표본분포의 표준오차가 작아진다.
④ 표본분포의 표준오차가 커진다.

8. 국내 대학생 전체의 1인당 월평균 도서구매비용이 8만원이고 표준편차는 1.6만원이라고 한다. 256명을 무작위로 선정하여 월평균 도서구매비용을 조사하고자 한다. 다음 중 표본분포의 평균과 표준오차(단위 : 만원)에 해당하는 것은?

① 16, 0.1　　② 8, 0.1
③ 8, 0.2　　④ 8, 0.5

계산형 문제

1. {4, 7, 9, 12}로 구성된 모집단을 자료로 하여 다음 물음에 답하여라.

(a) 표본의 크기를 2로 할 때 이 모집단에서 추출할 수 있는 서로 다른 표본의 개수는 몇 개인가?

(b) 표본의 크기를 2로 했을 때 추출가능한 모든 표본을 구하고, 표본분포의 평균을 구하여라.

(c) 모집단의 평균을 구하고, 이 값이 (b)에서 구한 표본분포의 평균과 일치하는가를 확인하여라.

2. {1, 4, 7, 10, 13}으로 구성된 모집단을 자료로 하여 다음 물음에 답하여라.

(a) 표본의 크기를 3으로 할 때 이 모집단에서 추출할 수 있는 서로 다른 표본의 개수는 몇 개인가?

(b) 표본의 크기를 3으로 했을 때 추출가능한 모든 표본을 구하고, 표본분포의 평균을 구하여라.

(c) 모집단의 평균을 구하고, 이 값이 (b)에서 구한 표본분포의 평균과 일치하는가를 확인하여라.

3. 모집단의 평균과 표준편차가 각각 200과 50이다. 만약 크기가 100인 표본을 추출하여 평균을 계산한다고 하자.

(a) 표본분포의 평균과 표준편차(표준오차)는 얼마이겠는가?

(b) 표본분포는 어떤 분포를 따르겠는가?

4. 평균이 200이고 표준편차가 50인 모집단으로부터 크기가 100인 표본을 추출한다고 하자.

(a) 표본평균이 모집단평균으로부터 5 이상 떨어져 있지 않을 확률은?

(b) 표본평균이 모집단평균으로부터 10 이상 떨어져 있지 않을 확률은?

5. 월드웰빙식품사에서 생산하는 캔 과일주스의 용량은 평균이 240g이고 표준편차가 15g이어야 한다. 이 규격에 맞는 제품을 생산하고 있는지를 점검하기 위해 주기적으로 40개의 캔을 무작위로 추출하여 내용물의 무게를 측정한다. 만약 40개의 평균이 $\mu_{\bar{x}} \pm 2\sigma_{\bar{x}}$ 사이에 있으면 아무런 조치를 취할 필요가 없다. 만약 이번에 계산한 평균값이 $\bar{x} = 236$g이었다면 어떻게 해야 하는가?

6. 월드베스트카드의 지난해 계좌당 평균사용액은 150만원이었고 표준편차는 35만원이었다. 49개의 계좌를 임의로 추출하여 그 평균을 계산하였을 때 다음을 구하여라.

(a) 49개 계좌의 평균값이 145만원 이하일 확률은?

(b) 49개 계좌의 평균값이 140만원과 160만원 사이일 확률은?

7. 1,000명의 신입생을 대상으로 하여 신장을 측정한 결과 평균이 170.5cm이고 표준편차가 3.9cm인 정규분포를 띠고 있는 것으로 나타났다. 25명으로 구성된 표본을 추출한다고 생각해 보자.

(a) 표본평균 $\bar{x}$의 평균과 표준오차를 구하여라.

(b) 표본평균 $\bar{x}$가 168.5cm와 171.8cm 사이에 있을 확률은?

8. 어느 취업정보기관의 자료에 의하면 과장급 관리직원의 연봉은 4,500만원이며 표준편차는 200만원이다. 다음 물음에 답하여라.

(a) 과장으로 근무하는 직원들의 표본을 추출하여 평균을 계산할 때, 이 평균이 전체 평균으로부터 25만원 이내로 떨어져 있을 확률을 $n=30$, 100의 표본크기에 대해 각각 계산하여라.

(b) (a)의 답을 근거로 볼 때 표본이 클수록 어떠한 장점이 있는가?

9. 한 식물학자는 새로 개발한 옥수수품종의 성장속도에 관한 연구를 수행하기 위해 25개를 심어 관찰하였다. 관찰한 결과 25개로 구성된 표본의 크기가 너무 작아 표준오차가 너무 크다는 것을 발견하였다. 표준오차를 반으로 줄이기 위해서는 표본의 크기를 얼마로 늘려야 하겠는가?

10. 월드비유티(주)는 액체비누를 용기에 담는 공정을 자동으로 처리할 기계를 도입하였다. 이 기계의 1회 주입량이 평균 15.9g이고 표준편차가 0.5g인 것으로 알려져 있다.

(a) 품질검사원이 주기적으로 액체비누용기 40개를 무작위 추출하여 평균을 계산한다면, 이 평균은 어떠한 분포를 따르고 평균과 표준편차는 얼마이겠는가?

(b) 액체비누용기 40개로 구성된 표본의 평균이 16g을 넘을 확률은?

11. 교통사고 다발지역으로 알려진 한 국도의 커브길을 지나가는 차량의 평균속도는 67km/h이고 표준편차는 6km/h이다. 이 지역을 지나가는 차량의 속도가 정규분포를 이루고, 지나가는 차량 중 16대를 무작위로 선정하여 속도를 측정하였다고 가정하자.

(a) 선정된 16대의 평균속도는 어떤 분포를 따르고 이 분포의 평균과 표준편차는 무엇이겠는가?

(b) 이 16대의 평균속도가 시속 65km/h를 초과할 확률은?

12. 크기가 $N = 500$, 평균이 $\mu = 200$, 표준편차가 $\sigma = 40$인 모집단으로부터 크기가 $n = 100$인 표본을 추출하였다.

(a) 표준오차를 계산하여라.

(b) 표본의 평균이 모집단평균으로부터 ± 5의 범위 이내에 있을 확률은?

13. 미국에 진출한 제조업체의 현지 공장장들의 평균연봉은 \$71,800이고 표준편차는 \$4,000라 하자. 무작위로 선정된 30개 제조업체의 공장장의 평균연봉이 전체 평균연봉과 \$500 이상 차이나지 않을 확률이 0.5036이었다. 만약 표본의 평균이 전체 평균과 \$500 이상 차이나지 않을 확률이 0.95가 되려면, 표본의 크기를 얼마로 해야 하겠는가?

14. 경부고속도로 톨게이트 1km 전방지점을 지나는 차량의 속도는 평균 71km/h, 표준편차 5km/h인 정규분포를 이룬다.

(a) 20대 차량을 표본으로 추출하여 계산된 평균의 표본분포는 어떤 특성을 가지겠는가?

(b) 20대 차량으로 구성된 표본의 평균속도가 71km/h에서 72km/h 사이일 확률은?

15. 한 엘리베이터의 내부에 최대 허용중량이 1,300kg 또는 16인으로 표기되어 있다. 이 엘리베이터를 이용하는 사람의 몸무게가 평균 75kg, 표준편차 17.5kg인 정규분포를 따른다고 하자. 정확히 이 엘리베이터에 16인이 탑승하였을 때, 이 16인의 몸무게가 최대 허용중량을 초과할 확률은?

16. 우리나라 성인 중 스마트폰 사용자들이 연평균 62만 6천원을 사용비로 지불하고 이 비용의 표준편차가 9만원인 것으로 알려져 있다. 50명을 무작위로 추출하여 표본을 구성한다고 가정할 때 무작위로 추출된 성인 50명의 평균 스마트폰 사용비 분포의 평균과 표준편차를 구하여라.

17. 우리나라 남성골퍼들의 평균타수는 95이고 여성골퍼들의 평균타수는 106으로 알려져 있다. 그리고 남녀 모두 타수의 표준편차는 14라 하자. 30명의 남성골퍼와 45명의 여성골퍼를 무작위로 추출하였다고 가정하고 다음 물음에 답하여라.

(a) 남성골퍼의 평균타수의 분포에 대한 특성을 설명하여라.

(b) 남성골퍼의 표본평균이 모집단평균과 3타 차이 범위 내에 있을 확률은?

(c) 표본평균 타수가 모집단평균 타수의 3타 차이 범위에 있을 확률이 어느 표본의 경우에 더 높겠는가? 그 이유는?

18. 우리나라 10대 대기업에 근무하는 직장인들은 보험료로 월평균 193,900원을 지불하고 그 표준편차는 24,500원이다.

(a) 표본의 크기를 30, 50, 100으로 변화시키면서 표본을 추출하고 이 표본들의 월평균보험료를 계산했을 때, 월평균보험료와 모집단평균의 차이가 2,500원보다 작을 확률은?

(b) 모집단의 평균을 추정할 때 표본의 크기가 크다는 것이 주는 장점은 무엇인가?

19. 어느 한 경제신문사가 대학 졸업 후 5년이 지난 직장인들을 대상으로 조사한 결과, 이들은 평균적으로 매일 평균외식비로 21,550원을 지출하고 외식비의 표준편차는 3,500원이었다. 이 조사가 매우 광범위한 대상으로 이루어져 모집단에 대한 조사와 다름없다고 하자. 무작위로 이러한 직장인 49명을 추출하고 평균외식비를 구했다고 할 때, 이 평균외식비 분포의 평균과 표준편차를 계산하여라.

20. 2024년 한 해 시행된 TOEIC 시험 성적 결과 평균이 565점, 표준편차는 150점이라고 한다. 2024년에 시험에 응시한 225명을 임의로 추출했을 때 평균점수가 589점 이상 될 확률은 얼마인가?

CHAPTER

7

신뢰구간의 설정

제 1 절 모집단 표준편차가 알려져 있는 경우의 평균의 신뢰구간

제 2 절 모집단 표준편차가 알려져 있지 않은 경우의 평균의 신뢰구간

제 3 절 모집단비율의 신뢰구간과 표본의 크기 결정

월드닷백화점의 마케팅 담당자는 자사 고객들이 신용카드를 이용하여 한 달에 평균 얼마 정도의 지출을 하는지 알아보기로 했다. 백화점 고객이 대략 150,000명 정도 되므로 이 많은 사람들에게 다 물어볼 수는 없어, 백화점 고객을 잘 대표하는 400명을 무작위로 추출하여 조사하기로 했다.

어차피 시간과 비용을 투입하여 조사하는 김에 백화점 서비스에 대해서도 조사하기로 했다. 평균적인 만족수준은 별로 의미가 없어 "매우 만족"하는 고객들의 비율만을 조사하기로 했다.

400명을 토대로 조사한 백화점 서비스 만족도 결과와 150,000명 백화점 고객 전체의 서비스 만족도 수준은 어떤 관계가 있을까?

제 1 절 모집단 표준편차가 알려져 있는 경우의 평균의 신뢰구간

표본을 추출하여 분석하는 것은 모집단의 진정한 특성이 궁금하기 때문이다. 대통령 선거 전에 일부 유권자들을 무작위로 추출하여 특정후보자에 대한 선호도를 물어보는 것은 유권자들의 후보자 선호패턴에 대한 정보를 얻기 위해서이다. 표본으로 선택된 유권자들의 의사표시결과 그 자체는 아무런 의미가 없다. 전체를 미루어 짐작하기 위한 도구일 뿐이다.

그렇다면 극히 일부분에 불과한 표본에서 구한 평균값이나 비율 등이 어떤 이론을 기반으로 하여 전체를 미루어 짐작해 볼 수 있는 정보로 변환되는지 살펴볼 필요가 있다. 우선 평균에 관한 추론과정을 다음 예를 통해 살펴보기로 하자.

예제 7-1

월드닷백화점에서 쇼핑을 즐기는 고객들이 가지고 있는 다양한 신용카드를 이용하여 한 달에 평균 얼마 정도의 지출을 하는지 알아보기로 했다. 백화점 고객이 대략 150,000명 정도 되므로 이 많은 사람들에게 다 물어볼 수는 없어, 400명만 무작위로 추출하여 조사하기로 했다.

400명의 고객을 조사하여 구한 한 달 평균 카드사용액이 450,000원이라고 한다. 관련협회 통계에 의하면 백화점 고객들의 한 달 카드사용액의 표준편차는 약 100,000원 정도이다. 월드닷백화점 관계자도 자사 고객들의 한 달 카드사용액의 표준편차는 100,000원이라 가정하고 분석에 들어가기로 했다.

400명의 고객으로부터 구한 450,000원은 표본평균값이다. 표본평균값은 표본에 포함된 고객의 행태에 따라 값이 달라진다. 따라서 단순히 이 값 하나로만 월평균 카드사용액을 추정하기에는 불확실성이 너무 많이 개입되어 있다. 이런 추정치를 점추정치(point estimate)라 하는데, 일반적으로 점추정치는 별로 쓰이지 않고 구간추정치가 주로 사용된다.

구간추정치(interval estimate)는 앞장에서 살펴본 표본분포의 개념을 이용하여 추정한다. 표본분포의 개념을 이 예를 통해 다시 한번 알아보기로 하자.

예제 7-1 에서 사용해야 할 표본분포는 백화점 고객 400명의 월평균 카드사용액을 확률변수로 하는 분포이다. 이 확률변수는 다음과 같은 가상적인 과정을 거쳐 구축된 표본분포에서 정의된다.

- 백화점 고객 150,000명을 대표하는 400명을 무작위로 뽑아 한 달 카드사용액을 물은 다음, 이들 400명의 사용액의 평균값을 구한다. 이를 $\bar{x}_1$이라 하자.
- 또다시 백화점 고객 150,000명을 잘 대표하는 400명을 무작위로 뽑아 한 달 카드사용액을 물어 평균을 계산하고 이를 $\bar{x}_2$라 하자. 이런 식으로 서로 다른 무수히 많은 400명의 한 달 카드사용액의 평균을 구하여 각각 $\bar{x}_i$라 하자. 셀 수도 없이 무수히 많은 평균값이 도출될 것이다(실제적으로 이런 쓸데없는 일을 할 이유는 없다. 다만 이런 과정을 상상해 볼 뿐임).
- 수없이 많은 이들 평균값($\bar{x}_i$값)들을 히스토그램(빈도분포)으로 나타낸다. 데이터 개수가 워낙 많으므로 구간의 크기를 아주 작게 하여 히스토그램을 만든다.
- 완성된 히스토그램 또는 빈도분포의 막대는 각 구간에 포함되는 $\bar{x}_i$ 값들 빈도를 나타낸다. 각 구간에 속한 평균값들의 개수(막대의 높이)를 전체 빈도수로 나누면 히스토그램은 상대도수를 나타내는 히스토그램으로 변모한다. 바로 이 상대도수 히스토그램이 확률분포이다. 즉, 이제 막대의 높이는 400명의 한 달 평균 카드사용액이 그 구간에 속할 확률을 의미한다.
- 표본분포는 이런 상상의 과정을 통해 도출된 확률분포로서, 중심극한 정리에 의하면 평균($\mu_{\bar{x}}$)과 표준편차($\sigma_{\bar{x}}$, 표준오차라고 부름)는 다음과 같이 정의되며 표본의 크기가 클 때 표본분포는 정규분포를 띤다.

$$\mu_{\bar{x}} = \mu, \quad \sigma_{\bar{x}} = \sigma / \sqrt{n}$$

물론 $\mu_{\bar{x}}$ 또는 μ값은 알 수 없다.

그렇다면 우리가 실제로 400명의 고객을 조사하여 구한 한 달 평균카드사용액이 450,000원, 표준편차가 100,000원이라 할 때, 수많은 $\overline{x}_i$ 값들 중의 하나인 450,000원은 표본분포에서 어디에 위치하는가? 물론 그 위치를 알 리가 만무하다. 그 위치를 안다면 백화점 고객 전체의 월평균 카드사용액을 안다는 의미이며, 이 경우 400명을 시간과 돈을 들여 뽑아 조사할 필요조차 없었다는 의미이다.

그러나 중심극한정리(central limit theorem)에 의하면 모집단의 표준편차가 알려져 있는 경우 표본분포의 표준편차인 표준오차 $\sigma_{\overline{x}}$는 $\sigma/\sqrt{n}$를 이용하여 구할 수 있다. 이 문제의 경우 σ는 100,000원으로 알려져 있다고 가정하고 있으므로,[1] 표본분포의 표준편차, 즉 표준오차는 다음과 같다.

$$\sigma_{\overline{x}} = \sigma/\sqrt{n} = 100{,}000 / \sqrt{400} = 5{,}000\text{원}$$

표본의 크기는 400개로 충분히 크므로, 중심극한정리를 이용하면 신용카드 사용액의 표본분포는 정규분포를 띠고 있다고 볼 수 있다. 이 표본분포는 평균은 알려져 있지 않지만, 다행히 표준편차, 즉 표준오차는 5,000원인 정규분포를 띠고 있다. 이제 정규분포의 특성과 표준오차값을 이용하여 미지의 모집단 평균값(μ)이 포함되어 있을 가능성이 높은 구간을 구해 보기로 하자.

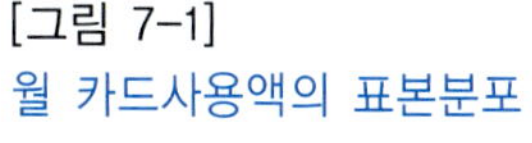
[그림 7-1]
월 카드사용액의 표본분포

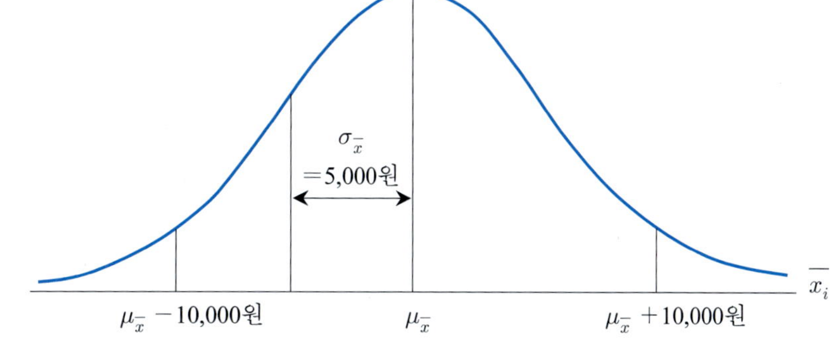

1) 이 가정은 본절에서만 전제로 하고, 다음 절에서 모집단의 표준편차가 알려져 있지 않은 일반적인 경우에 대해 논하기로 한다. 이 가정은 분석과정의 설명을 쉽게 하기 위해 도입한 것이다.

앞에서 400명의 고객을 조사하여 구한 한 달 평균 카드사용액 450,000원은 도출가능한 수많은 표본평균값들 중의 하나이며, 표본분포상에서 어디에 위치하는지 알 수 없다고 논의한 바 있다.

우선 표본에서 도출된 평균값 450,000원이 [그림 7-2]와 같이 오른쪽 끝부분의 넓이가 0.025(2.5%)에 해당하는 경계선에 위치한다고 가정해 보자.

[그림 7-2]
표본평균 450,000원의 위치가 오른쪽 끝부분일 때의 표본분포의 평균값

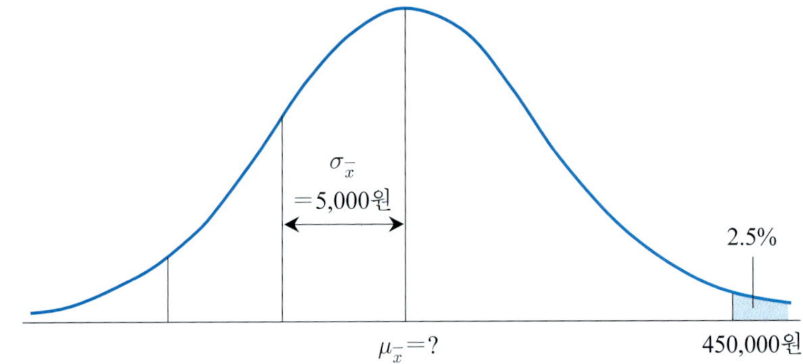

450,000원보다 클 확률이 2.5%일 때, 정규분포에서 450,000원은 Z값으로 1.96에 해당된다. 그렇다면 $\mu_{\bar{x}}$값은 450,000원보다 (1.96)(표본분포의 표준편차)만큼 왼쪽에 위치한다. 즉,

$$\mu_{\bar{x}} = 450{,}000\text{원} - (1.96)(5{,}000\text{원}) = 440{,}200\text{원}$$

$\mu_{\bar{x}} = \mu$이므로 표본평균값 450,000원의 위치가 [그림 7-2]와 같다면, 모집단 평균 μ는 440,200원이다.

이번에는 표본평균값 450,000원이 [그림 7-3]과 같이 왼쪽 끝부분에 위치한다고 가정해 보자. 즉 표본평균값이 450,000원보다 작을 가능성이 2.5%라고 가정해 보자. 450,000원보다 작을 확률이 2.5%일 때, 정규분포에서 450,000원은 Z값으로 -1.96에 해당된다. $\mu_{\bar{x}}$값은 450,000원보다 (1.96)(표본분포의 표준편차)만큼 오른쪽에 위치한다. 즉,

$$\mu_{\bar{x}} = 450{,}000\text{원} + (1.96)(5{,}000\text{원}) = 459{,}800\text{원}$$

[그림 7-3]
표본평균 450,000원의 위치가 왼쪽 끝부분일 때의 표본분포의 평균값

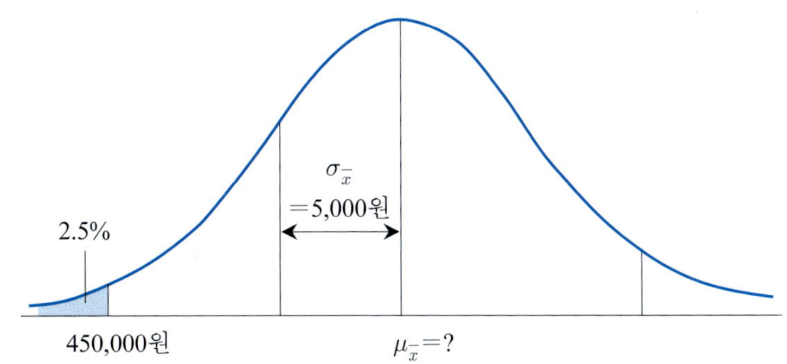

$\mu_{\bar{x}} = \mu$이므로 표본평균값 450,000원이 [그림 7-3]과 같다면, 모집단평균 μ는 459,800원이다.

물론 표본평균값 450,000원이 표본분포에서 양쪽 끝부분에 위치한다는 보장은 전혀 없다. 만약 표본평균값 450,000원이 양쪽 끝부분 2.5% 영역을 제외한 그 중간 어디에 위치한다면 $\mu_{\bar{x}}$값은 450,000원+(1.96)(표본분포의 표준편차)보다는 작거나 같고, 450,000원−(1.96)(표본분포의 표준편차)보다는 크거나 같은 값을 가지게 된다. 즉,

$$440{,}200\text{원} \le \mu_{\bar{x}} \le 459{,}800\text{원}$$

$\mu_{\bar{x}} = \mu$이므로

$$440{,}200\text{원} \le \mu \le 459{,}800\text{원}$$

도 성립한다.

결론적으로 표본평균값이 양쪽 끝부분 2.5% 영역에 포함되지 않는다면

$$440{,}200\text{원} \le \mu_{\bar{x}} \le 459{,}800\text{원}$$
$$440{,}200\text{원} \le \mu \le 459{,}800\text{원}$$

이 성립한다.

만약 표본평균값이 양쪽 끝부분 2.5% 영역에 들어가 있다면 모집단평균은 앞에서 구한 구간인 440,200원 $\le \mu \le$ 459,800원에 포함되지 않는다.

즉, 표본평균값이 양쪽 끝부분 2.5% 영역에 포함될 가능성이 있음에도 불구하고 이를 무시하고 모집단평균이 포함된 구간이

$$440{,}200\text{원} \le \mu \le 459{,}800\text{원}$$

이라 주장할 때, 이 주장이 틀릴 가능성은 5%이다.

요약하면, 추정구간 440,200원 $\le \mu \le$ 459,800원에 모집단평균이 들어있을 가능성은 95%이며, 통계학에서는 이를 95% 신뢰구간(confidence level)이라 부른다. 95%라는 수치는 신뢰도라 부르며, 일반적으로 $1-\alpha$로 표기한다. 즉 α는 오류를 범할 가능성을 의미한다. 참고로 440,200원이 도출된 과정을 다시 정리해 보면, 다음과 같다.

$$\begin{aligned}&450{,}000\text{원} - (1.96)(\text{표본분포의 표준오차})\\&= \bar{x} - (1.96)(\text{표본분포의 표준오차})\\&= \bar{x} - Z_{\alpha/2}\frac{\sigma}{\sqrt{n}}\end{aligned}$$

여기서 $Z_{\alpha/2}$는 정규분포에서 오른쪽 끝부분이 $\alpha/2$에 해당하는 Z값이다. 이 예제에서는 오른쪽 끝부분이 2.5%이므로 α는 5%에 해당한다. 한편 459,800원은 다음 과정을 거쳐 나온 값이다.

$$\begin{aligned}&450{,}000\text{원} + (1.96)(\text{표본분포의 표준오차})\\&= \bar{x} + (1.96)(\text{표본분포의 표준오차})\\&= \bar{x} + Z_{\alpha/2}\frac{\sigma}{\sqrt{n}}\end{aligned}$$

이런 분석과정을 정리하면 다음과 같은 간단한 형태의 신뢰구간 공식이 도출된다.

$$\bar{x} - Z_{\alpha/2}\frac{\sigma}{\sqrt{n}} \le \mu \le \bar{x} + Z_{\alpha/2}\frac{\sigma}{\sqrt{n}}$$

신뢰구간의 특성에 대해 간략히 다시 한번 살펴보면 다음과 같다.

(a) 신뢰수준이 높을수록(즉, 98%, 99% 등) $Z_{\alpha/2}$값도 커지게 되어 전체적으로 구간의 길이가 커진다. 신뢰도($1-\alpha$)가 높을수록 모집단평균(μ)이 표본을 통해 도출된 신뢰구간 안에 포함될 가능성이 높지만, 그 대신 구간의 길이가 길어져 의미 있는 해석을 하기가 힘들어질 가능성이 높다.

(b) 신뢰구간의 길이를 결정짓는 $Z_{\alpha/2}\frac{\sigma}{\sqrt{n}}$를 오차의 한계(margin of error)라고 부른다. 표본통계량이 미지의 모집단평균에 얼마나 가까운가를 나타낸다.

(c) 신뢰구간의 길이도 줄이고 오차의 한계도 줄이려면 표본의 크기를 늘려야 한다.

(d) 신뢰구간 공식을 살펴보면 표본평균값 $\bar{x}$가 중심에 위치한다. 마치 표본평균값 $\bar{x}$를 중심으로 해서 우측으로 $Z_{\alpha/2}\frac{\sigma}{\sqrt{n}}$, 좌측으로 $Z_{\alpha/2}\frac{\sigma}{\sqrt{n}}$ 이내의 구간이 신뢰구간인 것처럼 보인다. 그러나 공식의 형태만 $\bar{x}$가 중심에 있는 것처럼 보일 뿐이며, 표본평균인 $\bar{x}$의 절대적 위치는 알 수 없다. 공식은 단지 정리된 결과에 불과할 뿐, 그 공식이 도출된 과정을 이해 못하고 공식 자체만을 암기하거나 해석하려고 해서는 안 된다.

제 2 절 모집단 표준편차가 알려져 있지 않은 경우의 평균의 신뢰구간

1. t-분포를 이용한 신뢰구간의 설정

앞절에서는 모집단 표준편차가 알려져 있다고 가정했지만, 이런 경우는 거의 없다. 모집단 표준편차가 알려져 있지 않다면 표본을 통해 추정한 값을 이용해야 하는데, 이 과정에서 다소 오류를 범할 가능성이 있으므로 이를 이용하여 설정한 신뢰구간은 모집단 표준편차가 알려져 있는 경우보다 더 넓어져야 한다.

표준편차가 알려져 있는 경우 오차의 한계는 $Z_{\alpha/2}\dfrac{\sigma}{\sqrt{n}}$로 표시되지만, 모집단 표준편차가 알려져 있지 않은 경우에는 정규분포가 아닌 다른 분포곡선, 즉 t-분포(student t-distribution)를 사용함으로써 오차의 한계가 증가한다. t-분포는 윌리엄 고셋(William S. Gosset)이 스튜던트(Student)라는 가명으로 20세기 초에 발표한 확률분포로서 모집단 표준편차가 알려져 있지 않은 경우에 정규분포 대신 사용된다.

신뢰수준이 같을 때 t값은 Z값보다 커지게 되는데, t-분포곡선은 [그림 7-4]와 같이 끝부분이 보다 통통한 정규분포곡선이라 할 수 있다. 〈표 7-1〉은 80%에서 99%까지의 신뢰도에서의 t값과 Z값을 발췌한 것이다. t-분포의 형태는 자유도(표본의 크기에서 1을 뺀 값)에 따라 달라진다. 표본의 크기

[그림 7-4]
정규분포곡선과
t-분포곡선의 비교

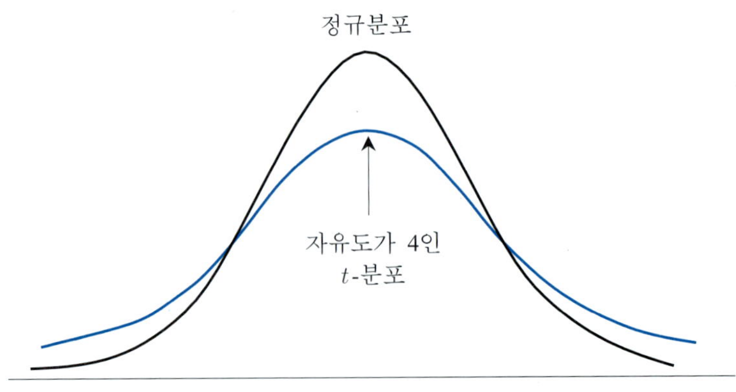

〈표 7-1〉 신뢰수준별 t값

자유도 $(n-1)$	신뢰수준$(1-\alpha)$			
	80%	90%	95%	99%
4	1.533	2.132	2.776	4.604
9	1.383	1.833	2.262	3.250
16	1.337	1.746	2.120	2.921
25	1.316	1.708	2.060	2.787
36	1.306	1.688	2.028	2.719
정규분포 Z값	1.282	1.645	1.960	2.576

가 커질수록 분포의 형태가 중앙쪽으로 밀집하게 되며 표본의 크기가 120개 이상이 되면 t값은 자유도와 관계없이 Z값과 거의 같은 값을 가지게 되어, 이 경우 t-분포는 정규분포와 거의 같은 형태를 갖는다고 보아도 무방하다.[2)]

예를 들어 표본평균의 95% 신뢰구간을 설정하고자 할 때, 모집단 표준편차를 알고 있다면 정규분포 면적표로부터 Z값 1.96을 찾아 이용하면 된다. 그러나 모집단 표준편차를 모른다면 t-분포를 이용해야 하는데, 표본의 크기가 10인 경우 자유도가 9가 되어 95%에 해당하는 t값은 〈표 7-1〉에서 2.262가 됨을 알 수 있다. 따라서 Z값을 이용할 때보다 더 큰 오차한계를 설정하게 되며 이는 모집단 표준편차를 알지 못하기 때문에 지불해야 하는 비용이라 할 수 있다.

표본의 표준편차 s가 계산되었을 때 신뢰수준 $(1-\alpha)$의 신뢰구간은 다음과 같이 정의된다.

$$\bar{x} - t_{\alpha/2}\frac{s}{\sqrt{n}} \le \mu \le \bar{x} + t_{\alpha/2}\frac{s}{\sqrt{n}}$$

이 식에서 오차한계는 $t_{\alpha/2}\frac{s}{\sqrt{n}}$가 되며, 정규분포를 이용할 때와 달리 Z 대신에 t, σ 대신에 s가 들어가 있음을 알 수 있다. 여기서 $t_{\alpha/2}$는 자유도가 $n-1$인 t-분포에서 오른쪽 끝부분의 넓이가 $\alpha/2$에 해당하는 t 값이다.

2) t-분포는 결국 표준편차를 모르는 경우에 사용하는 정규분포라고도 볼 수 있다. 그 기능이 똑같기 때문이다.

t-분포를 이용할 때에는 표본의 크기가 30을 넘지 못하는 경우에도 모집단이 정규분포에 가까울 것이라는 가정을 할 수 있으면, 앞에서 제시한 공식을 이용하여 신뢰구간을 구할 수 있다. 물론 경영·경제 및 사회과학 분야에서 표본의 크기가 30개를 넘지 않는 경우는 그리 흔하지 않아, 이런 경우는 신경 쓸 필요조차 없다.

자유도가 매우 커지면 t-분포는 정규분포와 거의 똑같은 형태를 취한다. 즉, 표본의 크기가 매우 커지면 표본 자체가 거의 모집단화되어 버리기 때문이다. 표본의 크기가 120개를 넘으면 t-분포와 정규분포는 거의 차이가 없다고 봐도 무방하다. t-분포는 자유도에 따라 값이 달라지기 때문에 각 자유도에 따라 별도의 통계표가 준비되어 있어야 한다. 본서의 부록에도 t-분포표가 일부 제시되어 있지만 모든 경우를 다 반영하지는 않는다. 따라서 기초 통계의 학습과정에서는 t-분포를 이용하기가 다소 번거롭다. 정규분포에서는 표본의 크기에 신경 쓸 일이 없는 데 반해, t-분포에서는 표본의 크기에 따라 정확한 t통계치를 구할 수 있는 경우도 있지만 대개는 그렇지 못하기 때문이다. t-분포표에 분석대상이 되는 문제에서의 자유도가 수록되어 있지 않으면, 대략 그 근처의 자유도값을 택하여 분석하게 된다.

그러나 EXCEL의 통계모듈이나 SPSS와 같은 통계패키지에는 모든 경우의 t-분포값이 준비되어 있다. 이 때문에 컴퓨터를 이용한 추정과정에는 Z값을 찾아볼 수 없다. 그 대신 t통계치가 그 역할을 충실히 하고 있다. 앞으로의 통계적 분석과정에서도 정규분포는 거의 사용하지 않는다. t-분포가 그 역할을 대신한다. 그렇지만 분석의 전개과정이나 개념 이해에는 별다른 문제를 일으키지 않는다. 정규분포가 들어갈 수 있는 위치에 t-분포가 들어가고 Z값 대신에 t값을 사용하면 되기 때문이다.

요약하면, 표본의 크기가 몇 개가 되든 간에 평균의 신뢰구간은 t-분포를 이용하여 구하는 것이 일반적인 접근방법이라 할 수 있다. 실질적인 통계분석과정에서는 흔히 이야기하는 대표본(표본의 크기가 30개 이상인 경우), 소표본(표본의 크기가 30개 미만인 경우)을 구분하여 논의할 필요조차 없다는 의미이다. 오히려 별 효용 없이 경우의 수만 더 늘려 놓은 결과를 초래할 뿐이다.

예제 7-2

A시의 시청은 종합복지대책의 일환으로 일정지역 내의 4인 가족 연평균소득이 1,500만원에 미달할 경우 지역개발지원대책으로 매년 일정액의 개발보조금을 지원해 주고자 한다. 이를 위해 무작위로 4인 가족 10가구를 추출하여 이들의 평균소득을 조사한 결과 다음과 같은 자료를 수집할 수 있었다.

1,590만원	1,560만원
1,580만원	1,640만원
1,620만원	1,650만원
1,650만원	1,640만원
1,630만원	1,630만원

풀이

평균소득이 정규분포를 이룬다는 가정하에 평균소득의 95% 신뢰구간을 설정하고, 이를 근거로 개발보조금의 지원여부를 결정하고자 한다. 먼저 10개의 관측치를 이용하여 표본평균과 표준편차를 계산하면 다음과 같다.

$$\bar{x} = (1{,}590 + 1{,}580 + \cdots + 1{,}630) \div 10 = 1{,}619\text{만원}$$

$$s^2 = [(1{,}590 - 1{,}619)^2 + (1{,}580 - 1{,}619)^2 + \cdots + (1{,}630 - 1{,}619)^2] \div (10 - 1)$$
$$= 987.7778\text{만원}$$
$$s = \sqrt{987.7778} = 31.42893\text{만원}$$

표본분포의 표준오차는 $s/\sqrt{n} = 31.42893/\sqrt{10} = 9.9387$만원이 된다. 〈표 7-1〉에서 신뢰수준이 95%일 때의 t값이 2.262이므로, 4인 가족 평균소득에 대한 95% 신뢰구간은 1,619만원 $\pm(2.262 \times 9.9387)$만원이 된다. 즉, 95%의 신뢰도로 미지의 모집단 평균소득이 1,596.52만원과 1,641.48만원 사이에 있다고 추정할 수 있다.

[그림 7-5]에서와 같이 EXCEL의 TINV 함수를 이용하면 통계표 없이도 쉽게 t값을 구할 수 있다.

TINV(1－신뢰수준, 자유도)
＝TINV(0.05, 9)
＝2.262157

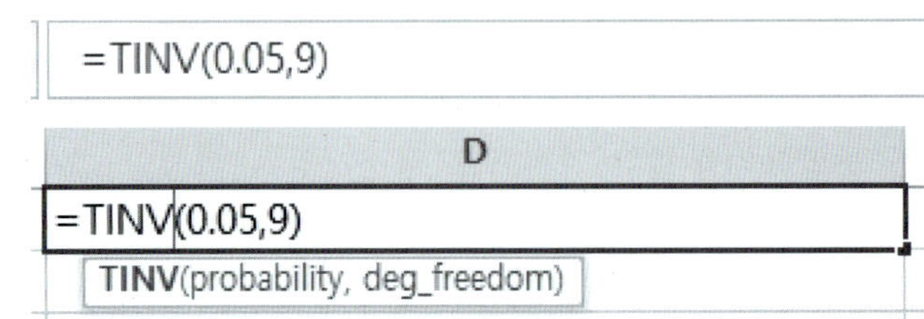

[그림 7-5]
엑셀을 이용한 t값 계산

신뢰수준이 95%일 때 t값=2.262157은 오른쪽 끝부분 또는 왼쪽 끝부분이 2.5%일 때의 값이다. TINV 함수에서 신뢰수준이 99%라면 TINV 함수에 0.01을 입력해야 하고, 90%라면 0.10을 입력해야 한다.[3)]

그러면 신뢰구간을 이용하여 담당공무원은 어떤 결정을 내릴 수 있을 것인가? 그는 지역개발지원금을 지급하기로 결정하게 될 것인가 아니면 반대의 결정을 하게 될 것인가? 결론적으로 이 지역은 지원대상이 될 수 없다. 왜냐하면 95%의 신뢰도로 이 지역의 평균소득은 지원기준인 550만원을 초과하기 때문이다.

그러나 신뢰구간이 만약 다음과 같이 결정되었다면 담당공무원은 어떻게 판단해야 하는가?

① 95% 신뢰구간 : 475만원과 535만원 사이
② 95% 신뢰구간 : 530만원과 590만원 사이

①의 경우 신뢰구간의 상한과 하한이 모두 550만원 미만이므로 이 지역은 지원대상이 된다. ②의 경우 신뢰구간은 지원기준인 550만원을 포함하고 있으며 모집단평균은 신뢰구간 내의 어떤 값이든 취할 수 있기 때문에 주어진 자료로는 지원여부를 판정할 수 없다. 따라서 더 많은 가구를 표본에 포함시켜 오차한계와 신뢰구간의 폭을 줄여야 한다.

---

3) EXCEL 2010 버전부터는 TINV 외에도 몇 가지 다른 함수를 사용할 수 있다. T.INV(0.025, 9)를 입력하면 −2.262157이 출력된다. t-분포에서 좌측 끝부분이 2.5%에 해당하는 t값을 의미한다. T.INV(0.975, 9)= 2.262157인데 좌측 면적이 97.5%일 때의 자유도=9에서의 t값을 의미한다.

예제 7-3

17명의 자가운전 회사원을 선정하여 출근거리를 조사한 결과 $\bar{x} = 15$, $s = 5.7989$이었다. 출근거리가 정규분포를 이룬다는 가정하에 자가운전하는 회사원들의 출근거리의 99% 신뢰구간을 구하여라.

풀이

표본분포의 표준오차는

$$s/\sqrt{n} = 5.7989/\sqrt{17} \fallingdotseq 1.406$$

이다. 모집단의 표준편차가 알려져 있지 않고 표본의 크기도 작으므로 여기서는 t-분포를 이용하여 신뢰구간을 설정해야 한다. 자유도가 $n-1=17-1=16$이고 신뢰수준이 99%일 때의 t값은 TINV 함수를 이용하면

$$\text{TINV}(0.01,\ 17-1)=2.920782$$

이다. 따라서 출근거리의 신뢰구간은 다음과 같다.

$$15-(2.920782\times 1.406) \le \mu \le 15+(2.920782\times 1.406)$$
$$10.89 \le \mu \le 19.11$$

2. 오차한계와 표본의 크기 결정

앞에서 신뢰수준이 높을수록 $Z_{\alpha/2}$값도 커지게 되어 전체적으로 구간 길이가 길어지며, 이 구간의 길이를 결정짓는 $Z_{\alpha/2}\dfrac{\sigma}{\sqrt{n}}$ $\left(\text{또는 } t_{\alpha/2}\dfrac{s}{\sqrt{n}}\right)$를 오차의 한계(margin of error)라 부른다고 설명한 바 있다.

즉, 신뢰구간 안에 모집단의 평균이 포함되어 있을 가능성이 $(1-\alpha)$100%이지만 표본의 평균 $\bar{x}$가 바로 우리가 찾는 모집단평균 μ와 일치할 가능성은 거의 없다. 그렇지만 $\bar{x}$와 μ의 차이, 즉 오차가 $Z_{\alpha/2}\dfrac{\sigma}{\sqrt{n}}$ $\left(\text{또는 } t_{\alpha/2}\dfrac{s}{\sqrt{n}}\right)$를 넘지 않을 것임을 $(1-\alpha)$100% 확신할 수 있다는 의미이다.

이 원리를 응용하면 제3자에 의해 오차의 한계 e가 미리 주어져 있을 때, 이 한계 내에서 μ를 추정하기 위해 필요한 표본의 크기를 손쉽게 구할 수 있다. 예를 들어 누군가가 오차의 한계가 절대 e를 넘어가서는 안 된다

는 조건을 내걸고 신뢰구간 추정을 의뢰했다고 하자. 이 조건은 $Z_{\alpha/2}\frac{\sigma}{\sqrt{n}} \leq e$이므로, 이 부등식을 정리하면 표본의 크기에 관한 다음 식이 도출된다.

$$n \geq \left(\frac{Z_{\alpha/2}\sigma}{e}\right)^2$$

대개의 경우 σ 값이 알려져 있지 않으므로 이럴 때에는 $n \geq 30$인 표본을 이용하여 s를 계산한 뒤 σ 대신 사용하고, $Z_{\alpha/2}$ 대신 $t_{\alpha/2}$(자유도 $n-1$)의 통계치를 사용한다.

[그림 7-6]
오차한계의 개념

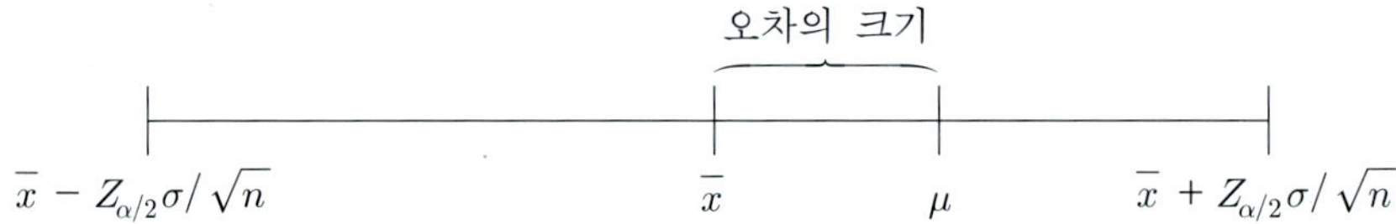

예제 7-4

200g짜리 생선통조림을 생산하는 A식품은 공정관리를 위해 통조림 중량의 신뢰구간을 추정해 보고자 한다.

(a) 현재 생산되고 있는 통조림 중량의 표준편차가 6g이라 할 때 95% 신뢰구간의 오차한계가 평균중량으로부터 2g 이상 떨어지지 않도록 하기 위해서는 표본의 크기를 얼마로 해야 하는가?

(b) 통조림 중량의 표준편차가 알려져 있지 않아 41개의 표본을 추출하여 표본의 표준편차를 구한 결과 $s=7.5$임을 알 수 있었다. 90% 신뢰구간의 오차한계가 평균중량으로부터 2g 이상 떨어지지 않도록 하기 위해서는 표본의 크기를 얼마로 해야 하는가?

풀이

(a) $Z_{\alpha/2} = Z_{0.025} = 1.96$이므로 적정표본의 크기는 다음 식을 이용하여 구하면, $n=35$이다.

$$n \geq \left((1.96)\left(\frac{6}{2}\right)\right)^2 = 34.57$$

(b) 이 경우 σ 대신 표본의 표준편차 s를 이용한다. 자유도 $n-1=40$에서 $t_{\alpha/2} = t_{0.05} = 1.684$이므로 다음 식을 통해 적정표본의 크기가 40개임을 알 수 있다.

$$n \geq \left((1.684)\left(\frac{7.5}{2}\right)\right)^2 = 39.88$$

제 3 절 모집단비율의 신뢰구간과 표본의 크기 결정

1. 모집단비율의 신뢰구간 설정

특정 TV프로그램의 시청률 조사, 각종 선거에서의 지지율 조사 등은 모두 모집단비율의 추정에 관한 통계문제이다. 예를 들어 시청자 전체의 모집단에서 n명을 무작위로 추출하여 몇 명이나 특정 TV프로그램을 시청하는지 여부는 이항분포를 이용하여 계산한다. 비율의 신뢰구간도 바로 이항분포를 이용하여 추정한다.

무작위로 뽑은 n명 중 x명이 특정 프로그램을 시청한다면 표본비율은 $\bar{p} = x/n$이다. 표본비율 $\bar{p} = x/n$의 표본분포는 n이 충분히 클 때 평균과 표준오차가 다음과 같은 정규분포의 형태를 띤다.

$$\mu_{\bar{p}} = p, \quad \sigma_{\bar{p}} = \sqrt{\frac{p(1-p)}{n}}$$

여기서 n이 충분히 크다는 것은 다음 두 조건이 충족될 때를 말한다.

$$np \geq 5, \quad n(1-p) \geq 5$$

표본이 충분히 클 경우에는 $\bar{p}$가 모집단비율 p의 추정치로 사용될 수 있다. 따라서 p 대신 $\bar{p}$를 사용하여 $\bar{p}$의 표본분포의 표준오차를 계산하는 것이 일반적이다.

따라서 표본비율을 $\bar{p}$ 라 할 때 $n\bar{p} \geq 5$이고 $n(1-\bar{p}) \geq 5$이면 모집단비율의 $(1-\alpha)100\%$ 신뢰구간은 다음과 같이 정의된다.

$$\bar{p} - Z_{\alpha/2}\sqrt{\frac{\bar{p}(1-\bar{p})}{n}} \leq p \leq \bar{p} + Z_{\alpha/2}\sqrt{\frac{\bar{p}(1-\bar{p})}{n}}$$

 예제 7-5 

A자동차회사는 주력상품으로 판매하고 있는 경차의 첫 3년간의 고장비율을 조사하기 위해 경차 소유자 400명을 임의로 선정하여 조사한 결과 40명이 한 번도 고장난 적이 없었다고 응답하였다. 경차를 소유하고 있는 고객의 전체 모집단 중 첫 3년간 한 번도 고장을 경험하지 않은 고객비율의 90% 신뢰구간을 설정하여라.

표본비율 $\bar{p}$는 40/400=0.10이며 $\bar{p}$의 표준오차는 $\sqrt{(0.10\times 0.90)\div 400}=0.015$이다. 정규분포표를 이용하여 $Z_{0.05}$에 해당하는 값을 찾아보면 1.645임을 알 수 있다. 따라서 90% 신뢰구간은 다음과 같다.

$$0.1-(1.645\times 0.015)\le p\le 0.1+(1.645\times 0.015)$$
$$0.07533\le p\le 0.12468$$

 예제 7-6 

강의평가위원회에서는 강의가 재미있다고 생각하는 수강생의 비율을 알아보기 위해 900명을 무작위로 추출하여 조사한 결과 50명만이 재미있다고 응답하였다. 전체 학생 중 강의에 흥미를 느낀 학생비율에 대한 95% 신뢰구간을 구하여라.

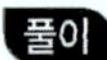

표본비율 $\bar{p}=50/900=0.0556$, $\bar{p}$의 표준오차$=\sqrt{(0.0556\times 0.9444)/900}=0.0076$, $Z_{0.025}=1.96$이므로 신뢰구간은 다음과 같다.

$$0.0556-(1.96\times 0.0076)\le p\le 0.0556+(1.96\times 0.0076)$$
$$0.0407\le p\le 0.0705$$

2. 표본의 크기

모집단의 평균에 관한 신뢰구간 추정에서 표본의 크기 문제를 논하였듯이, 모집단비율 추정문제에서도 적정표본의 크기를 추정할 수 있다. 모집단비율의 신뢰구간 설정에서 생길 수 있는 오차의 한계는 $Z_{\alpha/2}\sqrt{\bar{p}(1-\bar{p})/n}$이다.

오차의 한계 e가 미리 주어져 있다면 이 한계 내에서 모집단비율 p를 추정하기 위해 필요한 표본의 크기를 구할 수 있다. $Z_{\alpha/2}\sqrt{\bar{p}(1-\bar{p})/n} \le e$를 만족하는 표본의 크기 n을 구해야 하나, 이 경우 $\bar{p}$값을 미리 알아야 한다. 표본의 크기 n은 $Z_{\alpha/2}$이나 루트 안의 $\bar{p}(1-\bar{p})$값이 커지면 같이 커진다.

$Z_{\alpha/2}$값은 신뢰수준에 따라 달라지는데, $\bar{p}(1-\bar{p})$값은 $\bar{p}=0.5$일 때 최대값이 되므로 p값에 관한 정보가 없는 상태에서는 $p(1-p)=(0.5)^2$을 이용하여 n을 구한다. 이 경우 다음 결과가 성립함을 알 수 있다.

$$e \ \ge\ Z_{\alpha/2}\sqrt{(0.5)^2/n}\ \rightarrow e^2 \ \ge\ (Z_{\alpha/2})^2(0.25)/n\ \rightarrow n \ge \frac{(Z_{\alpha/2})^2}{4e^2}$$

예제 7-7

한국백화점은 지난달에 개설한 고객서비스 프로그램의 효과를 분석하기 위해 무작위로 고객을 추출하여 서비스개선 여부를 조사하고자 한다. 서비스가 개선되었다는 의사를 표현하는 고객비율의 95% 신뢰구간을 추정하기에 앞서 적정표본의 크기를 계산해 보고자 한다. 95% 신뢰구간의 오차한계가 평균비율로부터 10% 이상 떨어져 있지 않도록 하기 위해서는 표본의 크기를 얼마로 해야 하는가?

풀이

$Z_{0.025} = 1.96$이므로 $n \ \ge\ \dfrac{(1.96)^2}{(4)(0.1)^2} = 96.04$가 되어 $n = 97$이다.

연습문제

선택형 문제

1. 다음 중 신뢰구간에 대한 설명으로 바르지 못한 것은?

① 신뢰수준이 높을수록(즉, 98%, 99% 등) 전체적으로 구간의 길이가 줄어든다.

② 신뢰도($1-\alpha$)가 높을수록 모집단평균(μ)이 표본을 통해 도출된 신뢰구간 안에 포함될 가능성이 높지만, 그 대신 구간의 길이가 길어져 의미 있는 해석을 하기가 힘들어질 가능성이 높다.

③ 신뢰구간의 길이를 결정짓는 값을 오차의 한계라고 부르며, 표본통계량이 미지의 모집단 평균에 얼마나 가까운가를 나타낸다.

④ 신뢰구간의 길이도 줄이고 오차의 한계도 줄이려면 표본의 크기를 늘려야 한다.

2. 다음 중 t-분포에 대한 설명이 바르게 된 것은?

ㄱ. 분포의 형태는 자유도(표본의 크기에서 1을 뺀 값)에 따라 달라진다.

ㄴ. 표본의 크기가 커질수록 분포의 형태가 중앙쪽으로 밀집하게 되며 표본의 크기가 매우 커지면 t값은 자유도와 관계없이 Z값과 거의 같은 값을 가지게 된다.

ㄷ. 같은 수준의 신뢰구간에서 t-분포를 이용한 구간의 길이는 정규분포를 이용한 경우보다 더 길다. 즉, 폭이 더 넓다.

---

① ㄱ, ㄴ　　② ㄴ, ㄷ

③ ㄱ, ㄷ　　④ ㄱ, ㄴ, ㄷ

3. 일반적으로 신뢰수준이 높을수록 어떤 현상이 나타나는가?

① 신뢰구간의 폭이 넓어진다.

② 신뢰구간의 폭이 좁아진다.

③ 표준오차가 작아진다.

④ 표본추출과정의 오류가 줄어든다.

4. 95% 신뢰수준에서 대학생들의 한 달 도서구입비용이 5만원에서 7만원 사이이다. 신뢰수준을 90%로 줄인다면 신뢰구간은 어떻게 변할 것인가?

① 변화가 없다.
② 신뢰구간의 폭이 좁아진다.
③ 표본의 크기에 변화가 없으므로 신뢰구간도 변화가 없다.
④ 표본의 크기가 커진다.

5. 대기업 사원 중 256명을 무작위로 뽑아 혈압을 측정한 결과, 95% 신뢰수준에서 123과 139의 신뢰구간이 도출되었다. 다음 설명 중 바르게 된 것은?

① 대기업 사원 중 95%는 혈압이 123과 139 사이이다.
② 256명의 표본을 뽑는 과정을 반복하여 신뢰구간을 구한다면 이 중 95%의 신뢰구간은 모집단의 평균 혈압수치를 포함한다.
③ 표본에 포함된 대기업 사원 중 95%는 혈압이 123과 139 사이이다.
④ 256명의 표본을 뽑는 과정을 반복한다면 이렇게 구한 표본의 평균값 중 95%는 123과 139 사이에 포함된다.

6. 표본비율을 이용하여 신뢰구간을 추정하고자 한다. 표본분포는 표본의 크기 n이 충분히 클 때 평균과 표준오차가 정규분포의 형태를 띠는데, 모집단비율을 p라 했을 때 표본의 크기가 어느 정도 커야 정규분포 사용이 가능한가?

① $np \geq 5,\ n(1-p) \geq 5$
② $np \geq 5,\ n(1-p) < 5$
③ $np < 5,\ n(1-p) \geq 5$
④ $np < 5,\ n(1-p) < 5$

7. 월드글로벌에어컨은 주력상품으로 판매하고 있는 대형 에어컨의 첫 3년간의 고장비율을 조사하기 위해 구매자 400명을 임의로 선정하여 조사한 결과 40명이 고장으로 인해 AS를 요청한 경험이 있다고 응답하였다. 구매자 전체 모집단 중 첫 3년간 한 번도 고장을 경험하지 않은 고객비율의 95% 신뢰구간은 얼마인가?

① $0.9-(1.96)(0.015) \leq$ 모집단비율 $\leq 0.9+(1.96)(0.015)$
② $0.9-(1.645)(0.015) \leq$ 모집단비율 $\leq 0.9+(1.645)(0.015)$
③ $0.1-(1.645)(0.015) \leq$ 모집단비율 $\leq 0.1+(1.645)(0.015)$
④ $0.1-(1.96)(0.015) \leq$ 모집단비율 $\leq 0.1+(1.96)(0.015)$

8. 월드글로벌백화점은 지난달에 개설한 고객서비스 프로그램의 효과를 분석하기 위해 무작위로 고객을 추출하여 서비스개선 여부를 조사하고자 한다. 서비스가 개선되었다는 의사를 표현하는 고객비율의 95% 신뢰구간을 추정하기에 앞서 적정표본의 크기를 계산해 보고자 한다. 95% 신뢰구간의 오차한계가 평균비율로부터 5% 이상 떨어져 있지 않도록 하기 위해서는 표본의 크기를 얼마로 해야 하는가?

① 380　② 385
③ 395　④ 400

9. 다음 자료는 엑셀을 이용하여 모기업 영업1팀에 근무하는 34명의 영업사원의 실적을 분석한 것이다. 만약 이 34명의 실적이 이 회사 영업사원을 대표할 수 있다면 95% 신뢰구간은 얼마가 될 것인가?

영업1팀	
평균	106.44
표준오차	1.645
중앙값	105.4
최빈값	105.3
표준편차	9.595
분산	92.067
첨도	−1.13
왜도	0.108
범위	31.2
최솟값	90.8
최댓값	122
합	3619
관측수	34
신뢰수준(95.0%)	3.347892

① $106.44-3.347892 \le$ 모집단평균 $\le 106.44+3.347892$
② $106.44-(3)(3.347892) \le$ 모집단평균 $\le 106.44+(3)(3.347892)$
③ $105.4-3.347892 \le$ 모집단평균 $\le 105.4+3.347892$
④ $105.4-(1.96)(3.347892) \le$ 모집단평균 $\le (1.96)(3.347892)$

10. 모집단 표준편차가 알려져 있지 않은 경우에는 정규분포 대신에 어떤 분포를 사용하여 신뢰구간을 구해야 하는가?

① 이항분포　② t-분포
③ 카이제곱 분포　④ F분포

11. 신뢰수준이 높을수록 구간 길이가 길어지는데, 이 구간 길이를 결정짓는 $Z_{\alpha/2}\frac{\sigma}{\sqrt{n}}$ $\left(\text{또는 } t_{\alpha/2}\frac{s}{\sqrt{n}}\right)$를 무엇이라 부르는가?

① 오차의 한계 ② 표본추출오차
③ 편차한계 ④ 추정오차

계산형 문제

1. 어느 레스토랑에서 무작위로 추출한 49명의 고객 식사비를 계산한 결과 평균 24,800원인 것으로 나타났다. 과거경험으로 볼 때 이 레스토랑 고객의 식사비의 표준편차는 5,000원으로 추정하고 있다.

(a) 식사비에 대한 95% 신뢰구간을 계산한다면, 오차의 한계는 얼마인가?

(b) 식사비에 대한 95% 신뢰구간을 계산하여라.

2. 10개의 커피전문점에 대한 전국 소비자 만족도 조사결과에 의하면 소비자들의 만족도는 71점인 것으로 나타났다. 과거만족도 조사자료에 의하면 커피전문점에 대한 만족도 점수는 5점의 표준편차를 가지고 있다.

(a) 만족도 점수의 신뢰구간을 계산하기 위해서 필요한 가정은 무엇인가?

(b) 95% 신뢰수준에서의 오차한계는 얼마인가?

(c) 99%의 신뢰수준에서의 오차한계를 계산하고 위 (b)의 답과 비교했을 때 어느 것이 더 작은가? 이 상대적 크기와 신뢰수준의 관계를 설명하여라.

3. 기업의 임원과 CEO를 대상으로 하는 경제주간지가 정기구독자 80명을 대상으로 조사한 결과 그들의 연봉평균은 119,155,000원이고 전체 구독자 연봉의 표준편차는 3,000만원인 것으로 알려져 있다.

(a) 전체 구독자의 연봉을 90% 신뢰구간을 이용하여 추정하여라.

(b) 전체 구독자의 연봉을 95% 신뢰구간을 이용하여 추정하여라.

(c) 전체 구독자의 연봉을 99% 신뢰구간을 이용하여 추정하여라.

(d) 신뢰수준이 증가하면서 신뢰구간의 폭이 증가하는가 또는 감소하는가? 증가 또는 감소의 원인을 설명하여라.

4. 대도시에서 100명의 자가용 소유자를 추출하여 조사한 결과 연평균 주행거리가 23,500km, 표준편차가 3,900km로 나타났다. 이 도시 자가용 소유자의 주행거리의 99% 신뢰구간을 구하여라.

5. 중부지방의 난방용 기름소비량을 추정하기 위하여 총 61가구를 추출하여 작년 겨울의 난방용 기름사용액을 조사하였다. 이들 61가구의 평균과 표준편차가 각각 695,000원과 124,000원일 때 작년 겨울의 난방용 기름사용액의 90% 신뢰구간을 구하여라.

6. 소비자협회는 월평균 저축금액을 추정하기 위해 표본조사를 계획하고 있다.
   (a) 가구당 저축금액의 표준편차가 대략 12만원이라 할 때 95% 신뢰구간의 오차한계가 평균저축액에서 3만원 이상 떨어지지 않도록 하기 위해서는 표본의 크기를 얼마로 해야 하는가?
   (b) 예비조사를 통해 저축액의 표준편차가 9.5만원이라는 것이 밝혀졌다면 90% 신뢰구간의 오차한계가 평균저축액에서 3만원 이상 떨어지지 않도록 하기 위해서는 표본의 크기를 얼마로 해야 하는가?

7. 이번에 새로 개발한 경차의 리터당 평균주행거리를 추정하기 위해 실험계획을 수립하고 있다. 예비실험에 의해 평균주행거리의 표준편차는 대략 1.8km 정도임을 알 수 있었다. 98% 신뢰구간의 오차한계가 평균주행거리로부터 0.5km 이상 떨어지지 않도록 하기 위해서는 표본의 크기를 얼마로 해야 하는가?

8. 기숙사에 있는 12명의 여학생을 조사한 결과 1주일 평균 16,000원어치의 간식을 구입하고 있는 것으로 나타났다. 표준편차를 3,500원이라 할 때 평균간식비의 90% 신뢰구간을 구하여라.

9. 400명의 성인을 대상으로 하여 설문조사를 한 결과 80명이 담배 판매금지에 찬성하였다. 담배 판매금지에 찬성하는 비율의 90% 신뢰구간을 구하여라.

10. 75명의 학생을 무작위로 뽑아 조사한 결과 16명이 자취하는 것으로 나타났다. 자취생 비율의 95% 신뢰구간을 구하여라.

11. 시중의 한 백화점이 고객만족센터에 접수된 고객불만 관련 자료를 살펴본 결과 지난 65주간 매주 평균 19.5건이 접수되었고 표준편차는 5.2건이었다. 주당 평균 고객불만 건수를 90%와 95%의 신뢰수준에서 추정하여라.

12. 전국에 치킨배달점포 500여 개를 운영중인 (주)꼬꼬는 서비스 만족도의 핵심을 전화주문 후 배달까지 걸리는 시간의 최소화에 두고 있다. (주)꼬꼬의 경영진은 배달점포의 배달소요시간을 정기적으로 조사하기로 결정하고 이번 달 무작위로 추출된 30개 점포를 대상으로 조사하였다. 조사결과에 의하면 배달소요시간의 평균과 표준편차가 각각 40분과 22.57분으로 나타났다. 배달소요시간이 정규분포를 따르고 있다고 가정하고 다음 물음에 답하여라.

(a) 평균배달소요시간을 신뢰수준 95%에서 구간추정할 때 오차한계는 얼마인가?

(b) 95% 신뢰구간을 계산하여라.

(c) 당사의 평균배달소요시간이 45분을 넘지 않을 것이라고 결론을 내릴 수 있는가? 위 (b) 문항의 신뢰구간을 이용하여 답하여라.

(d) 표본의 크기를 얼마 이상으로 늘리면 신뢰구간의 상한이 45분 이하로 내려갈 것으로 보이는가? 표본표준편차는 22.57분이라 가정한다.

13. 월드웰빙유지의 비누시장 점유율은 약 20%인 것으로 나타나 있다. 시장점유율 확대를 위해 광범위한 광고 캠페인을 실시한 후 잠재적인 소비자를 표본으로 그 캠페인이 성공적이었나를 결정하는 인터뷰를 실시하고자 한다. 캠페인이 성공적이었다고 생각하는 소비자비율의 90% 신뢰구간의 오차한계가 평균비율로부터 2% 이상 떨어져 있지 않도록 하기 위해서는 표본의 크기를 얼마로 해야 하는가?

14. SBC는 상반기 프로그램 개편에 앞서 저녁뉴스프로의 시청률을 조사하고자 한다. 시청률의 95% 신뢰구간의 오차한계가 평균비율로부터 3% 이상 떨어져 있지 않도록 하기 위해서는 표본의 크기를 얼마로 해야 하는가?

15. 어느 기업에서 신상품 출시를 앞두고 잠재고객 611명에게 실험적으로 일주일간 사용하게 한 후 실제 구매의향을 물었다. 그중 281명이 구매를 하겠다고 답변하였다.

(a) 신상품을 본격적으로 출시하였을 때 이 상품을 구매할 고객의 비율을 얼마로 추정하는가?

(b) 신상품 구매비율의 90% 신뢰구간을 추정하여라.

16. 한국자산관리협회는 현금자산이 50억원을 넘는 개인을 부자로 정의하고 있다. 우리나라 부자 1,500명을 대상으로 다음과 같은 조사를 실시하였다.

(a) 설문결과에 의하면 53%가 지난 3년간 개인자산의 25% 이상 감소하였다고 응답하였다. 지난 3년간 25% 이상 자산이 감소한 부자의 비율을 95% 신뢰구간을 이용하여 추정하여라.

(b) 설문응답자 중 31%가 은퇴를 대비하여 더 많은 자산을 축적할 필요를 느꼈다고 한다면 전체 부자 중 몇 %가 이러한 필요를 느낄 것으로 추정하는지를 95% 신뢰구간을 이용하여 답하여라.

(c) 매년 천만원 이상 기부를 하는 응답자의 비율이 5%였다. 이 비율의 95% 신뢰구간을 계산하여라.

(d) 위 (a), (b), (c) 문항에서 계산한 95% 신뢰구간의 오차한계를 평균으로부터 2% 이하로 하기 위해서는 표본의 크기를 어느 정도로 해야 하는지를 각각 답하여라.

17. 다음은 수도권에 산재해 있는 다양한 형태의 가족형 레스토랑을 무작위로 추출하여 이 업체들의 매장 면적과 방문고객수, 일일 평균 순이익을 요약한 자료이다. 이들 세 변수의 95% 신뢰구간을 구하여라.

위 치	레스토랑 면적 (단위 : 평)	연간 방문고객수 (단위 : 백명)	순이익 (단위 : 만원)
서울 1	195	236	84.2
서울 2	187	211	75.5
서울 3	184	197	70.5
서울 4	185	194	71.8
서울 5	170	185	65.9
서울 6	167	175	64.9
서울 7	105	163	65.0
인천 1	138	160	57.2
인천 2	119	151	62.7
인천 3	118	149	59.4
부천 1	179	145	55.8
부천 2	111	142	40.4
성남 1	154	137	62.2
성남 2	125	135	51.9
성남 3	110	130	48.3
성남 4	108	123	51.2
과천 1	109	117	46.7
과천 2	101	112	34.1
과천 3	105	109	33.9
과천 4	89	100	41.5
의정부 1	100	96	38.3
의정부 2	91	91	53.7
의정부 3	86	89	42.5
의정부 4	94	79	46.7

18. 다음은 대형쇼핑센터를 이용하는 고객들을 무작위로 선택하여 설문조사한 결과이다. 카드사용액과 카드보유장수의 99% 신뢰구간을 구하여라.

회원 ID	연 카드사용액 (단위 : 천원)	카드 보유장수	회원 ID	연 카드사용액 (단위 : 천원)	카드 보유장수
1	45,845	3	26	7,802	3
2	35,606	3	27	7,648	4
3	33,292	2	28	7,517	3
4	26,981	2	29	7,057	2
5	23,819	5	30	7,039	3
6	23,055	5	31	6,806	4
7	21,566	4	32	6,778	2
8	19,797	3	33	6,534	1
9	17,457	4	34	6,485	4
10	16,461	5	35	6,389	3
11	16,283	3	36	6,387	4
12	14,017	4	37	6,380	2
13	13,480	5	38	6,275	3
14	12,371	6	39	6,234	4
15	12,357	3	40	6,130	4
16	11,271	2	41	6,121	3
17	11,153	1	42	5,917	2
18	10,872	2	43	5,697	5
19	10,120	3	44	5,640	4
20	9,141	4	45	5,637	6
21	8,900	3	46	5,570	5
22	8,863	4	47	5,297	4
23	8,650	3	48	5,265	3
24	8,245	2	49	5,166	2
25	7,978	1	50	4,258	4

19. 신생아(남아) 중에서 64명을 임의로 추출하여, 몸무게를 조사한 결과 평균이 3.3kg이고 표준편차는 0.8kg이었다. 모집단평균의 신뢰구간을 신뢰수준 95%로 추정하여라.

CHAPTER

가설의 검정

제 1 절　가설검정의 의의
제 2 절　모집단평균의 가설검정
제 3 절　평균차이에 관한 가설검정
제 4 절　모집단비율의 검정

예시|사례

1. 실버세대의 정보활용

정보화 사회의 가장 큰 혜택을 볼 수 있는 실버세대의 정보활용, 특히 인터넷을 이용한 생활에의 활용도를 촉진하기 위해서는 적절한 교육과정의 개발과 확산이 필수적이다. 전국에 산재되어 있는 다양한 노인복지기관을 통해 정보활용교육을 실시하고, 이의 확산을 사회적으로 장려하는 분위기를 조성할 필요가 있다. 정보화 취약계층으로서의 실버세대와 다른 세대의 정보활용 격차가 크다고 하더라도 이를 일시에 해소할 수 있는 정책이나 대응방안이 존재하지는 않는다. 정보기술을 활용한 새로운 삶의 방식의 확산은 활용 당사자들의 새로운 기술응용에 대한 유용성 인식이 토대가 되고 여기에 정보활용을 용이하게 하는 교육이나 지원이 뒷받침되어야 한다.

실버세대들의 정보활용에 큰 관심을 기울이고 있는 한국실버복지협회는 노인(실버)정보화 교육을 무상으로 실시하고 있다. 교육의 성과분석을 위해 교육성과를 인터넷 활용능력 제고, 인터넷 스트레스 해소, 인터넷 이용용도 제고, 세대간 갈등 해소, 자신감 제고 등의 측면에서 정의하고 교육을 수료한 교육생들에 대한 설문조사를 통해 그 성과를 평가해 보기로 했다. 우선 교육 전과 교육 직후, 교육 한 달 후에 각 요인간의 차이가 있는지를 평가하고 그 결과를 차기 교육프로그램 운영시 반영하기로 했다.

어떤 방법으로 성과분석을 실시해야 하는가?

2. 특급호텔의 시장세분화에 관한 연구

재화나 서비스를 제공하는 기업들이 시장에서 그들의 고객들이 무엇을 원하는지를 파악하는 것은 매우 중요하다. 시장은 마케팅특성이 유사한 그룹으로 나뉠 수 있으며, 이 그룹들을 시장세그먼트라 부른다. 시장을 세그먼트로 세분화하고 각 세그먼트별로 특성에 맞는 마케팅전략을 세워야 기업이 성공적으로 운영될 수 있다.

다국적 호텔 체인에 속해 있는 어느 한 특급호텔의 마케팅 부서는 시장세그먼트에 대한 연구를 수행하고 있다. 연구의 목적은 호텔 방문목적에 따라 시장을 세분화하는 것이 의미 있는 시도인지를 알아보는 데 있다. 이 연구의 일환으로 사업관계로 그 호텔에 묵게 되는 고객 중 73명과 관광 또는 휴가를 이유로 그 호텔에 투숙하는 고객 중 81명을 대상으로 설문조사를 하였다. 자료는 설문 중 호텔선택기준 12가지를 5점 스케일('5 = 매우 중요함'에서 '1 = 전혀 중요하지 않음'까지)로 답한 결과를 평균낸 것이다.

여행의 목적과 호텔선택기준의 중요성

기 준	사 업	관 광
a. 호텔의 보안	4.38	4.80
b. 객실의 가구 및 장식	4.18	4.52
c. 호텔의 전반적인 장식	4.05	4.37
d. 전화 서비스	4.03	3.97
e. 욕실의 장식/가구	3.96	4.41
f. 레스토랑과 객실의 서비스	3.92	4.31
g. 호텔의 이미지와 평판	3.73	4.29
h. 건물 자체의 건축미, 유지상태	3.73	4.19
i. 비즈니스 센터의 설비	3.62	2.10
j. 호텔의 고급스러운 분위기	3.61	4.24
k. 음식과 음료의 낮은 가격	2.96	3.78
l. 레스토랑의 다양성	2.78	3.53

12가지의 호텔선택기준의 중요성에 대한 응답이 두 그룹간에 차이가 있는가?

제 1 절 가설검정의 의의

가설은 증명(검정)되지 않은 주장이라 할 수 있다. 통계적 가설의 검정은 증명된 바 없는 주장을 귀무가설(null hypothesis)이라는 틀 속에 집어넣고, 표본을 추출한 뒤 표본통계량을 이용하여 귀무가설을 테스트하는 과정이다.

학술적 연구에서 신뢰구간의 추정결과는 대개 참고자료로 쓰일 뿐, 주된 관심은 흥미로운 연구가설의 검정에 있다. 예를 들어 인터넷의 등장과 함께 e-Learning 강의는 많은 관심을 끌고 있다. 이와 관련하여 연구자는 e-Learning 강의는 오프라인 강의실에서의 강의보다 교육적 효과가 더 높은가, 혹은 e-Learning 강의는 학생들간의 상호작용을 증대시켜 교육효과를 높인다고 하는데, 모든 e-Learning 강의에 다 해당되는 이론인가 등 흥미로운 연구주제를 제시해 볼 수 있다.

가설의 검정은 이와 같은 연구가설의 검정에 필요한 도구이다. 여기서 주의할 점은 가설검정에서의 가설, 즉 본장의 주제인 통계적 가설과 연구자가 제안하는 연구가설은 그 구조가 다를 수 있다는 것이다. 연구자의 연구가설은 어떤 형태를 띠어도 무방하다. e-Learning 강의를 선호하는 연구자의 경우, 그가 제시하는 연구가설 혹은 연구모형은 아마도 "e-Learning 강의의 교육효과는 오프라인 강의실 강의보다 교육적 효과가 더 높다", "e-Learning 강의는 학생들간의 상호작용을 증대시켜 교육적 효과를 높인다", "e-Learning 강의는 학습의 능동성을 통해 자기주도적 우수학생들에게는 더 높은 교육성과를 낼 수 있다" 등 e-Learning 강의에 대한 긍정적인 내용을 주로 담고 있을 것이다.

당뇨에 큰 효과를 볼 수 있는 새로운 유전자 치료법을 개발한 학자는 "새로 개발한 유전자 치료법은 기존 치료법에 비해 2배 이상의 효과를 나타낸다" 등을 연구가설로 제시할 수 있고, 키를 크게 하는 새로운 약을 개발한 제약회사 담당자의 연구가설은 "이번에 새로 개발한 성장치료제는 15세에서 18세 청소년에게 적용시 연평균 5cm 이상의 성장을 가져올 수 있다" 등의 긍정적이고도 획기적인 내용을 담고 있을 수 있다. 어떤 형태를 취하든 그것은 연구자의 의도에 달려 있다.

그러나 통계적 가설검정에서의 가설은 귀무가설을 의미한다. 귀무가설은 많은 경우 주로 부정적인 생각을 반영한다. 통계적 가설검정에서는 귀무가설만을 테스트, 즉 통계적 분석을 시도한다. '효과가 없다', '기대에 미치지 못한다' 등의 부정적 시각을 반영하는 귀무가설을 기각함으로써 긍정적인 결론을 유도해 내고자 하는 데 주된 목적이 있다.

'효과가 충분하다', '기대수준을 넘어선다' 등을 귀무가설에 담아 검정하지는 않는다. 물론 모든 귀무가설이 다 그런 특징을 갖지는 않는다. 제조현장의 경우 제품의 특성상 반드시 일정수준을 유지해야 하는 경우가 있다. 예를 들어 "주스캔의 용량은 180g이어야 한다"와 같은 경우 귀무가설은 '주스캔의 용량=180g'이다. 만약 귀무가설을 기각하게 되면 생산프로세스에 문제가 생긴 것으로 결론짓고 적절한 조치를 취한다. 이런 식의 귀무가설 설정은 모집단의 평균이나 비율이 기준에 어긋나 너무 크거나 작아도 문제가 되는 상황에 주로 한정된다.

대개의 의사결정문제는 어느 한 방향으로 결론나는 것이 바람직한 것이 보통이다. 신약의 효과, 신기술 교육의 효과는 클수록 좋고, 결점수나 불량품 개수는 적을수록 좋다. 은행대출을 고려하고 있는 고객은 금리가 낮을수록 좋고, 예금으로 생활하는 노인계층은 금리가 높을수록 좋을 것이다. 식품의 인공첨가물 함유량은 적을수록 건강에 좋고, 대기오염도는 낮을수록 좋다. 규격이나 기준에의 일치 여부를 따지는 의사결정문제 이외에는 대개 어느 한 방향으로 결론이 나는 것이 좋다.

연구자 또는 통계분석을 담당하는 입장에서는 부정적인 내용을 담고 있는 귀무가설을 통계적으로 검정하고 가능한 한 기각한 뒤, 긍정적인 내용을 담고 있는 또 하나의 가설인 대립가설(alternative hypothesis)을 받아들이기를 원한다. 대립가설의 내용을 직접 테스트하여 본인이 원하는 긍정적인 결과를 이끌어내는 방법은 사용할 수 없다.

제 2 절 모집단평균의 가설검정

1. 가설검정의 기본절차

이제 간단한 예를 통해 가설검정의 일반적 절차를 알아보기로 하자.

예제 8-1

사무용품 전자상거래 사이트를 운영하고 있는 월드데포는 진정한 고객감동서비스의 제공을 올해의 전략목표로 설정하고 있다. 구체적인 전략계획을 수립하기에 앞서 월드데포에 대한 고객들의 솔직한 서비스 품질평가를 얻기 위해 설문조사를 하였다. 전체 고객그룹을 잘 대표하는 900명의 고객에게 설문조사를 부탁하였다. 이 중 중요한 항목은 주문 후 상품을 받을 때까지 소요되는 시간이다. 모두 900명이 답한 배달시간의 평균은 40시간, 표준편차는 30시간으로 계산되었다. 월드데포는 마케팅전략상 48시간 내에 상품을 전달하는 것을 가장 중요한 목표로 설정하고 있다. 그렇다면 900명의 응답결과를 토대로 할 때 평균배달시간이 48시간을 넘지 않는다고 결론내릴 수 있는가?

월드데포의 전략담당자 입장에서 부정적인 생각은 평균배달시간이 48시간을 넘거나 같을 것이라는 내용이다. 따라서 귀무가설은 "월드데포 고객들에 대한 평균배달시간은 48시간을 넘거나 같을 것이다"이다. 대립가설은 "월드데포 고객들에 대한 평균배달시간은 48시간을 넘지 않을 것이다"라는 긍정적인 내용을 담고 있다.

귀무가설 : 평균배달시간(μ)은 48시간을 넘거나 같다($\mu \geq 48$).
대립가설 : 평균배달시간(μ)은 48시간을 넘지 않는다($\mu < 48$).

가설의 검정은 귀무가설의 내용이 옳다는 가정하에서 시작한다. 즉, "월드데포 고객들에 대한 평균배달시간은 48시간을 넘거나 같을 것이다"라는 증명되지 않은 가설을 일단 옳다고 받아들이기로 하자. 그런데 귀무가설에서 옳다고 가정한 모집단평균값은 무한히 많다. 48시간도 모집단평균이 될 수 있고, 49시간, 50시간, 51시간 등 후보가 무수히 많다. 이런 경우 일단 48시간을 모집단평균이라고 가정하여 분석을 시작하고, 나중에 49시간, 50시간 등 다양한 경우를 고려하는 것이 혼란을 방지할 수 있는 적절한 방법일 것이다.

만약 모집단평균이 48시간이라면 표본분포는 어떤 형태를 띠겠는가? 중심극한정리에 의하면 표본의 크기가 충분히 클 때, 정규분포(모집단 표준편차가 알려져 있는 경우) 또는 t-분포(모집단 표준편차가 알려져 있지 않은 경우)의 형태를 띠는 표본분포의 평균은 모집단평균과 같은 값을 취한다.

이 문제에서는 가정하고 있기는 하지만 귀무가설에서 모집단평균이 48시간으로 주어져 있으므로, 표본분포의 평균도 당연히 48시간이어야 한다.

$$\mu_{\bar{x}} = \mu = 48\text{시간}$$

또한 표본분포의 표준오차(즉, 표본분포의 표준편차) $\sigma_{\bar{x}}$는 중심극한정리에 따라 다음과 같다.

$$\sigma_{\bar{x}} = s/\sqrt{n} = 30/\sqrt{900} = 1\text{시간}$$

이제 문제는 평균이 48시간이고 표준편차가 1시간인 표본분포(모양은 평균을 중심으로 좌우대칭인 t-분포의 형태를 취함)에서 과연 문제에 주어진 표본평균값인 $\bar{x}$ =40시간이 나올 수 있느냐는 것이다. 40시간이라는 값이 우리에게 주어져 있음에도 불구하고, 평균이 48시간이고 표준편차가 1시간인 t-분포에서 이런 값이 나올 가능성이 거의 없다면, 이건 무엇인가 잘못된 것이다.

분명히 표본분포는 평균이 48시간이고 표준편차가 1시간인 t-분포라 했는데, 이런 분포에서 40시간이라는 값이 나올 가능성이 희박하다면, 분석과정에서 유일하게 도입한 전제인 모집단평균이 48시간이라는 가정이 틀렸다는 결론을 내릴 수밖에 없다.

평균이 48시간이고 표준편차가 1시간인 t-분포를 그려보면 [그림 8-1]과

[그림 8-1]
평균이 48시간이고 표준편차가 1시간인 t-분포(자유도=899)

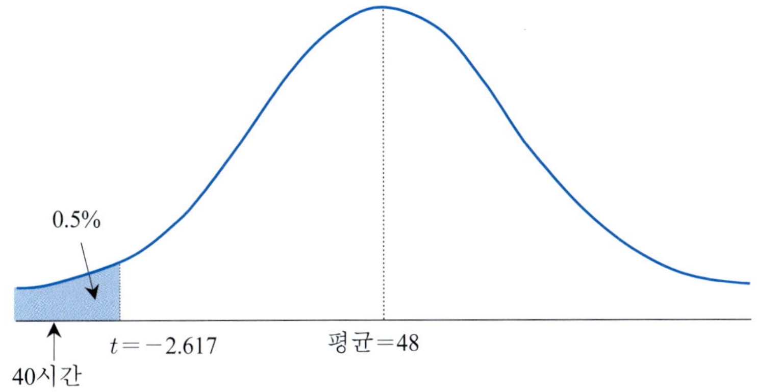

같다. 이 그림에서 40시간은 왼쪽 끝부분에 위치하는데, 이에 해당하는 t값, 즉 t-임계치를 구해보면 -2.617보다도 작다.[1] 나올 가능성이 없지는 않겠지만 극히 희박하다고 결론내리는 것이 합당하다. 평균 48시간을 중심으로 해서 ±3시간 이내가 99.5%를 초과하는데, 표본에서 도출된 표본평균값은 40시간으로 이 안에도 포함되지 않는다. 40시간 혹은 이보다 작은 값의 표본평균값이 나올 가능성은 0.5%도 채 안 된다. 따라서 귀무가설에서 가정한 $\mu=48$시간은 틀린 것이라 결론짓는 것이 안전할 것이다. 만약 표본에서 도출된 표본평균값이 42시간이었다면 어떤 결론을 내릴 수 있겠는가? 아마도 40시간인 경우와 같은 결론을 내렸을 것이다.

표본에서 구한 평균값 $\bar{x}$가 40시간이라면 귀무가설($\mu=48$시간)은 기각한다. 그렇다면 귀무가설을 $\mu=49$로 설정한다면 어떤 결론을 내리겠는가? 48시간도 지나치게 큰 숫자인데, 그보다 더 큰 49시간은 당연히 옳지 않다는

---

1) 부록의 통계표에서 자유도가 120이고 오른쪽 끝부분이 0.5%에 해당하는 t값이 2.617이다. 이 문제의 경우 자유도가 $n-1=899$이므로 오른쪽 끝부분이 0.5%에 해당하는 t값은 2.617보다 작다. t-분포에서 표본의 크기가 100개를 넘어서면 t값과 Z값을 구별하기가 거의 불가능하다. 따라서 표본의 크기가 큰 경우에는 t값 대신 편리하게 정규분포표를 사용하되, 검정치 자체는 t값이라고 불러야 한다. 그렇지만 통계패키지를 쓰는 경우에는 이런 걱정을 할 필요조차 없다. 컴퓨터가 필요한 정보를 모두 제공하기 때문이다. 대부분의 통계학 교재에서 표본의 크기가 30개 이상인 경우 정규분포를 이용하여 설명하고 있으나, 이는 편의상 부록의 정규분포표를 이용하기 위한 것이고 t-분포를 이용하는 것이 일관성이 있다. t-분포표를 구할 수 있으면, 구태여 정규분포에 의존할 이유는 없다. 더구나 모든 통계분석은 이제 컴퓨터 통계패키지를 이용하는 만큼 컴퓨터 결과물의 해석과정에서 일관성을 유지하기 위해서도, 정규분포 대신 t-분포를 이용하여 검정과정을 이해하는 것이 바람직하다.

결론을 내리게 된다. 50시간인 경우도 마찬가지이다. 따라서 "귀무가설 : $\mu \geq 48$시간"은 기각하는 것이 안전할 것이다.

이번에는 표본에서 구한 평균값 $\bar{x}$가 47시간이었다고 생각해 보자. 49시간이라는 값은 평균이 48시간이고 표준편차가 1시간인 t-분포에서 평균에서 1배의 표준편차만큼 떨어져 위치하고 있어 이 t-분포에서는 충분히 나올 가능성이 있다. $\bar{x}$가 47.5시간이었다고 해도 같은 결론을 내렸을 것이다.

그렇다면 $\bar{x}$값이 어느 정도 작아야 귀무가설($\mu \geq 48$시간)을 기각할 수 있을 것인가? 통계분석자 입장에서는 부정적인 생각을 담고 있는 귀무가설을 기각하는 것이 목적임을 잊지 말아야 한다. 보통 5% 정도를 많이 이용한다. 월드데포의 배달소요시간 문제의 경우 표본에서 구한 $\bar{x}$값이 해당 t-분포그림에서 왼쪽 끝부분 5% 안에 들어가면 귀무가설을 기각한다.

자유도가 899인 t-분포에서 왼쪽 끝부분 5%일 때의 t-임계치는 부록의 통계표를 봐서는 정확히 알 수 없지만 대략 -1.658과 -1.645 사이이며, EXCEL의 TINV 함수를 이용하면 TINV(0.05×2, 899)=1.64655이므로 왼쪽 끝부분이 5%일 때 t값이 -1.64655임을 알 수 있다. 참고로 TINV 함수는 언제나 오른쪽 끝부분에 해당하는 t값을 나타낸다. 따라서 기각역이 왼쪽이라면 (-1)을 곱해야 한다.

예제 문제의 경우

$$t = \frac{40-48}{30/\sqrt{900}} = -8$$

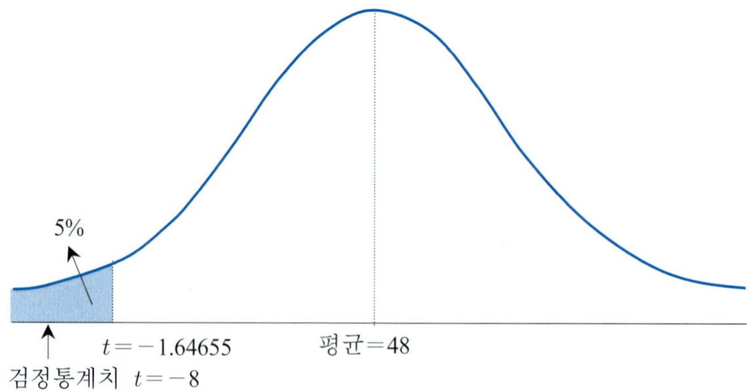

[그림 8-2]
유의수준=0.05에서의
t-분포(기각역=왼쪽 끝부분)

로 −1.64655보다도 훨씬 작다. 당연히 왼쪽 끝부분 5% 내에 포함된다. 이렇게 기각 여부를 결정짓는 수치(이 문제에서는 5%)를 유의수준(confidence level)이라 하며, α로 표기한다(예를 들어 $\alpha = 0.05$, 또는 $\alpha = 5\%$).

물론 왼쪽 끝부분 5%에 들어간다고 하더라도 귀무가설의 내용이 옳을 수도 있다. 그렇지만 어차피 100% 완벽할 수는 없기 때문에, 어느 정도의 오류를 감수해야 한다. 가설의 검정과정에서는 최대 α, 즉 유의수준만큼 잘못된 결정을 내릴 위험을 감수한다. 어차피 100% 완전한 결정은 모집단 전체를 다 조사하지 않고서는 불가능하기 때문이다. 유의수준 α는 5%가 일반적이지만, 1%와 같은 그 이하의 값도 많이 사용된다.

참고로 유의수준을 어느 한쪽으로만 고려하는 검정을 단측검정(one-tailed test)이라 한다. 대개의 기업경영 관련 문제들은 단측검정을 위주로 한다. 문제의 특성상 어느 한 방향으로 결론을 내리는 것이 일반적이고, 또 귀무가설을 기각하기 원하는 연구자에게도 유리하기 때문이다. 앞에서 논의한 바 있지만, 양측검정은 일정기준에의 일치 여부를 판단하는 경우 주로 사용된다. 다음 예를 통해 양측검정을 살펴보기로 하자.

예제 8-2

월드망고는 망고주스를 생산 · 판매하고 있다. 망고주스캔 하나의 무게는 180g이다. 현재 생산라인에서는 하루 5,000개의 주스캔을 생산하고 있는데, 품질팀장의 주된 임무는 캔 하나에 들어가는 주스의 양을 일정하게 하는 데 있다. 너무 많이 들어가도 원가에 부담이 되며, 너무 적게 들어가면 소비자 불만을 유발하기 때문에 항시 180g에 근접한 수치를 유지하기 위해 노력하고 있다.

이를 위해 매 4시간마다 36개의 주스캔을 생산라인에서 무작위로 추출하여 무게를 잰 뒤, 36캔의 평균값을 이용하여 생산라인의 문제점을 점검하고자 계획하고 있다. 오늘 아침 라인에서 추출한 36개의 주스캔 무게의 평균값이 181g이고 표준편차는 6g이었다고 한다. 현재 생산라인이 180g짜리 망고주스를 아무런 문제없이 생산하고 있다고 판정할 수 있는가? 만약 일정범위를 벗어나면 생산라인을 가동중지시키고 설비를 재조정해야 한다.

이 문제의 경우 망고주스캔의 용량이 180g이어야 한다는 기준이 귀무가설을 구성하게 되어 다음과 같은 가설을 설정한다.

귀무가설 : 주스캔의 평균용량 μ는 180g이다.
대립가설 : 주스캔의 평균용량 μ는 180g이 아니다.

36개로 구성된 표본의 표본분포는 평균이 180g이고 표준오차가 1g인 t-분포(자유도 $36-1=35$)를 띤다.

$$\mu_{\bar{x}} = \mu = 180\text{g}$$
$$\sigma_{\bar{x}} = s/\sqrt{n} = 6/\sqrt{36} = 1\text{g}$$

이제 표본에서 실제 도출된 표본평균 $\bar{x}=181$g이 이 t-분포에서 나올 가능성이 높으면 현재 라인은 별 문제가 없는 것으로 판단한다. 유의수준 $\alpha=0.05$로 설정한다. 이 문제의 경우 표본평균값이 너무 크거나 작아도 문제가 되므로 t-분포에서 양쪽 끝부분이 각각 2.5%에 해당되는 영역을 택하고, 표본평균 $\bar{x}$가 이 안에 포함되는지를 분석한다. 즉, 귀무가설이 진정으로 옳더라도 표본에서 도출된 평균값 $\bar{x}$가 양쪽 끝부분에 포함될 가능성은 5%이다. 이런 경우 귀무가설이 옳음에도 불구하고 틀리다고 기각한다. 이런 오류를 범할 가능성을 5%로 설정한다는 것이다.

t-분포에서 끝부분의 크기가 0.025일 때의 t-임계치(자유도=35)는 부록의 t-분포표에서 2.042와 2.021 사이의 값이다(EXCEL의 TINV 함수를 이용하면 2.03011이다). 실제 표본에서 나온 표본평균값 $\bar{x}=181$을 t값으로 변환하면 1.0이다.

[그림 8-3]
양측검정(유의수준=0.05) 하에서의 t-분포

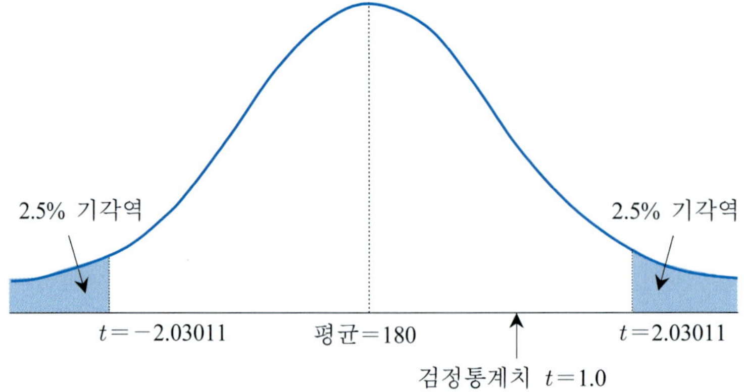

$$t = \frac{181-180}{6/\sqrt{36}} = 1.0$$

이 t값은 표본분포의 양쪽 끝부분 어디에도 속하지 않으므로 "주스캔의 평균용량 $\mu=180$g"이라는 귀무가설을 기각할 수 없다. 즉, 생산라인을 조정할 필요는 없다.

경영·경제와 관련된 문제에서 양측검정을 하는 경우는 거의 찾아보기 힘들다. 본서에도 가급적 단측검정문제만 다루고자 한다. 이제 다양한 예제 문제를 통해 평균에 관한 가설검정과정을 정리해 보기로 하자.

예제 8-3

한국월드컴의 화학공장에서 일일생산량을 50일 동안 조사한 결과 평균 $\bar{x}=876$톤, 표준편차 $s=21$톤으로 나타났다. 이 회사의 일일생산량이 870톤을 넘었다고 볼 수 있는가?

(a) 유의수준 $\alpha=5\%$에서 검정하여라.

(b) 유의수준 $\alpha=1\%$에서 검정하여라.

풀이

(a) 귀무가설은 부정적인 시각을 반영해야 하므로 다음과 같이 가설을 설정한다.

귀무가설 : 일일생산량은 870톤을 넘지 못한다($\mu \le 870$톤).

대립가설 : 일일생산량은 870톤을 넘는다($\mu > 870$톤).

평균생산량이 클수록 바람직하므로 단측검정을 실시한다. 표본의 평균값이 클수록 귀무가설을 기각하므로, 기각역은 t-분포에서 오른쪽 끝부분이 된다. t-분포표에서 유의수준 5%이고 자유도가 $(50-1)=49$인 t값을 찾아보면, 정확하지는 않지만 자유도가 40일 때의 1.684와 자유도가 60일 때의 1.671의 중간에 위치하며, 엑셀의 TINV 함수를 이용하면 TINV$(0.05\times2,\ 49)=1.676551$이 도출된다. 표본평균값을 t검정통계치로 바꾼 값이 이 값보다 커야 귀무가설을 기각할 수 있다. 표본에서 구한 평균값을 t값으로 바꾸면 2.02이다.

$$\text{검정통계치 } t = \frac{876-870}{21/\sqrt{50}} = 2.02$$

이 t값은 유의수준 5%일 때의 t값보다 크므로 귀무가설을 기각할 수 있다. 즉, $\mu>870$톤이라고 결론지을 수 있다.

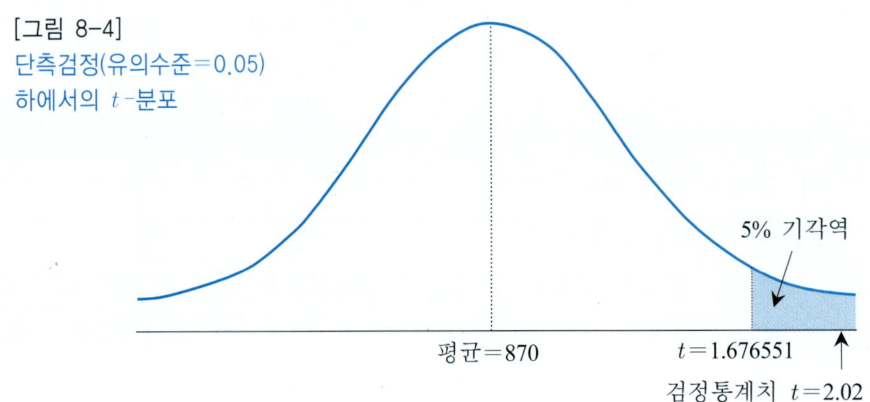

[그림 8-4]
단측검정(유의수준=0.05)
하에서의 t-분포

(b) α 값이 바뀌면 이에 대응하는 t-임계치가 바뀐다. $\alpha=1\%$일 때 t값은 TINV(0.01×2, 49) =2.404892인데, 검정통계치 t값은 2.02로 이 값보다 작으므로 이 경우에는 귀무가설을 기각할 수 없다. 즉 일일생산량은 870톤을 넘지 못한다는 주장을 기각할 수 없다.

예제 8-4

한국전자는 이번에 전력사용을 극소화할 수 있는 새로운 전구를 개발하였다. 현재 제품의 보증기간을 명시하기 위한 사용시간에 관한 자료를 준비중이다. 새로운 전구의 수명이 최소 1,000시간은 되어야 한다. 이를 위해 생산라인에서 400개의 전구를 무작위로 추출하여 수명을 조사한 결과 다음과 같은 통계치를 얻을 수 있었다고 하자. 유의수준 α를 1%로 설정하고 가설을 검정하여라.

$$\text{표본평균 } \bar{x}=1{,}100\text{시간}, \quad \text{표준편차 } s=800\text{시간}$$

풀이

우선 가설부터 설정하면, 부정적인 내용을 귀무가설에 반영하고 유의수준 1%에서 단측검정을 실시한다.

귀무가설 : 전구의 수명은 1,000시간을 넘지 못한다($\mu \leq 1{,}000$시간).
대립가설 : 전구의 수명은 1,000시간을 넘는다($\mu > 1{,}000$시간).

귀무가설에 담겨 있는 수명은 부등식 형태로 주어져 있으므로, 우선 가장 작은 값인 1,000시간이 모집단평균이라고 가정해 보기로 하자. 이 경우 표본분포의 평균은 당연히 1,000시간이 될 것이며 표본평균의 표준오차는 $800 \div \sqrt{400}=40$시간이 된다. 표본의 평균값이 클수록 귀무가설을 기각하므로, 기각역은 t-분포에서 오른쪽 끝부분이 된다. 자유도가 (400−1)=399이고 유의수준 1%일 때 기각역을 결정짓는 t-임계치는 부록의 t-분포표에서 2.358(자유도=120)과 2.326(자유도=무한대) 사이이며, 엑셀의 TINV 함수를 이용하면 TINV(0.01×2, 399)=2.33573임을 알 수 있다.

검정통계치 t값을 계산하면 2.5이다.

$$\text{검정통계치 } t = \frac{\bar{x} - \mu_0}{s/\sqrt{n}} = \frac{1,100 - 1,000}{800/\sqrt{400}} = 2.5$$

이 t값은 기각역 안에 포함되므로 귀무가설을 기각한다. 즉, 평균수명이 1,000시간을 넘는다고 결론지을 수 있다.

[그림 8-5]
단측검정(유의수준 1%) 하에서의 t-분포

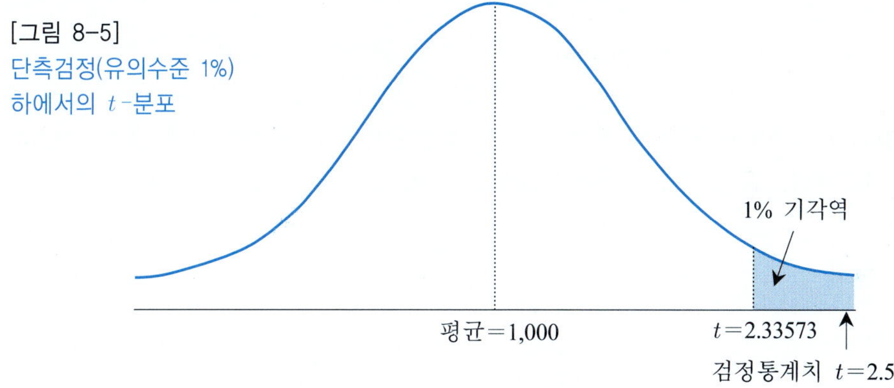

예제 8-5

전원주택을 건설·분양하는 월드레지던스는 자연친화적 전원도시에 거주하는 사람들 중 100명을 무작위로 추출하여 직장까지 출근하는 데 소요되는 시간을 조사하였다. 월드레지던스는 출근시간이 1시간이 걸리지 않을 것이라는 전제하에 분석한 결과, 평균 $\bar{x}=52$분, 표준편차 $s=12$분이라는 통계치가 도출되었다. 전원도시에 사는 주민들의 출근소요시간이 60분 미만이라고 볼 수 있는가? 유의수준 $\alpha=5\%$에서 가설을 검정하여라.

풀이

월드레지던스 입장에서 부정적인 내용을 귀무가설에 반영하고 유의수준 5%에서 단측검정을 실시한다. 출근시간이 짧을수록 바람직하므로 가설의 구조는 다음과 같다.

귀무가설 : 출근소요시간은 60분을 넘는다($\mu \geq 60$분).

대립가설 : 출근소요시간은 60분을 넘지 않는다($\mu < 60$분).

귀무가설에 주어진 소요시간은 부등식 형태로 되어 있으므로, 우선 가장 작은 값인 60분을 모집단평균이라고 가정해 보기로 하자. 이 경우 표본분포의 평균은 60분, 표준오차는 $12 \div \sqrt{100} = 1.2$분이 된다. 표본의 평균값이 작을수록 귀무가설을 기각하므로, 기각역은 t-분포에서 왼쪽 끝부분이 된다.

자유도가 (100−1)=99이고 기각역이 왼쪽 끝부분 5%일 때, 기각역을 나타내는 t값은 −1.671과 −1.658 사이의 값을 취하며, 엑셀을 이용하면 TINV(0.05×2, 99)=1.660391임을 알 수 있다. 표본평균값을 t값으로 바꾼 값이 이 값보다 작아야 귀무가설을 기각할 수 있는데, 실제 검정통계치 t값을 계산하면 −6.667이다.

$$\text{검정통계치 } t = \frac{\bar{x} - \mu_0}{s/\sqrt{n}} = \frac{52-60}{12/\sqrt{100}} = -6.667$$

이 t값은 t-임계치보다 훨씬 작으므로(즉, 검정통계치가 기각역 안에 포함되므로) 귀무가설을 기각한다. 즉, 출근소요시간이 60분을 넘지 않는다고 결론지을 수 있다.

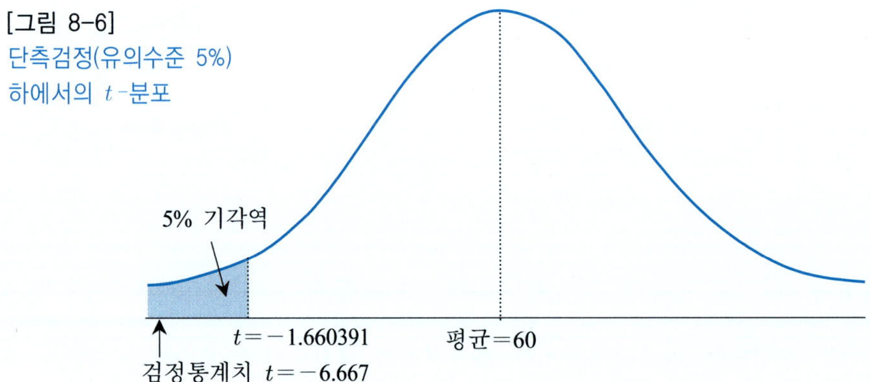

[그림 8-6]
단측검정(유의수준 5%) 하에서의 t-분포

2. p값을 이용한 가설의 검정

예제 8-3 의 일일생산량 문제에서 유의수준 α가 5%일 때에는 귀무가설을 기각했고 $\alpha = 1\%$일 때에는 기각할 수가 없었다. 물론 표본의 평균값이 876톤보다 훨씬 더 컸다면 $\alpha = 1\%$는 물론 $\alpha = 0.5\%$인 경우에도 귀무가설을 기각할 수 있었을 것이다. 분석하기 전에 유의수준을 미리 정할 수도 있지만, 1%가 옳은지 또는 5%가 옳은지 미리 정할 수 있는 문제가 아니기 때문에 구태여 미리 정해놓고 이에 맞추어 최종 결정을 내릴 필요는 없다.

핵심은 바로 α가 얼마 이상일 때 지금 주어진 표본평균 $\bar{x}=876$톤으로 귀무가설을 기각할 수 있는지에 있다. p값(p-value, *pro*-value)은 바로 이런 문제에 유용하게 쓰일 수 있는 통계치이다. 개념적으로 p값은 표본을 토대로 계산한 검정통계치로 귀무가설을 기각할 수 있는 가장 작은 α값으로 정의한다. 즉, p값은 표본분포에서 귀무가설이 옳다는 가정하에서 구한 검정통계치보다 더 극단적인(단, 기각역이 위치하고 있는 방향으로) 값이 검정통계치로 나올 확률이다.[2)]

단측검정의 경우 p값을 구하는 것은 명확하고 쉽다. 우선 표본분포에서 표본통계량을 이용하여 검정통계치를 구하고, 귀무가설을 기각하기 위한 기각역이 어느 쪽 끝부분에 위치하는가를 파악한다.

- 만약 기각역이 표본분포의 오른쪽 끝부분에 위치한다면, p값은 표본분포에서 검정통계치보다 크거나 같을 확률이다.
- 만약 기각역이 표본분포의 왼쪽 끝부분에 위치한다면, p값은 표본분포에서 검정통계치보다 작거나 같을 확률이다.

예를 들어 [그림 8-7(a)]에서와 같이 기각역이 오른쪽 끝에 위치한다고 하자. 검정통계치 t값이 기각역에 포함될 정도로 크다면 p값은 유의수준보다 작은 값을 가질 것이다. 만약 검정통계치 t값이 기각역에 포함되지 않는다면 p값은 유의수준보다 큰 값을 가진다. 만약 검정통계치 t값이 [그림 8-7(b)]와 같이 왼쪽 부분에 위치한다면 p값은 50%도 넘을 것이며 당연히 유의수준보다 커서 귀무가설도 기각할 수 없다.

기각역이 왼쪽 끝에 위치하는 경우도 마찬가지다. 검정통계치 t값이 기각역에 포함될 정도로 작다면(왼쪽 끝에 위치) p값은 유의수준보다 작은 값

2) 표본분포상에서 검정통계치의 위치를 표기한 다음 기각역의 위치를 파악한다. p값은 기각역쪽으로 방향을 튼 다음, 표본분포에서 p값보다 더 극단적인 값이 나올 확률을 말한다. 따라서 99%의 p값도 가능하고 0.1%의 p값도 나타날 수 있다.

[그림 8-7]
p값과 기각역 간의 관계

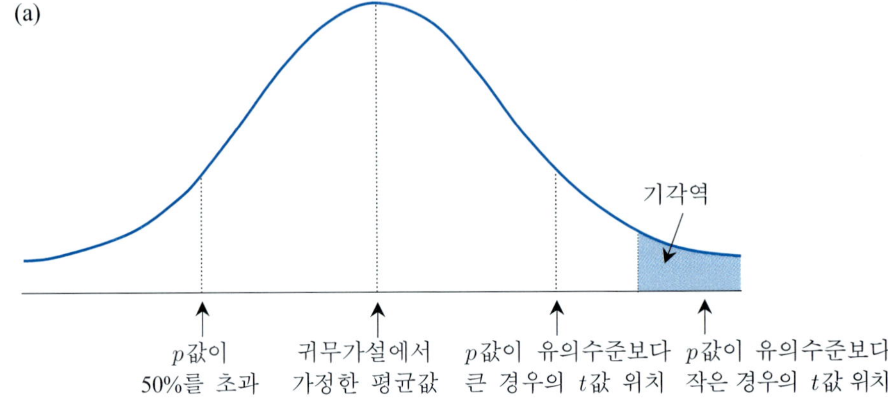

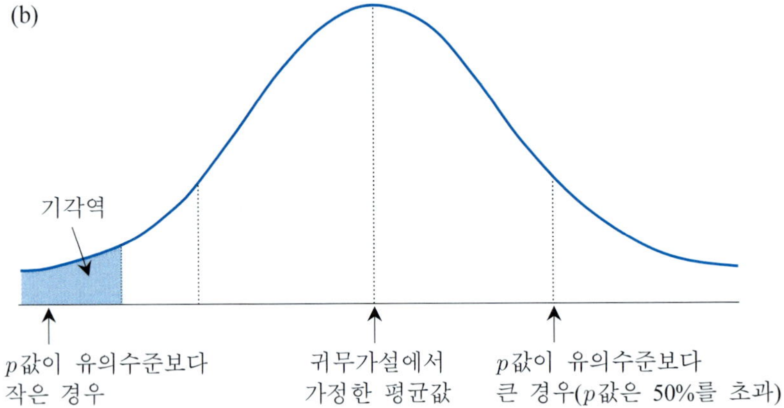

을 가질 것이다. 만약 검정통계치 t값이 기각역에 포함되지 않는다면 p값은 유의수준보다 큰 값을 가진다. 만약 검정통계치 t값이 [그림 8-7(a)]와 같이 오른쪽 부분에 위치한다면 p값은 50%도 넘을 것이며 당연히 유의수준보다 커서 귀무가설도 기각할 수 없다.

연구자의 입장에서는 연구자 나름대로 설정한 유의수준(α)에서 귀무가설을 기각했는지 여부만을 알려 주는 것보다는 p값을 제시하는 것이 보다 많은 정보를 제공하는 셈이다. 즉, p값은 유의수준에 대한 아무런 정보 없이 귀무가설의 기각에 대한 가능성을 평가하는 핵심자료이다. p값이 유의수준 α보다 크면 귀무가설을 기각할 수 없다. 결과적으로 p값이 작을수록 귀무가설을 기각할 수 있는 증거력이 더욱 강력해진다.

- p 값 $\leq \alpha$ 이면 귀무가설 기각
- p 값 $> \alpha$ 이면 귀무가설을 기각하는 데 실패

예제 8-6

예제 8-3 의 문제에서 p값을 구하여라.

풀이

대립가설 H_1이 $\mu > 870$톤이므로 기각역은 정규분포의 오른쪽 끝부분이 된다. $\bar{x} = 876$톤이므로 평균이 870톤이고 표준편차가 21톤인 표본분포에서 876톤보다 더 큰 값이 나올 확률이 바로 p값이다. $t = \dfrac{(876-870)}{21/\sqrt{50}} = 2.02$이지만, 부록의 t-분포표에서는 정확하게 그 값을 추정하기 힘들다. 정규분포를 이용하여 Z가 2.2보다 크거나 같을 확률을 구해도 큰 차이가 없겠지만, [그림 8-8]에서와 같이 엑셀의 TDIST 함수를 이용해 보기로 하자.

TDIST(t값, 자유도, 1)
= TDIST(2.02, 49, 1)
= 0.024434

이런 식으로 표본에서 계산한 t값과 자유도를 입력하면 t값이 2.02보다 크거나 같을 확률을 구할 수 있다. p값은 0.024434 또는 약 2.44%이다.[3)]

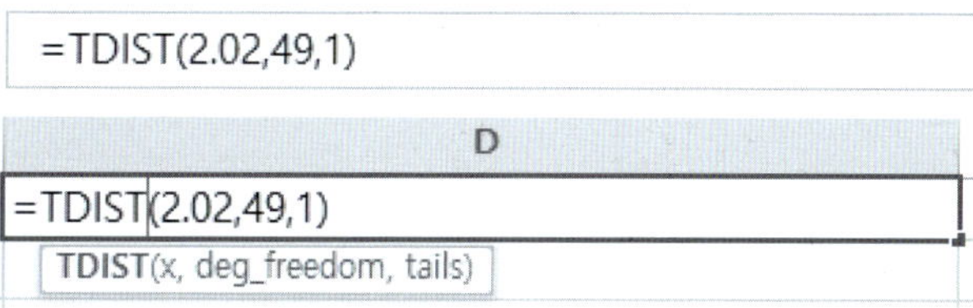

[그림 8-8]
엑셀을 이용한 t분포에서의 확률 계산

예제 8-7

웰빙도시임을 자랑하는 어느 지방 신도시의 시장자문팀은 교통여건도 우수하다는 점을 자랑하기 위해 중고등학생들의 등교소요시간에 대한 조사를 실시하였다. 거주학생들 중 100명을 무작위로

---

3) EXCEL 2010 버전부터는 TDIST 외에도 몇 가지 다른 함수를 이용하여 확률을 구할 수 있다. 예를 들어 T.DIST.RT(2.02, 49) = 0.024434가 출력되는데, T.DIST.RT(x, 자유도)는 t값이 x보다 크거나 같을 확률을 계산해 준다.

추출하여 학교까지 가는 데 소요되는 시간을 조사하였다. 평균 $\bar{x}=23.5$분, 표준편차 $s=15$분일 때 학생들의 등교에 소요되는 시간이 25분 미만이라고 할 수 있는가?

풀이

자문팀 입장에서 등교소요시간이 짧을수록 바람직하므로 가설의 구조는 다음과 같다.

귀무가설 : 등교소요시간은 25분을 넘는다($\mu \geq 25$분).
대립가설 : 등교소요시간은 25분을 넘지 않는다($\mu < 25$분).

귀무가설에 주어진 등교소요시간은 부등식 형태로 되어 있으므로, 우선 가장 작은 값인 25분을 모집단평균이라고 가정해 보기로 하자. 이 경우 표본분포의 평균은 25분, 표준오차는 $15 \div \sqrt{100} = 1.5$분이 된다. 표본의 평균값이 작을수록 귀무가설을 기각하므로, 기각역은 t-분포에서 왼쪽 끝부분이 된다. $\bar{x}=23.5$분이므로 평균이 25이고 표준편차가 1.5인 t-분포에서 23.5분보다 작거나 같을 값이 나올 확률이 바로 p값이다.

$t=\dfrac{23.5-25}{1.5}=-1$인데, t-분포표에서는 p값을 구할 수 없으므로, 정규분포를 이용하여 근사치를 구하면 $0.5-0.3413=0.1587=15.87\%$가 되어 일반적인 유의수준인 1%나 5%를 초과한다. 결과적으로 귀무가설은 기각할 수 없다.

참고로 엑셀의 TDIST 함수를 이용하여 정확하게 계산해 보면

TDIST(1, 99, 1)=0.159874

가 도출된다. 이 값은 t분포에서 t값이 1.0보다 크거나 같을 확률이므로 t값이 -1.0보다 작거나 같을 확률인 p값도 0.159874가 된다.[4]

예제 8-8

작년까지 수강신청에 소요되는 시간은 평균 45분이었다. 이번 학기에 대기시간을 줄이기 위해 전산화된 시스템을 도입하였다. 무작위로 100명을 뽑아 조사한 결과 $\bar{x}=43$분, $s=11.9$분으로 나타났다. 수강신청에 소요되는 시간이 45분 미만으로 줄어들었는지 p값을 이용하여 검정하여라. 단, $\alpha=5\%$이다.

풀이

학교당국 입장에서 소요시간이 짧을수록 바람직하므로 가설의 구조는 다음과 같다.

4) EXCEL 2010 버전에서는 T.DIST(−1, 99, 1)을 사용하면 자유도가 99일 때 t값이 -1.0보다 작거나 같을 확률인 0.159874가 계산된다.

귀무가설 : 수강신청 소요시간은 45분을 넘는다($\mu \geq 45$분).

대립가설 : 수강신청 소요시간은 45분을 넘지 않는다($\mu < 45$분).

귀무가설에 주어진 소요시간은 부등식 형태로 되어 있으므로, 우선 가장 작은 값인 45분을 모집단평균이라고 가정해 보기로 하자. 표본의 평균값이 작을수록 귀무가설을 기각하므로, 기각역은 t-분포에서 왼쪽 끝부분이 된다.

검정통계치를 구하면, $\bar{x}=43$분, $s=11.9$분, $n=100$에서 t값은 -1.68067이다.

$$t=\frac{43-45}{11.9/\sqrt{100}}=-1.68067$$

p값은 t-분포표에서는 -1.68067보다 작거나 같은 값이 나올 확률이다.

엑셀의 TDIST 함수를 이용하면

TDIST(1.68067, 99, 1)=0.04799 혹은 T.DIST(−1.68067, 99, 1)=0.04799

가 되어 t값이 -1.68067보다 작거나 같을 확률이 0.04799 또는 4.799%가 되어 유의수준 $\alpha=5\%$보다 작다. 따라서 평균값 μ가 45분을 넘는다는 귀무가설을 기각할 수 있다.

[그림 8-9]
검정통계치 t와 p값

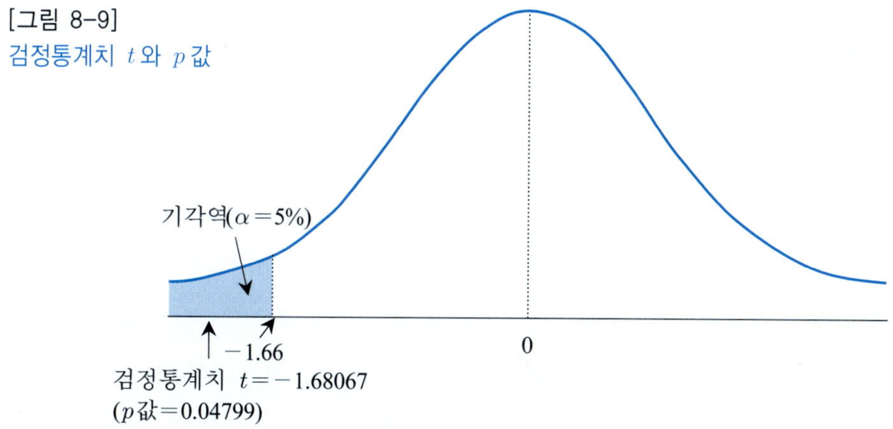

그렇다면 양측검정을 하는 경우 p값은 어떻게 될까? 앞의 예제에서 가설을 다음과 같이 설정했다고 가정해 보자.

귀무가설 : 수강신청 소요시간은 45분이다($\mu=45$분).

대립가설 : 수강신청 소요시간은 45분이 아니다($\mu \neq 45$분).

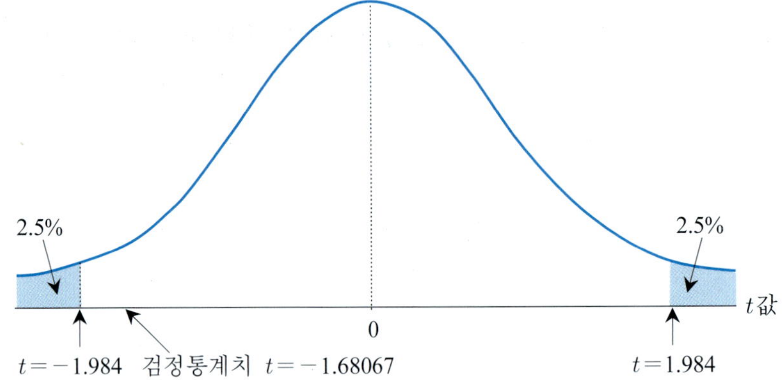

[그림 8-10]
양측검정에서의 기각역(α = 5%)

이 경우 기각역은 [그림 8-10]에서와 같이 t-분포에서 양쪽 끝부분이 된다. 예제에서 검정통계치 t값은 −1.68067로서 양측검정을 시도하는 경우 기각역에 포함되지 않아 귀무가설을 기각할 수 없다. 이 경우 p값은 (0.04799)(2) = 0.09598로 이전의 두 배가 된다.

이처럼 p값의 계산은 단측검정이냐 아니면 양측검정이냐에 따라 약간 다르다. 단측검정일 경우의 p값은 기각역 방향으로 검정통계치에 의해 형성되는 표본분포의 끝부분의 확률에 해당한다. 따라서 만약 p값이 α보다 작다는 것은 검정통계치가 기각역 안에 있으며, 기각역 밖에 있다면 p값이 α보다 클 것이다. 양측검정의 경우에는 기각역이 분포의 양쪽 끝에 형성되어 있고 각 기각역은 유의수준의 반($\alpha/2$)에 해당하므로 p값은 단측검정 p값의 두 배가 된다.

구체적으로 말해, 양측검정에서 검정통계치가 어느 한쪽의 기각역 안에 있다면 귀무가설을 기각하는데, 이는 검정통계치에 의해 형성되는 표본분포의 끝부분의 확률(=단측검정의 p값)이 $\alpha/2$보다 작다는 것을 의미한다. 위에 제시된 가설검정규칙에 비추어보면 양측검정의 p값은 결국 동일상황하에서의 단측검정 p값의 두 배가 된다. 따라서 분석자가 귀무가설을 기각하려는 입장이라면 양측검정보다는 단측검정이 더 유리하다.

따라서 분석자 입장에서는 단측검정이 귀무가설을 기각할 가능성이 높은 유리한 결과를 가져올 수 있어, 양측검정을 꼭 해야 할 필요가 없는 경우에는 당연히 단측검정을 해야 한다.

특히 SPSS, SAS, EXCEL 등을 이용한 컴퓨터 결과물을 해석할 경우 양측검정을 전제로 하고 있는지 또는 단측검정의 결과인지 주의 깊게 살펴야 한다. 단측검정의 전제하에 분석하고 있는데, 컴퓨터 결과물은 양측검정을 가정하는 경우 반드시 p값을 반으로 나누어 주어야 한다. 예를 들어 p값이 9%인 양측검정의 결과를 단측검정으로 바꾸면 p값이 4.5%가 되어 귀무가설을 기각할 수 있기 때문이다. 이처럼 귀무가설의 기각 여부가 뒤바뀌는 경우도 흔히 발생한다.

제 3 절 평균차이에 관한 가설검정

1. 독립모집단의 경우

게임을 활용한 학습콘텐츠 개발에 주력하고 있는 천재닷컴은 이번에 초등학생용 수학콘텐츠를 개발하여 시판하고자 준비하고 있다. 교육성과를 실증적으로 테스트하기 위해 가정환경이나 지능지수, 학업능력 등이 유사한 60명의 초등학생을 두 그룹으로 나누어 각각 전통적인 수학콘텐츠(A반)와 이번에 새로 개발한 게임형 수학콘텐츠(B반)를 수업시간에 활용하였다. 그 결과 전통적인 수학콘텐츠(A반)를 사용한 반의 평균성적은 80점, 표준편차는 5점이 나왔으며, 게임형 수학콘텐츠(B반)를 이용한 반의 평균성적은 85점, 표준편차는 4점이 나왔다. 천재닷컴의 담당자는 이 자료를 분석하여 무엇인가 결론을 내리고자 한다. 유의수준 α는 5%로 설정한다.

모집단평균에 관한 가설검정에서와 같이 우선 귀무가설을 설정해야 한다. 이 문제의 초점은 전통적인 수학콘텐츠보다 게임형 수학콘텐츠가 더 효과적이냐를 검정하는 데 있다. 콘텐츠를 개발한 천재닷컴의 입장에서는 게임형 수학콘텐츠가 더 효과적이길 바라기 때문에 귀무가설은 "이 두 콘텐츠의 효과에는 별다른 차이가 없다"는 내용을 담게 된다. 물론 대립가설은 천재닷컴의 담당자가 원하는 내용인 "게임형 수학콘텐츠가 전통적인 수학콘텐츠보다 더 효과적이다"라는 주장이 들어간다. 편의상 μ_1을 전통적 수학콘텐츠로 학습한 학생들의 성적 평균, μ_2를 게임형 수학콘텐츠로 학습한 학생들의 성적 평균이라 하자.

귀무가설 : 전통적 수학콘텐츠를 이용한 교육이나 게임형 수학콘텐츠를 이용한 교육이나 성과에는 차이가 없다($\mu_1 = \mu_2$).

대립가설 : 전통적 수학콘텐츠에 비해 게임형 수학콘텐츠를 이용한 교육은 성과가 더 크다($\mu_1 < \mu_2$).

가설을 검정하기 위해서는 두 모집단에서 추출한 표본의 평균값 차이인 $(\bar{x}_1 - \bar{x}_2)$를 확률변수로 하는 표본분포를 설정해야 한다. 이 표본분포의 평균은 귀무가설이 옳다고 할 때 모집단평균의 차이인 $\mu_1 - \mu_2 = 0$이 될 것이나, 표준오차는 두 모집단의 분산값에 대한 가정에 따라 추정방법이 달라진다.

두 모집단의 분산값 σ_1과 σ_2이 알려져 있는 경우는 거의 없으므로 여기서도 표준오차는 표본의 표준편차 s_1과 s_2를 이용하여 추정한다. 두 모집단의 분산값에 확실한 차이가 있다고 생각되는 경우 표본분포의 표준오차는 다음과 같이 정의된다.

$$\text{표준오차} = \sqrt{({s_1}^2/n_1) + ({s_2}^2/n_2)}$$

그러나 두 모집단의 표준편차인 σ_1과 σ_2가 같은 값을 갖는다고 해도 무방한 경우 다음과 같은 합동분산(pooled variance)을 이용하여 표준오차를 추정한다. 이 경우 구태여 분산의 차이가 있는지를 테스트한 다음 차이분석을 할 필요는 없다. 대개의 경우 모집단분산값에는 차이가 없다는 전제하에 검정을 시도한다.

$$\text{합동분산} = {S_p}^2 = \frac{(n_1 - 1){s_1}^2 + (n_2 - 1){s_2}^2}{n_1 + n_2 - 2}$$

$$\text{표준오차} = S_p\sqrt{(1/n_1) + (1/n_2)} \quad (\text{단, 자유도} = n_1 + n_2 - 2)$$

따라서 모집단평균 차이에 대한 가설은 평균이 0이고 표준오차가 앞에서와 같이 정의되는 자유도 $(n_1 + n_2 - 2)$의 t-분포를 이용하여 검정할 수 있다. 이 문제에서는 두 집단의 분산이 같다고 가정하고 가설을 검정하기로 한다. 일반적으로 두 모집단의 평균비교는 합동분산을 이용하는 경우가 많다.

우선 표본분포의 표준오차부터 계산해 보면 다음과 같다.

$$\text{합동분산} = S_p^{\,2} = \frac{(30-1)(5)^2 + (30-1)(4)^2}{30+30-2} = 20.5$$

$$\text{표준오차} = S_p\sqrt{(1/30) + (1/30)} = 1.169 \ (\text{단, 자유도} = n_1 + n_2 - 2 = 58)$$

그러므로 귀무가설이 옳다고 가정하면 평균치 차이는 평균값이 0이고 표준오차가 1.169인 [그림 8-11]과 같은 t-분포를 이룰 것이다.

이 그림에서 귀무가설의 기각영역은 자유도가 58인 t-분포에서 왼쪽 끝부분이 5%에 해당하는 곳이다. 즉 귀무가설이 옳다고 할 때 $(\bar{x}_1 - \bar{x}_2)$값이 작을수록 대립가설을 뒷받침해 줄 가능성이 높기 때문이다. 천재닷컴 입장에서는 $(\mu_1 - \mu_2)$이 0보다 작기를 바라기 때문에 유의수준 5%에서의 단측검정을 선호한다.

표본에서 나온 자료를 이용하여 t값을 구하면, $\bar{x}_1 - \bar{x}_2 = 80 - 85 = -5$에서

$$t = \frac{-5-0}{\sqrt{(20.5)} \times \sqrt{(1/30)+(1/30)}} = -4.277$$

[그림 8-11]
단측검정하에서의
기각역과 검정통계치

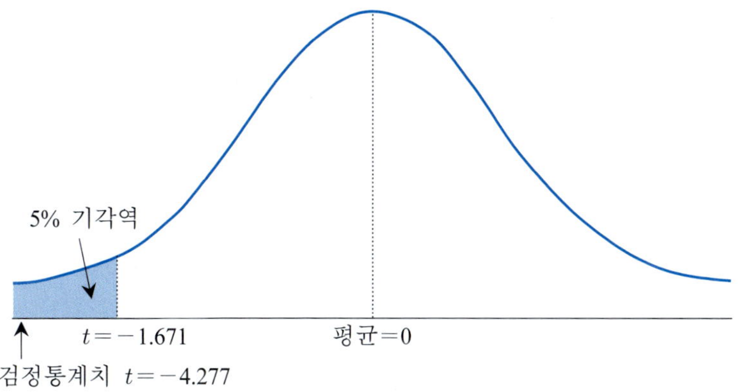

이다. 자유도가 58인 t-분포는 부록에서 찾을 수 없기 때문에, 자유도가 60이고 왼쪽 끝부분이 5%인 t값을 찾아보면 -1.671이다. 자유도가 58인 경우도 이와 거의 비슷한 값을 취할 것이므로, 검정통계치 t값은 기각역에 포함된다. 즉, 전통적 수학콘텐츠를 이용한 교육이나 게임형 수학콘텐츠를 이용한 교육이나 성과에는 차이가 없다는 귀무가설을 기각할 수 있다. 게임형 수학콘텐츠를 이용한 교육의 성과가 더 크다고 볼 수 있다. 참고로 엑셀 함수를 이용하면

$$\text{TDIST}(4.277,\ 58,\ 1) = (3.583)10^{-5}$$

혹은

$$\text{T.DIST}(-4.277,\ 58,\ 1) = (3.583)10^{-5}$$

이 도출된다. 즉, t-분포에서 t값이 -4.277보다 작거나 같을 확률은 $(3.583)10^{-5}$으로 거의 0에 가깝다. p값이 0에 가까우므로 귀무가설을 기각할 수 있다.

이번에는 양측검정의 예를 들어보기로 하자.

예제 8-9

비슷한 능력을 갖춘 22명의 학생을 뽑아 12명은 기존의 교육방식을 채택한 강의실에 배정하고, 나머지 10명은 멀티미디어를 기반으로 새롭게 개발한 콘텐츠를 이용하는 강의실에 배정하였다. 학기말에 시험을 본 결과 12명 학생들의 성적은 $\overline{x_1} = 80$, $s_1 = 4$였고 10명 학생들의 성적은 $\overline{x_2} = 85$, $s_2 = 5$였다. 유의수준 $\alpha = 5\%$에서 두 교육방식의 효과에 어떤 차이가 있는지를 검정하여라.

풀이

두 교육방식 사이에 별다른 차이가 없다는 내용이 귀무가설에 포함되나, 어떤 교육방법이 더 나을 것이다에 대한 사전지식이 없으므로 대립가설에는 "두 교육방식에는 차이가 있다"라는 주장을 포함시켜 양측검정을 실시한다. μ_1을 기존방식으로 학습한 학생들의 성적 평균, μ_2를 멀티미디어 기반 콘텐츠로 학습한 학생들의 성적 평균이라 하자.

귀무가설 : 두 교육방식에는 차이가 없다($\mu_1 = \mu_2$).

대립가설 : 두 교육방식에는 차이가 있다($\mu_1 \neq \mu_2$).

가설을 검정하기 위해서는 두 모집단에서 추출한 표본의 평균값 차이인 $(\bar{x}_1 - \bar{x}_2)$를 확률변수로 하는 표본분포를 설정해야 한다. 이 표본분포의 평균은 귀무가설이 옳다고 할 때 모집단평균의 차이인 $\mu_1 - \mu_2 = 0$이 될 것이며, 표준오차는 두 모집단의 분산이 같다는 가정하에 합동분산을 이용하여 추정한다.

$$\text{합동분산} = S_p^{\ 2} = \frac{(12-1)(4)^2 + (10-1)(5)^2}{12+10-2} = 20.05$$

$$\text{표준오차} = S_p \sqrt{(1/12) + (1/10)} = 1.917 \quad (\text{단, 자유도} = n_1 + n_2 - 2 = 20)$$

표본에서 나온 자료를 이용하여 t값을 구하면, $\bar{x}_1 - \bar{x}_2 = 80 - 85 = -5$에서

$$t = \frac{-5-0}{1.917} = -2.608$$

이다. 양측검정이므로 자유도가 20이고 유의수준이 5%÷2=2.5%일 때의 t값을 찾아보면 2.086이다. 기각역은 t값이 2.086 이상, −2.086 이하인 영역이다. 표본에서 도출된 검정통계치는 −2.608이므로 기각역에 포함된다. 즉, 두 교육방식에 차이가 있다고 결론내릴 수 있다.

[그림 8-12]
양측검정하에서의 기각역

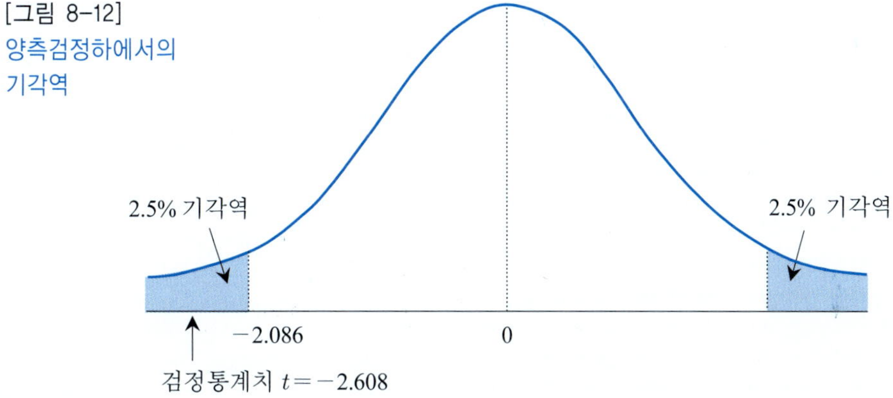

예제 8-10

제안활동에 대한 장려금의 효과를 알아보기 위해 장려금제도를 도입한 10개의 기업과 아직 도입하지 않은 5개 기업을 표본으로 뽑아 지난 2개월간의 제안건수에 관한 자료를 수집하였다. $\alpha =$ 5%에서 장려금 지급의 효과에 대한 가설을 검정하여라.

	장려금 지급	장려금 미지급
표본의 크기	10	5
평 균	18.2	13.7
표준편차	4.5	3.6

풀이

"장려금 지급이 제안활동에 긍정적 효과가 있을 것이다"라는 전제하에 조사를 한 것이므로 대립가설에는 "장려금 지급시의 제안활동건수가 미지급시보다 많다"라는 주장을 포함시켜 단측검정을 실시하고자 한다. 우선 μ_1을 장려금 지급시의 제안활동건수, μ_2를 장려금 미지급시의 제안활동건수라 하자.

귀무가설 : 장려금 지급은 제안활동건수에 영향을 미치지 않는다($\mu_1 = \mu_2$).
대립가설 : 장려금 지급시의 제안활동건수는 미지급시의 제안활동건수보다 많다($\mu_1 \geq \mu_2$).

표본분포의 평균은 귀무가설이 옳다고 할 때 모집단평균의 차이인 $\mu_1 - \mu_2 = 0$이 될 것이며, 표준오차는 두 모집단의 분산이 같다는 가정하에 합동분산을 이용하여 추정한다.

$$S_p{}^2 = \frac{(9)(4.5)^2 + (4)(3.6)^2}{10 + 5 - 2} = 18.0$$

$$\text{검정통계치 } t = \frac{(18.2 - 13.7) - 0}{\sqrt{18}\sqrt{1/10 + 1/5}} = 1.936$$

자유도가 $n_1 + n_2 - 2 = 13$인 t-분포에서 기각역은 t값이 1.771 이상인 영역이다. 검정통계치가 기각역 안에 포함되므로 귀무가설을 기각한다. 즉, 장려금 지급은 제안활동을 촉진시킨다고 볼 수 있다. 엑셀을 이용하여 p값을 구해보면

TDIST(1.936, 13, 1) = 0.037458 = 3.7458%

임을 알 수 있다.

2. 대응모집단의 경우

집단간의 평균비교에 속하는 문제이지만, 비교대상이 되는 표본이 같은 모집단에서 추출되는 경우도 생각해 볼 수 있다. 예를 들어 체중을 획기적으

로 줄일 수 있는 다이어트 약이 개발되었다고 하자. 이 약의 효과를 테스트 해 보기 위해서는 개인별 차이가 심할 수 있어 동일인에 대해 약을 먹기 전의 체중과 일정기간 약을 먹은 후의 체중을 비교해야 한다. 이와 같은 평균차이의 검정방법을 대응모집단 비교(또는 쌍대비교, paired comparison)라 부른다. 이제 다음 예를 통해 검정방법을 살펴보기로 하자.

예제 8-11

월드닷웰빙센터는 이번에 새로 개발한 다이어트 프로그램의 효과를 알아보기 위해 10명의 지원자를 프로그램에 참여시켰다. 다이어트 실시 전의 체중과 실시 후의 체중이 다음과 같을 때, 다이어트 프로그램의 효과가 있는지 여부를 검정하여라. 유의수준은 $\alpha=0.05$로 설정한다.

실험대상	1	2	3	4	5	6	7	8	9	10
다이어트 전	60	52	49	70	50	57	68	43	65	46
다이어트 후	55	50	46	58	52	55	60	44	59	46
체중차이	5	2	3	12	−2	2	8	−1	6	0

다이어트 프로그램 개발자의 입장에서 귀무가설을 설정하면, 이 다이어트 프로그램은 효과가 없다는 부정적 생각을 반영해야 한다. d_i를 실험대상자 i의 다이어트 실시 전 체중에서 실시 후 체중을 뺀 차이로 정의하자. 월드닷웰빙센터 입장에서는 d_i의 평균값이 0보다 커야 한다. 따라서 월드닷웰빙센터는 d_i값이 0이라는 주장을 귀무가설에 설정하고, 유의수준 5%에서 단측검정을 실시해야 한다.

귀무가설 : 체중감소효과가 없다(d_i의 평균값$=0$).

대립가설 : 체중감소효과가 있다(d_i의 평균값>0).

d_i의 평균값을 $\bar{d}$라 하면, $\bar{d}$는 자유도가 $n-1$인 t-분포를 띤다. 우선 표의 자료를 이용하여 d_i의 평균과 분산을 구해보기로 하자.

$$표본평균\ \bar{d} = (5+2+\cdots\cdots+0) \div 10 = 3.5$$

$$표본분산\ S_d{}^2 = \sum_{i=1}^{10} (d_i - \bar{d})^2 / (10-1) = 18.722$$

$$표본의\ 표준편차 = S_d = 4.327$$

d_i의 평균과 표준편차가 구해지면, 이 문제는 단일모집단의 평균에 관한 가설검정문제로 변한다. $\bar{d}$는 $\bar{x}$의 역할을 하고 S_d는 s의 역할을 한다. 따라서 쌍대비교 문제에서 표본분포의 표준오차는 다음과 같이 정의된다.

$$표본분포의\ 표준오차 = S_d / \sqrt{n}$$

d_0을 귀무가설에 가정한 모집단 특성이라고 정의한다면, 검정통계치 t는 다음과 같은 형태를 취한다.

$$검정통계치\ t = \frac{\bar{d} - d_0}{S_d / \sqrt{n}} = \frac{3.5 - 0}{4.327 / \sqrt{10}} = 2.557876$$

귀무가설이 "체중감소효과가 없다"이므로 이 가설을 기각하기 위해서는 평균값이 상당히 커야 한다. 따라서 단측검정을 시도하는 이 문제에서 기각역은 [그림 8-13]에서와 같이 t-분포의 오른쪽 끝부분에 해당한다.

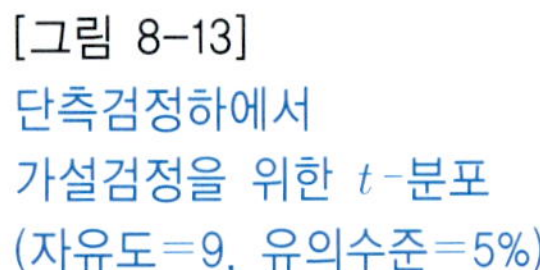
[그림 8-13]
단측검정하에서
가설검정을 위한 t-분포
(자유도=9, 유의수준=5%)

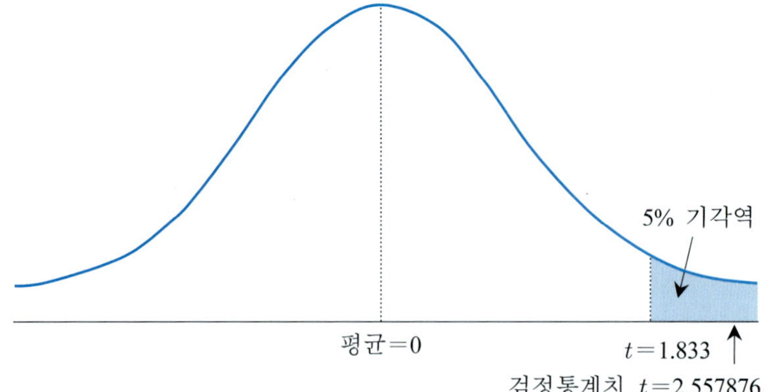

기각역의 한계값이 1.833으로서 검정통계치가 이 안에 포함되므로 귀무가설을 기각하고 다이어트 프로그램의 효과가 있음을 인정하게 된다. 이 경우 p값은 t-분포에서 t값이 2.557876보다 크거나 같을 확률로서 엑셀을 이용하여 p값을 구해보면 다음과 같다.

TDIST(2.557876, 9, 1) = 0.015397 = 1.5397%

단순히 다이어트 프로그램의 효과가 있다는 수준을 넘어서, 이번에는 이 프로그램을 이수하면 최소 3kg 이상의 체중감소효과가 있는지 여부를 검증해 보기로 하자. 즉, 가설이 다음과 같이 바뀌게 된다.

귀무가설 : 체중감소효과가 3kg을 넘지 못한다(d_i의 평균값 $\leq$ 3kg).
대립가설 : 체중감소효과가 3kg을 넘는다(d_i의 평균값 $>$ 3kg).

귀무가설에 주어진 체중감소효과는 부등식 형태로 되어 있으므로, 우선 가장 큰 값인 3kg을 모집단평균이라고 가정해 보기로 하자. 표본평균과 표준편차는 이전과 같으므로

$$\text{검정통계치 } t = \frac{\bar{d} - d_0}{S_d / \sqrt{n}} = \frac{3.5 - 3}{4.327 / \sqrt{10}} = 0.365412$$

기각역의 한계값이 1.833이지만 검정통계치가 이 안에 포함되지 않으므로 귀무가설을 기각할 수 없다. 즉, 표본평균값만을 보면 3.5kg으로 상당히 크지만 통계적으로는 체중감소효과가 3kg을 넘는다고 말할 수 없다. 이 경우 p값은 TDIST(0.365412, 9, 1) = 0.361622 = 36.1622%이다.

예제 8-12

월드닷컴은 이번에 데이터 다운속도를 획기적으로 줄일 수 있는 새로운 모바일 데이터전송 소프트웨어를 개발했다. 스마트폰 기종에 관계없이 사용할 수 있다는 이 소프트웨어의 기능을 평가하기 위해 특성이 다른 10대의 스마트폰을 이용하여 기존의 시스템과 새로운 시스템을 비교해 보았다. 그 결과 다음과 같은 데이터를 얻을 수 있었다. 유의수준 1%에서 차이를 검정하여라.

단말기 유형	기존 시스템 (단위 : 초)	새로운 전송 소프트웨어(단위 : 초)	차이 d_i (단위 : 초)
1	9.98	9.88	0.10
2	9.88	9.86	0.02
3	9.84	9.75	0.09
4	9.99	9.80	0.19
5	9.94	9.87	0.07
6	9.84	9.84	0.00
7	9.86	9.87	−0.01
8	10.12	9.86	0.26
9	9.90	9.83	0.07
10	9.91	9.86	0.05

월드닷컴의 입장에서 가설을 설정하면, 새 소프트웨어가 별다른 개선을 나타내지 못한다는 부정적 생각을 귀무가설에 반영하고, 새 소프트웨어는 기존의 것에 비해 데이터 다운속도에 개선이 있다는 긍정적인 내용을 대립가설에 담아 검정을 실시한다. d_i를 기존 시스템하에서의 다운속도와 새로운 시스템 사용시의 다운속도의 차이라 정의하자. 월드닷컴 입장에서는 d_i의 평균값이 0보다 커야만 개선효과를 홍보할 수 있다. 따라서 월드닷컴은 d_i값이 0을 넘지 못한다는 주장을 귀무가설에 설정하고, 유의수준 1%에서 단측검정을 실시해야 한다.

귀무가설 : 새로운 소프트웨어가 별다른 개선을 보이지 않는다.
(d_i의 평균값$=0$)

대립가설 : 새로운 소프트웨어는 데이터 전송속도를 줄여준다.
(d_i의 평균값>0)

d_i의 평균값을 $\bar{d}$라 하면, $\bar{d}$는 자유도가 10－1＝9인 t-분포를 띤다. 자료를 이용하여 d_i의 평균과 분산을 구해보기로 하자.

$$\text{표본평균 } \bar{d} = (0.10 + 0.02 + \cdots\cdots + 0.05) \div 10 = 0.084$$

$$\text{표본의 표준편차 } S_d = \sqrt{\sum_{i=1}^{10} (d_i - \bar{d})^2 / (10-1)} = 0.084$$

d_i의 평균과 표준편차가 구해지면, 이 문제는 단일모집단의 평균에 관한 가설검정문제로 변한다. 검정통계치 t를 계산하면 다음과 같다.

$$t = \frac{\bar{d} - d_0}{S_d / \sqrt{n}} = \frac{0.084 - 0}{0.0844 / \sqrt{10}} = 3.15$$

단측검정을 시도하는 이 문제에서 기각역은 자유도가 9, 오른쪽 끝부분이 1%일 때의 t값 2.821보다 크거나 같은 영역이다. 검정통계치의 값이 3.15이므로 귀무가설을 기각할 수 있다. 즉 이 새 소프트웨어는 데이터 다운속도를 줄여주는 개선효과를 나타낸다. 참고로 엑셀의 TDIST 함수를 이용하면, p값＝TDIST(3.15, 9, 1)＝0.00587이 도출된다.

[그림 8-14]
단측검정하에서의 t-분포(자유도＝9)

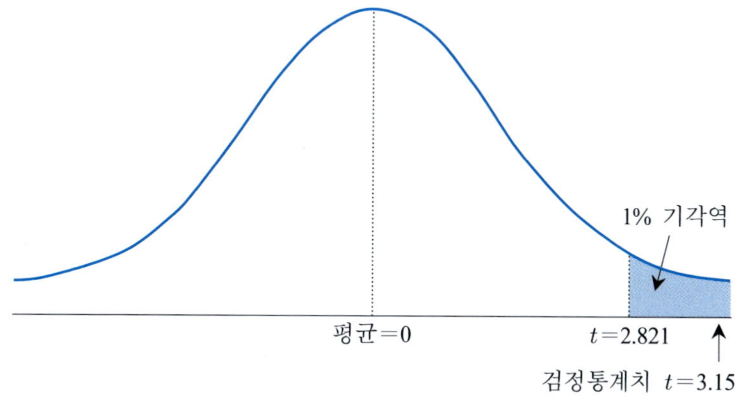

제 4 절 모집단비율의 검정

모집단비율에 관한 가설검정문제는 모집단평균에 관한 가설보다 더 자주 나타나는 통계문제이다. 특히 선거철만 되면 각종 매스컴에 비율에 관한 여론조사가 소개된다. 선거에 출마한 사람이면 누구나가 다 자신에 대한 지지율에 큰 관심을 쏟게 마련이며, TV프로그램의 연출자는 시청률에 온 신경을 쓸 것이다. 모집단비율에 관한 가설검정 역시 모집단평균의 가설검정절차와 별다른 차이가 없다. 표본분포의 표준오차를 구하는 공식만 다를 뿐이다. 이제 다음의 간단한 예를 통해 모집단비율의 가설검정절차를 알아보기로 하자.

예제 8-13

월드닷컴리스는 작년 고객조사를 통해 고객 중 약 5% 정도가 장기간임대로 사용중인 컬러복사기에 대해 만족하지 않는다는 것을 조사를 통해 알 수 있었다. 지난 6개월 동안 이 회사는 새로운 고객서비스 프로그램을 개설하여 고객의 만족도를 향상시키고자 많은 시간과 노력을 기울였다. 이 프로그램의 성과를 측정하기 위해 무작위로 400명의 고객을 대상으로 조사한 결과, 12명의 고객이 불만족스럽다는 표시를 하였다. $\alpha = 5\%$로 설정했을 때 새로운 고객서비스 프로그램이 과연 고객의 만족도를 증진시켰다고 볼 수 있는가? p값도 구하여라.

월드닷컴리스의 입장에서 부정적인 생각은 고객서비스에 불만을 가지는 고객비율이 여전히 5%를 넘는다는 내용이다. 따라서 귀무가설은 "월드닷컴리스 고객들의 서비스불만족 비율이 5%를 넘거나 같을 것이다"라는 부정적인 내용을 담고 있으며, 대립가설은 "월드닷컴리스 고객들의 서비스불만족 비율이 5%를 넘지 않을 것이다"라는 긍정적인 내용을 담고 있다.

귀무가설 : 서비스불만족 비율(p)은 0.05를 넘거나 같다($p \geq 0.05$).
대립가설 : 서비스불만족 비율(p)은 0.05를 넘지 않는다($p < 0.05$).

가설의 검정은 귀무가설의 내용이 옳다는 가정하에서 시작한다. 즉, 월드닷컴리스 고객들의 서비스불만족 비율(p)은 0.05=5%를 넘거나 같다라는 증명 안 된 가설을 일단 옳다고 받아들이기로 하자. 그런데 귀무가설에서 옳다고 가정한 모집단비율값은 무한히 많다. 0.05도 모집단비율이 될 수 있고, 0.06, 0.07 등 후보가 무수히 많다. 이런 경우 일단 0.05를 모집단비율로 가정하여 분석을 시작하고, 나중에 다른 경우를 고려하는 것이 혼란을 방지할 수 있다.

만약 모집단비율이 0.05라면 표본분포는 어떤 형태를 띠겠는가? 중심극한정리에 의하면 표본의 크기가 충분히 클 때($np \geq 5$와 $n(1-p) \geq 5$의 동시충족), 비율의 표본분포는 다음과 같은 평균과 표준오차를 갖는 정규분포를 가정한다.

$$\mu_p = p_0, \ \ \sigma_p = \sqrt{\frac{p_0(1-p_0)}{n}}$$

이 문제에서 가정하고 있기는 하지만 귀무가설에서 모집단비율이 0.05로 주어져 있으므로, 표본분포의 평균도 당연히 0.05이어야 한다.

$$\mu_p = \mu = 0.05$$

또한 표본분포의 표준오차(즉, 표본분포의 표준편차) σ_p는 다음과 같이 정의된다.[5] 여기서 p_0는 귀무가설에서 옳다고 전제한 모집단비율로서 이 예제에서는 0.05이다.

---

5) 이 문제는 이항분포를 사용하는 것이 원칙이나, 표본의 크기인 n값이 크고 p_0이 0이나 1에 가깝지 않다면 정규분포를 이용한 근사값을 토대로 가설을 검정한다. $np_0 \geq 5$와 $n(1-p_0) \geq 5$가 충족될 때에는 정규분포를 사용할 수 있으므로, n명 중 x명이 찬성했다면 확률변수 x는 평균 np_0, 표준편차 $\sqrt{np_0(1-p_0)}$인 정규분포를 가정한다. 따라서 원래의 검정통계치는 다음과 같이 정의되고 정규분포를 표본분포로 가정한다.

$$\text{검정통계치} = Z = \frac{x - np_0}{\sqrt{np_0(1-p_0)}}$$

이 식의 분자, 분모를 n으로 나누면 원하는 결과가 나온다.

$$\text{검정통계치} = \frac{\frac{x}{n} - p_0}{\sqrt{p_0(1-p_0)/n}} = \frac{p - p_0}{\sqrt{p_0(1-p_0)/n}} \ (\text{여기서 } p = x/n)$$

$$\sigma_p = \sqrt{\frac{p_0(1-p_0)}{n}}$$
$$= \sqrt{\frac{(0.05)(1-0.05)}{400}} = 0.0109$$

여기서 주의할 점은 비율의 신뢰구간을 설정할 때에는 표본비율인 $\bar{p}$값을 이용하여 표준오차를 계산했지만, 귀무가설에서 옳다고 전제한 모집단비율 p_0을 이용하여 표준오차를 구했다는 점이다. 신뢰구간의 설정과정에서는 표본비율인 $\bar{p}$값을 이용하는 것 외에는 표준오차를 구하는 별다른 방법이 없지만, 가설의 검정과정에서는 p_0이 모집단비율이라 가정하고 있으므로 당연히 이 수치를 사용해야 한다.

이제 문제는 평균이 0.05이고 표준편차가 0.0109인 정규분포를 띠고 있는 표본분포에서 과연 표본에서 실제로 도출된 비율값인 $\bar{p}=12/400=0.03$이 나올 수 있느냐는 것이다. 0.03이라는 비율이 우리에게 주어져 있음에도 불구하고, 평균이 0.05이고 표준편차가 0.0109인 정규분포에서 이런 값이 나올 가능성이 거의 없다면, 이건 귀무가설에서의 가정이 잘못된 것이다. 즉, 분석과정에서 유일하게 도입한 전제인 모집단비율이 0.05라는 가정이 틀렸다는 결론을 내릴 수밖에 없다.

평균이 0.05이고 표준편차가 0.0109인 정규분포를 그려보면 [그림 8-15]와 같다. 이 그림에서 0.03은 왼쪽 끝부분에 위치하는데, 이에 해당하는 Z값을 구해보면 -1.83486이다.

$$\text{검정통계치} = Z = \frac{p-p_0}{\sqrt{p_0(1-p_0)/n}} \quad (\text{여기서 } p = x/n)$$
$$= \frac{0.03-0.05}{0.0109} = -1.83486$$

정규분포에서 Z값이 -1.83486보다 작거나 같을 확률은 [그림 8-16]의 엑셀함수를 이용하면 0.03326이다. 따라서 귀무가설에서 가정한 $p_0=0.05$는 틀린 것이라 결론짓는 것이 안전할 것이다. 그렇다면 귀무가설에서 $p_0=0.05$보다 큰 값으로 설정한다면 어떤 결론을 내리겠는가? 0.05도 큰 숫자인데,

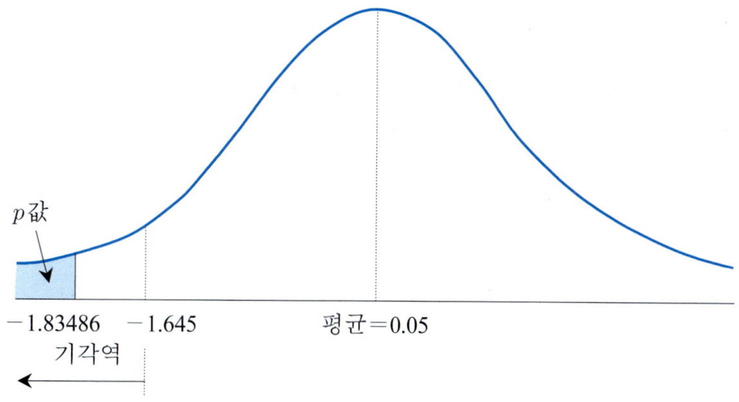

[그림 8-15]
단측검정하에서의 가설검정을 위한 정규분포

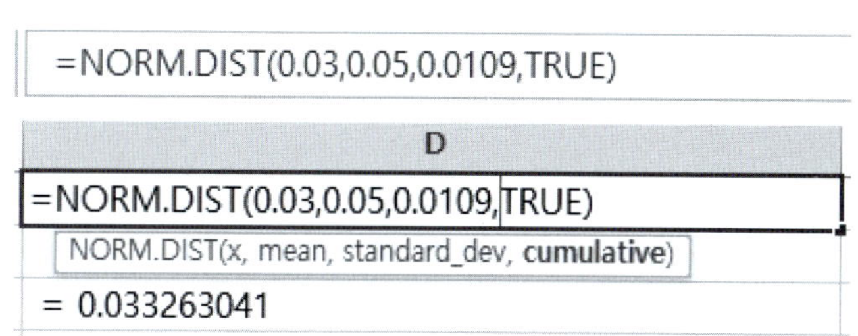

[그림 8-16]
엑셀을 이용한 p값의 계산

그보다 더 큰 값이면 당연히 옳지 않다는 결론을 내리게 된다. 따라서 "서비스불만족 비율은 0.05를 넘거나 같다($p \geq 0.05$)"는 귀무가설은 기각하는 것이 안전할 것이다.

이 문제에서 p값은 얼마인가? 정규분포표에서 Z값이 정확히 -1.83486인 경우는 나와 있지 않지만, Z값이 이보다 작거나 같을 확률은 대략 0.03326 정도이므로 p값$=0.03326$이라 해도 무방하다. p값이 유의수준인 $\alpha=5\%$보다 낮으므로 귀무가설을 기각하고 서비스불만족 비율이 감소했다는 대립가설을 받아들인다.

예제 8-14

지방의 어느 웰빙 중심의 거점도시에서 주민들의 의견을 토대로 하여 새로운 스포츠시설단지를 건설하고자 한다. 시당국은 95% 이상의 주민들이 찬성하는 경우에만 이 시설을 건설하고자 하는데, 700명을 대상으로 지난주에 실시한 주민여론조사에서 650명이 찬성하였다. 시당국은 스포츠시설단지를 건설해도 되는가? 단, 유의수준은 5%로 가정한다.

풀이

시당국 입장에서는 찬성비율이 95%가 넘기를 바란다. 따라서 귀무가설에는 주민들의 찬성비율이 95%를 넘지 못할 것이라는 부정적인 주장을 반영하고, 대립가설에는 시당국의 바람인 찬성비율이 95%가 넘는다는 긍정적인 주장을 반영한다.

귀무가설 : 주민찬성비율(p_0)은 0.95를 넘지 못한다($p_0 \le 0.95$).
대립가설 : 주민찬성비율(p_0)은 0.95를 넘는다($p_0 > 0.95$).

가설의 검정은 귀무가설의 내용이 옳다는 가정하에서 시작한다. 앞의 예제에서와 같이 일단 0.95를 모집단비율로 가정하여 분석을 시작한다. $p_0 = 0.95$로 놓고 Z값을 구하면 -2.598이다.

$$\text{표본비율 } \bar{p} = x/n = 650/700 = 0.9286$$

$$\text{검정통계치 } Z = \frac{0.9286 - 0.95}{\sqrt{(0.95)(0.05)/700}} = -2.598$$

주민찬성비율(p_0)이 0.95를 넘는다는 것이 대립가설이므로 표본분포에서 기각역은 [그림 8-17]에서와 같이 오른쪽 끝부분이다. 그러나 Z값이 0보다 작으므로 기각역에는 포함되지 않는다. 따라서 귀무가설을 기각할 수 없다. 즉 주민찬성비율(p_0)은 0.95를 넘지 못한다는 주장을 기각할 수 없다.

참고로 p값을 구해보면 Z값이 -2.598보다 크거나 같을 확률이므로 $0.5 + 0.4953 = 99.53\%$이다. 당연히 유의수준보다 크다. 여기서 p값이 Z값 -2.598보다 작거나 같을 확률인 0.0047이 아님을 주의해야 한다.

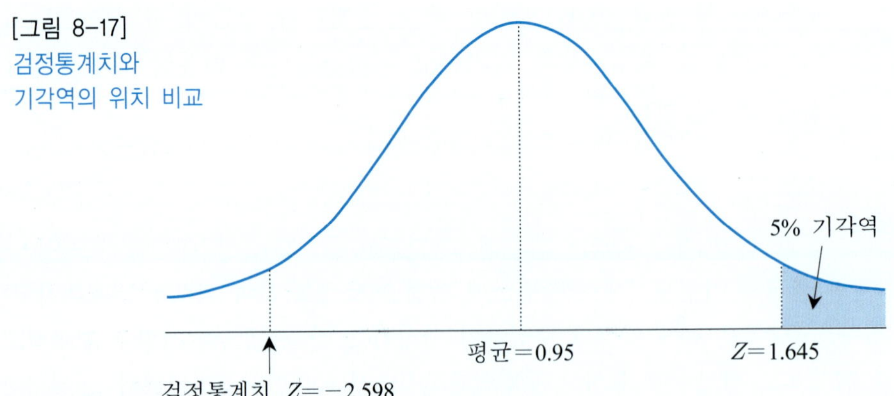

[그림 8-17] 검정통계치와 기각역의 위치 비교

예제 8-15

월드사이버대학은 최근 새로 도입한 학습관리시스템의 성능을 테스트하고 있다. 재학중인 학생 1,600명을 대상으로 설문조사한 결과 8명이 아직도 강의안의 다운로드와 수업콘텐츠 접근에 불만이 있다고 답하였다. 학교 입장에서는 최고 1% 정도까지는 서비스불만족을 용인할 수 있지만, 그 이상은 곤란하다고 생각하고 있다. 월드사이버대학의 담당자는 어떤 결론을 내려야 하는가? 유의수준 α는 5%로 설정한다. 가설을 검정하고 p값도 구하여라.

풀이

학교 입장에서는 학생들의 서비스불만족 비율이 1%를 넘거나 같을 것이라는 부정적인 생각을 귀무가설에 담고, 대립가설은 서비스불만족 비율이 1%를 넘지 않을 것이라는 긍정적인 내용으로 설정한다.

귀무가설 : 서비스불만족 비율(p)은 0.01을 넘거나 같다($p \geq 0.01$).
대립가설 : 서비스불만족 비율(p)은 0.01을 넘지 않는다($p < 0.01$).

가설의 검정은 귀무가설의 내용이 옳다는 가정하에서 시작한다. 앞의 예제에서와 같이 일단 0.01을 모집단비율로 가정하여 분석을 시작한다. 모집단비율이 0.01이라면 $p_0 = 0.01$로 놓고 Z값을 구해보면 -2.01이다.

$$\text{표본비율 } p = \frac{x}{n} = \frac{8}{1,600} = 0.005$$

$$\text{검정통계치 } Z = \frac{p - p_0}{\sqrt{p_0(1-p_0)/n}} = \frac{0.005 - 0.01}{\sqrt{0.01(1-0.01)/1,600}} = -2.01$$

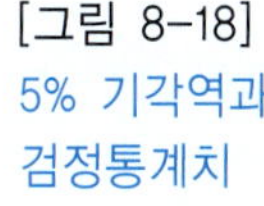

[그림 8-18]
5% 기각역과 검정통계치

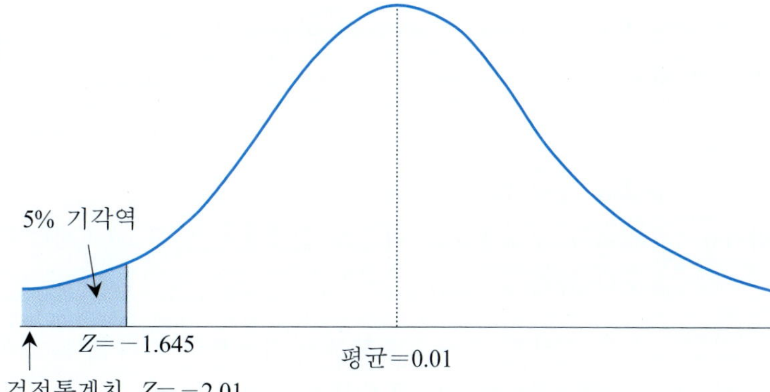

대립가설 내용이 서비스불만족 비율(p) 0.01을 넘지 않음이므로 기각역은 대립가설을 받아들일 가능성이 높은 왼쪽 끝부분이다. 따라서 p값은 Z값이 -2.01보다 작거나 같을 확률인 $(0.5-0.4778)=0.0222$이다. p값이 유의수준보다 작으므로 귀무가설은 기각한다. 즉, 서비스불만족 비율은 0.1을 넘지 않는다고 결론을 내린다.

앞절에서는 모집단간 평균차이에 대한 가설검정을 시도한 바 있다. 모집단간 비율차이도 유사한 방법으로 검정할 수 있다. 이제 다음 예를 통해 검정방법을 살펴보기로 하자.

예제 8-16

과학기술분야의 발전은 경제성장에 큰 기여를 한다고 한다. 교육당국은 우리나라 고교생들과 일본 고교생들의 이공계 선호도를 조사하기 위해 양국의 고교생 1,000명을 대상으로 다양한 주제에 대한 조사를 실시하였다. 이 중 대학의 이공계를 지원하겠는가에 대한 문항에서 우리나라는 400명, 일본은 410명의 학생이 지원하겠다고 답하였다. 교육당국 입장에서는 일본보다는 우리나라 고교생들의 이공계 선호율이 높을 줄 알고 이 조사를 실시했는데, 예상치 못한 결과로 인해 다소 초조해하고 있다. 우리나라 고교생들의 이공계 선호율이 일본보다 낮다고 결론을 내려야 하는가? 유의수준은 5%로 설정한다.

풀이

교육당국 입장에서 볼 때 우리나라 고교생들의 이공계 선호율이 일본보다 낮다고 보는 것이 부정적인 측면이다. 단측검정을 하고자 할 때 귀무가설은 이 내용을 포함하며, 대립가설에서는 교육당국이 원하는 결과인 우리나라 고교생들의 이공계 선호율이 일본보다 높다는 주장을 설정한다. 우리나라 고교생들의 이공계 선호율을 p_1, 일본 고교생들의 이공계 선호율을 p_2라 하자.

귀무가설 : 우리나라 고교생들의 이공계 선호율은 일본 고교생들의 이공계 선호율보다 높지 않다($p_1 \leq p_2$).

대립가설 : 우리나라 고교생들의 이공계 선호율은 일본 고교생들의 이공계 선호율보다 높다($p_1 > p_2$).

두 모집단의 비율을 검정하는 경우 표본분포는 정규분포를 취한다. 표본분포의 평균은 당연히 귀무가설에 설정한 값이다. 즉, 표본분포의 평균은 0이다.

$$표본분포의\ 평균 = \overline{p_1} - \overline{p_2} = 0$$

한편 비율차이를 검정하는 표본분포의 표준오차는 다음과 같이 정의된다.

$$표본분포의\ 표준오차 = S_{\overline{p_1} - \overline{p_2}} = \sqrt{\frac{(\overline{p_1})(1-\overline{p_1})}{n_1} + \frac{(\overline{p_2})(1-\overline{p_2})}{n_2}}$$

예제 문제에 적용하면, $\overline{p_1} = \frac{400}{1,000}$, $\overline{p_2} = \frac{410}{1,000}$, $\overline{p_1} - \overline{p_2} = -0.01$이며, 표준오차는 0.022이다.

$$S_{\overline{p_1} - \overline{p_2}} = \sqrt{\frac{(0.4)(0.6)}{1,000} + \frac{(0.41)(0.59)}{1,000}} = 0.022$$

이제 문제는 평균이 0, 표준편차가 0.022인 정규분포에서 비율의 차이($\overline{p_1} - \overline{p_2}$)인 -0.01이 나올 수 있는 가능성이 있느냐이다. 단측검정을 시도하고 있으므로, 정규분포에서 기각역은 대립가설이 지지되기 쉬운 쪽인 오른쪽 끝부분이다. 따라서 기각역은 오른쪽 끝부분이 5%인 영역으로, Z값이 1.645보다 크거나 같은 부분이다. 검정통계치 Z값을 구해보면 -0.4545로서 오른쪽 끝부분의 기각역에 포함되지 않으므로, 귀무가설은 기각할 수 없다. 즉 교육당국의 기대와는 달리 우리나라 고교생들의 이공계 선호율은 일본보다 높다고 할 수 없다.

$$Z = \frac{-0.01 - 0}{0.022} = -0.4545$$

참고로 p값은 정규분포에서 Z값이 -0.4545보다 크거나 같을 확률이다. 정규분포표를 참고하면 p값은 $0.5 + 0.1736 = 0.6736$에 가까운 값을 갖는다.

[그림 8-19]
단측검정하에서의 가설검정을 위한 정규분포 (평균=0, 표준편차=0.022)

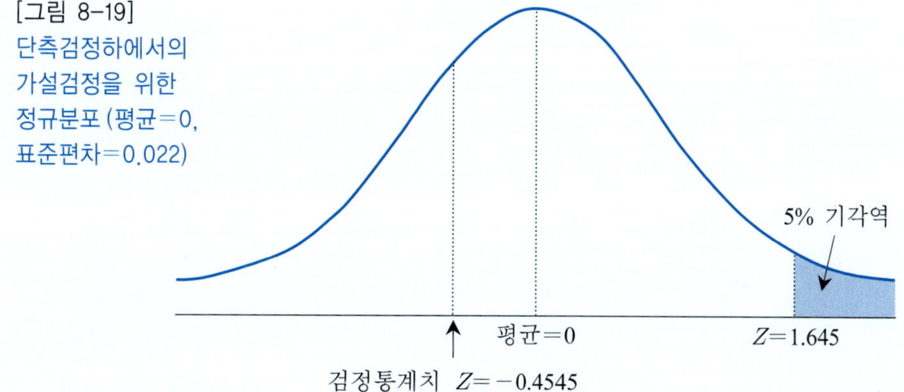

예제 8-17

한국여론미디어는 도시재개발에 관한 시당국의 정책에 대해 시민들의 지지여부를 알아보기 위해 동부지역 주민 100명과 서부지역 주민 100명을 무작위로 뽑아 정책지지도를 조사하였다. 그 결과 동부지역은 80명, 서부지역은 65명이 지지한 것으로 나타났다. 지역간에 지지도의 차이가 있다고 보는가? 단, 유의수준은 5%로 설정한다.

풀이

동부지역의 지지도를 p_1, 서부지역의 지지도를 p_2라 하자. 특정지역의 지지도가 더 높아야 할 이유가 없으므로 귀무가설은 양쪽 지역의 지지도가 같다는 주장을 포함한다.

귀무가설 : 동부지역의 지지도와 서부지역의 지지도 사이에는 차이가 없다($p_1 = p_2$).

대립가설 : 두 지역간의 지지도에는 차이가 있다($p_1 \neq p_2$).

대립가설에서도 두 지역간의 지지도에 단순히 차이가 난다고만 하고 어느 지역의 지지도가 더 높은지 판단할 필요가 없으므로, 이런 경우의 가설검정에는 양측검정방법이 사용된다.

비율차이의 표본분포 평균은 귀무가설에 설정한 값으로 0이며, 표준오차는 0.0622이다.

$$\text{표본분포의 평균} = \overline{p_1} - \overline{p_2} = 0$$

$$\text{표본분포의 표준오차} = S_{\overline{p_1} - \overline{p_2}} = \sqrt{\frac{(0.8)(0.2)}{100} + \frac{(0.65)(0.35)}{100}} = 0.0622$$

양측검정을 시도하고 있으므로, 정규분포에서 기각역은 양쪽 끝부분으로 넓이가 각각 2.5%에 해당되며 Z값으로 나타내면 [그림 8-20]과 같다.

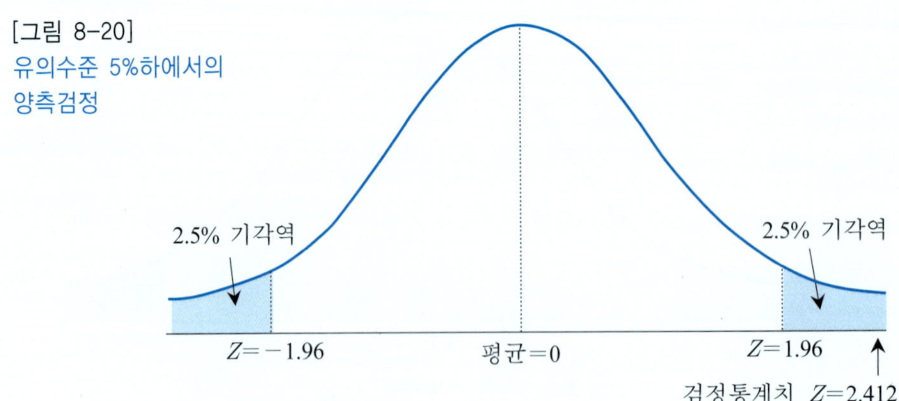

[그림 8-20] 유의수준 5%하에서의 양측검정

표본에서 도출된 비율차이는 $p_1 - p_2 = 0.8 - 0.65 = 0.15$이므로 검정통계치 Z값을 구해보면 약 2.412이다.

$$Z = \frac{0.15 - 0}{0.0622} = 2.412$$

정규분포에서 2.412는 오른쪽 끝부분의 기각역에 포함되므로, 귀무가설은 기각한다. 즉 지역간 차이가 있다고 결론지을 수 있다.

그렇다면 p값은 어떻게 되는가? p값의 계산은 단측검정이냐 아니면 양측검정이냐에 따라 약간 다르다고 지적한 바 있다. 단측검정일 경우의 p값은 기각역 방향으로 검정통계치에 의해 형성되는 표본분포의 끝부분의 확률에 해당한다. 따라서 p값이 α보다 작다는 것은 검정통계치가 기각역 안에 있다는 것이며, 기각역 밖에 있다면 p값이 α보다 클 것이다. 양측검정의 경우에는 기각역이 분포의 양쪽 끝에 형성되어 있고 각 기각역은 유의수준의 반($\alpha/2$)에 해당하므로 p값은 단측검정일 때의 p값의 두 배가 된다.

예제 8-17 의 경우 Z값이 2.412보다 클 확률은 $(0.5 - 0.492) = 0.008$이다. 따라서 p값은 0.008의 두 배인 $0.016 = 1.6\%$가 되어야 한다. 앞에서도 논의한 바 있지만, 분석자 입장에서는 단측검정이 귀무가설을 기각할 가능성이 높은 유리한 결과를 가져올 수 있어, 양측검정을 꼭 해야 할 필요가 없는 경우에는 단측검정을 하는 것이 바람직하다. 다음 예제를 통해 양측검정과정을 살펴보기로 하자.

예제 8-18

월드닷미디어는 2가지 유형의 e-러닝 콘텐츠를 개발하였다. 첫 번째 유형의 콘텐츠는 텍스트를 기반으로 음성녹음을 추가했으며, 두 번째 유형의 콘텐츠는 다양한 멀티미디어를 포함하고 있다. 선호도 실험을 위해 교육환경이나 학습의욕, 동기 등이 비슷한 100명의 학습자를 뽑아 무작위로 50명씩 두 유형의 콘텐츠를 보여주고 실험한 결과, 첫 번째 유형의 콘텐츠는 45명, 두 번째 유형의 콘텐츠는 42명이 호의적인 반응을 보인 것으로 나타났다. 콘텐츠 선호도에 차이가 있다고 보는가? 유의수준 5%에서 검정하여라.

풀이

첫 번째 유형의 콘텐츠에 대해 우호적인 반응을 보인 학습자 비율을 p_1, 두 번째 유형의 콘텐츠에 대해 우호적인 반응을 보인 학습자 비율을 p_2라 하자. 두 유형의 콘텐츠 모두 같은 회사에서 개발했으므로 특정유형의 콘텐츠에 대해 더 나은 반응을 보인다고 가정할 이유는 없다.

따라서 귀무가설은 두 유형의 콘텐츠에 대해 호의적인 반응을 보인 학습자 비율은 같다는 주장을 포함한다.

귀무가설 : 각 유형의 콘텐츠에 대해 호의적인 반응을 보인 학습자 비율은 같다($p_1 = p_2$).
대립가설 : 콘텐츠 유형별로 호의적인 반응을 보인 학습자 비율이 같지 않다($p_1 \neq p_2$).

대립가설에서는 어떤 콘텐츠가 더 반응이 좋은지 판단할 필요가 없으므로, 양측검정방법을 사용한다. 표본분포의 평균은 귀무가설에 설정한 값으로 0이며, 표준오차는 0.067이다.

$$\text{표본분포의 평균} = \overline{p_1} - \overline{p_2} = 0$$

$$\text{표본분포의 표준오차} = S_{\overline{p_1} - \overline{p_2}} = \sqrt{\frac{(0.9)\,(0.1)}{50} + \frac{(0.84)\,(0.16)}{50}} = 0.067$$

[그림 8-21] 양측검정하에서의 가설검정을 위한 정규분포 (유의수준=5%)

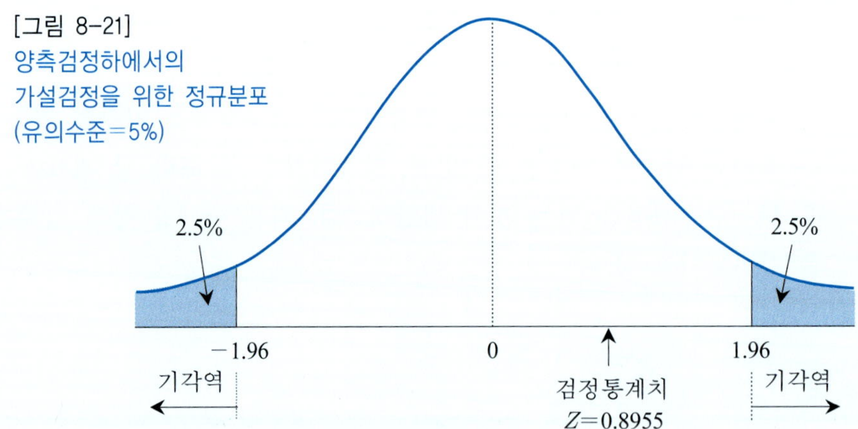

양측검정을 시도하고 있으므로, 정규분포에서 기각역은 양쪽 끝부분으로 넓이가 각각 2.5%에 해당하며, Z값으로는 1.96 이상이거나 1.96 이하인 영역이다. 표본에서 도출된 비율차이를 이용하여 검정통계치 Z값을 계산하면 다음과 같다.

$$\overline{p_1} - \overline{p_2} = 0.9 - 0.84 = 0.06$$

$$Z = \frac{0.06 - 0}{0.067} = 0.8955$$

정규분포에서 Z값 0.8955는 기각역에 포함되지 않으므로 귀무가설을 기각할 수 없다. 즉 각 콘텐츠별로 호의적인 반응을 보이는 학습자 비율이 다르다고 보기 어렵다.

연습문제

선택형 문제

1. 다음 중 가설에 대한 설명이 바르지 못한 것은?

① 대립가설의 내용도 직접 테스트하여 본인이 원하는 긍정적 결과를 이끌어내는 데 사용할 수 있다.

② 통계적 가설의 검정은 증명된 바 없는 주장을 귀무가설(null hypothesis)이라는 틀 속에 집어넣고, 표본을 추출한 뒤 표본통계량을 이용하여 귀무가설을 테스트하는 과정이다.

③ 통계적 가설검정에서는 귀무가설만을 테스트, 즉 통계적 분석을 시도한다. '효과가 없다', '기대에 미치지 못한다' 등의 부정적 시각을 반영하는 귀무가설을 기각함으로써 긍정적인 결론을 유도해 내고자 하는 데 주된 목적이 있다.

④ 가설은 증명(검정)되지 않은 주장으로 귀무가설과 대립가설로 구분된다.

2. 다음 중 유의수준에 관한 설명이 바르게 된 것은?

ㄱ. 기각 여부를 결정짓는 확률의 크기로 일반적으로 α로 표기한다.

ㄴ. 가설검정과정에서는 최대 α, 즉 유의수준만큼 잘못된 결정을 내릴 위험을 감수한다. 100% 완전한 결정은 모집단 전체를 다 조사하지 않고서는 불가능하기 때문이다.

ㄷ. 유의수준을 어느 한쪽으로만 고려하는 검정을 단측검정(one-tailed test)이라 한다.

---

① ㄱ, ㄴ　　② ㄴ, ㄷ

③ ㄱ, ㄷ　　④ ㄱ, ㄴ, ㄷ

3. 월드닷옥션은 자사 사이트를 이용하는 고객에 대한 배달소요시간이 최대 36시간을 넘지 않도록 노력하고 있다. 전체 고객그룹을 잘 대표하는 400명의 고객에게 설문조사를 실시하여 평균배달시간을 평가한 결과 평균은 35시간, 표준편차는 2시간으로 계산되었다. 부정적인 시각을 반영한 귀무가설과 이에 상반된 내용을 담고 있는 대립가설도 설정하여라.

① H_0 : 평균배달시간≥36　　H_1 : 평균배달시간<36

② H_0 : 평균배달시간≥36　　H_1 : 평균배달시간=36

③ H_0 : 평균배달시간≤36　　　H_1 : 평균배달시간>36
④ H_0 : 평균배달시간≤36　　　H_1 : 평균배달시간=36

4. 한국기술대학원은 대학원 이수자의 평균연봉이 5,000만원을 초과한다고 홍보하고 있다. 이해관계가 없는 제3의 평가기관이 졸업생 64명을 뽑아 조사한 결과 평균연봉=5,100만원, 표준편차=250만원인 것으로 나타났다. 부정적인 시각을 반영한 귀무가설과 이에 상반된 내용을 담고 있는 대립가설도 설정하여라.

① H_0 : 평균연봉≥5,000만원　　　H_1 : 평균연봉<5,000만원
② H_0 : 평균연봉=5,000만원　　　H_1 : 평균연봉<5,000만원
③ H_0 : 평균연봉≤5,000만원　　　H_1 : 평균연봉>5,000만원
④ H_0 : 평균연봉≤5,000만원　　　H_1 : 평균연봉=5,000만원

5. 5% 유의수준에서 가설을 기각하였다. 다음 중 바르게 기술한 것은?

① 6% 유의수준에서도 가설을 기각할 수 있다.
② 1% 유의수준에서는 언제나 가설을 기각할 수 있다.
③ 1% 유의수준에서는 가설을 기각할 가능성이 없다.
④ 6% 유의수준에서는 가설을 기각할 수 없다.

6. 5% 유의수준에서 가설을 기각하지 못하였다. 다음 중 바르게 기술한 것은?

① 1% 유의수준에서는 언제나 가설을 기각할 수 있다.
② 1% 유의수준에서도 가설을 기각할 수 없다.
③ 경우에 따라 1% 유의수준에서는 가설을 기각할 수도 있고 기각하지 못할 수도 있다.
④ 충분한 정보가 제공되지 않아 답할 수 없다.

7. p값을 이용하여 가설을 검정하고 있다. 다음 중 어떤 경우에 귀무가설을 기각할 수 있는가?

① p값<유의수준　　　② p값>유의수준
③ p값=유의수준의 반　　　④ p값>유의수준의 2배

8. 경영대학과 통계학과에서 개설한 기초통계학을 강의하는 김 교수는 해당과목의 수강생 역량에 차이가 있는지를 평가하기 위해 시험을 치른 결과 다음과 같은 결과를 도출하였다(단, 두 집단의 분산은 같다고 가정한다). 분석한 결과 p값이 0.0028로 도출되었다. 이 결과를 어떻게 해석해야 하는가?

	경영대학	통계학과
평 균	82	88
분 산	112.5	54
수강생	45	36

① 경영대학과 통계학과에서 개설한 기초통계학을 수강하는 학생집단의 역량에는 유의한 차이가 있으며, 통계학과 학생들의 통계적 역량이 더 낫다고 평가할 수 있다.
② 경영대학과 통계학과에서 개설한 기초통계학을 수강하는 학생집단의 역량에는 유의한 차이가 있지만 통계학과 학생들의 통계적 역량이 더 낫다고 결론내리기는 힘들다.
③ 경영대학과 통계학과에서 개설한 기초통계학을 수강하는 학생집단의 역량에는 유의한 차이가 존재하지 않는다.
④ 결과도출을 위해서는 추가적인 통계분석이 필요하다.

9. 다음은 모기업의 영업1팀(45명)과 영업2팀(50명)의 영업사원 1인당 평균실적을 비교한 엑셀분석 자료이다. 영업2팀 입장에서는 어떤 결론을 내릴 수 있는가?

t-검정: 등분산 가정 두 집단

	영업1팀	영업2팀
평균	98.98222222	106.742
분산	50.81013131	99.6204449
관측수	45	50
공동(Pooled) 분산	76.52739331	
가설 평균차	0	
자유도	93	
t 통계량	-4.31688302	
P(T<=t) 단측 검정	1.97446E-05	
t 기각치 단측 검정	1.661403674	
P(T<=t) 양측 검정	3.94892E-05	
t 기각치 양측 검정	1.985801768	

① p값이 1%보다 작고 영업2팀의 평균값이 영업1팀보다 크므로 영업2팀의 실적이 더 우수하다고 평가할 수 있다.
② p값이 1%보다 작고 영업2팀의 분산값이 영업2팀보다 크므로 영업2팀의 실적이 더 우수하다고 평가할 수 있다.
③ p값이 5%보다 커서 두 팀간에는 실적 차이가 있다고 보기 힘들다.
④ t값이 음수이기 때문에 귀무가설을 기각할 수 없다.

10. 혁신적 다이어트 기술을 개발하여 15명의 지원자에게 적용해 보았다. 어떤 결론을 내릴 수 있는가? 단, 유의수준은 5%로 가정한다.

t-검정: 쌍체 비교		
	다이어트 실시 전	다이어트 실시 후
평균	72.73333333	63.53333333
분산	191.352381	200.6952381
관측수	15	15
피어슨 상관 계수	0.905079097	
가설 평균차	0	
자유도	14	
t 통계량	5.833052571	
P(T<=t) 단측 검정	2.17264E-05	
t 기각치 단측 검정	1.761310115	
P(T<=t) 양측 검정	4.34528E-05	
t 기각치 양측 검정	2.144786681	

① t값이 0보다 크기 때문에 귀무가설을 기각할 수 없다.

② p값이 2.17%로 1%를 초과하므로 다이어트 효과가 있다고 보기 힘들다.

③ p값이 1%보다 작고 다이어트 실시 후의 평균값이 실시 전보다 줄어들었으므로 체중을 줄여주는 효과가 있다고 볼 수 있다.

④ 원본 자료가 없어 결론을 내리기 힘들다.

11. 앞 문제에서 사용한 자료를 이용하여 가설의 평균차이=5로 설정하고 다시 한 번 엑셀을 적용해 보았다. 어떤 결론을 내릴 수 있는가?

t-검정: 쌍체 비교		
	다이어트 실시 전	다이어트 실시 후
평균	72.73333333	63.53333333
분산	191.352381	200.6952381
관측수	15	15
피어슨 상관 계수	0.905079097	
가설 평균차	5	
자유도	14	
t 통계량	2.662915304	
P(T<=t) 단측 검정	0.009277535	
t 기각치 단측 검정	1.761310115	
P(T<=t) 양측 검정	0.01855507	
t 기각치 양측 검정	2.144786681	

① p값이 0.01855로 1%를 초과하므로 다이어트 효과가 있다고 보기 힘들다.

② p값이 0.009277로 1%보다 작지만 t값이 0보다 크기 때문에 다이어트 효과가 있다고 보기 힘들다.

③ p값이 0.009277로 1%보다 작고 다이어트 실시 후의 평균값이 실시 전보다 5kg 이상 줄어들었으므로 이 다이어트는 평균적으로 5kg 이상의 체중을 줄여주는 효과가 있다고 볼 수 있다.

④ 원본 자료가 없어 결론을 내리기 힘들다.

계산형 문제

1. 시민운동단체인 백년살기운동연합은 우리나라 남성이 고등학교 졸업 이후 정규직으로 직장을 잡는 데 걸리는 시간이 9년을 넘는다고 주장하고 있다. 이에 대해 국책연구기관은 국내 30세 이하의 직장인 85명을 대상으로 조사한 결과 고등학교 졸업 이후 정규직 직장을 잡는 데 걸리는 시간이 평균 7.27년, 표준편차 6.38년으로 나타났다고 발표하였다.

(a) 시민운동단체의 주장을 귀무가설로 설정하고 검정통계치와 p값을 구하여라.

(b) 1%의 유의수준에서 결론을 내려라.

2. 새로 개발한 경차의 리터당 주행거리가 34km라고 다소 과대광고를 하고 있다. 이에 한국소비자연구원은 실제 주행시험을 통해 리터당 주행거리를 검정해 보기로 하였다. 한국소비자보호원에서는 64대의 경차를 무작위로 추출하여 과대광고 여부를 평가해 보고자 한다. 실험결과 평균이 34.2km, 표준편차는 1.6km로 나타났다. 과연 경차의 리터당 주행거리가 34km라 할 수 있는가? 5%의 유의수준을 이용하고 p값도 구하여라.

3. 월드케미칼사는 일일평균 1,100톤의 제품을 생산해 낼 수 있도록 설비가 갖추어져 있다. 작년 자료에서 무작위로 뽑은 260일간의 일일평균생산량은 1,040톤, 표준편차는 360톤으로 나타났다. 이 자료를 이용하여 일일평균생산량이 1,100톤 이하로 떨어졌는가를 분석하고자 한다. 유의수준을 5%로 설정하고 가설을 검정하여라.

4. 생산성 향상을 도모하기 위해 월드베스트머신사는 종업원의 연수 및 훈련 프로그램을 수립하였다. 프로그램의 효과를 측정하기 위해 4,320명의 종업원 중 851명을 훈련에 참여시켰다. 훈련에 참여한 종업원 중 30명과 참여하지 않은 종업원 중 30명을 선정하여 생산성을 측정한 결과, 훈련에 참가한 30명의 평균생산성이 55이고, 표준편차는 5, 훈련에 참가하지 않은 30명의 평균생산성이 50이고, 표준편차는 10으로 판명되었다. 훈련이 효과가 있다고 보아야 하는가? 유의수준은 5%로 설정하여라.

5. 다음은 월드닷은행과 경쟁은행사의 신용카드 사용자 중 12명씩을 각각 무작위 추출하여 연평균카드사용액을 나타낸 표이다. 월드닷은행의 신용카드 사용자가 카드를 이용하여 더 많이 구매한다고 볼 수 있는가? 유의수준은 5%로 설정하여라.

	월드닷은행	경쟁은행
연평균카드사용액	325만원	288만원
표준편차	40만원	44만원

6. 비정규직노조협의회에서는 섬유산업에 종사하고 있는 근로자들의 정규직여부에 따른 연간급여수준을 조사한 결과 다음과 같은 자료를 얻을 수 있었다. 정규직 근로자의 평균 연간급여수준이 비정규직 근로자보다 높다고 볼 수 있는가? 유의수준 2.5% 수준에서 검정하여라.

	정규직	비정규직
연간급여수준의 평균값(단위 : 천원)	25,700	24,500
표준편차	700	850
표본의 크기	8	12

7. 월드베스트백화점은 골드플래티넘 카드고객의 월평균 카드사용액을 경쟁사의 유사카드 보유고객의 카드사용액과 비교해 보고자 한다. 자사에서 12명, 경쟁사에서 10명을 뽑아 조사한 결과가 다음과 같다. 5% 유의수준에서 검정하여라.

	월드베스트	경쟁사
평균사용액(단위 : 만원)	1,000	850
표준편차	150	120

8. 맥시멈 투자금융사는 자체 투자컨설턴트에 대한 고객만족도를 조사하였다. 10년의 경험을 가진 컨설턴트 16명에 대한 만족도는 평균 6.82(7점 만점), 표준편차 0.64이었고, 1년차 컨설턴트 10명에 대한 만족도는 평균 6.25, 표준편차 0.75이었다. 경험이 많은 컨설턴트에 대한 만족도가 더 높은가?

(a) 통계적 가설을 설정하여라.

(b) p값을 계산하고 통계적 결론을 도출하여라.

9. 어느 시장조사기업이 A사의 신상품에 대한 광고노출 전과 후의 구매의향도를 조사하였다. 8명의 잠재고객이 이 조사에 참여하였으며 그 결과는 아래와 같다.

		잠재고객							
		1	2	3	4	5	6	7	8
구매의향	광고노출 후	6	6	7	4	3	9	7	6
	광고노출 전	5	4	7	3	5	8	5	6
	차 이	1	2	0	1	−2	1	2	0

광고노출 후 구매의향이 증가할 것이라는 예상이 맞는가? 유의수준 5%에서 가설을 검정하여라.

10. 다음은 한강을 중심으로 남쪽과 북쪽 강변에 지정한 7곳에서 출퇴근시간에 측정한 공기오염도로서, 수치가 높을수록 오염도가 높은 것을 의미한다. 강남쪽의 공기오염도가 더 높을 것으로 추정하고 있다.

강남강변	11	7	9	12	13	15	15
강북강변	8	8	6	7	10	15	14

(a) 오염도 측정장소를 무작위로 선정하였기 때문에 쌍대비교로 간주할 수 없다고 가정하고, 강남쪽의 공기가 더 많이 오염되었다는 가설을 5%의 유의수준에서 검정하여라.

(b) 오염도 측정장소를 지정할 때 강남쪽과 강북쪽 각각 교통량과 기타 공기오염에 영향을 미칠 수 있는 환경요소가 매우 비슷한 곳을 의도적으로 선정하여 쌍대비교의 요건을 갖추었다고 가정하자. 강남쪽의 공기가 더 많이 오염되었다는 증거가 충분한지를 5%의 유의수준에서 검정하여라.

(c) 위 독립표본의 (a)와 쌍대비교의 (b)에 대한 답의 차이가 어떠한 의미가 있는가?

11. A전자는 소비자 중 최소한 25%는 자사제품을 선호한다고 주장하고 있다. 소비자 100명을 임의로 추출한 결과 20명이 이 회사의 제품을 선호하는 것으로 나타났다. A전자의 주장을 뒷받침할 수 있는가? 유의수준은 5%로 하여라.

12. 월드웰빙서비스는 이번에 신제품의 성공여부를 분석하기 위해 서울지역을 테스트 시장으로 선정하였다. 회사측은 평균 50% 정도가 구매의사를 밝히는 경우 대량생산에 들어가기로 결정하였다. 서울시민 64명을 추출했을 때 24명이 구입의사를 밝혔다면 생산에 들어가야 하는가? $\alpha=0.05$에서 검정하여라.

13. SBC 자체의 TV시청률조사에서 시청자의 60%가 SBC뉴스를 시청했다고 발표하였다. 이 결과를 다시 검정하기 위해, 1,000명의 시청자를 무작위로 추출한 결과 590명이 SBC뉴스를 시청한 것으로 나타났다. SBC의 발표를 신뢰할 수 있는가? $\alpha=0.05$에서 검정하여라.

14. 자동세탁기 제조업체인 웰빙서비스전자는 A, B, C 세 가지 색상의 신모델을 개발하였다. 첫 달에 팔린 1,000대의 세탁기 중 400대가 A색상의 모델이었다. 소비자의 30% 이상이 A색상의 모델을 선호한다고 볼 수 있는가? $\alpha=0.05$에서 검정하여라.

15. 작년까지만 해도 유권자 중 40%가 유류제품에 교육세를 부과하는 안에 반대했다고 한다. 올해 150명의 성인을 임의로 뽑아 조사했을 때 80명이 교육세 신설에 반대했다면 반대하는 사람들의 비율이 증가했다고 볼 수 있는가? $\alpha=5\%$에서 검정하여라.

16. 오토마케팅사의 조사에 의하면 국내자동차 소비자의 64%는 아직 외국브랜드를 선호하는 것으로 나타났다. 명륜전자는 이러한 결과가 본사 제품에도 적용되는지를 알아보기 위해 자체 조사를 실시하기로 하였다.

(a) 명륜전자의 제품에 비해 외국브랜드를 선호하는 고객의 비율이 64%가 아니라는 것을 테스트하기 위한 가설을 설정하여라.

(b) 무작위로 추출한 100명의 고객을 대상으로 조사한 결과 그중 52명이 외국브랜드를 선호한다고 답하였다면 이에 대한 p값은 얼마인가?

(c) 유의수준 5%에서 가설검정 결과는?

17. 과거 자료를 참고하면 흡연자의 50%가 궁극적으로 담배를 끊을 수 있었고 금연성공률은 교육수준과 정비례한다고 한다. 최근 대졸 여성흡연자 100명을 대상으로 조사한 결과 64명이 담배를 끊을 수 있었다고 하자.

(a) 대졸여성의 금연성공률이 전체 흡연자의 금연성공률보다 더 높은지를 알아보는 데 필요한 가설을 세워라.

(b) 유의수준 1%에서 가설을 검정하여라.

18. 한국무협대학교는 전산학개론의 교육효과를 증대시키기 위해 디지털화된 새로운 교재를 개발하였다. 기존 교재를 사용한 교육방식과 새로운 디지털 교재를 사용한 교육방식의 교육효과를 비교하기 위해 122명의 학생을 무작위로 추출하여 각각의 학습방식에 61명씩 배정하였다. 다음은 각 수강생의 기말고사 성적을 정리한 것이다. 디지털 교재를 사용한 교육방식이 기존 교재를 사용한 교육방식보다 더 나은 교육효과를 거두었다고 볼 수 있는가? 5% 유의수준에서 검정하여라.

디지털 교재를 사용한 교육방식의 성과

74	75	77	78	74	80	73	73	78	76	76
74	77	69	76	75	72	75	72	76	72	77
73	77	69	77	75	76	74	77	75	78	72
77	78	78	76	75	76	76	75	76	80	77
76	75	73	77	77	77	79	75	75	72	82
76	76	74	72	78	71					

기존 교재를 사용한 교육방식의 성과

76	76	77	74	76	74	74	77	72	78	73
78	75	80	79	72	69	79	72	70	70	81
76	78	72	82	72	73	71	70	77	78	73
79	82	65	77	79	73	76	81	69	75	75
77	79	76	78	76	76	73	77	84	74	74
69	79	66	70	74	72					

CHAPTER

분산분석

제 1 절　분산분석의 개념
제 2 절　일원분산분석
제 3 절　블록을 고려한 분산분석
제 4 절　이원분산분석

예시|사례

월드닷미디어는 모바일게임을 개발하여 이동통신 서비스 고객에게 제공하고 있다. 새로운 전략을 구상중인 마케팅전략 팀장은 지역간에, 그리고 세대별로도 평균적으로 내려받는 모바일게임 콘텐츠 양에 차이가 있는지 알아보고자 한다. 이를 위해 다음 항목을 포함하는 설문조사를 실시했다. 담당팀장은 세대별, 성별, 게임이용 상황별로 나타날 수 있는 모바일게임 이용시간의 차이는 어떤 통계적 방법을 활용하여 분석해야 하는지 고민중이다.

1. 귀하의 연령대를 고르십시오.
   ① 10세~19세 ② 20세~29세 ③ 30세~39세 ④ 40세 이상

2. 귀하의 성별을 고르십시오.
   ① 남자 ② 여자

3. 다른 곳으로 이동(출퇴근이나 등하교 등)할 때 가장 자주 이용하는 교통수단은 무엇입니까?
   ① 버스 ② 전철 ③ 택시 ④ 자가용 ⑤ 걸어 다님

4. 한 달 평균 휴대폰 사용요금은 어느 정도인지 골라 주십시오.
   ① 20,000원 미만 ② 20,000원 이상~30,000원 미만
   ③ 30,000원 이상~40,000원 미만 ④ 40,000원 이상~50,000원 미만
   ⑤ 50,000원 이상~60,000원 미만 ⑥ 60,000원 이상

5. 휴대폰으로 무선인터넷에 접속했을 때, 가장 많이 사용하는 서비스는 무엇인지 선택해 주십시오.
   ① 벨소리(노래방 포함) 다운로드, 컬러링 ② 배경화면 및 그림 다운로드
   ③ 이메일 확인 ④ 게임 다운로드나 온라인게임
   ⑤ 동영상 시청 및 다운로드 ⑥ 길찾기, 위치기반 정보 서비스
   ⑦ 무선인터넷 사용치 않음 ⑧ 기타 서비스 이용(   )

6. 다음 중 모바일게임을 가장 자주 하게 되는 때는 언제인지 하나만 고르십시오.
   ① 누군가를 기다릴 때 ② 교통수단을 이용할 때
   ③ 집에서 혼자 있을 때 ④ 걸어 다닐 때
   ⑤ 잠시 휴식을 취할 때 ⑥ 친구나 동료들과 함께 모여 있을 때

7. 하루 중 모바일게임을 하는 시간은 평균적으로 얼마나 되는지 고르십시오.
   ① 거의 하지 않음 ② 10분 이상~30분 미만
   ③ 30분 이상~1시간 미만 ④ 1시간 이상~1시간 30분 미만
   ⑤ 1시간 30분 이상~2시간 미만 ⑥ 2시간 이상

제 1 절 분산분석의 개념

앞의 제7장과 제8장에서는 연구대상이 되는 모집단 특성을 파악하기 위하여 모집단으로부터 무작위적 방법으로 표본을 추출하여 표본통계량을 계산하고 이를 이용하여 통계적 추론을 실시하는 과정에 대해 살펴보았다.

본장에서 다룰 분산분석은 연구자가 특정요인을 '변화'시켜 그 요인의 영향을 관찰한다는 점에서 단순한 표본추출법과는 상당한 차이가 있다. 예를 들어, 수면량의 감소가 사람의 문제해결능력에 얼마나 영향을 미치는가를 알아보고자 하는 문제를 생각해 보자. 이런 문제에서 실험대상자(피실험자)를 무작위적으로 선발하고 개별 피실험자의 수면시간을 실험자의 편의에 따라 조정한 다음, 수면시간이 문제해결능력에 어떻게 영향을 미치는지를 분석하게 될 것이다. 또 비타민의 섭취량에 따라 감기에 걸리는 정도에 어떤 차이가 있는지 궁금해하는 연구자는 실험대상자를 몇 개의 그룹으로 나누어 그룹별로 비타민 섭취량을 달리하고 일정기간 후 감기에 걸린 횟수와 정도를 비교할 것이다. 이처럼 의학, 생명공학, 심리학, 교육학 분야에서는 세밀한 실험을 통해 특정요인의 영향 정도를 통계적으로 분석하는 문제가 흔히 등장한다.

그렇지만 경영이나 일반 사회과학분야에서는 이런 식의 실험보다는 3개 이상의 집단간 차이분석 문제가 많이 등장한다. 예를 들어 10대 · 20대 · 30대 · 40대 이상 사이의 모바일게임 플레이 시간에 차이가 있는가, 초등학교 · 중학교 · 고등학교 교사들은 하루평균 수업준비 시간에 차이가 있는가 등의 집단간 차이분석에 분산분석이 많이 사용된다. 즉, 별다른 실험을 하지 않고 주어진 데이터를 이용하여 차이분석을 시도하는 경우가 더 많다. 이와 같은 연구에서 연령대, 학교수준 등은 실험요인(experimental factor)이라 불리며, 모바일게임 시간이나 수업준비 시간은 종속변수(dependent variable)로서 각 실험요인의 처리가 변함에 따라(범주에 따라) 그 값이 달라질 수 있는 분석의 초점이 되는 변수이다.

분산분석(analysis of variance)이란 종속변수의 개별 관측치와 이들 관측치의 평균값 사이의 변동(total variation)을 그 원인에 따라 몇 가지로 나누어 분석하는 방법이다. 분산분석은 실험요인의 종류에 따라 몇 가지로 나누어 볼 수 있다. 실험요인의 종류가 하나인 모형은 일원분산분석(one-way analysis of variance), 둘인 모형은 이원분산분석(two-way analysis of variance)이라 부른다. 본 장에서는 이 두 모형에 대한 적용과정을 예를 통해 간략히 살펴보고자 한다.

제 2 절 일원분산분석

1. 변동의 원인별 분해

본절에서는 종속변수의 변동에 영향을 미치는 요인이 하나인 일원분산분석에 대해 알아보고, 통계적 가설검정에 필요한 새로운 표본분포인 F분포의 의의와 사용법에 대해 살펴보기로 한다.

예제 9-1

〈표 9-1〉은 A, B, C의 3개 이동통신사에 가입한 고객들의 한 달 통화시간에 차이가 있는지 분석하기 위해, 회사별로 각각 5명의 고객들을 무작위로 선택하여 조사한 결과이다. 이동통신사별로 고객평균 통화시간에 차이가 있는지 분석하여라.

〈표 9-1〉 이동통신사별 통화시간 예시자료

관측치	이동통신사 A	이동통신사 B	이동통신사 C
1	20	25	28
2	22	27	28
3	21	26	27
4	22	26	29
5	20	26	28
평 균	21	26	28
		전체평균=25시간	

15명 전체의 월평균 통화시간은 25시간이며, 이동통신사 A의 고객은 월평균 21시간, 이동통신사 B의 고객은 월평균 26시간, 이동통신사 C의 고객은 월평균 28시간을 사용하는 것으로 나타났다. 〈표 9-1〉의 데이터를 잘 살펴보면 전체평균이 25시간임에도 불구하고 15명 중 월 25시간을 사용하는 고객은 단 한 명뿐이다.

그렇다면 15명의 소비자의 한 달 통화시간은 왜 25시간보다 큰 경우도 있고 작은 경우도 있으며, 개인에 따라 사용시간이 변동하는가? 즉, 무엇 때문에 15명 소비자의 통화시간이 평균인 25시간과 차이가 나는가? 물론 소비자의 직업에 따라, 사용습관에 따라 또는 나이에 따라 사용시간이 달라질 수 있다. 이 예제에서는 이런 부수적인 정보가 전혀 주어져 있지 않으며, 다만 가입하고 있는 이동통신사 구분만 가능할 뿐이다. 이 상황에서 사용시간의 차이 또는 변동(전체평균 25시간으로부터의 변동을 의미)을 불러일으킨 이유는 다음의 두 가지로 정리해 볼 수 있다.

- 가입하고 있는 이동통신사가 달라서
- 분석자가 고려하고 있지 않은 다른 많은 요인들 때문에

분산분석에서 첫 번째 유형의 변동요인을 실험요인이라고 부른다. 분석자는 이 실험요인이 개별 관측치에 변동을 불러일으키는지 관심을 갖는다. 두 번째 요인은 외생요인(extraneous factor)이라 부르며, 통계분석자가 통제하기 힘든 요인들을 모두 묶어서 지칭하는 용어이다. 이 예제의 경우 이동통신사가 실험요인이며, 개개인의 습관, 소득, 교육수준, 직업 등 통화시간에 영향을 미칠 수 있는 많은 요인들(그러나 현재로서는 관심이 없는 요인들)은 외생요인이라는 단일 변동요인으로 묶인다.

각각의 관측치는 전체평균(이 예제의 경우 25시간)과는 차이가 있다. 일원분산분석은 그 변동정도, 즉 각각의 관측치와 전체평균 간의 차이가 실험요인에 의한 것인지 또는 외생요인에 의한 것인지 그 책임소재를 적절히 구분해 내는 과정을 거친다.

우선 각각의 관측치와 전체평균(이 예제의 경우 25시간)의 차이부터 구해보기로 하자. 전체 변동이라고도 할 수 있는 총변동은 SST(Sum of Squares

Total)라 부르며 다음과 같이 계산한다.

$$SST = (20-25)^2 + (22-25)^2 + \cdots\cdots + (29-25)^2 + (28-25)^2$$
$$= 138$$

참고로 분산을 계산할 때, 분산 공식에서 분자에 해당하는 것이 SST이다. 여기서 138 변동단위가 얻어진 원인, 즉 15개의 수치가 모두 똑같지 않은 이유는 가입한 이동통신사가 다르기 때문이거나, 아니면 실험과정에 개입된 여러 가지 외생요인의 효과 때문이라 할 수 있다. 즉, 실험자료의 총변동은 실험처리에 의해 또는 실험과정에 개입된 외부요인에 의해 발생한다.

첫 번째 요인에 의한 변동을 실험요인에 의한 제곱합(Sum of Squares due to TReatment : $SSTR$)이라 부르고, 두 번째 것은 외생요인에 의한 제곱합(Sum of Squares due to Extraneous Factors : $SSEF$)이라 부른다. 외생요인에 속한다고 생각되는 요인들을 추출하여 실험요인으로 돌리면 더욱 세밀한 분석이 가능할 것이다. 그 대신 더 많은 데이터를 준비해야 한다.

제곱합 분해는 관측치의 총변동 중 실험요인과 외생요인 각각에 의해 발생되는 정도를 이해하기 위한 것으로 다음과 같이 정의된다.

$$SST = SSTR + SSEF$$

먼저 $SSEF$를 계산해 보자. 만약 외생요인이 전혀 개입되지 않는다면, 모든 변동(관측치와 전체평균 간의 차이)은 오로지 가입하고 있는 이동통신사가 달라서 발생할 것이다. 이 경우 이동통신사 A의 고객들은 예제에서와 같이 20, 22, 21, 22, 20 등의 변동을 보이기보다는, 5명 모두 21시간을 사용했을 것이다.

그러나 실제는 그렇지 않다. 따라서 외생요인에 의한 변동은 다섯 개의 관측치와 이들의 평균 간의 차이를 제곱하여 합한 것으로 나타나며, 이동통신사 B와 C의 고객에 대해서도 이 과정을 적용하면 예제 문제 전체에서 외생요인에 의한 제곱합 $SSEF$는 8단위가 된다.

$$
\begin{aligned}
SSEF &= (20-21)^2 + \cdots\cdots + (20-21)^2 \text{ (이동통신사 A의 고객)} \\
&\quad + (25-26)^2 + \cdots\cdots + (26-26)^2 \text{ (이동통신사 B의 고객)} \\
&\quad + (28-28)^2 + \cdots\cdots + (28-28)^2 \text{ (이동통신사 C의 고객)} \\
&= 8
\end{aligned}
$$

외생요인에 의한 제곱합은 총제곱합 138단위 중 8단위만을 차지하므로 나머지 130단위는 실험처리에 의한 제곱합($SSTR$)이어야 한다. 이제 실험처리에 의한 제곱합이 정말 130단위인지 계산해 보기로 하자.

외생요인에 의한 변동분은 이미 추정했으므로, 총변동에서 이 부분을 빼면 남은 것은 각 이동통신사별 차이에 의한 변동뿐이다. 실험처리에 의한 제곱합 $SSTR$을 계산하기 위해 사용되는 관측치는 바로 각 이동통신사별 평균값이며, 제곱합의 계산에 필요한 평균값은 이들 세 표본평균의 평균, 즉 전체평균이 된다.

이상에서 설명한 방법으로 $SSTR$을 계산해 보면 다음과 같다.

$$
\begin{aligned}
SSTR &= 5[(21-25)^2 + (26-25)^2 + (28-25)^2] \\
&= 130
\end{aligned}
$$

여기서 5는 각 이동통신사별로 5명의 데이터를 사용했다는 의미이다. 만약 각 이동통신사별로 5,000명의 관측치를 얻었다면 가중치는 5,000이 된다.

변동의 원인별로 변동의 크기를 구했다고 해서 다 끝난 것은 아니다. 데이터의 분산을 구할 때 제곱합을 자유도로 나누어 주었듯이, 분산분석에서도 같은 방법을 이용하여 평균적인 의미의 변동값을 구해야 한다.

총제곱합을 변동의 원인별로 분해한 다음, 의사결정에 사용될 최종적인 통계량을 얻기 위해서는 우선 각각의 제곱합을 이에 해당하는 자유도로 나누어 주어야 한다. 총제곱합(SST)의 경우 관측치가 모두 15개이므로 표본의 크기는 15가 되고 따라서 자유도는 14가 된다. 실험처리에 의한 제곱합은 이동통신사별 차이를 포착하고자 하는 것이므로 표본크기는 3이며 전체평균을 이용하여 변동치를 구했으므로 자유도는 2이다. 외생요인에 대한 자유

〈표 9-2〉 분산분석표 예시

변동의 원인	제곱합	자유도	분 산	분산비율
실험요인	130	2	130÷2=65.0	65÷0.666=97.59
외생요인	8	12	8÷12=0.666	
총 계	138	14		

도는 이동통신사 A의 경우 5개의 관측치가 있고 A에 해당하는 데이터의 평균을 이용하여 변동을 구했으므로 자유도는 4가 된다. 이동통신사 B와 C도 같은 방법으로 변동치를 구했으므로 자유도는 각각 4이다. 이를 전부 합하면 외생요인에 의한 변동의 자유도는 12가 된다.

각 변동의 발생요인별로 계산된 변동값(제곱합)은 자유도로 나누어 분산값을 구한다. 〈표 9-2〉는 분산분석표라고 부르는데, 제곱합을 자유도로 나눈 값이 포함되어 있다.

이 표를 살펴보면 실험요인에 기인한 분산(65.0)은 실험에서 고려하지 않은 다른 모든 외생요인에 의한 분산(0.666)보다 훨씬 크다는 것을 알 수 있다. 얼마나 더 큰지를 알기 위하여 두 분산의 비율을 계산해 보면 65÷0.666, 즉 97.59가 된다. 이는 가입하고 있는 이동통신사가 다름에 따라 발생하는 관측치의 분산이 모든 외생요인에 기인한 분산의 약 98배가 된다는 것을 의미한다. 결국 이동통신사가 다르면 월통화시간도 상당히 달라진다는 것을 말해 주고 있다.

2. F분포를 이용한 검정

앞에서 예로 든 문제에서와는 달리 실험요인에 의한 분산이 외생요인에 의한 분산에 비해 그리 크지 않다면 실험요인의 효과에 대한 결론을 내리기 힘들다. 문제는 실험요인에 의한 분산이 외생요인에 의한 분산에 비해 얼마나 커야만 실험요인에 의한 변동을 충분히 인정할 수 있을 것인가이다.

영국의 학자 피셔(Fisher)는 이런 부류의 통계적 의사결정문제를 해결하기 위해 F분포를 개발하였다. 피셔는 만약 실험요인이 변동에 별다른 영향을 미치지 못한다면(앞의 문제의 경우, 어떤 이동통신사를 이용하더라도 통화량에는 별 차이가 없다면), 실험요인에 의한 분산값이나 외생요인에 의한 분산값은 거의 같은 값을 취할 것이라는 논리하에 분산분석을 마무리하기 위한 표본분포인 F분포를 개발했다.

F분포를 이용하기 위해서는 분산을 분산으로 나눈 분산비율을 구해야 한다. 분산분석에서는 실험요인에 의한 분산을 외생요인에 의한 분산으로 나누어 분산비율을 구한다. 만약 실험요인이 아무런 영향을 미치지 못한다면 F분포하에서의 확률변수인 분산비율 수치는 1에 매우 가까운 값을 취한다는 것이다. F분포를 구성하는 확률변수값은 분산을 분산으로 나눈 값이므로 0보다 작을 수 없으며, 그 값은 0에서 무한대(∞)까지 될 수 있다.

t-분포를 사용하기 위해서는 자유도($n-1$)를 알고 있어야 했듯이, F분포도 자유도를 알아야 활용할 수 있다. F분포에서는 분산을 분산으로 나눈 통계치를 이용하여 의사결정을 하므로, 분자의 자유도와 분모의 자유도를 알고 있어야 한다. N을 표본의 크기, k를 실험요인의 수준수(앞에서 논의한 예제의 경우, 이동통신사 수인 3이 k에 해당)로 정의할 때, 일원분산분석은 분자의 자유도가 $k-1$, 분모의 자유도가 $N-k$인 F분포를 사용한다. 요약하

〈표 9-3〉 F분포표의 예시

분모의 자유도	α	분자의 자유도		
		1	2	3
4	10%	4.54	4.32	4.19
	5%	7.71	6.94	6.59
	1%	21.20	18.00	16.69
6	10%	3.78	3.46	3.29
	5%	5.99	5.14	4.76
	1%	13.74	10.92	9.78
9	10%	3.36	3.01	2.81
	5%	5.12	4.26	3.86
	1%	10.56	8.02	6.99
12	10%	3.18	2.81	2.61
	5%	4.75	3.89	3.49
	1%	9.33	6.93	5.95

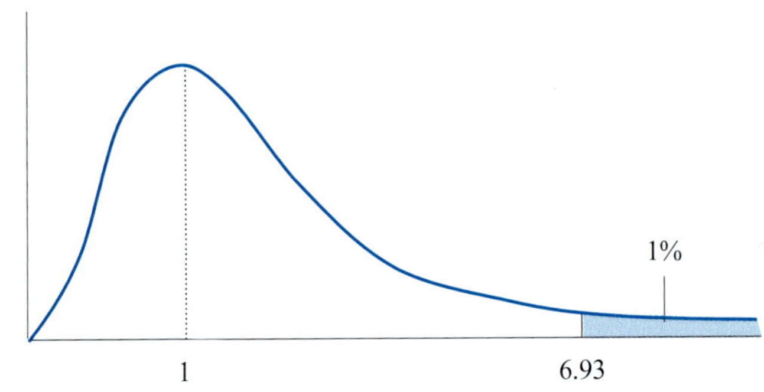

[그림 9-1]
F분포의 형태 예시 (분자의 자유도=2, 분모의 자유도=12)

면, 일원분산분석에서 실험요인이 아무런 영향을 미치지 못한다면, 분산비율은 분자의 자유도가 $k-1$, 분모의 자유도가 $N-k$인 F분포를 따른다는 것이다.

〈표 9-3〉은 부록의 F분포표를 일부 발췌한 것이다. 예를 들어 분자의 자유도가 2, 분모의 자유도가 12, α가 1%일 때 F값은 6.93이다. 분산분석에서 실험요인이 종속변수에 대해 아무런 영향을 미치지 못한다면 분산비율의 값, 즉 분산분석표에서 계산한 F값은 1에 가까이 근접해야 한다.

분산분석에서의 기각역은 항상 F분포의 오른쪽 끝부분이다. 만약 F값이 F분포의 오른쪽 끝부분에 위치한다면 실험요인의 효과가 없다는 귀무가설은 기각해야 한다. 앞에서 살펴본 월통화시간의 예제문제에서 유의수준 α를 5%로 설정한다면 기각역은 분자의 자유도가 2, 분모의 자유도가 12인 분포에서 F값이 3.89보다 크거나 같은 영역이다.

이제 앞 소절에서 계산한 〈표 9-2〉의 F값을 검정해 보자. 계산에서 도출된 F값은 97.59로, 분자의 자유도 2, 분모의 자유도 12, 유의수준 5%일 때의 F값 3.89보다 훨씬 크므로 귀무가설은 기각된다. 즉 가입하고 있는 이동통신사에 따라 월통화시간에 차이가 난다고 결론지을 수 있다.

〈표 9-4〉 엑셀의 분산분석표 예시

변동의 요인	제곱합	자유도	제곱 평균	F 비	P-값	F 기각치
처리	130	2	65	97.5	3.8E-08	3.885294
잔차	8	12	0.666667			
계	138	14				

부록에 수록되어 있는 엑셀의 통계모듈을 이용하면 p값도 쉽게 구할 수 있다. 분산분석에서 p값은 확률변수인 F값이 표본으로부터 계산된 분산비율값보다 크거나 같을 확률을 말한다. 기각역이 항상 분포의 오른쪽 끝부분에 위치하기 때문이다. 〈표 9-4〉의 엑셀 결과물에서 F값은 'F비'라는 이름으로 수록되어 있다. 이 예제의 경우 p값은 3.8^{-8}으로 매우 작은 값이다.

3. 분산분석에서 가설의 검정 절차

지금까지의 논의를 정리하면, k개의 모집단에서 각기 무작위로 표본을 추출했다고 하자. 전체 표본의 개수는 N이다. 이들 각각의 모집단은 정규분포를 띠며 분산은 모두 같은 값을 갖지만 평균은 μ_i로 각각 다를 수도 있다고 가정한다. 일원분산분석은 다음과 같은 가설을 검정하는 방법이다.

귀무가설 : k개 모집단의 평균은 모두 같다($\mu_1 = \mu_2 = \cdots\cdots = \mu_k$).
대립가설 : 이 중 적어도 2개의 평균은 서로 같지 않다.

분산분석표는 다음과 같은 표준화된 양식을 취하며, 분자의 자유도가 $k-1$, 분모의 자유도가 $N-k$인 F분포를 이용하여 가설을 검정한다.

〈표 9-5〉 분산분석표의 구조

변동의 원인	제곱합	자유도	분 산	분산비율(F값)	p값
처 리	$SSTR$	$k-1$	$s_1^2 = \frac{SSTR}{k-1}$	$\frac{s_1^2}{s_2^2}$	확률변수 F가 분산비율값보다 크거나 같을 확률
외생요인	$SSEF$	$N-k$	$s_2^2 = \frac{SSEF}{N-k}$		
합 계	SST	$N-1$			

예제 9-2

다음은 5개 제약회사에서 판매하는 두통약의 지속효과를 조사한 것이다. 25명의 피실험자를 5개 그룹으로 나누고 각 그룹에 대해 서로 다른 두통약을 제공한 뒤 약의 지속효과를 시간으로 나타낸 자료가 다음과 같을 때 유의수준 5%에서 두통약의 지속효과에 대한 분산분석을 실시하여라. 단, $SST = 137.04$, $SSTR = 79.44$, $SSEF = 137.04 - 79.44 = 57.6$이다.

	A	B	C	D	E
	5	9	3	2	7
	4	7	5	3	6
	8	8	2	4	9
	6	6	3	1	4
	3	9	7	4	7
합 계	26	39	20	14	33
평 균	5.2	7.8	4.0	2.8	6.6

풀이

우선 귀무가설과 대립가설을 세우면 다음과 같다.

귀무가설 : 5개 회사의 두통약의 효과에는 차이가 없다.
대립가설 : 이 중 적어도 2개 회사의 두통약간에는 효과의 차이가 있다.

$SST = 137.04$, $SSTR = 79.44$, $SSEF = 137.04 - 79.44 = 57.6$임을 이용하고, $k - 1 = 5 - 1 = 4$, $N - k = 25 - 5 = 20$을 이용하여 분산분석표를 작성하면 다음과 같다.

변동의 원인	제곱합	자유도	분 산	분산비율
처 리	79.44	4	19.86	6.90
외생요인	57.6	20	2.88	
합 계	137.04	24		

분자의 자유도가 4, 분모의 자유도가 20, 그리고 유의수준이 5%일 때의 F값이 2.87이나 분산비율은 6.90이므로 두통약의 효과에는 차이가 없다는 귀무가설을 기각한다.

예제 9-3

최근 신설한 화학공정의 수율이 온도에 의해 영향을 받는지를 알아보기 위해 3단계의 온도를 이용하여 실험을 실행한 결과, 다음과 같은 데이터를 얻을 수 있었다.

온 도	50도	60도	70도
1	34	30	23
2	24	31	28
3	36	34	28
4	39	23	30
5	32	27	31
평 균	33	29	28

엑셀의 데이터분석을 통해 도출된 다음 결과표를 이용하여 수율이 온도에 의해 유의한 영향을 받는지 유의수준 5%에서 분석하여라.

요약표

인자의 수준	관측수	합	평균	분산
50도	5	165	33	32
60도	5	145	29	17.5
70도	5	140	28	9.5

분산 분석

변동의 요인	제곱합	자유도	제곱 평균	F 비	P-값	F 기각치
처리	70	2	35	1.779661	0.210447	3.885294
잔차	236	12	19.66667			
계	306	14				

풀이

우선 귀무가설과 대립가설을 세우면 다음과 같다.

귀무가설 : 수율은 온도에 의해 영향을 받지 않는다.

대립가설 : 수율은 온도에 의해 영향을 받는다(온도에 따라 수율에 차이가 난다).

분산분석표에 제시된 p값이 0.210447로서 유의수준 5%를 초과하므로 귀무가설을 기각할 수 없다. 즉, 수율은 온도에 의해 영향을 받는다고 볼 수 없다.

예제 9-4

교육방법이 학습효과에 미치는 영향을 알아보기 위해 학생들을 4그룹으로 나누어 서로 다른 방식으로 교육시킨 뒤 시험을 치르게 하였다. 다음과 같은 결과가 나왔을 때 4가지 교육방법의 성과가 서로 다르다고 결론지을 수 있는지 유의수준 5%에서 평가하여라.

	교육방법			
	강 의	토 의	사 례	시뮬레이션
	65	75	59	94
	87	69	78	89
	73	83	67	80
	79	81	62	88
	81	72	76	
	69	79	83	
		90		
합 계	454	549	425	351
평 균	75.67	78.43	70.83	87.75

변동의 원인	제곱합	자유도	분 산	분산비율
처 리	712.6	3	237.53	3.77
외생요인	1,196.6	19	62.98	
합 계	1,909.2	22		

풀이

우선 귀무가설과 대립가설을 세우면 다음과 같다.

귀무가설 : 4가지 교육방법의 성과에는 차이가 없다.

대립가설 : 이 중 적어도 2가지 이상의 교육방법 사이에는 성과의 차이가 있다.

분자의 자유도가 3, 분모의 자유도가 19, 그리고 유의수준이 5%일 때의 F값이 3.13이나 분산비율은 3.77이므로 교육방법에 따라 성과의 차이가 없다는 귀무가설을 기각한다. 즉, 교육방법에 따라 성과의 차이가 있을 수 있다.

분산분석 결과 집단간에 차이가 없다는 귀무가설을 기각했다면, 그 다음 단계는 어떤 집단간에 차이가 있는지 추가적인 분석이 필요하다. k개의 모집단평균에 대한 분산분석을 실시했다면, 유의수준 α에서 모두 ${}_kC_2$개의 짝을 비교할 필요가 있다. 다양한 검정방법이 있지만 본서에서는 본페로니(Bonferroni)의 절차를 소개한다. 본페로니의 절차를 요약하면 다음과 같다.

${}_kC_2 = C$라 하고 유의수준을 α라 할 때, 비교대상인 i와 j 쌍에 대해 아래와 같이 정의되는 차이값(BSD)을 구하여, 표본평균간의 차이($\overline{x_i} - \overline{x_j}$)와 비교한다. 만약 $|\overline{x_i} - \overline{x_j}| > BSD$면 차이가 있고 그 반대의 경우에는 차이가 없다고 결론을 내린다.

$$BSD = t_{\alpha/2c} \cdot s_2 \sqrt{\frac{1}{n_i} + \frac{1}{n_j}}, \quad \text{자유도} = N - k$$

이 같은 절차를 모든 가능한 C개의 짝에 대해 반복한다. 앞의 공식에서 s_2는 외생요인으로 인한 분산의 제곱근이고, 사용되는 t-분포의 자유도는 이 외생요인의 자유도와 같다.

그렇지만 이런 사후적인 분석과정을 통계패키지의 도움 없이 계산기로 풀기에는 너무도 많은 시간과 노력이 소요된다. 결론적으로 분산분석은 통계패키지의 활용이 필수적이며, 본절에서 본페로니의 절차를 소개한 것은 귀무가설 기각 후에도 사후적인 분석과정이 필요하다는 점을 강조하기 위한 것이다.

제 3 절 블록을 고려한 분산분석

본절에서는 피셔에 의해 개발된 블록을 고려한 분산분석법에 대해 살펴보고자 한다. 이 방법은 외생요인 중 실험결과에 큰 영향을 미치는 요인을 추출함으로써 실험처리요인과 이 외생요인의 영향을 구별하여 분석하고자 하는 실험설계법이다.

1. 실험설계에서의 블록의 의의

먼저 블록을 고려한 실험설계법(one factor randomized block design)의 배경을 소개하면 다음과 같다.[1] 제1차 세계대전 중 영국은 프랑스에서 전투하고 있는 연합군에 대한 식량보급을 담당하고 있었다. 식량증산을 위한 새로운 비료개발을 책임지고 있었던 피셔는, 새로 개발한 비료의 효과를 알아보기 위하여 대규모 토지를 12등분하여 기존에 사용하던 비료는 6개 구획에, 그리고 새로 개발된 비료는 나머지 6개 구획에 무작위로 할당하는 실험을 수행하였다.

이 실험에서 그는 새로운 비료가 기존에 사용하던 비료에 비해 별로 우수하지 않다는 결론에 도달하였다. 그는 이 과정에서 외생요인에 의한 분산이 예상외로 큰 것을 감지했는데, 이는 토지의 비옥도 차이에 그 원인이 있는 것으로 파악되었다. 즉 바다에 가까울수록 소금기 있는 바람으로 인해 비옥도가 떨어지며 북쪽 땅일수록 비옥한 경향이 있었기 때문이다.

피셔의 실험결과는 〈표 9-6〉에 요약되어 있는데, 이 표에서 살펴볼 수 있는 바와 같이 북쪽지대의 토지는 비옥하여 기존의 비료를 사용할 경우 42부셸을 수확할 수 있었으나, 남쪽지대에서는 단지 18부셸에서 22부셸 정도밖에 수확할 수 없었다. 마찬가지로 새로운 비료를 사용하는 경우에도 북쪽지대에서는 48부셸에서 52부셸 사이를 수확할 수 있었던 반면, 남쪽지대에서는 겨우 17부셸만을 수확할 수 있었다.

〈표 9-6〉 피셔의 연구

북쪽지대	1구역(O) 42부셸	2구역(N) 50부셸	3구역(N) 52부셸	4구역(N) 48부셸
중앙지대	5구역(N) 41부셸	6구역(O) 32부셸	7구역(N) 38부셸	8구역(O) 29부셸
남쪽지대	9구역(O) 20부셸	10구역(O) 18부셸	11구역(O) 22부셸	12구역(N) 17부셸

O : 기존의 비료, N : 새로 개발된 비료

1) Brightman, H.J., *Statistics in Plan English,* SouthWestern Publishing, pp. 194～196.

〈표 9-6〉을 자세히 살펴보면 각 지대별로는 새로운 비료가 기존의 비료보다 약 10부셸 정도 더 많은 수확을 올릴 수 있는 것처럼 보이나 기존의 분석방법으로는 두 종류의 비료효과에는 본질적으로 차이가 없다는 귀무가설을 기각할 수가 없었다. 외생요인의 하나인 지대별 비옥도가 수확량에 미치는 영향이 매우 커 외생요인에 의한 분산을 증가시키고 이로 인하여 결과적으로 귀무가설을 기각하기 어렵게 만들었기 때문이다.

외생요인에 의한 제곱합은 모든 외생요인의 영향을 반영하는 것이지만 피셔는 그중의 한 외생요인인 지대별 토지비옥도의 차이가 큰 영향을 미칠 수 있다고 생각하고, 만약 토지비옥도에 의한 영향을 추출할 수만 있다면 외생요인에 의한 제곱합을 감소시킬 수 있어 결과적으로 귀무가설을 기각할 수 있게 해줄 것이라고 생각하였다. 만약 피셔가 토지비옥도의 영향을 제거하기를 원했다면 북부지대에서만 실험을 행하였을 것이나 이 경우 그는 실험결과를 일반화할 수 없어 새로운 비료가 다른 지역에서도 똑같이 우수한 결과를 보일 것이라고는 말할 수 없게 된다. 그렇다면 어떤 방법으로 외생요인에 의한 제곱합에서 토지비옥도의 영향을 추출할 수 있을 것인가?

첫 번째 연구에서 피셔는 비료를 전 구역에 무작위적으로 할당하였는데, 이 방법은 각 지대(북쪽, 중앙, 남쪽)에 동일한 수의 새로운 비료와 기존의 비료가 할당되는 것을 보장해 주지 못한다. 실제로 북쪽지대에 있어서는 세 구역에 새로운 비료가 할당되었으나, 남쪽지대에서는 한 구역에만 새로운 비료가 할당되었다. 그는 같은 지대 내에서 각각의 비료가 동일한 구역수에 할당된다면 외생요인에 의한 제곱합에 대한 토지비옥도의 영향을 제거할 수 있으리라고 생각하였다. 따라서 그는 다음과 같은 실험을 재차 실시하였다. 그는 기존 비료와 새로운 비료를 북쪽지대에 두 구역씩 각각 할당하기로 하고 난수표(random numbers table)를 사용하여 구역배치를 완료하였다. 이런 절차를 중앙지대와 남쪽지대에도 반복하여 실시함으로써 블록을 고려한 실험설계법을 개발하였다.

2. 프로필분석

블록설계에서 중요한 것은 어떤 외생요인으로 블록을 형성할 것인가를 결정하는 것이다. 종속변수에 영향을 크게 미치는 외생요인을 찾아 블록을 형성해야 하나 그 요인이 실험결과에 어느 정도 영향을 미치는지 사전에 살펴볼 필요가 있다.

프로필분석(profile analysis)은 특정 외생요인이 실험결과에 어느 정도 영향을 미치는가를 알아보기 위해 사용되는 기법이다. 프로필을 그릴 때에는 실험요인을 x축에, 종속변수값을 y축에 표시한다. 예를 들어 제품의 포장이 매출액에 미치는 영향을 알아보기 위해 슈퍼마켓을 중심으로 실험을 실시하고 슈퍼마켓의 위치가 판매량에 미치는 영향을 배제하기 위해 슈퍼마켓을 블록으로 처리하기로 하였다고 가정하자.

[그림 9-2] 슈퍼마켓별 포장별 판매량

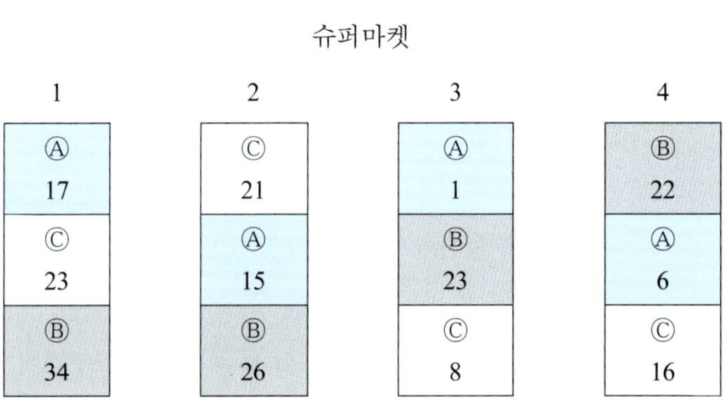

우선 4곳의 대규모 슈퍼마켓을 선정한 뒤 3가지 포장방식(실험요인)의 적용순서를 무작위로 결정하였다. 예를 들어 슈퍼마켓 1의 경우 첫째주에 포장방식 A, 둘째주에 포장방식 C, 셋째주에 포장방식 B를 채택한 제품을 각각 판매하였다.

이 예제에 주어진 자료를 프로필로 그려보면 [그림 9-3]과 같다. 이 그림에서 슈퍼마켓 1의 프로필은 포장방식 A, 포장방식 B, 포장방식 C를 채택했을 때의 판매량인 17, 34, 23을 직선으로 연결한 것이다. 네 블록의 프로필은 상당히 평행하며 어느 정도 떨어져 있음을 알 수 있다. 여기서 각

[그림 9-3]
프로필분석

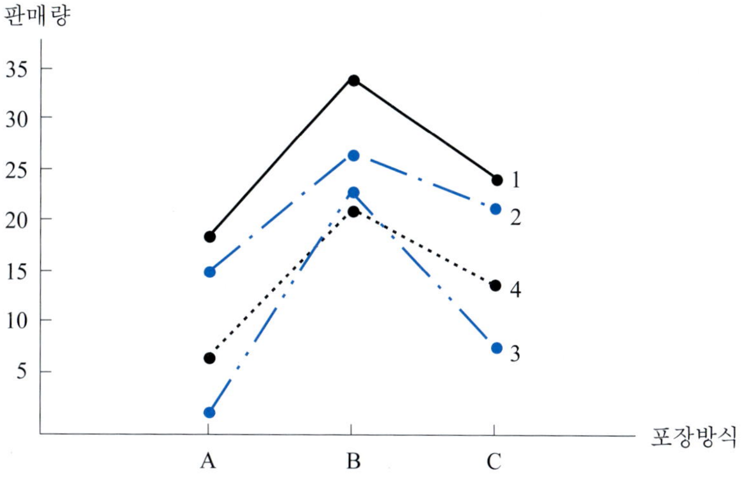

직선 사이의 간격이 크면 클수록 블록의 영향이 크다는 것을 의미한다. 다시 말해 포장방식에 관계없이 슈퍼마켓에 따라 판매량의 차이가 있다는 의미이다. 이처럼 선과 선 사이의 간격이 클 때에는 그 외생요인을 블록으로 처리하는 것이 바람직하다.

3. 블록설계하에서의 제곱합분해

블록설계하에서도 일원분산분석에서와 같이 제곱합분해를 통해 통계적 추정을 수행할 수 있다. 앞에서 살펴본 슈퍼마켓의 자료를 다음과 같이 정리하고 분석해 보기로 하자.

	포장방식 A	포장방식 B	포장방식 C	평 균
슈퍼마켓 1	17	34	23	24.67
슈퍼마켓 2	15	26	21	20.67
슈퍼마켓 3	1	23	8	10.67
슈퍼마켓 4	6	22	16	14.67
평 균	9.75	26.25	17	17.67

우선 귀무가설과 대립가설을 세우면 다음과 같다.

귀무가설 : 포장방식간에는 아무런 차이가 없다.
대립가설 : 이 중 적어도 2개의 포장방식간에는 매출액에 미치는 효과에 차이가 있다.

12개의 관측치에 대한 총변동을 나타내는 제곱합(SST)은 각 관측치와 총평균치 17.67의 차이를 제곱하여 합한 것으로 정의된다.

$$SST = (17-17.67)^2 + (23-17.67)^2 + \cdots + (16-17.67)^2$$
$$= 940.67$$

블록설계하에서는 총변동 SST가 실험처리에 의한 제곱합, 외생요인에 의한 제곱합, 그리고 블록요인에 의한 제곱합으로 분해된다. 즉 [그림 9-4]에 요약되어 있듯이 일원분산분석법에서는 외생요인에 의한 제곱합으로 포함될 부분이 블록에 의한 제곱합으로 바뀌며, 이에 따라 외생요인에 의한 제곱합은 감소하게 된다.

[그림 9-4]
총제곱합의 분해

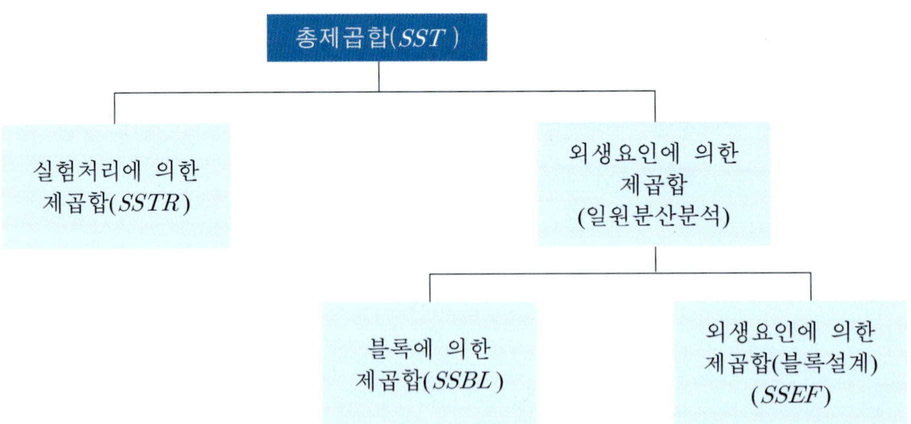

실험처리에 의한 제곱합($SSTR$), 즉 포장방식에 따른 판매량변동을 계산하기 위해 사용되는 관측치는 각 포장방식에 따른 평균판매량이다. 다만,

각 포장방식별로 4개의 관측치가 있으므로 이를 가중치로 부과하여 계산한다.

포장방식 A : $(17+15+1+6)/4=9.75$
포장방식 B : $(34+26+23+22)/4=26.25$
포장방식 C : $(23+21+8+16)/4=17$

$$SSTR=4\,[(9.75-17.67)^2+(26.25-17.67)^2+(17-17.67)^2]$$
$$=547.17$$

이제 블록에 의한 제곱합($SSBL$, Sum of Squares due to Blocking factor)을 계산해 보자. $SSTR$을 계산할 때와 같이 각 블록에서의 평균값과 블록에 속해 있는 관측치수를 이용하여 계산한다.

슈퍼마켓 1 : $(17+23+34)/3=24.67$
슈퍼마켓 2 : $(21+15+26)/3=20.67$
슈퍼마켓 3 : $(1+23+8)/3=10.67$
슈퍼마켓 4 : $(22+6+16)/3=14.67$

$$SSBL=3\,[(24.67-17.67)^2+(20.67-17.67)^2+(10.67-17.67)^2+(14.67-17.67)^2]$$
$$=348.0$$

지금까지 총변동, 실험요인에 의한 변동 그리고 블록요인에 의한 변동을 계산했으므로 이제 외생요인에 의한 변동인 $SSEF$만 계산하면 된다. 위의 계산과정에서 총변동(SST)은 940.67, 실험요인에 의한 변동($SSTR$)은 547.17, 그리고 블록에 의한 변동($SSBL$)은 348.0으로 나타났으므로 나머지 45.5는 외생요인에 의한 변동이 되어야 한다.

한편 총제곱합의 자유도는 개별 관측치수가 12이므로 12－1 또는 11이고, 실험요인은 포장방식이 3가지이므로 2의 자유도를 가지며, 마찬가지로 블록요인도 4－1=3의 자유도를 가진다. 따라서 외생요인은 11－2－3=6의 자유도를 가지게 된다. 지금까지의 설명을 요약해 보면 〈표 9-7〉과 같다.

〈표 9-7〉 분산분석표

변동의 원인	제곱합	자유도	분 산	F값	P값
블 록(행)	348.0	3	116		
처 리(열)	547.17	2	273.58	36.09	0.000452
외생요인	45.5	6	7.58		
합 계	940.67	11			

실험요인의 F값은 36.09이며, 이 값을 2와 6의 자유도를 가지는 F분포값과 비교해 보면[$F(2,\ 6\ ;\ 0.5\%)=14.54$] 포장방식이 판매량에 영향을 미친다고 99.5% 이상 확신할 수 있다. 또한 포장방식별 평균값을 보아 포장방식 B가 가장 우수하다고 볼 수 있다.

여기서 기억할 필요가 있는 것은 블록요인은 실험요인이 아니고 단지 블록의 설정을 통해 외생요인에 인한 변동의 양을 줄이는 역할을 할 뿐이다. 따라서 블록을 제2의 실험요인인 양 유의성을 판단하는 것은 의미가 없다.

〈표 9-8〉 블록을 고려한 분산분석표의 구조

변동의 원인	제곱합	자유도	분 산	분산비율(F값)
블 록	$SSBL$	$c-1$	$s_1^{\,2}=\dfrac{SSBL}{c-1}$	–
실험처리	$SSTR$	$r-1$	$s_2^{\,2}=\dfrac{SSTR}{r-1}$	$\dfrac{s_2^{\,2}}{s_3^{\,2}}$
외생요인	$SSEF$	$(r-1)(c-1)$	$s_3^{\,2}=\dfrac{SSEF}{(r-1)(c-1)}$	–
합 계	SST	$rc-1$		

예제 9-5

다음은 네 유형의 때와 얼룩을 블록으로 간주하고 세 가지 세제의 세탁효과를 테스트한 결과이다. 표 안의 숫자는 세탁효과를 나타낸 것으로 그 값이 클수록 효과가 큰 것으로 본다. $\alpha=5\%$에서 분산분석을 수행하여라.

블 록	실험요인		
	세제 A	세제 B	세제 C
기름 때	64	72	74
음식물 얼룩	55	57	47
곰팡이 얼룩	59	66	58
피 및 분비물 얼룩	58	57	53

풀이

① H_0 : $\mu_A = \mu_B = \mu_C$ (세제의 효과 비교)

② H_1 : 최소한 두 개의 평균은 서로 값이 다르다.

③ $\alpha = 0.05$

④ 엑셀을 이용한 분석

요약표	관측수	합	평균	분산
기름 때	3	210	70	28
음식물 얼룩	3	159	53	28
곰팡이 얼룩	3	183	61	19
피 및 분비물 얼룩	3	168	56	7
세제 A	4	236	59	14
세제 B	4	252	63	54
세제 C	4	232	58	134

분산 분석

변동의 요인	제곱합	자유도	제곱 평균	F 비	P-값	F 기각치
인자 A(행)	498	3	166	9.222222	0.011523	4.757063
인자 B(열)	56	2	28	1.555556	0.285588	5.143253
잔차	108	6	18			
계	662	11				

⑤ 분산분석표에서 행은 블록을 의미하며 열은 실험요인인 세제를 말한다. 열의 p값이 0.28558로 유의수준 5%를 초과하므로 H_0을 기각할 수 없다. 즉 세 가지 서로 다른 세제의 세탁효과에는 별 차이가 없는 것으로 결론내릴 수 있다. 참고로 얼룩이나 때는 실험요인이 아니므로 블록에 대해서는 별다른 설명을 할 필요가 없다.

제 4 절 이원분산분석

본절에서는 앞에서 살펴본 일원분산분석을 확장하여 독립된 실험요인이 2개인 경우를 대상으로 하는 이원분산분석(two-way analysis of variance)에 대해 논의해 보기로 하자. 독립된 실험요인이 3개 이상인 경우도 분석이 가능하지만 사회과학분야에서는 거의 사용하지 않는다.

둘 이상의 실험요인이 종속변수에 미치는 영향을 알아보기 위해서는 각각의 실험요인의 효과 외에도 둘 이상의 실험요인이 결합하여 나타나는 효과까지도 분석해야 한다. 이원분산분석은 각 실험요인의 독립적 효과 외에도 이 두 실험요인이 결합하여 나타날 수 있는 효과인 교호효과(interaction effect)까지도 밝혀낼 수 있다.

교호효과 또는 상호작용효과는 우리 주위에서도 그 예를 쉽게 찾아볼 수 있다. 감기약이나 알레르기약을 먹는 경우 알콜성분이 들어간 드링크를 마시게 되면 예기치 못한 부작용이 생길 수 있다. 감기약이나 알레르기약만을 먹거나 또는 알콜류 드링크만을 마시는 경우 큰 문제가 없을 수 있다. 이 두 성분이 결합될 때 예기치 못한 부작용, 즉 상호작용효과가 나타난다.

이제 다음의 예제를 통해 이원분산분석과정을 간략히 살펴보기로 하자.

예제 9-6

기술숙련도의 수준에 따라 교육방식은 달라질 수 있다. 현재 4가지 교육방식을 고려하고 있는데, 기술숙련도 수준에 따라 그 효과가 어떻게 달라지는지를 분석해 보고자 한다.

실험요인 A : 교육방식

- A_1 : 강의식
- A_2 : 토의식
- A_3 : 사례연구방식
- A_4 : 사이버강의방식

실험요인 B : 기술숙련도 수준

- B_1 : 미숙련
- B_2 : 준숙련
- B_3 : 숙련

교육방식이 4가지, 기술숙련도가 3가지 수준이므로 모두 4×3=12개의 조합 또는 실험처리를 고려해야 한다. 예를 들어 (A_1, B_1)은 미숙련공들이 강의식 방법에 의해 교육을 받는 경우이다. 이원분산분석을 적용하기 위해서는 각 조합별로 최소한 둘 이상의 관측치가 필요하다.

만약 조합별로 2명을 배정한다면 총 12개 조합에 24명이 필요하다. 이 24명을 선출하기 위해서는 우선 미숙련공 집단에서 무작위로 8명, 준숙련공 집단에서 8명, 그리고 숙련공 집단에서 8명을 추출해야 한다. 각 집단에서 추출된 8명을 다시 2명 1개조로 무작위로 재분할하여 이들 4개조에 무작위로 교육방식을 할당시킨다. 할당이 완료되면 각 교육방식에 6명의 종업원이 배치된다.

이 예제에서 궁금해하는 연구문제는 대략 다음과 같다.

- 기술숙련도에 따라 교육효과를 극대화할 수 있는 교육방식이 따로 있는가? 즉, 기술숙련도 수준에 맞추어 적절한 교육방식을 채택해야 하는가?
- 그렇지 않다면 기술숙련도에 관계없이 항상 우수한 교육효과를 내는 교육방식이 있는가?
- 또한 교육방식에 관계없이 기술숙련도는 교육효과에 영향을 미치는가?

일정기간 교육 후 그 성과를 측정하여 표로 정리한 것이 〈표 9-9〉와 같다고 하자. 모두 24명이 교육을 받았으며, 이들이 받은 성적의 평균은 77점이다.

〈표 9-9〉 교육성과의 요약

실험요인 A	실험요인 B			평 균
	미숙련	준숙련	숙 련	
강의식	58	99	74	78
	62	99	76	
토의식	60	89	80	76.67
	60	91	80	
사례연구방식	64	80	85	76.67
	66	80	85	
사이버강의방식	59	75	94	76.67
	61	75	96	
평 균	61.25	86	83.75	77

일원분산분석에서 변동을 주요 발생원인별로 분해한 것을 기억한다면, 여기서도 같은 논리를 전개할 수 있다.

전체 24명의 성적이 77점인데, 어느 누구도 77점을 받은 교육생은 없다. 그렇다면 무엇 때문에 성적이 개인별로 다 다른 것일까? 몇 가지 생각해 볼 수 있다.

- 각자 배정된 교육방식이 달라서이다. 개인차가 없더라도 교육방식에 따라 성과가 다를 수 있기 때문이다.
- 개인의 기술숙련도 수준에 따라 교육내용을 소화시킬 수 있는 능력이 다를 수 있다. 기술숙련도 수준이 높을수록 교육콘텐츠에 대한 이해도가 높아 성적이 좋을 것이다.
- 개인의 기술숙련도 수준에 따라 적절한 교육방식이 달라질 수 있다. 개인이 지니는 기술숙련도 수준을 고려한 최적의 교육방식이 존재할 것이다.
- 교육방식, 개인의 기술숙련도 수준 외에도 교육에 성과를 미치는 요인들은 매우 다양하다. 본인의 학습의지, 동기, 지적 수준, 관련분야에 대한 사전지식 등 다양한 요인들이 영향을 미칠 수 있다. 이런 요인들이 매우 중요하기는 하지만, 이 예제에서는 별 관심이 없는 요소들이다. 교육방식, 개인의 기술숙련도 수준 외의 다른 모든 요인을 외생요인으로 간주한다. 이 외생요인 때문에 성적에 차이가 난다.

본격적인 분석에 들어가기에 앞서 〈표 9-9〉의 데이터를 그래프로 변환시켜 그 특성을 살펴보기로 하자. 4가지 교육방식을 각각 A_1, A_2, A_3, A_4라 하고, 기술숙련도는 미숙련을 B_1, 준숙련을 B_2, 숙련을 B_3라 표기하기로 하자. 모두 12가지 조합이 있고, 각 조합마다 2명이 배정되어 있는데, 이들 각 조합별 평균성적을 구해보자. 예를 들어 강의식(A_1) · 미숙련(B_1) 조합의 성적은 58, 62점으로 평균값은 60점이다. 이런 방식으로 각 조합의 평균성적을 그래프상에 점으로 나타내고, 기술숙련도 수준별로 해당 점을 선으로 연결하면 [그림 9-5]와 같은 프로필 차트가 완성된다.

이 그림을 살펴보면 기술숙련도 수준에 관계없이 가장 효과적인 교육방식이 존재하지 않음을 알 수 있다. 기술숙련도 수준이 가장 높은 숙련공들에게는 사이버강의방식이 최선이며 준숙련공은 강의식, 미숙련공의 경우

[그림 9-5]
예시 프로필 차트 1

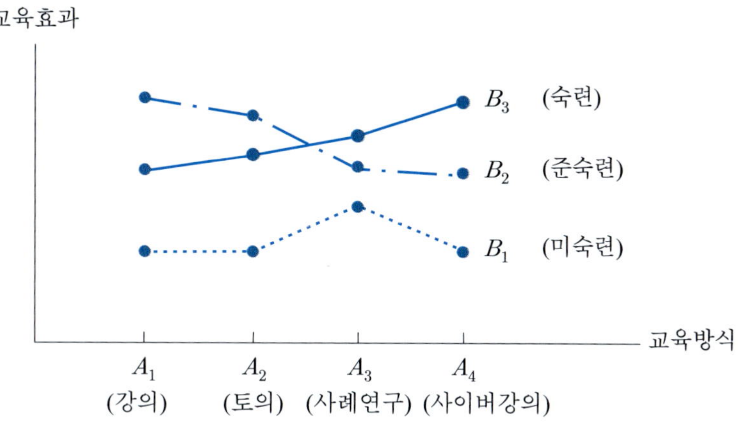

[그림 9-6]
예시 프로필 차트 2

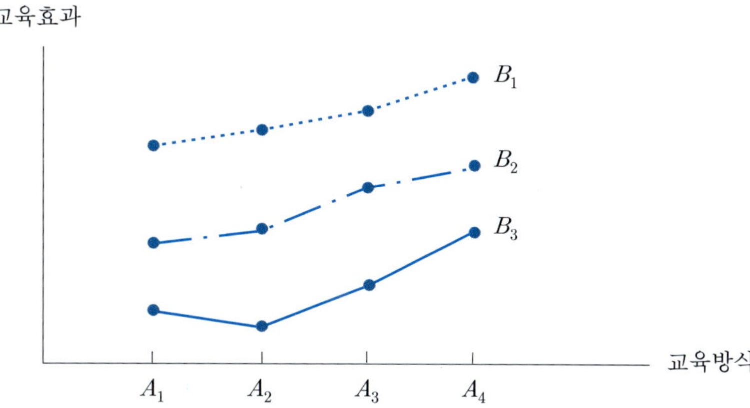

는 교육방식에 관계없이 거의 유사한 효과를 나타내고 있음을 알 수 있다. 물론 프로필 분석만으로는 결론을 내릴 수 없다. 그렇지만 통계적 분석에 들어가기에 앞서 데이터의 특성을 미리 알아보는 데에는 도움을 준다.

참고로 프로필 차트가 [그림 9-6]과 같다면 어떤 식의 잠정적 결론을 내릴 것인가? 어떤 교육방식을 채택하더라도 미숙련(B_1)의 성적이 B_2, B_3의 경우보다 높다. 또 사이버강의방식(A_4)의 교육성과가 다른 3방식에 비해 상대적으로 높음을 알 수 있다. 이렇게 프로필을 구성하는 점선이 서로 교차하지 않으면 교호작용으로 인한 효과는 존재하지 않는다고 결론지을 수 있다.

이제 다시 원래의 문제로 돌아가기로 하자. 전체 24명의 성적이 77점인

〈표 9-10〉 교육성과의 예시

실험요인 A	실험요인 B			평 균
	미숙련	준숙련	숙 련	
강의식	58	99	74	78
	62	99	76	
토의식	60	89	80	76.67
	60	91	80	
사례연구방식	64	80	85	76.67
	66	80	85	
사이버강의방식	59	75	94	76.67
	61	75	96	
평 균	61.25	86	83.75	77

데, 어느 누구도 77점을 받은 교육생은 없다. 그 변동의 원인을 외생요인, 실험요인 A, 실험요인 B, 그리고 두 실험요인의 결합요인인 교호효과 등 모두 4가지로 구분하여 분석해 보기로 하자. 먼저 24개의 관측치에 대한 총변동을 나타내는 제곱합(SST)은 각 관측치와 총평균치 77의 차이를 제곱하여 합한 것으로 그 값은 다음과 같다.

$$SST = (58-77)^2 + (62-77)^2 + \cdots\cdots + (94-77)^2 + (96-77)^2$$
$$= 4,174$$

총변동 SST는 실험요인 A와 B, 외생요인, 그리고 A와 B 간의 교호효과 등 네 요인에 의한 변동량으로 구성되어 있다.

우선 외생요인에 의한 제곱합($SSEF$)을 계산해 보기로 하자. 만약, 교육방식이나 기술숙련도가 교육에 전혀 영향을 미치지 않는다면, 변동은 오로지 개인간의 격차나 그 외 통제불가능한 외생요인에 의해서만 발생한다. 교육방식이나 기술숙련도가 똑같으면 성적은 같아야 하는데, 본 예제의 경우 그렇지 못하다. 바로 이 변동이 외생요인에 의한 변동이다. 예를 들어 미숙련공에게 강의식으로 교육을 하도록 한 조합에 속해 있는 두 관측치는 동일한 실험조건하에서 얻어진 자료이지만 58, 62점으로 성적이 다르다. 이러한 차이는 실험에서 무시한 외생요인, 즉 종업원의 연령, 일하고자 하는 의욕의 수준 등의 영향에서 비롯되었다고 볼 수 있다. $SSEF$는 각각의 조합에 속한 관측치의 평균과 개별 관측치 간의 차이를 제곱한 후 합하여 얻는다. 강의식·미숙련 조합의 경우 외생요인에 의한 변동은 8이다.

$$(58-60)^2+(62-60)^2=8$$

$SSEF$의 계산방법은 일원분산분석법에서 사용한 과정과 동일하다고 할 수 있다.

$$\begin{aligned} SSEF &= (58-60)^2+(62-60)^2 \\ &\quad +(60-60)^2+(60-60)^2 \\ &\quad + \quad \vdots \qquad\qquad \vdots \\ &\quad +(94-95)^2+(96-95)^2 \\ &= 18 \end{aligned}$$

이번에는 실험요인 A(교육방식)에 의한 변동을 계산해 보기로 하자. 실험요인 A의 제곱합($SSTR\text{-}A$)은 일원분산분석법에서의 $SSTR$ 계산과 유사한 방식으로 구할 수 있다. 네 가지 교육방식의 영향을 가장 잘 대표하고 있는 수치는 각각의 교육방식하에서 교육받은 학생들의 성적의 평균값이다. 따라서 $SSTR\text{-}A$를 계산하기 위해서는 이들 평균값과 총평균 간의 차이를 고려하면 된다. 다만 각각의 교육방식에 속한 관측치가 6개이므로 이를 가중치로 부과하여 계산해야 한다.

$$\begin{aligned} SSTR\text{-}A &= 6[(78-77)^2+(76.67-77)^2+(76.67-77)^2+(76.67-77)^2] \\ &= 7.96 \end{aligned}$$

실험요인 B(기술숙련도 수준)에 따른 변동인 $SSTR\text{-}B$도 같은 방법으로 계산할 수 있다.

$$SSTR\text{-}B=8[(61.25-77)^2+(86-77)^2+(83.75-77)^2]=2{,}997$$

이상의 세 요인에 의한 변동이 모두 합해도 3,022.96이므로 총변동 4,174에는 미달한다. 바로 이 차이가 교호효과에 의한 변동분이다.

$$SSTR\text{-}AB = 4{,}174 - (7.96 + 2{,}997 + 18) = 1{,}151.04$$

일원분산분석에서와 같이 평균적인 의미의 변동치를 구하기 위해서는 자유도가 필요하다. 총제곱합의 자유도는 표본전체의 크기에서 1을 뺀 수, 즉 23이 되며, 실험요인 A에 대한 자유도는 실험요인 A의 수준수에서 1을 뺀 값인 3이 된다. 실험요인 B에 대한 자유도 역시 실험요인 B의 수준수에서 1을 뺀 2가 된다.

그렇다면 외생요인의 자유도는 얼마이겠는가? 각각의 조합마다 2개의 관측치가 배정되어 있다. 그런데 각 조합에서 변동치를 구할 때 2명의 성적 평균을 이용했으므로 자유도를 1만큼 상실한다. 각 조합의 자유도는 2에서 1을 뺀 수, 즉 1의 자유도를 가지게 되며, 조합 개수가 모두 12개이므로 외생요인의 자유도는 12×1=12가 될 것이다. 여기서 주의할 점은, 만약 각각의 조합에 한 개의 관측치만 있다면 외생요인의 자유도는 0이 되어 교호작용을 포함하는 분산분석을 수행할 수가 없다는 점이다.

이제 남은 것은 교호효과의 자유도인데, 총자유도가 23, 실험요인 A, B 그리고 외생요인의 자유도가 합하여 17이므로 교호효과의 자유도는 23−17=6이 될 수밖에 없다. 참고로 교호효과의 자유도는 실험요인 A와 실험요인 B의 자유도를 곱한 값과 일치한다.

지금까지 계산한 결과를 분산분석표로 작성하면 〈표 9-11〉과 같다. 이원분산분석표에서도 F값 계산시 분모는 외생요인에 의한 분산값이다. 〈표 9-11〉을 살펴보면 교호효과 F값은 127.89로, $\alpha=0.05$일 때의 F값 3.0보다 훨씬 크다. 이는 곧 교호효과가 뚜렷이 존재한다는 것을 의미한다. 따라서 종업원의 기술숙련도 수준에 맞는 최적 교육방식을 찾아보면 다음과 같다.

- 미숙련공(B_1)에게는 사례연구방식(A_3)이 최적이고,
- 준숙련공(B_2)에게는 강의식(A_1)이 최적이며,
- 숙련공(B_3)에게는 사이버강의방식(A_4)이 최적이다.

〈표 9-11〉 교육성과에 관한 분산분석표

변동의 원인	제곱합	자유도	분 산	분산비율
실험요인 A	7.96	3	$7.96 \div 3 = 2.65$	$2.65 \div 1.5 = 1.77$
실험요인 B	2,997	2	$2{,}997 \div 2 = 1{,}498.5$	$1{,}498.5 \div 1.5 = 999$
교호효과	1,151.04	6	$1{,}151.04 \div 6 = 191.84$	$191.84 \div 1.5 = 127.89$
외생요인	18	12	$18 \div 12 = 1.5$	
합 계	4,174	23		

교호효과의 존재가 확실하다면, 실험요인 A 또는 B의 주효과는 테스트할 필요는 없다. 어차피 기술숙련도 수준에 따라 최적의 교육방식이 존재한다면, 어떤 교육방식이 더 우수한지 또는 기술숙련도 수준이 높아야 성과가 좋은지 등을 논의할 수 없기 때문이다. 물론 교호효과가 존재하지 않는다면 주효과(A 또는 B)를 테스트하여 교육방식이나 기술숙련도 수준에 따라 교육성과에 차이가 있는지 분석하고, 이에 대한 대비책을 강구해야 할 것이다.

지금까지 살펴본 이원분산분석 절차를 통계적인 용어를 동원하여 정리하면 다음과 같다.

실험요인 A의 수준이 r개, 실험요인 B의 수준이 c개일 때, 실험요인 A의 i번째 수준의 효과를 α_i라 하고 실험요인 B의 j번째 수준의 효과를 β_j라 하자. 그리고 실험요인 A의 i번째 수준과 실험요인 B의 j번째 수준이 결합하여 나타나는 교호작용의 효과는 $(\alpha\beta)_{ij}$로 나타내기로 하자. 이럴 때 가설은 다음과 같이 (a), (b), (c)의 세 가지로 제시해야 한다.

(a) 귀무가설 : $(\alpha\beta)_{11} = (\alpha\beta)_{12} = \cdots\cdots = (\alpha\beta)_{rc} = 0$
대립가설 : 최소한 한 개의 $(\alpha\beta)_{ij}$값은 0이 아니다.

(b) 귀무가설 : $\alpha_1 = \alpha_2 = \cdots\cdots = \alpha_r = 0$
대립가설 : 최소한 한 개의 α_i값은 0이 아니다.

(c) 귀무가설 : $\beta_1 = \beta_2 = \cdots\cdots = \beta_c = 0$
대립가설 : 최소한 한 개의 β_i값은 0이 아니다.

그리고 앞에서 계산한 바 있는 분산분석표는 〈표 9-12〉와 같은 형태를 취한다. 이 표에서 n은 표본의 개수를 의미한다.

〈표 9-12〉 이원분산분석표의 구조

변동의 원인	제곱합	자유도	분 산	분산비율
실험요인 A	$SSTR\text{-}A$	$r-1$	$s_1^2=\dfrac{SSTR\text{-}A}{r-1}$	$\dfrac{s_1^2}{s_4^2}$
실험요인 B	$SSTR\text{-}B$	$c-1$	$s_2^2=\dfrac{SSTR\text{-}B}{c-1}$	$\dfrac{s_2^2}{s_4^2}$
교호효과	$SSTR\text{-}AB$	$(r-1)(c-1)$	$s_3^2=\dfrac{SSTR\text{-}AB}{(r-1)(c-1)}$	$\dfrac{s_3^2}{s_4^2}$
외생요인	$SSEF$	$n-rc$	$s_4^2=\dfrac{SSEF}{n-rc}$	
합 계	SST	$n-1$		

예제 9-7

현재 사용하고 있는 이동통신사와 남녀 성별에 따라 월통화요금에 차이가 있는지 알아보기 위해 비슷한 배경의 대학생 18명을 추출하여 실험을 행하였다. 이들 18명의 성별, 가입중인 이동통신사, 그리고 월통화요금이 다음과 같을 때 $\alpha=5\%$에서 분산분석을 수행하여라.

(단위 : 만원)

성 별	가입하고 있는 이동통신사			평 균
	가	나	다	
여 자	4.1 3.9 4.3	3.1 2.8 3.3	3.5 3.2 3.6	3.533
남 자	2.7 3.1 2.6	1.9 2.2 2.3	2.7 2.3 2.5	2.478
평 균	3.45	2.6	2.97	3.006

풀이

성별을 실험요인 A라 하고 이동통신사를 실험요인 B라 하자. 귀무가설은 다음과 같이 세 가지로 구별된다.

귀무가설 1 : 성별에 따른 월통화요금의 차이는 없다.
귀무가설 2 : 이동통신사에 따른 월통화요금의 차이는 없다.
귀무가설 3 : 성별과 이동통신사 요인 간의 교호효과에 의한 월통화요금의 차이는 없다.

주어진 자료를 토대로 하여 변동치를 계산하면 다음과 같다.

$$SST = (4.1-3.006)^2+(3.9-3.006)^2+\cdots+(2.5-3.006)^2 = 7.93$$

$$SSTR\text{-}A = 9[(3.533-3.006)^2+(2.478-3.006)^2]=5.014$$

$$SSTR\text{-}B = 6[(3.45-3.006)^2+(2.6-3.006)^2+(2.97-3.006)^2]=2.181$$

$$\begin{aligned} SSEF &= [(4.1-4.1)^2+(3.9-4.1)^2+(4.3-4.1)^2]+ \\ &\quad +[(3.1-3.067)^2+(2.8-3.067)^2+(3.3-3.067)^2] \cdots \\ &\quad +[(2.7-2.5)^2+(2.3-2.5)^2+(2.5-2.5)^2]=0.60 \end{aligned}$$

$$SSTR\text{-}AB = 7.93-5.014-2.181-0.60=0.135$$

변동의 원인	제곱합	자유도	분 산	분산비율
성별(A)	5.014	1	5.014	100.28
이동통신사(B)	2.181	2	1.09	21.8
교호효과	0.135	2	0.068	1.36
외생요인	0.60	12	0.05	
합 계	7.93	17		

우선 교호효과의 기각역은 유의수준 $\alpha=0.05$, 분자의 자유도 2, 분모의 자유도 12일 때 F값이 3.89보다 크거나 같은 영역이다. 그러나 분산분석표의 교호효과의 분산비율은 1.36에 불과하므로 귀무가설을 기각할 수 없다. 즉 교호효과는 존재하지 않는다고 할 수 있다.

한편, 성별요인의 기각역은 유의수준 $\alpha=0.05$, 분자의 자유도 1, 분모의 자유도 12일 때 F값이 4.75보다 크거나 같은 영역이다 분산비율값이 100.28이므로 성별간에 차이가 없다는 귀무가설을 기각한다. 즉, 남녀간에 차이가 있다.

또한 이동통신사 요인의 기각역은 유의수준 $\alpha=0.05$, 분자의 자유도 2,

분모의 자유도 12일 때 F값이 3.89보다 크거나 같은 영역이다. 분산비율값이 21.8로서 기각역에 포함되므로, 이동통신사에 따라 월통화요금이 다르다고 결론내릴 수 있다.

예제 9-8

개발 완성단계에 이른 응용소프트웨어 A와 B를 실행하는 데 걸리는 시간이 운영체계(operating system)에 따라 영향을 받는지 여부를 조사한 결과가 다음과 같다. 운영체계와 응용소프트웨어가 실행시간에 차이를 주는가? 두 요인간의 교호작용은 존재하는가?

요약표	OS1	OS2	계
A			
관측수	2	2	4
합	64	56	120
평균	32	28	30
분산	8	8	10.66667
B			
관측수	2	2	4
합	42	57	99
평균	21	28.5	24.75
분산	2	0.5	19.58333
계			
관측수	4	4	
합	106	113	
평균	26.5	28.25	
분산	43.66667	2.916667	

분산 분석

변동의 요인	제곱합	자유도	제곱 평균	F 비	P-값	F 기각치
인자 A(행)	55.125	1	55.125	11.91892	0.025998	7.708647
인자 B(열)	6.125	1	6.125	1.324324	0.313931	7.708647
교호작용	66.125	1	66.125	14.2973	0.019416	7.708647
잔차	18.5	4	4.625			
계	145.875	7				

풀이

분산분석표에서 교호작용에 관한 결과를 보면 p값이 0.019416으로 유의수준 $\alpha=5\%$보다 작다. 따라서 교호작용이 존재한다고 볼 수 있다. 상단의 요약표를 보면 응용소프트웨어 A는 OS_2를 사용할 때 상대적으로 빨리 결과를 도출하며, 응용소프트웨어 B는 OS_1하에서 속도가 빨라짐을 알 수 있다. 사용하고자 하는 소프트웨어에 따라 적절한 운영체제를 선택하는 것이 바람직하다.

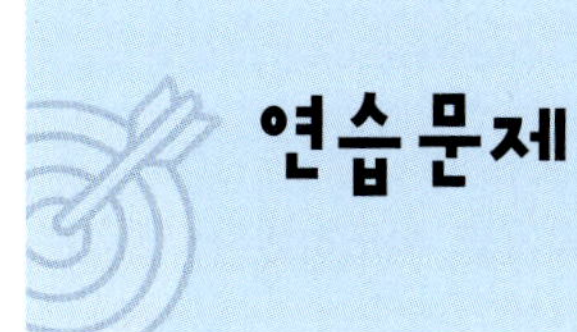

연습문제

선택형 문제

1. 다음 중 분산분석에 관한 설명이 바르게 된 것은?

① 집단간 차이분석에 활용되며, 집단을 구분하는 요인이 종속요인이 된다.

② 종속변수의 개별 관측치와 이들 관측치의 평균값 사이의 변동(total variation)을 그 원인에 따라 몇 가지로 나누어 분석하는 방법이다.

③ 실험요인의 종류가 하나인 모형을 이원분산분석이라 부른다.

④ 분산분석에서 귀무가설은 설정할 필요가 없다.

2. 다음 중 분산분석에 관한 설명이 바르게 된 것은?

ㄱ. 분산분석에서 외생요인(extraneous factor)은 통계분석자가 통제하기 힘든 요인들을 모두 묶어서 지칭하는 용어이다.

ㄴ. 각각의 관측치와 전체평균의 차이를 이용하여 전체 변동이라고도 할 수 있는 총변동을 구한다.

ㄷ. 총변동은 실험요인에 의한 제곱합(Sum of Squares due to TReatment : $SSTR$)과 외생요인에 의한 제곱합(Sum of Squares due to Extraneous Factors : $SSEF$)으로 나누어진다.

---

① ㄱ, ㄴ　　② ㄴ, ㄷ

③ ㄱ, ㄷ　　④ ㄱ, ㄴ, ㄷ

3. 다음 중 F분포에 대한 설명이 바르지 못한 것은?

① 실험요인이 아무런 영향을 미치지 못한다면 F분포하에서의 확률변수인 분산비율 수치는 2.0에 매우 가까운 값을 취한다.

② F분포에서는 분산을 분산으로 나눈 통계치를 이용하여 의사결정을 하므로, 분자의 자유도와 분모의 자유도를 알고 있어야 한다.

③ 일원분산분석에서 실험요인이 아무런 영향을 미치지 못한다면, 분산비율은 분자의 자유도가 $k-1$, 분모의 자유도가 $N-k$인 F분포를 따른다.

④ F분포를 구성하는 확률변수값은 분산을 분산으로 나눈 값이므로 0보다 작을 수 없으며, 그 값은 0에서 무한대(∞)까지 될 수 있다.

4. 4곳의 고등학교에서 각각 30명의 학생을 뽑아 자율학습의 효용성에 대한 평가를 시도하였다. 일원분산분석을 실시하고자 하는데, 분자와 분모의 자유도는 각각 얼마가 될 것인가?

① 3, 30 ② 4, 30
③ 3, 119 ④ 3, 116

5. 4개 엔진 생산라인에서 각각 5개의 완제품 엔진을 무작위로 뽑아 내구성을 측정하였다. 분산분석 결과 $SSTR$=6,750, $SSEF$=8,000이 도출되었다. 유의수준 0.05에서 귀무가설을 검정하기 위해 필요한 검정통계치를 구하여라.

① 0.22 ② 0.84
③ 4.5 ④ 5.25

6. 둘 이상의 실험요인이 종속변수에 미치는 영향을 알아보기 위해서는 각각의 실험요인의 효과 외에도 둘 이상의 실험요인이 결합하여 나타나는 효과까지도 분석해야 한다. 이원분산분석에서 각 실험요인의 독립적 효과 외에도 이 두 실험요인이 결합하여 나타날 수 있는 효과를 무엇이라 하는가?

① 교호효과 ② 편차효과
③ 무작위효과 ④ 표본추출오류효과

7. 다음 자료는 작년 기준 축구, 야구, 배구 등 세 종목의 게임을 관람한 사람들 수를 분산분석을 이용하여 평가한 것이다. 예를 들어 축구는 27회 시합을 모두 10,667명의 팬들이 즐긴 것으로 나타났으며, 야구는 30회 시합을 5,945명이, 배구는 20회 시합을 5,299명이 즐긴 것으로 나타났다. 이 엑셀 결과에서 어떤 결론을 도출할 수 있는가?

분산 분석: 일원 배치법

요약표

인자의 수준	관측수	합	평균	분산
축구	27	10667	395.0741	7997.994
야구	30	5945	198.1667	5641.385
배구	20	5299	264.95	6145.103

분산 분석

변동의 요인	제곱합	자유도	제곱 평균	F 비	P-값	F 기각치
처리	561366	2	280683	42.53601	5.04E-13	3.120349
잔차	488305	74	6598.716			
계	1049671	76				

① p값이 5% 미만으로 매우 작은 값이지만 F기각치가 3.12밖에 되지 않아 차이가 있다고 보기 힘들다.

② p값이 5% 미만으로 매우 작은 값이므로 관람객수는 종목별로 차이가 있다고 결론 내릴 수 있다.

③ p값이 5.05로 매우 큰 값이므로 관람객수는 종목별로 차이가 있다고 보기 힘들다.

④ F기각치가 3.12로 작아 관람객수는 종목별로 차이가 있다고 보기 힘들다.

8. 다음은 체인으로 운영되고 있는 가족형 레스토랑의 연간 입장객수를 요약한 자료와 엑셀을 이용한 컴퓨터 분석결과이다.

요약표

인자의 수준	관측수	합	평균	분산
북부	7	113949	16278.43	6206852
중부	8	144969	18121.13	41733338
남부	9	325203	36133.67	6.26E+08

분산 분석

변동의 요인	제곱합	자유도	제곱 평균	F 비	P-값	F 기각치
처리	2.02E+09	2	1.01E+09	3.96762	0.03454	3.466795
잔차	5.34E+09	21	2.54E+08			
계	7.35E+09	23				

(a) 귀무가설을 검정하기 위해 필요한 F분포상의 검정통계치는 얼마인가?

① 0.03454 ② 3.96762

③ 3.466795 ④ 7.35

(b) 이 문제에서는 검정통계치(F비)가 얼마 이상 되어야만 지역별로 차이가 없다는 귀무가설을 기각할 수 있는가?

① 0.03454 ② 3.96762

③ 3.466795 ④ 7.35

(c) 유의수준 5%에서 각 지역별로 입장객수에 차이가 있다고 볼 수 있는가?

① 차이가 있다.

② 차이가 없다.

③ 추가자료가 제공되어야 결론을 내릴 수 있다.

9. 다음은 4가지 브랜드의 절단용 공구의 성능을 비교한 자료이다. 5가지의 다양한 경도(hardness)를 갖는 자재를 절단하는 실험을 통해 각 공구의 절단속도를 측정하였다. 다음 표의 값은 절단속도를 나타낸 것으로 그 값이 클수록 우수한 절단공구로 평가된다.

	공구 A	공구 B	공구 C	공구 D
자재 1	12	20	13	11
자재 2	2	14	7	5
자재 3	8	17	13	10
자재 4	1	12	8	3
자재 5	7	17	14	6

엑셀을 이용하여 분석한 결과가 다음과 같을 때 물음에 답하여라.

요약표	관측수	합	평균	분산
자재 1	4	56	14	16.66667
자재 2	4	28	7	26
자재 3	4	48	12	15.33333
자재 4	4	24	6	24.66667
자재 5	4	44	11	28.66667
공구 A	5	30	6	20.5
공구 B	5	80	16	9.5
공구 C	5	55	11	10.5
공구 D	5	35	7	11.5

변동의 요인	제곱합	자유도	제곱 평균	F 비	P-값	F 기각치
인자 A(자재 유형)	184	4	46	23	1.49E-05	3.259167
인자 B(공구 유형)	310	3	103.3333	51.66667	3.91E-07	3.490295
잔차	24	12	2			
계	518	19				

(a) 귀무가설을 검정하기 위해 필요한 F분포상의 검정통계치는 얼마인가?

① 3.259167　　② 51.66667

③ 3.490295　　④ 103.3333

(b) 이 문제에서는 검정통계치(F비)가 얼마 이상 되어야만 공구의 품질에 차이가 없다는 귀무가설을 기각할 수 있는가?

① 3.259167　　② 51.66667

③ 3.490295　　④ 103.3333

(c) 공구의 품질에 차이가 있는가?

① 차이가 있다.

② 차이가 없다.

③ 추가자료가 제공되어야 결론을 내릴 수 있다.

10. 다음은 새로운 교육방법에 대한 성과를 실험을 통해 조사한 결과이다. 사이버(e-Learning) 강의방식과 강의실 강의와 사이버 강의의 혼합형인 블렌디드 강의방식에 적절한 콘텐츠를 개발하고, 학습능력에는 차이가 없지만 학습에 대한 능동적인 수준에 따라 자기주도형, 일반형, 수동형으로 구분하여 실험을 실시하였다. 각 반별로 5명씩을 무작위로 배정하여 수업을 진행하고 성과를 평가하였다. 다음 표에 제시된 a_1, a_2, a_3, b_1, b_2, b_3는 각 반에 배정된 5명 학생의 학습성과를 평균낸 값을 의미한다.

	사이버 강의	블렌디드 강의
자기주도형	a_1	b_1
일반형	a_2	b_2
수동형	a_3	b_3

다음 중 a_1, a_2, a_3, b_1, b_2, b_3 값이 어떤 모양을 취하는 경우 교호작용은 존재하지 않으며 강의방식에 따른 차이도 없지만, 학습에 대한 능동적 수준에 따라 성과에 차이가 있다고 볼 수 있는가?

①

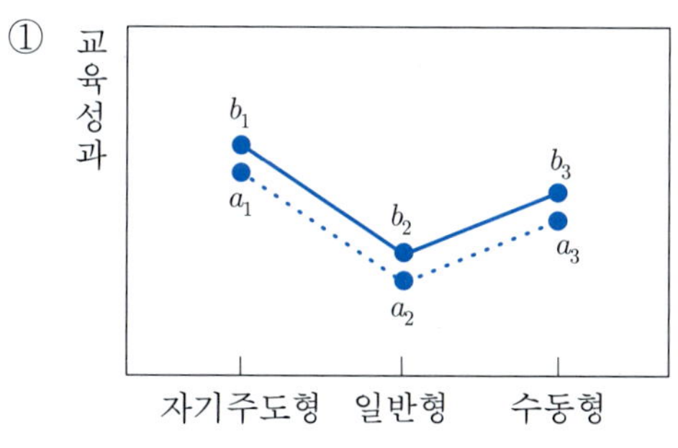

②

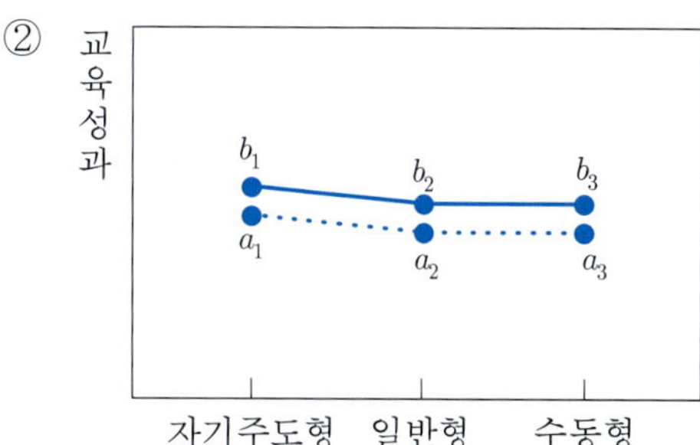

③

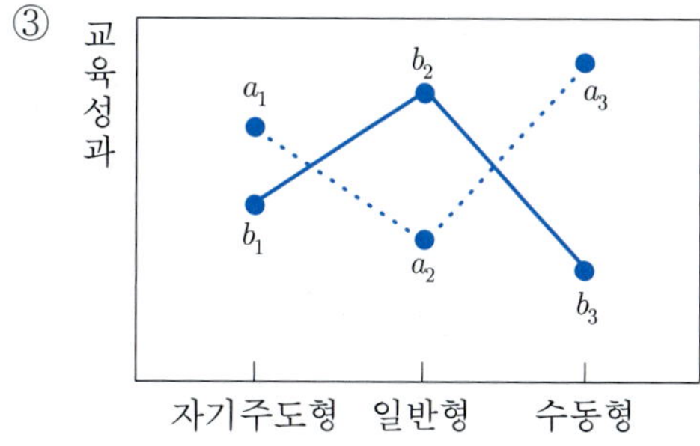

④

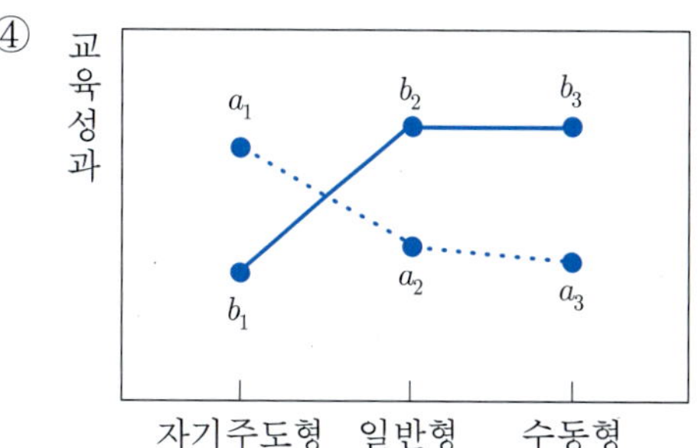

11. 신입사원 교육을 위해 100% 사이버 방식과 블렌디드 방식(사이버와 오프라인 강의의 혼합)을 도입하였다. 이 두 가지 서로 다른 교육방법과 전공영역별(인문사회분야, 경영경제분야, 공학분야)로 구분하여 모두 6가지 경우를 검토해 보고자 한다. 교육종료와 함께 시험(100점 만점)을 보게 하였으며 그 결과에 이원분산분석을 적용하여 다음 표를 도출할 수 있었다(단, 유의수준은 α =0.05이다).

요약표	100% 사이버	블랜디드방식	계
인문사회분야			
관측수	6	6	12
합	493	558	1051
평균	82.16666667	93	87.58333
분산	25.36666667	22.4	53.7197
경영경제분야			
관측수	6	6	12
합	562	546	1108
평균	93.66666667	91	92.33333
분산	21.46666667	52.4	35.51515
공학분야			
관측수	6	6	12
합	465	538	1003
평균	77.5	89.66666667	83.58333
분산	1.1	21.06666667	50.44697
계			
관측수	18	18	
합	1520	1642	
평균	84.44444444	91.22222222	
분산	62.96732026	30.18300654	

변동의 요인	제곱합	자유도	제곱 평균	F 비	P-값	F 기각치
인자 A(행)	460.5	2	230.25	9.607093	0.000596	3.31583
인자 B(열)	413.4444444	1	413.4444	17.25081	0.00025	4.170877
교호작용	404.0555556	2	202.0278	8.429532	0.001244	3.31583
잔차	719	30	23.96667			
계	1997	35				

(a) 교호작용이 있는가를 검정하기 위해 필요한 F분포상의 통계치를 구하여라.

① 3.31583 ② 4.170877
③ 8.429532 ④ 17.25081

(b) 이 문제에서는 검정통계치(F비)가 얼마 이상 되어야만 교호작용이 없다는 귀무가설을 기각할 수 있는가?

① 3.31583 ② 4.170877
③ 8.429532 ④ 17.25081

(c) 교호작용이 있다고 볼 수 있는가?

① 교호작용이 존재한다.
② 교호작용이 존재하지 않는다.
③ 추가자료가 제공되어야 결론을 내릴 수 있다.

계산형 문제

1. 세 가지 상품전시법이 판매액에 미치는 영향을 조사하고자 한다. 어떤 방법으로 전시하든 간에 장기적으로 차이가 없다는 귀무가설을 유의수준 5%에서 기각할 수 있는가?

(단위 : 천만원)

상품전시 1	상품전시 2	상품전시 3
4	6	7
2	5	7
3	4	7

2. 생화학적 분석을 정확히 하기 위해 4곳의 연구소에 의뢰하였다. 똑같은 샘플을 5개씩 4곳의 연구소에 보내 분석한 결과가 다음과 같았다. 이 4곳의 분석결과가 모두 같은지 $\alpha=0.05$ 수준에서 검정하여라.

A	B	C	D
58.7	62.7	55.9	60.7
61.4	64.5	56.1	60.3
60.9	63.1	57.3	60.9
59.1	59.2	55.2	61.4
58.2	60.3	58.1	62.3

3. 다음은 A, B, C 각 투자신탁에서 발행한 수익증권의 투자수익률을 정리한 것이다. 이 세 회사의 투자실적에 차이가 있는가? $\alpha=0.05$ 수준에서 검정하여라.

A	B	C
16.9	10.0	15.2
15.0	13.1	12.5
16.2	12.3	13.0
15.8	10.5	17.4
17.1	8.9	11.7

4. 시중에 판매되는 세 가지 티슈 브랜드를 이용하여 수분흡수력을 조사한 결과와 이를 토대로 한 분산 분석 결과가 다음과 같다. 유의수준 5%에서 통계적 검정을 하여라.

브랜드 1	브랜드 2	브랜드 3
91	99	83
100	96	88
88	94	89
89	99	76

요약표

인자의 수준	관측수	합	평균	분산
브랜드 1	4	368	92	30
브랜드 2	4	388	97	6
브랜드 3	4	336	84	35.33333

분산 분석

변동의 요인	제곱합	자유도	제곱 평균	F 비	P-값	F 기각치
처리	344	2	172	7.233645	0.013397	4.256495
잔차	214	9	23.77778			
계	558	11				

5. 최근에 판매를 개시한 가정용 인터넷 관련 서비스 상품 A, B, C에 대한 소비자 만족도를 무작위로 선택된 30명의 고객을 대상으로 조사하였다. 이 상품들은 인터넷접속 서비스, 인터넷 전화, 휴대전화 등의 서비스를 서로 다르게 조합함으로써 고객의 다양한 니즈를 만족시키기 위해 개발된 것들이다. 아래는 그 조사 결과이다. 5%의 유의수준에서 이 세 상품간 만족도의 차이가 있는지를 검정하여라.

요약표

인자의 수준	관측수	합	평균	분산
A	10	900	90	98
B	10	840	84	168.4444
C	10	810	81	159.7778

분산 분석

변동의 요인	제곱합	자유도	제곱 평균	F 비	P-값	F 기각치
처리	420	2	210	1.478102	0.245946	3.354131
잔차	3836	27	142.0741			
계	4256	29				

6. 어떤 소프트웨어 기업은 그 기업의 새로운 컴퓨터 프로그램(프로그램 3)이 경쟁기업의 프로그램(프로그램 1과 2)보다 빠르다고 주장하고 있다. 이를 검정하기 위해 여러 종류의 PC를 블록화하고 실제실험을 수행하였다. 분석자료가 다음과 같이 주어져 있다고 가정하고 프로필분석과 분산분석을 수행하여 $\alpha=0.05$ 수준에서 컴퓨터 계산소요시간에 차이가 없다는 가설을 검정하여라.

(단위 : 초)

블 록	실험요인(컴퓨터 계산소요시간)			
	프로그램 1	프로그램 2	프로그램 3	평 균
컴퓨터 A	8	10	6	8
컴퓨터 B	7	9	6	7.33
컴퓨터 C	6	8	3	5.67

요약표	관측수	합	평균	분산
컴퓨터 A	3	24	8	4
컴퓨터 B	3	22	7.33333333	2.333333
컴퓨터 C	3	17	5.66666667	6.333333
프로그램 1	3	21	7	1
프로그램 2	3	27	9	1
프로그램 3	3	15	5	3

분산 분석

변동의 요인	제곱합	자유도	제곱 평균	F 비	P-값	F 기각치
인자 A(컴퓨터)	8.666666667	2	4.33333333	13	0.017778	6.944272
인자 B(프로그램)	24	2	12	36	0.00277	6.944272
잔차	1.333333333	4	0.33333333			
계	34	8				

7. 고혈압 환자의 혈압약에 대한 연구가 실시되었다. 연구자는 약의 효과가 심장수축의 정도에 따라 크게 달라질 것으로 생각하여 무작위 블록설계를 선택하였다. 약 효과에 근본적 차이가 없다는 가설을 $\alpha=0.05$ 수준에서 검정하여라. 단, 다음 표에 주어진 값이 클수록 약 효과도 커지는 것으로 가정한다.

블록(심장수축)	실험요인				
	약 1	약 2	약 3	약 4	평 균
낮 음	4	7	4	9	6
중 간	7	10	6	9	8
높 음	10	13	11	18	13

요약표	관측수	합	평균	분산
낮 음	4	24	6	6
중 간	4	32	8	3.333333
높 음	4	52	13	12.66667
약 1	3	21	7	9
약 2	3	30	10	9
약 3	3	21	7	13
약 4	3	36	12	27

분산 분석

변동의 요인	제곱합	자유도	제곱 평균	F 비	P-값	F 기각치
인자 A(심장수축)	104	2	52	26	0.001107	5.143253
인자 B(약)	54	3	18	9	0.012216	4.757063
잔차	12	6	2			
계	170	11				

8. 휘발유의 주행거리를 개선할 수 있는 세 가지 휘발유 첨가물의 효과를 시험하고자 한다. 자동차 주행 시험이 실시되는 시간대를 블록으로 구성하여 실험한 결과 아래와 같은 자료를 구할 수 있었다. 이 세 가지 첨가물의 효과에 차이가 없다는 가설을 $\alpha=0.05$ 수준에서 검정하여라.

블 록	실험요인		
	첨가물 1	첨가물 2	첨가물 3
오 전	4	4	7
정 오	7	6	8
오 후	7	5	6

9. 기업경영을 위한 전사적정보시스템(ERP)을 운영할 신입사원에 대한 교육효과를 증진시키기 위해 두 가지 서로 다른 교육방법과 세 유형의 학습콘텐츠를 테스트하여 이 중 가장 우수한 교육시스템을 채택하고자 한다. 각각의 조합에 두 명씩 배정하여 교육을 받게 한 뒤 교육종료와 함께 시험을 보게 하였다. 그 결과가 다음 표와 같을 때, 분산분석을 이용하여 교육방법, 학습콘텐츠, 그리고 이들 두 요소간의 교호효과에 대해 분석하여라. 유의수준은 $\alpha=0.05$로 설정한다.

학습콘텐츠 유형	교육방법	
	A	B
1	38	28
	42	25
2	33	13
	37	16
3	31	4
	29	7

10. 다음은 체인으로 운영되고 있는 가족형 레스토랑의 연간 입장객수를 요약한 자료와 엑셀을 이용한 컴퓨터 분석결과이다. 지역별로 입장객수에 차이가 있는가?

북 부	중 부	남 부
17,801	11,014	30,364
18,022	12,308	28,420
14,324	12,017	28,980
13,567	13,078	28,478
19,209	24,361	10,022
17,853	24,209	46,170
13,173	24,328	98,196
	23,654	29,813
		24,760

요약표

인자의 수준	관측수	합	평균	분산
북부	7	113949	16278.43	6206852
중부	8	144969	18121.13	41733338
남부	9	325203	36133.67	6.26E+08

분산 분석

변동의 요인	제곱합	자유도	제곱 평균	F 비	P-값	F 기각치
처리	2.02E+09	2	1.01E+09	3.96762	0.03454	3.466795
잔차	5.34E+09	21	2.54E+08			
계	7.35E+09	23				

11. 퇴직연금펀드를 운영하는 증권사, 연금운영기관, 해외투자기관 등의 연간 실적을 알아보기 위해 자료(수익률 단위 : %)를 수집하였다. 펀드운영사의 유형에 따라 펀드 운영실적에 차이가 있다고 볼 수 있는가?

공공기관	증권사	연금기금	해외기관
36	22	52	45
35	22	31	64
39	25	45	54
40	20	46	62
30	18	58	18
		78	62
		68	
		78	
		53	

요약표

인자의 수준	관측수	합	평균	분산
공공기관	5	179.1	35.82	15.432
증권사	5	106.3	21.26	7.143
연금	9	509.3	56.58889	249.5211
해외기관	6	303.5	50.58333	313.5097

분산 분석

변동의 요인	제곱합	자유도	제곱 평균	F 비	P-값	F 기각치
처리	4606.333	3	1535.444	8.824351	0.0005574	3.072472
잔차	3654.017	21	174.0008			
계	8260.35	24				

12. 다음은 새로운 교육방법에 대한 성과를 실험을 통해 조사한 결과이다. 전통적인 강의실 강의, 사이버(e-Learning) 강의, 강의실 강의와 사이버 강의의 혼합형인 블렌디드 강의 그리고 TV방송 강의 등 4가지 유형의 강의방식에 적절한 콘텐츠를 개발하고, 학습능력에는 차이가 없지만 학습에 대한 능동적인 수준에 따라 자기주도형, 일반형, 수동형으로 구분하여 실험을 실시하였다. 각 반별로 5명씩을 무작위로 배정하여 수업을 진행하고 성과를 평가하였다.

	전통적 강의	사이버 강의	블렌디드 강의	TV방송 강의
자기주도형	663	412	361	491
	607	402	321	359
	502	346	300	357
	488	364	322	351
	460	251	302	311
일반형	446	340	291	291
	427	321	253	281
	419	293	237	270
	408	329	229	256
	399	324	193	249
수동형	397	301	190	239
	394	310	251	236
	390	322	225	225
	376	287	204	224
	371	254	188	213

분산 분석

변동의 요인	제곱합	자유도	제곱 평균	F 비	P-값	F 기각치
인자 A(행)	150053.4333	2	75026.71667	43.40756276	1.72E-11	3.190721
인자 B(열)	317814.05	3	105938.0167	61.29164798	1.93E-16	2.79806
교호작용	17600.3	6	2933.383333	1.697142389	0.142152	2.294598
잔차	82964.4	48	1728.425			
계	568432.1833	59				

(a) 실험결과와 엑셀을 이용한 컴퓨터 분석결과가 위와 같을 때 분산분석을 실시하여라.

(b) 어떤 요인들이 학생들의 성과에 영향을 미치는가?

13. 다음은 새로운 교육방법에 대한 성과를 실험을 통해 조사한 결과이다. 전통적인 강의실 강의, 사이버(e-Learning) 강의, 강의실 강의와 사이버 강의의 혼합형인 블렌디드 강의 등 3가지 유형의 강의방식에 대한 남녀학생들의 차이를 알아보기 위해 실험을 실시하였다.

	전통적 강의	사이버 강의	블렌디드 강의
남학생	291	361	412
	253	321	402
	237	300	346
	229	322	364
	193	302	251
여학생	397	663	340
	394	607	321
	390	502	293
	376	488	329
	371	460	324

요약표	전통적강의	사이버강의	블렌디드강의	계
남학생				
관측수	5	5	5	15
합	1203	1606	1775	4584
평균	240.6	321.2	355	305.6
분산	1276.8	600.7	4109	4177.829
여학생				
관측수	5	5	5	15
합	1928	2720	1607	6255
평균	385.6	544	321.4	417
분산	131.3	7521.5	304.3	11650
계				
관측수	10	10	10	
합	3131	4326	3382	
평균	313.1	432.6	338.2	
분산	6466.1	17398.71111	2275.066667	

분산 분석

변동의 요인	제곱합	자유도	제곱 평균	F 비	P-값	F 기각치
인자 A(행)	93074.7	1	93074.7	40.0505	1.53E-06	4.259675
인자 B(열)	79405.4	2	39702.7	17.08427	2.43E-05	3.402832
교호작용	86409.8	2	43204.9	18.59128	1.33E-05	3.402832
잔차	55774.4	24	2323.933333			
계	314664.3	29				

(a) 강의종료 후 실시한 시험의 성적과 엑셀을 이용한 컴퓨터 분석결과가 위와 같을 때 분산분석을 실시하여라.

(b) 어떤 요인들이 학생들의 성과에 영향을 미치는가?

14. 퇴직연금펀드를 운영하는 국내증권사, 국내연금운영기관, 외국기업의 연간 실적을 알아보기 위해 자료를 수집하였다. 각각 펀드운영사들은 수도권, 동남권, 서남권 등 전국각지에도 지점을 두고 있는데, 이를 고려하여 연평균 수익률 자료(수익률 단위 : %)를 수집하였다. 펀드운영사별로 연금펀드 운영실적에 어떤 차이가 있는가?

	국내증권사	국내연금운영기관	외국기업
수도권	22	52	45
	22	31	64
	25	45	54
	20	46	62
동남권	18	58	65
	34	78	62
	12	68	45
	16	78	55
서남권	18	53	23
	32	45	21
	32	56	34
	44	44	17

요약표	증권사	연금	외국기업	계
수도권				
관측수	4	4	4	12
합	88.7	174.1	224.5	487.3
평균	22.175	43.525	56.125	40.60833
분산	3.9425	80.9825	77.00917	258.3681
동남권				
관측수	4	4	4	12
합	79.6	282.2	226.5	588.3
평균	19.9	70.55	56.625	49.025
분산	93.90666667	92.67667	77.22917	569.8948
서남권				
관측수	4	4	4	12
합	126	198	95	419
평균	31.5	49.5	23.75	34.91667
분산	113	35	52.91667	181.7197
계				
관측수	12	12	12	
합	294.3	654.3	546	
평균	24.525	54.525	45.5	
분산	84.98204545	203.4711	314.5764	

분산 분석						
변동의 요인	제곱합	자유도	제곱 평균	F 비	P-값	F 기각치
인자 A(행)	1209.121667	2	604.5608	8.682569	0.001226	3.354131
인자 B(열)	5685.605	2	2842.803	40.8277	6.87E-09	3.354131
교호작용	3544.213333	4	886.0533	12.7253	6.02E-06	2.727766
잔차	1879.99	27	69.62926			
계	12318.93	35				

15. 글로벌유통은 카탈로그를 우편으로 고객들에게 발송하고 고객들은 이를 보고 원하는 제품을 주문하는 판매방식을 운영하고 있다. 이 회사가 카탈로그의 크기(small, large)와 디자인(A, B, C)이 판매량에 영향을 미치는지 알아보기 위한 실험을 수행한 결과가 아래와 같다. 카탈로그의 크기와 디자인이 판매량에 영향을 미치는지 분석하여라.

	Small	Large	평 균
A	8 12	12 8	10
B	22 14	26 30	23
C	10 18	18 14	15
평 균	14	18	

요약표	Small	Large	계
A			
관측수	2	2	4
합	20	20	40
평균	10	10	10
분산	8	8	5.333333
B			
관측수	2	2	4
합	36	56	92
평균	18	28	23
분산	32	8	46.66667
C			
관측수	2	2	4
합	28	32	60
평균	14	16	15
분산	32	8	14.66667
계			
관측수	6	6	
합	84	108	
평균	14	18	
분산	27.2	72	

분산 분석

변동의 요인	제곱합	자유도	제곱 평균	F 비	P-값	F 기각치
인자 A(행)	344	2	172	10.75	0.010386	5.143253
인자 B(열)	48	1	48	3	0.133975	5.987378
교호작용	56	2	28	1.75	0.251932	5.143253
잔차	96	6	16			
계	544	11				

CHAPTER

상관과 단순회귀분석

제 1 절 공분산과 상관계수
제 2 절 단순회귀분석의 구조
제 3 절 회귀분석에서의 통계적 추론
제 4 절 회귀계수의 검정과 활용
[보 론] 스피어만의 순위상관계수

예시 | 사례

월드닷유통의 최고경영자는 최근에 경기가 상승세로 돌아섬에 따라 앞으로 일손이 부족할 것으로 예상하고 있다. 특히 창고에서 입고, 하역 및 포장 작업을 할 노동력이 추가로 필요할 것으로 보고 사람을 고용하기로 결정하였다. 그러나 문제는 창고작업이 소위 '3D'에 해당하는 직종이라 고용하더라도 회사에 오래 근무하지 않고 떠나버리는 것이다. 비록 높은 수준의 기술을 요구하는 자리는 아니지만 고용하는 데 드는 여러 행정적 비용, 훈련비용, 그 외에 보이지 않는 고용초기의 비능률 등을 감안하면 한 번 고용하면 오래 회사에 남아 있는 것이 회사에 절대적으로 보탬이 된다. 따라서 사장은 오래 남아 있을 사람을 고용할 것을 인사팀장에게 지시하였다.

인사팀장은 창고작업 직원들의 과거 3년 자료를 분석한 결과 나이가 젊은 사람보다는 나이가 든 사람, 특히 정년 내지는 퇴직한 사람들이 회사에 더 오래 남아 있다는 사실을 발견하였다. 이는 인사팀장의 경험과도 어느 정도 일치하고 있다. 더 구체적인 분석을 위하여 인사팀의 김 대리에게 다음과 같은 사항에 대한 보고서를 아래 자료를 이용하여 작성할 것을 지시하였다.

나 이	근무개월수	나 이	근무개월수
78	72	38	20
44	20	47	54
44	18	37	25
37	29	30	11
30	8	30	28
32	22	25	36
23	12	36	24
46	34	54	31
60	50	48	22
22	19	68	65
20	6	51	40
39	26	35	23
32	18	50	38
17	23	79	48
32	12	27	10
24	18	29	18
28	29	37	33
49	32	76	45
39	24	32	15
25	17	24	6

당신이 김 대리라면, 어떤 내용의 보고서를 작성해야 하며, 어떤 통계적 도구를 사용해야 하는가? 인사팀장은 자신의 경험에 비추어 볼 때 고용당시의 나이가 많을수록 근무개월수는 나이 1년당 1개월 정도씩 늘어나는 것으로 생각하고 있다. 이 인사팀장의 믿음을 반박할 수 있는 증거가 충분히 있는가?

제 1 절 공분산과 상관계수

1. 공분산

제3장에서 자료의 퍼져 있는 정도를 측정하는 도구로 분산과 표준편차를 논의한 바 있다. 본절에서는 이 개념을 확장하여, 두 변수간의 연관 정도나 밀접한 정도를 알아보는 데 유용한 공분산(covariance)과 상관분석(correlation analysis)의 개념을 살펴보기로 하자.

우선 다음 예를 통해 공분산을 구하는 절차에 대해 알아보기로 하자. 〈표 10-1〉은 모 대학 교수진들의 연간 논문발표편수(x)와 당해연도의 연구비 수주액(y) 자료를 예시한 것이다. 논문을 많이 발표할수록 연구비 수주액이 많아지는가 등과 같은 인과관계 문제를 논의하기보다는 단순히 이 두 변수간에 밀접한 관계가 있는가, 있다면 같은 방향으로 움직이는가, 또는 서로 다른 방향으로 움직이는가에 주된 관심이 있다. 본격적인 통계분석을 하기에 앞서 평균이나 표준편차를 구하는 것처럼, 두 개 이상의 변수간의

〈표 10-1〉 공분산 계산을 위한 예시자료

	연간 논문발표편수(x) (단위 : 편)	연간 연구비 수주액(y) (단위 : 천만원)
1	2	4
2	3	5
3	5	7
4	3	10
5	4	9
6	4	8
7	3	6
8	6	13
9	4	8
10	6	10
평 균	4	8

[그림 10-1]
예시자료의 도시

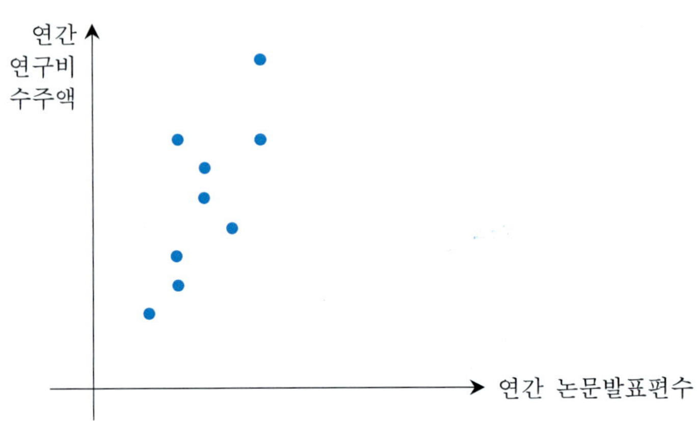

관계를 개략적으로 알아보는 데 많이 활용된다.

이제 〈표 10-1〉의 데이터를 이용하여 공분산의 개념을 살펴보기로 하자. 이 데이터를 그래프상에 그려보면 [그림 10-1]과 같다.

참고로 연간 논문발표편수(x)와 당해연도의 연구비 수주액(y)의 평균을 구하면 각각 4와 8이다. 이제 각각의 10개 데이터 (x_i, y_i)를 평균을 이용하여 그 위치를 움직여 보기로 하자. 개별 x_i 값에서 x의 산술평균값인 4를 빼고, y_i에서는 y의 평균값인 8을 뺀다. 그렇게 데이터를 변환시킨 후 다시 좌표상에 그 위치를 그려보면, 〈표 10-2〉 및 [그림 10-2]와 같아진다. 실질적으로 좌표축의 원점이 (0, 0)에서 (4, 8)로 이동한 것이다.

〈표 10-2〉 원점이동 후의 변수값

번 호	평균을 빼준 뒤의 x값	평균을 빼준 뒤의 y값
1	−2	−4
2	−1	−3
3	1	−1
4	−1	2
5	0	1
6	0	0
7	−1	−2
8	2	5
9	0	0
10	2	2

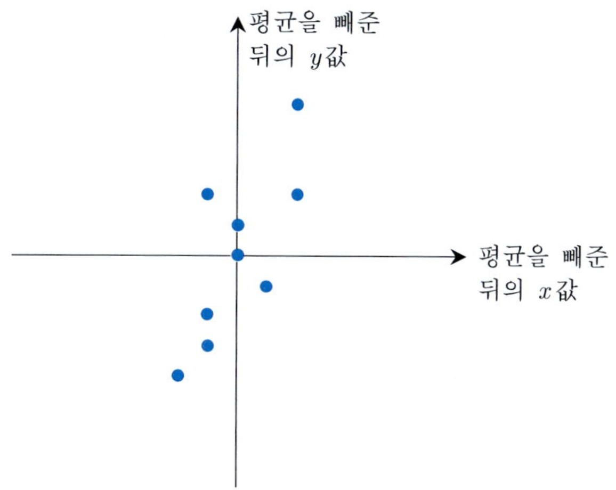

[그림 10-2]
원점이동 후의 예시자료

좌표축의 원점을 이동하기 전에는 $(x_i,\ y_i)$ 데이터는 모두 0보다 큰 값이었다. 그러나 [그림 10-2]와 같이 변환된 뒤에는 0보다 큰 값도 있고, 작은 값도 있으며, 0인 경우도 볼 수 있다. 이제 이렇게 변환된 [그림 10-2]상의 x변수와 y변수를 서로 곱해 보기로 하자. 〈표 10-2〉에서 몇 개만 골라 계산해 보면 다음과 같다.

- 1번 데이터 : $(-2)(-4)=8$
- 3번 데이터 : $(1)(-1)=-1$
- 4번 데이터 : $(-1)(2)=-2$
- 10번 데이터 : $(2)(2)=4$

이전에는 변수 x와 변수 y를 곱해도 모두 0보다 큰 값이 나왔지만, 원점을 이동한 후에는 해당 데이터의 위치에 따라 0보다 큰 경우, 0보다 작은 경우, 0인 경우가 나온다. 만약 이렇게 곱한 결과를 전부 더한다면 어떻게 될 것인가? 데이터의 위치에 따라 그 합이 0보다 클 수도 있고 작을 수도 있으며, 경우에 따라 0일 수도 있을 것이다.

전체 합계의 값이 0보다 매우 크다면 많은 데이터들이 좌표평면에서 1사분면과 3사분면에 위치하고 있을 것이고, 반대로 전체 합계의 값이 0보다 매우 작다면 많은 데이터들이 좌표평면에서 2사분면과 4사분면에 위치하고 있을 것이다. 0에 매우 가깝다면 좌표평면 전체에 퍼져 있다는 의미이다.

데이터들이 대부분 1사분면과 3사분면에 위치한다면 변수 x와 변수 y는 같은 방향으로 움직인다고(즉, 변수 x가 증가하면 변수 y도 증가하고, 마찬가지로 변수 y가 증가하면 변수 x도 증가) 볼 수 있고, 반대로 데이터들이 2사분면과 4사분면에 위치한다면 x변수와 y변수는 서로 다른 방향으로 움직인다고 볼 수 있다. 좌표평면 전체에 고르게 퍼져 있다면 두 변수간에는 별로 밀접한 관계가 형성되어 있지 않다는 결론을 내릴 수 있다.

[그림 10-3]
데이터들이 1사분면과 3사분면에 주로 위치한 경우

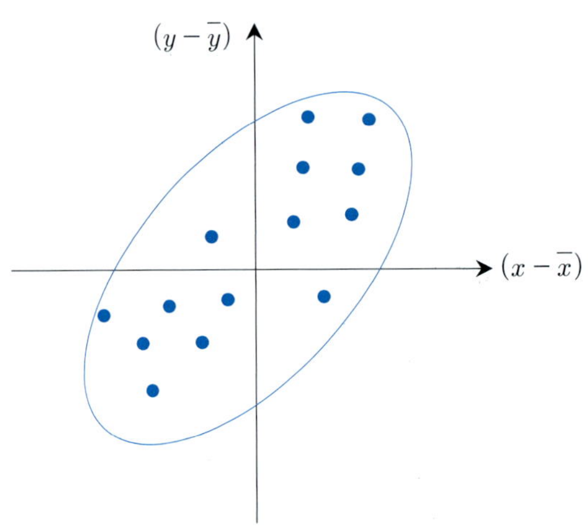

[그림 10-4]
데이터들이 2사분면과 4사분면에 주로 위치한 경우

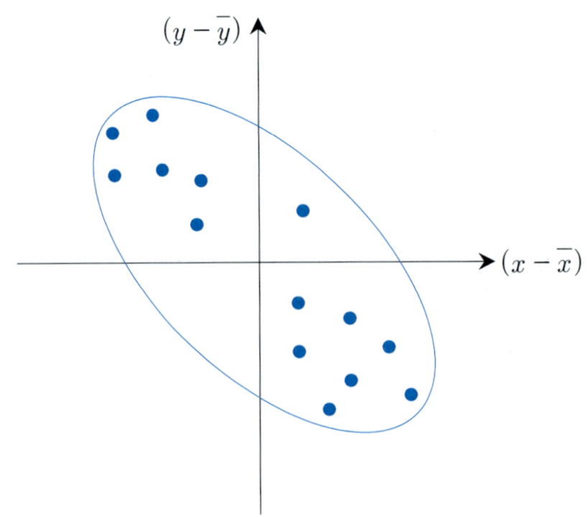

공분산은 바로 이런 논리적인 사고를 토대로 정의된 통계량이다. s_{xy}로 표기되는 x와 y의 공분산(covariance)은 원점을 이동시켜 그 값을 변환시킨 후, 변수 x의 값과 변수 y의 값을 곱한 결과치를 모두 더해서 자유도로 나눈 것이다.

$$\text{표본의 공분산} \quad s_{xy} = \frac{\sum_{i=1}^{n}(x_i - \bar{x})(y_i - \bar{y})}{n-1}$$

이제 〈표 10-1〉의 표본자료를 이용하여 공분산을 구하면 다음과 같다.

$$s_{xy} = \frac{\sum_{i=1}^{n}(x_i - \bar{x})(y_i - \bar{y})}{n-1} = \frac{24}{10-1} = 2.667$$

〈표 10-3〉 공분산의 계산과정

번 호	평균을 빼준 뒤의 x값	평균을 빼준 뒤의 y값	두 변수의 곱
1	−2	−4	8
2	−1	−3	3
3	1	−1	−1
4	−1	2	−2
5	0	1	0
6	0	0	0
7	−1	−2	2
8	2	5	10
9	0	0	0
10	2	2	4
합 계			24

2. 상관계수

공분산이 두 변수간의 관계정도를 나타내 주기는 하지만 측정단위에 따라 그 값이 크게 변할 수 있다. 따라서 다양한 자료를 서로 비교하기 위해서는 측정단위의 영향을 배제시킬 수 있는 통계치가 필요하다. 공분산값을 x의 표준편차와 y의 표준편차로 나누어 구한 상관계수(correlation coefficient)는 바로 이런 특성을 지니는 통계치이다.

$$\text{상관계수 } r = \frac{x\text{와 } y\text{의 공분산}}{(x\text{의 표준편차})(y\text{의 표준편차})}$$

$$= \frac{\sum_{i=1}^{n}(x_i - \bar{x})(y_i - \bar{y})/(n-1)}{\sqrt{\frac{\sum_{i=1}^{n}(x_i - \bar{x})^2}{n-1}}\sqrt{\frac{\sum_{i=1}^{n}(y_i - \bar{y})^2}{n-1}}}$$

$$= \frac{\sum_{i=1}^{n}(x_i - \bar{x})(y_i - \bar{y})}{\sqrt{\sum_{i=1}^{n}(x_i - \bar{x})^2}\sqrt{\sum_{i=1}^{n}(y_i - \bar{y})^2}}$$

상관계수 r은 -1과 1 사이의 값을 갖는다. r의 값이 -1 혹은 $+1$이라는 것은 (x_i, y_i)값들이 일직선 위에 위치하는 경우이다. r이 $+1$에 가까울수록 강한 양(+)의 상관관계를 가지며 r이 -1에 가까울수록 강한 음(−)의 상관관계를 가진다. r이 0에 가까우면 x와 y 사이에는 별다른 관계가 없다고 볼 수 있다. [그림 10-5]는 몇 가지 특이한 유형과 상관계수값을 나타낸 것이다.

참고로 (x_i, y_i)의 관측치들이 표본에서 나온 값일 때 r값은 표본의 상관계수이다. 이 경우 모집단 상관계수 ρ가 0이라는 귀무가설의 검정은 자유도가 $(n-2)$인 t-분포를 이용하며 검정통계치는 다음과 같은 형태를 취한다.

$$t = \frac{r\sqrt{n-2}}{\sqrt{1-r^2}}$$

[그림 10-5]
특이한 경우의
상관계수값

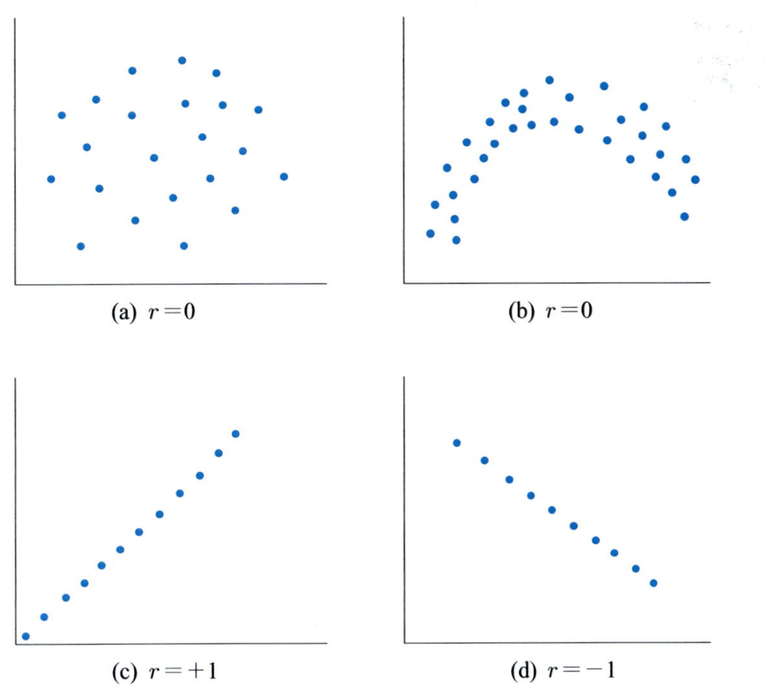

(a) $r=0$ (b) $r=0$

(c) $r=+1$ (d) $r=-1$

예제 10-1

다음 데이터를 이용하여 엑셀로 분산과 공분산을 구한 결과, x의 분산이 2.55556, y의 분산이 6.22222, 공분산이 3.77778이었다. 상관계수를 구하여라.

x	12	10	14	11	12	9
y	18	17	23	19	20	15

풀이

$r=\dfrac{3.77778}{\sqrt{(2.55556)}\sqrt{(6.22222)}}=0.9473$. 따라서 x와 y 사이에는 강한 양(+)의 상관관계가 있음을 알 수 있다. 한편 검정통계치를 구하면 $t=\dfrac{0.9473\sqrt{6-2}}{\sqrt{1-(0.9473)^2}}=5.9142$이다. 자유도가 4인 t-분포에서 오른쪽 끝부분이 1%일 때의 t값은 3.747이므로 상관관계가 존재하지 않는다는 가설을 기각할 수 있다.

제 2 절 단순회귀분석의 구조

미래를 대비하는 의사결정시 여러 변수간의 관계를 토대로 하여 결론을 내리는 경우가 많다. 만약 이런 변수간의 관계가 수식으로 표현될 수 있다면 미래에 대한 예측에도 쓰일 수 있다. 예를 들어 백화점의 매출액이 자사 제휴 신용카드 보유자의 숫자와 광고비 지출액에 의해 결정되는 것으로 나타난다면, 백화점 경영진은 자사 제휴 신용카드 보급의 확대와 광고비 예산의 증대를 통해 매출액을 늘리고자 노력할 수 있으며, 역으로 목표매출액의 달성을 위한 신용카드 보급계획과 광고비 예산계획을 수립할 수도 있다.

본절에서는 이러한 문제들 중 두 변수간의 관계에 대해서만 살펴보기로 한다.

1. 회귀모형의 의의

위에서 예로 든 백화점 매출액 문제에서 광고비 지출액이 증가할 때 매출액이 증가하는 경향이 뚜렷하다면 두 변수간에는 인과관계 또는 함수관계가 있다고 볼 수 있다. 회귀분석(regression analysis)은 이처럼 두 변수 사이의 인과관계를 통계적으로 추리해 내는 데 사용된다. 회귀분석에 있어서 인과관계는 종속변수(dependent variable)라 불리는 하나의 변수(매출액)가 독립변수(independent variable)라 불리는 또 다른 변수(광고비)에 의해 어떻게 영향을 받는가 하는 관계를 설명해 준다. 독립변수는 분산분석법에서의 실험요인 또는 처리요인과 같이 종속변수에 영향을 미치며 연구자가 조작할 수 있는 변수이고, 종속변수는 독립변수에 의해 그 값이 종속적으로 결정되는 변수이다. 회귀분석이 분산분석과 다른 점은 회귀분석의 경우 모든 변수가 정량적인 값을 가져야 한다는 점이다.

회귀분석은 이처럼 종속변수의 예측뿐만 아니라 가설이나 이론으로 알려진 함수관계의 타당성을 검증하기 위해서도 사용된다. 회귀분석은 19세기

경 프랜시스 갈톤(Francis Galton)에 의해 개발되었는데, 그는 아버지의 키를 알 때 자식의 키를 얼마나 정확히 예측할 수 있는가를 알아보기 위해 이 방법을 창안하였다. 요즘에 와서 회귀분석은 경영·경제학은 물론 정치학, 사회학, 심리학 및 자연과학 등 다양한 학문영역에서 조사자료나 실험자료를 분석하기 위하여 적용되고 있다.

그렇지만 회귀분석을 사용하고자 할 때, 변수간의 연관관계가 완전해야 할 필요는 없다. 예를 들어 사람의 키와 체중은 정(+)의 관계가 있다는 것은 알고 있으나 뚱뚱하고 키가 작은 사람도 있을 수 있고 마르고 키가 큰 사람이 있을 수도 있다. 두 변수가 정(+)의 연관성을 갖는다는 의미는 평균적으로 한 변수가 증가함에 따라 다른 변수도 증가한다는 것이지 모든 경우에 이 관계가 성립한다는 의미는 아니다.

회귀분석에서 사용되는 모형 중 가장 간단한 것은 다음과 같은 1차식의 형태를 취한다.

$$y = a + bx$$

여기서 y는 종속변수이고 x는 독립변수이다. 일단 회귀식이 설정되면 과거 자료를 이용하여 회귀식의 계수들을 추정하고 x의 새로운 값을 대입하여 미래의 예측치를 구한다.

물론 회귀모형은 위와 같이 단 하나의 독립변수를 사용해야만 하는 것은 아니다. 필요에 따라 여러 개의 독립변수를 회귀모형에 포함시킬 수도 있다. 독립변수의 수가 2개 이상이면 다중회귀분석이라 부르고, 단순회귀분석은 독립변수의 수가 하나인 경우를 지칭한다. 본장에서는 단순회귀분석을 다루고 다중회귀분석은 다음 장에서 살펴보기로 한다.

2. 산점도의 활용

산점도(scatter diagram)는 구체적인 통계적 분석에 들어가기에 앞서 독립변수와 종속변수 간의 개략적인 연관관계를 알아보기 위하여 작성한다. [그림

〈표 10-4〉 기간별 광고비와 매출액

기 간	광고비 (단위 : 천만원)	매출액 (단위 : 천만원)
1	1.2	101
2	0.8	92
3	1.0	110
4	1.3	120
5	0.7	90
6	0.8	82
7	1.0	93
8	0.6	75
9	0.9	91
10	1.1	105

[그림 10-6]
산점도의 예시

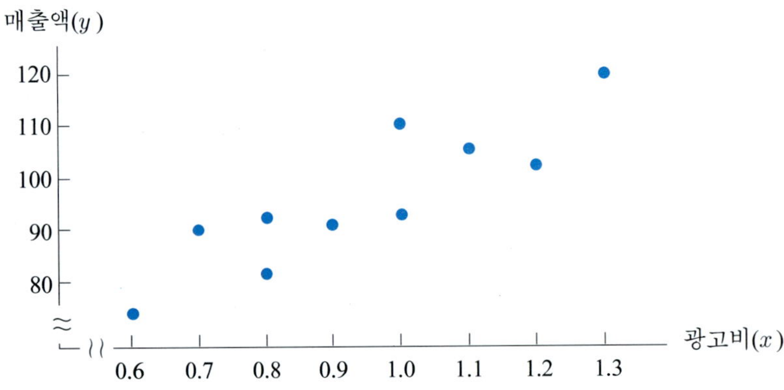

10-6]은 〈표 10-4〉에 예시되어 있는 백화점 광고비와 매출액 간의 관계를 산점도로 표시한 것이다. 이 그림에서 독립변수인 광고비는 횡축에, 종속변수인 매출액은 종축에 표시되어 있고, 각 점은 하나의 관측치를 나타낸다.

만약 산점도상의 모든 점을 얇은 타원으로 감싸 표시할 수 있다면 두 변수는 밀접한 관련이 있다고 볼 수 있다. 예를 들어 [그림 10-7(a)]에서와 같이 타원형이 왼쪽에서 오른쪽으로 올라간다면 두 변수는 양(+)의 관계를 가지며, 이와 반대로 [그림 10-7(b)]와 같이 왼쪽에서 오른쪽으로 내려간다면 두 변수가 음(−)의 상관관계를 가지고 있음을 의미한다. 만약, [그림 10-7(c)]와 같이 산점도상의 점이 원형으로밖에 표시될 수 없으면 두 변수는

[그림 10-7]
산점도의 유형

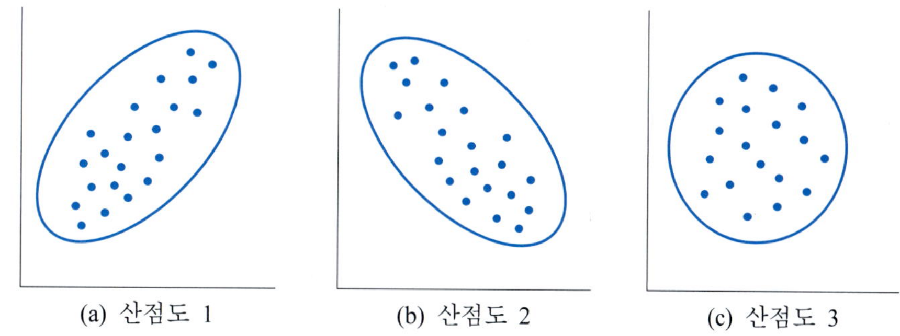

(a) 산점도 1 (b) 산점도 2 (c) 산점도 3

거의 연관관계가 없다고 말할 수 있다. 〈표 10-4〉의 매출액 자료에서는 광고비와 매출액이 왼쪽에서 오른쪽으로 올라가는 타원형에 의해 표시되고 있으므로 이들 두 변수간에는 양(+)의 관계가 있음을 알 수 있다.

3. 회귀식의 도출

산점도를 통해 종속변수와 독립변수 간의 관계를 대략 알아보았으면 그 다음 단계는 산점도상의 자료를 가장 잘 대표하는 직선을 구하는 것이다. 여기서 '가장 잘 대표하는 직선'이란 자료에 가장 가까이 위치한 직선으로서 회귀식이라 불리며 독립변수가 하나이므로 다음과 같이 1차식의 형태로 표현된다.

$$y = a + bx$$

단순회귀분석의 일차적 목적은 이 식의 계수인 a와 b를 추정하는 것이다. 회귀식은 주어진 (x, y) 자료에 가장 가까이 위치한 직선으로 정의하였는데, 문제는 "가깝다"는 것을 어떻게 정의하느냐이다. 가장 알기 쉬운 방법은 각각의 (x_i, y_i) 점으로부터 직선(즉, 회귀식 $y=a+bx$)까지의 거리를 측정하여 이 거리들의 합이 최소가 되도록 회귀식의 미지의 계수 a와 b를 정하는 것이다.

그렇다면 각각의 (x_i, y_i) 점으로부터 미지의 회귀식 $y=a+bx$까지의 거리는 어떻게 측정해야 하는가? 최소한 3가지의 거리측정방법을 생각해 볼 수 있다.

① $(x_i,\ y_i)$에서 x축과 수평되게 이동하여 회귀식까지의 거리를 구하는 방법
② $(x_i,\ y_i)$에서 x축과 수직되게 이동하여 회귀식까지의 거리를 구하는 방법
③ $(x_i,\ y_i)$에서 회귀식과 직각을 이루도록 접근하여 그 거리를 구하는 방법

회귀분석은 종속변수인 y의 움직임에 영향을 미치는 독립변수들이 어떤 것인가에 주된 관심이 있다. 따라서 회귀식의 선택도 가급적 y의 움직임을 잘 반영하는 방향으로 이루어져야 하며, 거리도 $(x_i,\ y_i)$에서 수직으로 이동한 회귀식까지의 거리로 정의한다.

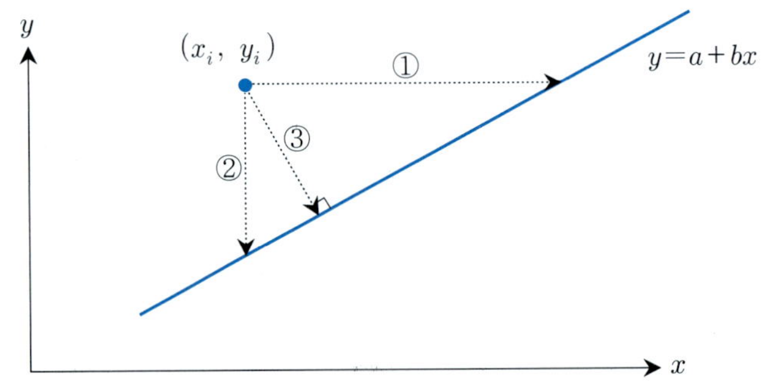

[그림 10-8]
3가지 거리측정방법

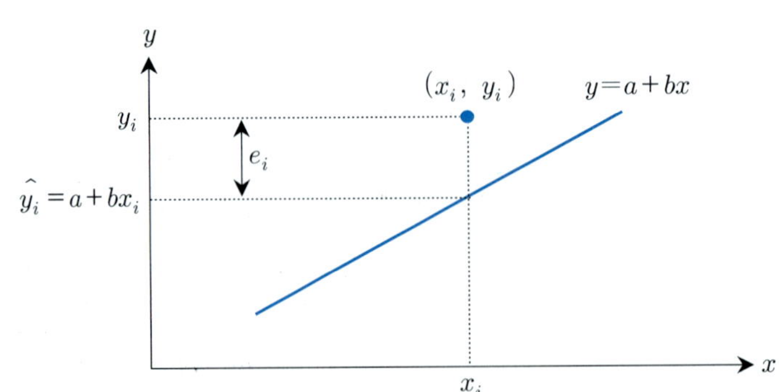

[그림 10-9]
회귀분석에서의 근접도 측정

[그림 10-9]를 살펴보면 $(x_i,\ y_i)$에서 회귀식선으로 수직으로 내려 그은 거리가 e_i로 표시되어 있다. 그림에서 보면 y축상에서 y_i와 $\hat{y}_i$ 간의 거리를 의미한다. 여기서 $\hat{y}_i$는 $x=x_i$를 회귀식에 대입하여 얻은 종속변수값이다. 일종의 y_i의 추정치인 것이다. 회귀분석에서는 실제 관측치와 추정치의 차이를 잔차(residual), 편차(deviation) 또는 오차(error)라 부르며, e_i로 표기한다.

$$\text{잔차 } e_i = y_i - (a + bx_i) = y_i - \hat{y}_i$$

[그림 10-10]에 그려져 있는 직선을 최적 직선이라 가정해 보자. 10개의 관측점 모두가 하나의 직선 위에 위치할 수는 없으며 약간의 편차는 필연적으로 존재할 수밖에 없다. 또한 편차는 종속변수 y의 실제 관측치와 최적 적합직선상의 값 간의 차이이므로 편차는 0보다 작을 수도 있다.

회귀분석에서의 최적 직선은 거리의 합이 가장 작게 되는 직선이므로, 거리의 합이 가장 작게 되기 위해서 이들 편차의 절댓값의 합을 구하여 이를 최소로 하는 직선을 구해야 하나, 이를 위한 수학적 조작이 어렵기 때문에 편차의 절댓값 대신에 편차의 제곱을 이용한다. 즉, 회귀분석에서의 최적 적합직선은 편차의 제곱합을 최소로 하는 직선이다. 따라서 [그림 10-10]에 주어져 있는 관측자료를 가장 잘 대표하는 직선은 다음 식의 값을 최소로 해주는 직선이 된다.

$$d_1{}^2 + d_2{}^2 + d_3{}^2 + d_4{}^2 + d_5{}^2 + d_6{}^2 + d_7{}^2 + d_8{}^2 + d_9{}^2 + d_{10}{}^2$$

[그림 10-10]
잔차의 정의

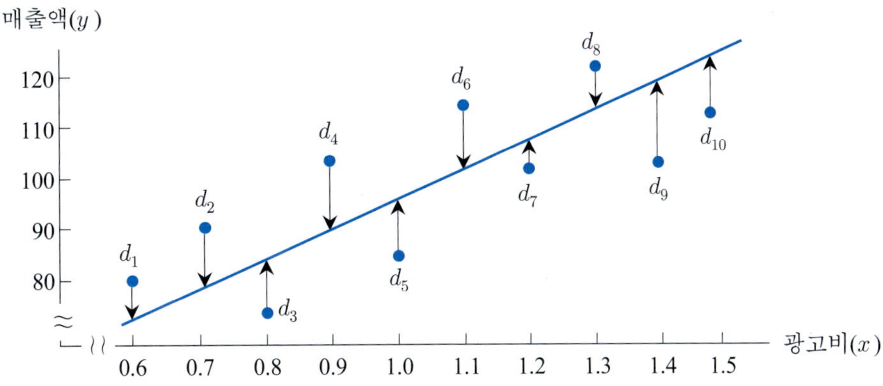

참고로, 편차의 제곱합이 아닌 편차의 합을 최소화하는 직선은 최적 적합직선이 될 수 없다. 양의 값을 갖는 편차와 음의 값을 갖는 편차가 상쇄되어 편차의 합은 0이 될 수 있기 때문이다. 따라서 단순히 편차의 합만으로는 최적 회귀식을 구할 수 없다.

회귀분석에서 a와 b를 구하는 데 사용되는 대표적인 방법인 최소자승법(least square method)은 바로 이 편차의 제곱합을 최소화하는 방법이다. 수학적으로 표현하면 회귀식의 a와 b는 다음 함수를 최소화하는 값이다.

$$\sum_{i=1}^{n} e_i^{\,2} = \sum_{i=1}^{n} (y_i - a - bx_i)^2 = \sum_{i=1}^{n} (y_i - \hat{y}_i)^2$$

예를 들어 n개의 자료 $\{(x_i,\ y_i) : i = 1,\ 2,\ \cdots,\ n\}$이 주어져 있고, $\bar{x}$와 $\bar{y}$를 x_i값과 y_i값의 평균이라 한다면, 최소자승법, 즉 $\sum_{i=1}^{n} e_i^{\,2}$을 최소화하는 a와 b값은 다음과 같다.

$$b = \frac{\sum_{i=1}^{n} x_i y_i - (n)(\bar{x})(\bar{y})}{\sum_{i=1}^{n} x_i^{\,2} - (n)(\bar{x})^2}$$

$$= \frac{n\sum_{i=1}^{n} x_i y_i - \left(\sum_{i=1}^{n} x_i\right)\left(\sum_{i=1}^{n} y_i\right)}{n\sum_{i=1}^{n} x_i^{\,2} - \left(\sum_{i=1}^{n} x_i\right)^2}$$

$$a = \bar{y} - b\bar{x}$$

컴퓨터를 이용한 회귀분석이 일반화되면서 a와 b를 구하는 공식은 전혀 사용되지 않지만, 참고삼아 간단한 예를 들어보기로 하자. 앞에서 예로 든 광고비와 매출액 문제에 위의 공식을 적용해 보기로 하자. 〈표 10-5〉를 참고하면 a와 b값은 다음과 같다.

〈표 10-5〉 a와 b의 추정을 위한 계산절차

	y_i	x_i	x_i^2	$x_i y_i$	y_i^2
	101	1.2	1.44	121.2	10,201
	92	0.8	0.64	73.6	8,464
	110	1.0	1.00	110.0	12,100
	120	1.3	1.69	156.0	14,400
	90	0.7	0.49	63.0	8,100
	82	0.8	0.64	65.6	6,724
	93	1.0	1.00	93.0	8,649
	75	0.6	0.36	45.0	5,625
	91	0.9	0.81	81.9	8,281
	105	1.1	1.21	115.5	11,025
합계	959	9.4	9.28	924.8	93,569

$$b = \frac{(10)(924.8) - (9.4)(959)}{(10)(9.28) - (9.4)^2} = 52.6$$

$$a = 95.9 - (52.6)(.94) = 46.5$$

회귀식 $y = 46.5 + 52.6x$

최소자승법에 의해 구한 회귀선 $y = 46.5 + 52.6x$는 주어진 10개의 점(광고비와 매출액의 조합)을 가장 잘 대표하는 직선이다. 여기서 '가장 잘 대표'한다는 것은 잔차의 제곱합을 최소화한다는 것을 의미한다. 그러나 어느 회귀선도 두 변수간의 관계가 일직선이 아닌 이상 그 관계를 완벽하게 대표하지는 못한다. 즉 잔차가 존재할 수밖에 없다.

위 예에서 회귀식에 의하면 광고비가 1,200만원($x = 1.2$)이면 $\hat{y} = 46.5 + (52.6)(1.2) = 109.62$이므로 매출액은 10억 9,620만원일 것인가? 그렇지는 않을 것이다. 매출액은 광고비뿐만 아니라 그 제품의 가격 및 품질의 변화, 경기변동, 경쟁회사의 경쟁전략 등의 요인에 의해서도 영향을 입을 것이다. 따라서 광고비만을 고려한 회귀식에 의한 매출액 예측치와 실제 매출액은 일반적으로 차이가 날 수밖에 없다. 실제로 자료를 보면 $x = 1.2$일 때의 실제 매출액은 $y = 101$로서 회귀식상의 추정치 $\hat{y}$과는 -8.62만큼 차이가 난다.

제 3 절 회귀분석에서의 통계적 추론

1. 회귀분석에서의 추론

앞에서 살펴본 최소자승법은 두 변수간의 실제 데이터를 가장 잘 나타내는 직선, 즉 회귀식을 찾아내는 방법이다. 이 최소자승법을 모집단 전체에 적용하면 모집단의 회귀식을 구하는 것이 가능하지만, 이런 분석은 일반적으로 불가능하고, 보통 전체를 대표한다고 생각되는 표본을 추출하여 회귀식을 구한 다음에 이를 이용하여 모집단에 존재하는 두 변수간의 관계에 대해 통계적으로 추론한다.

모집단 전체를 대상으로 회귀분석을 했다면, 표본추출과정을 거치지 않아 별다른 불확실성이 개입되지 않는다. 그렇지만 부분적인 데이터(표본)를 가지고 전체(모집단)를 미루어 짐작해 보고자 할 때에는 회귀분석에서 구한 여러 통계치에 대해 적절한 통계적 추론과정을 거쳐야 한다.

회귀분석에서의 통계적 추론은 회귀모형 자체에 대한 검정과 각 개별변수의 유의성에 대한 검정으로 나누어 볼 수 있다. 독립변수가 하나뿐인 단순회귀분석에서는 이 두 가지 검정절차가 결과적으로 같은 결론을 도출한다. 회귀모형 자체에 대한 검정은, 독립변수와 종속변수의 관련도가 통계적으로 유의한지 또는 개별변수가 종속변수의 변동에 대한 설명력을 가지고 있는지를 분석하는 두 번째 검정절차와 중복된다. 그러나 다음 장에서 살펴볼 다중회귀분석에서는 독립변수의 수가 2개 이상이므로 이 두 가지 검정절차가 모두 필요하다.

본장에서도 다소 중복되지만 이 두 가지 검정절차를 모두 논의하고자 한다.

2. 회귀식의 유의성 검정

앞에서 예로 든 광고비와 매출액의 연관관계 문제로 되돌아가 보자. 광고비 지출액을 x, 매출액을 y로 했을 때 회귀식은 다음과 같았다.

$$y = 46.5 + 52.6x$$

그러나 회귀식의 기울기가 0보다 크다고 하여 추가적인 통계분석 없이 이를 일반화시켜 광고비와 매출액 사이에는 양(+)의 관계가 있다고 단순히 결론지을 수는 없다. x의 단위를 바꾸어 보고 10개의 또 다른 자료를 표본으로 추출하여 분석하면 음(−)의 기울기를 얻을지도 모를 일이기 때문이다. 이것이 바로 회귀식의 유의성을 검정해야 하는 이유이다. 회귀식의 유의성은 분산분석을 이용한다. 분산분석은 총변동을 주요 변동요인별로 분해하는 과정부터 시작하므로 이 예제에서도 같은 방식을 동원해 보기로 하자.

만약 종속변수인 매출액의 변동(y의 평균값과 개별 y_i값 간의 차이)이 단지 광고비의 크고 작음에 의해서만 결정된다면, 즉 다른 모든 외생요인들이 매출에 영향을 미치지 않는다면 모든 (x_i, y_i) 데이터들은 회귀식 선상에 위치할 것이다. 다른 요인들이 영향을 전혀 미치지 않으므로 매출액은 광고비 투자액에 정비례해서 증가할 것이 확실하다. 그러나 예제의 데이터들은 그렇지 않다. 즉 독립변수인 광고비 외에 외생요인의 영향력이 존재하는 것이다. 예를 들어, 소비자 소득의 변화, 경쟁업체의 가격정책과 광고비 지출, 소비자들의 구매패턴 변화 등도 매출액에 영향을 미친다.

이제 외생요인이 불러일으키는 변동의 크기를 구해보도록 하자. 외생요인이 전혀 영향을 미치지 않는다면 모든 데이터는 회귀식 선상에 위치해야 한다. 아니면, 그 차이만큼이 바로 외생요인에 의한 변동량이다. 앞에서 회귀식은 잔차의 제곱합을 가장 작게 해주는 직선이라고 정의한 바 있다. 바로 이 잔차의 제곱합이 외생요인에 의한 변동의 크기이다. 잔차의 제곱합이 0이면 모든 데이터들이 회귀식 선상에 위치한다.

앞장에서 실험설계에 포함되어 있지 않은 모든 요인을 외생요인으로 가정하고, 외생요인의 제곱합을 이용하여 통계적 추론을 수행한 바 있다.

회귀분석의 경우 잔차의 제곱합이 바로 이 외생요인에 의한 제곱합에 해당한다.

3. 제곱합 분해와 분산분석

회귀분석에 있어서의 제곱합 분해과정은 분산분석에서의 제곱합 분해와 유사하다. 우선 종속변수 y의 총변동(SST)을 계산해야 하는데, 이는 각 개별 관측치에서 평균값을 뺀 차이를 제곱하여 합한 값이다. 〈표 10-6〉의 자료에서 y의 총변동은 1,601단위이다.

$$\begin{aligned} SST &= (101-95.9)^2+(92-95.9)^2+\cdots\cdots+(105-95.9)^2 \\ &= 1{,}601 \end{aligned}$$

이렇게 계산한 총변동(SST)은 독립변수값의 변동 때문에 발생한 변동과 외생요인에 의한 변동으로 분해할 수 있다. 독립변수 때문에 나타난 변

〈표 10-6〉 잔차제곱합의 계산

x	y	회귀식에 의한 y의 추정치($\hat{y}$)	잔차(e_i)	잔차의 제곱(e_i^2)
1.2	101	109.6	−8.6	73.96
0.8	92	88.6	3.4	11.56
1.0	110	99.1	10.9	118.81
1.3	120	114.9	5.1	26.01
0.7	90	83.3	6.7	44.89
0.8	82	88.6	−6.6	43.56
1.0	93	99.1	−6.1	37.21
0.6	75	78.1	−3.1	9.61
0.9	91	93.8	−2.8	7.84
1.1	105	104.4	0.6	0.36
평균=0.94	평균=95.9			e_i^2의 합계=374

동이란 회귀식에 의해 설명되는 종속변수의 변동을 말하고,[1] 외생요인에 의한 변동이란 회귀식이 설명하지 못하는 부분, 즉 잔차의 제곱합을 말한다. 외생요인에 의한 변동은 이 예의 경우 그 값은 374로 이미 앞에서 계산하였다. 나머지 1,227(=1,601−374)은 바로 독립변수에 기인한 제곱합이다.

총제곱합의 자유도는 $n-1=10-1=9$이며, 독립변수 때문에 발생한 변동의 제곱합의 자유도는 1이다. 회귀식을 구하기 위해서는 a와 b값을 알아야 하는데, 앞절의 공식에서 알 수 있는 바와 같이 일단 기울기 b가 구해지면 절편 a는 자동적으로 결정된다. 따라서 최적직선에는 두 개의 미지수(a와 b)가 있지만 절편 a는 b에 의해 결정되므로 독립변수에 의한 제곱합의 자유도는 $2-1=1$이 된다. 나머지 $9-1=8$이 외생요인에 의한 제곱합의 자유도이다. 독립변수가 하나인 회귀모형에서의 총자유도는 언제나 $n-1$이며, 독립변수에 의한 제곱합의 자유도는 $2-1=1$, 그리고 외생요인에 의한 제곱합은 $n-2$의 자유도를 가진다.

〈표 10-7〉은 이들 자료를 토대로 하여 작성한 분산분석표이다. 유의수준을 $\alpha=1\%$로 설정할 때 분자의 자유도 1, 분모의 자유도 8인 F값은 11.26이나 분산분석표에서 구한 분산비율값은 이보다 훨씬 큰 26.25이므로 99% 이상의 신뢰도로 광고비 지출액과 매출액 사이에는 선형관계($y=a+bx$)가 존재한다고 결론지을 수 있으며, 직선의 기울기가 양(+)이므로 두 변수는 통계적으로 의미 있는 양(+)의 관계를 가진다고 볼 수 있다.

〈표 10-7〉 분산분석표의 예시

변동원인	제곱합	자유도	분 산	분산비율
독립변수	1,227	1	1,227	26.25
외생요인	374	8	46.75	
합 계	1,601	9		

1) 회귀식에 의해 설명된다는 말은 회귀식 안에 포함된 독립변수를 이용하여 종속변수의 움직임을 설명할 수 있다는 의미이다.

〈표 10-8〉 F-분포표의 예시

분모의 자유도	α	분자의 자유도		
		1	2	3
4	10%	4.54	4.32	4.19
	5%	7.71	6.94	6.59
	1%	21.20	18.00	16.69
6	10%	3.78	3.46	3.29
	5%	5.99	5.14	4.76
	1%	13.75	10.92	9.78
8	10%	3.46	3.11	2.92
	5%	5.32	4.46	4.07
	1%	11.26	8.65	7.59
12	10%	3.18	2.81	2.61
	5%	4.75	3.89	3.49
	1%	9.33	6.93	5.95

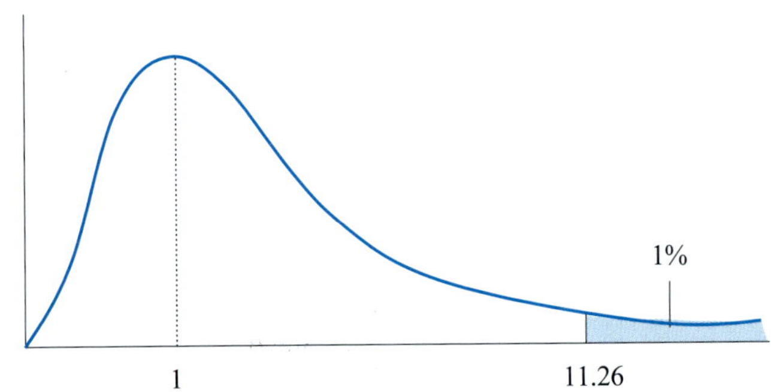

[그림 10-11] 기각역의 도시 (분자의 자유도=1, 분모의 자유도=8, 유의수준=1%)

4. 결정계수의 산출

최소자승법으로 도출된 회귀식은 모든 관측치들에 전체적으로 가장 가깝게 위치한 직선이다. 그러나 여러 개의 서로 다른 회귀식을 비교할 때에는 관측치들이 각 회귀식에 얼마나 가까이 위치해 있는가를 알 필요가 있다. 즉, 회귀식의 적합도(goodness of fit)를 측정할 수 있는 도구가 있어야 한다.

기본적으로 잔차의 제곱합인 SSE가 작으면 각 관측치들이 회귀직선에 가까이 있다고 볼 수 있다. 그러나 SSE는 SST가 커지면 따라서 커지게 되므로 상대적인 적합도를 알아보기 위해서는 다음과 같이 정의되는 결정계수(coefficient determination)를 사용한다.

$$R^2 = \frac{\text{회귀식에 의해 설명되는 변동}}{\text{총변동}}$$
$$= \frac{SST - SSE}{SST} = 1 - \frac{SSE}{SST}$$

결정계수의 공식을 잘 살펴보면, 그 의미를 충분히 이해할 수 있다. 결정계수 공식의 분자인 $SST - SSE$는 총변동에서 외생요인의 변동분을 뺀 것이다. 외생요인의 변동이 총변동보다 클 수는 없으므로 분자는 음의 값(−)이 될 수 없다. 또한 분자가 클수록 외생요인에 의한 변동이 작으므로, $(x_i,\ y_i)$ 데이터들이 회귀식에 가까이 위치할 것이라는 결론을 내릴 수 있다. 결정계수 공식의 분모는 총변동이므로 결정계수는 0과 1 사이의 값을 취할 수밖에 없다. 모든 관측치들이 회귀선상에 위치한다면 R^2은 1이 될 것이며, 독립변수가 종속변수의 변동을 설명해 주는 정도가 적으면 적을수록 R^2값은 0에 가까워진다.[2)]

광고비와 매출액의 예의 경우 〈표 10-7〉에서 알 수 있듯이 총변동은 1,601이고 독립변수에 의한 변동은 1,227이므로 결정계수값은 0.766, 또는 76.6%이다.

$$R^2 = \frac{1,227}{1,601} = 0.766$$

이는 매출액의 총변동 중 76.6%가 회귀식에 의해 설명된다는 것을 의미한다. 즉, 독립변수값들이 상수가 아니고 평균(x_i의 평균값)인 0.94보다 큰 경우도 있고 작은 경우도 있는데, 바로 이 때문에 매출액 변동이 상당히 발생한다. 비율로 따진다면 매출액 변동의 76.6%를 책임진다고 볼 수 있다. 즉, 독립변수는 종속변수 변동의 76.6%를 설명한다고 결론지을 수 있다.

---

2) x를 독립변수, y를 종속변수로 하여 구한 단순회귀식의 결정계수 R^2은 두 변수간 상관계수의 제곱과 같은 값을 갖는다. 즉, $R^2 = r^2$이다. 단, 이 관계는 독립변수가 여러 개인 다중회귀분석에서는 적용되지 않는다.

예제 10-2

의사 1인당 인구수와 그 나라 국민 평균수명의 인과관계를 알아보기 위해, 임의로 14개 국가를 선정하여 의사 1인당 인구수와 평균수명을 조사하여 〈표 10-9〉의 자료를 얻었다. 의사 1인당 인구수를 독립변수로 하고 평균수명을 종속변수로 하는 회귀식을 도출하고, 분산분석을 통해 도출된 회귀식의 유의성을 검정하여라. 또 R^2도 구하여라.

〈표 10-9〉 회귀분석자료

국 가	x (의사 1인당 인구수)	y (평균수명)
헝가리	460	70
프랑스	680	73
레바논	1,330	63
페 루	1,800	56
케 냐	5,800	50
태 국	8,530	58
가 나	11,220	44
라이베리아	11,500	44
아이보리코스트	15,270	44
세네갈	15,360	40
토 고	22,280	41
기 니	22,380	41
아프가니스탄	26,100	35
말 리	33,600	38

풀이

① 회귀식의 도출 : 두 변수간의 개략적 관계를 알아보기 위해 산점도를 그려보면 [그림 10-12]와 같다.

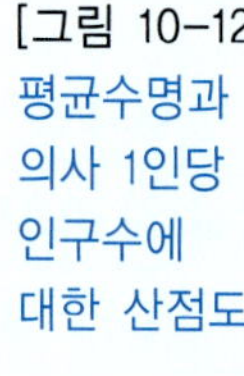

[그림 10-12] 평균수명과 의사 1인당 인구수에 대한 산점도

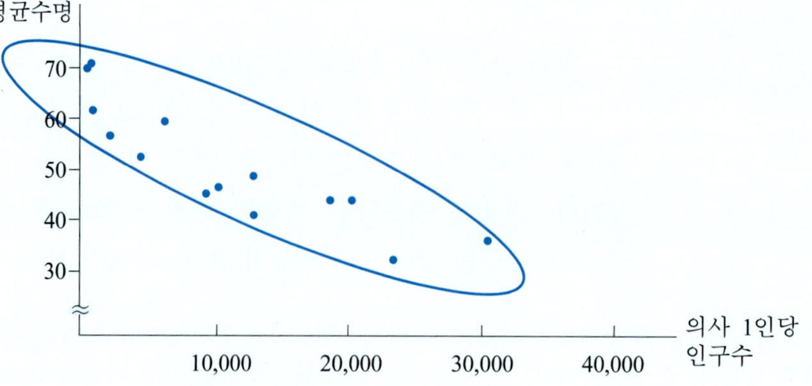

이 그림을 볼 때 두 변수간에는 선형관계가 있으며 의사 1인당 인구수가 많아지면 평균수명이 감소하는 경향이 있음을 알 수 있다. 부록 I 의 EXCEL 활용 결과물을 이용하여 회귀식을 계산하면

$$y = 62.31611 - 0.00099x$$

가 되어 기울기가 0보다 작음을 알 수 있다.

② 분산분석 : 부록 I 의 EXCEL 활용 결과물을 이용하면 종속변수의 총변동은 각 관측치와 평균치 간의 차이를 제곱하여 계산하므로

$$SST = (70-49.8)^2 + (73-49.8)^2 + \cdots\cdots + (38-49.8)^2 = 1{,}936.357$$

이 된다. 이 중 회귀직선에 의해 설명되지 않는 부분인 외생요인에 의한 변동은 524.2476이며, 독립변수에 의한 제곱합은 1,936.357－524.2476＝1,412.11이다. 이를 이용하여 분산분석표를 작성해 보면 〈표 10-10〉과 같다.

〈표 10-10〉의 분산분석표에서 분산비율은 32.32311이며, 이 값은 $F(1,\ 12\ ;\ 1\%) = 9.33$보다 크다. 따라서 의사 1인당 인구수가 증가할수록 평균수명은 감소한다고 99% 이상의 신뢰도로 결론지을 수 있다. R^2의 값은 1,412.11÷1,936.357＝0.72926이 되어 의사 1인당 인구수의 변동이 평균수명변동의 약 73%를 설명한다고 볼 수 있다.

〈표 10-10〉 분산분석표 : 평균수명연구

	자유도	제곱합	제곱 평균	F비	유의한 F
회 귀	1	1,412.11	1,412.11	32.32311	0.000101
잔 차	12	524.2476	43.6873		
계	13	1,936.357			

제 4 절 회귀계수의 검정과 활용

1. 회귀계수의 통계적 검정

앞에서 회귀분석에서의 통계적 추론은 회귀모형 자체에 대한 검정과 각 개별변수의 유의성에 대한 검정으로 나누어 볼 수 있다고 논의한 바 있다. 또

한 독립변수가 하나뿐인 단순회귀분석에서는 이 두 가지 검정절차가 중복된다고 설명한 바 있다.

본절에서는 두 번째 개별 회귀계수의 유의성에 대한 분석과정을 살펴보기로 하자. 앞절에서 예로 든 광고비와 매출액 관련 문제에 대한 분석을 종합해 보면 광고비 지출을 늘릴수록 매출액은 늘어난다는 것이 거의 확실한 것 같다. 그러나 통계적 가설은 모집단에 관한 미지의 특성을 대상으로 하나, 앞에서의 분석은 단지 10개로 구성된 표본을 토대로 하였기 때문에 추가적인 통계적 추론과정이 필요하다.

여기서는 일반적인 가설의 검정절차를 통해 회귀식의 독립변수 앞에 붙어 있는 계수 b가 0이 아닌가를 검정해 보고자 한다. 즉 매출액과 광고비 관련 예제의 경우 회귀식은 $y=46.5+52.6x$ 이었다. x의 계수가 52.6으로 0이 아님은 확실하지만, 통계적으로 이를 검증하는 절차를 거쳐야 한다. 물론 x의 계수가 0이라면, 독립변수값이 아무리 크게 변동한다 하더라도 종속변수에는 전혀 영향을 미칠 수 없다. 그렇다면 앞에서 계산한 F값도 유의하지 않았을 것이다. 분산분석에서 F값도 유의하게 나오고, 이를 근거로 하여 광고비가 매출액에 영향을 미친다는 결론을 도출했으므로 x의 계수가 0이 아님은 확실하다. 이런 의미에서 2가지 검정절차가 중복된다는 것이다.

독립변수가 2개 이상인 경우를 대비하여 "회귀식의 회귀계수값= 0"이라는 귀무가설을 검정해 보기로 하자. 가설을 검정하기 위해서는 우선 회귀계수의 표본분포를 알아야 한다. 여기서도 표본분포란 동일한 모집단에서 다수의 서로 다른 표본을 추출하여 회귀분석을 통해 계수값을 추정할 때 이들 계수값 추정치들의 확률분포이다.

표본분포의 평균은 귀무가설에서 이미 0으로 가정하고 있으므로, 이 분포의 흩어진 정도를 나타내는 표준오차만 결정되면 확률분포가 결정된다. 회귀계수의 **표준오차**(standard error of estimate)는 보통 s_b로 표시하고 다음 식을 이용하여 계산한다.

$$S_b = \sqrt{\frac{\sum_{i=1}^{n}(y_i - \hat{y}_i)^2/(n-2)}{\sum_{i=1}^{n}(x_i - \bar{x})^2}} = \sqrt{\frac{SSE/(n-2)}{\sum_{i=1}^{n}(x_i - \bar{x})^2}}$$

이 식에서 $\sum_{i=1}^{n}(y_i - \hat{y}_i)^2$은 분산분석에서 계산했던 SSE이며, 분모는 독립변수 x의 변동을 의미한다. 회귀계수의 표준오차가 구해지면 일반적인 가설검정 절차를 그대로 반복하면 된다.

귀무가설 : 회귀식의 계수값이 0이다(즉, 회귀식은 무의미하다).
대립가설 : 회귀식의 계수값은 0이 아니다.
검정통계치 : $t = \dfrac{\text{회귀분석에서 구한 회귀계수의 값} - 0}{s_b}$
(단, 자유도는 $n-2$이다)

예제 10-3

앞에서 예로 든 기간별 광고비와 매출액 자료를 토대로 구한 회귀식은 $y = 46.5 + 52.6x$이었다. 독립변수에 기인한 제곱합이 1,227, 외생요인에 의한 제곱합이 374, 그리고 독립변수 x의 분산이 0.0493일 때, 회귀식의 계수값 $b=0$이라는 귀무가설을 $\alpha=5\%$에서 양측검정하여라.

풀이

검정통계치를 구하기 위해서는 SSE와 $\sum_{i=1}^{n}(x_i - \bar{x})^2$을 구해야 한다.

$$\sqrt{\frac{SSE}{n-2}} = \sqrt{\frac{374}{10-2}} = 6.84$$

이며 독립변수 x의 분산값이 0.0493이므로 $\sum_{i=1}^{n}(x_i - \bar{x})^2 = (0.0493)(10-1) = 0.4437$이다. 따라서

$$t = \frac{52.6 - 0}{6.84/\sqrt{0.4437}} = 5.12$$

자유도가 $10-2=8$인 t-분포에서 $t_{0.025} = \pm 2.306$이므로 검정통계치 5.12는 기각역에 포함된다. 즉 회귀식의 계수값 $b=0$이라는 귀무가설을 기각한다.

예제 10-4

아래 자료는 우리나라 PC 시장의 주요 브랜드별 연간 광고비와 시장점유율 간의 관계를 보여주고 있다.

광고비(억/년)	15.9	15.68	30.04	8.54	10.23	10.75
시장점유율(%)	14.9	18.6	26.2	8.6	6.3	13.3

엑셀을 이용한 회귀분석 결과가 다음과 같을 때 물음에 답하여라.

회귀분석 통계량	
다중 상관계수	0.925556
결정계수	0.856653
조정된 결정계수	0.820817
표준 오차	3.036069
관측수	6

분산 분석

	자유도	제곱합	제곱 평균	F 비	유의한 F
회귀	1	220.3441	220.3441	23.90441	0.00811
잔차	4	36.87087	9.217718		
계	5	257.215			

	계수	표준 오차	t 통계량	P-값	하위 95%	상위 95%
Y 절편	1.83954	2.898527	0.634647	0.560144	-6.2081	9.887141
광고비(억/년)	0.843348	0.172492	4.889214	0.008107	0.36443	1.322262

(a) 회귀식을 구하여라.

(b) 시장점유율의 총변동량 중 어느 정도를 위 문항에서 구한 회귀식이 설명하는가?

(c) 광고비의 회귀계수가 0이 아니라는 가설검정의 p값은 얼마인가? 그리고 이를 근거로 광고비가 시장점유율을 예측하는 데 유의한 변수로 결론내릴 수 있는가? 유의수준은 5%로 설정하여라.

풀이

(a) 시장점유율$=1.83954+(0.843348)$(광고비)

(b) $R^2=0.856653$이므로 85.66%의 변동을 회귀식이 설명할 수 있다.

(c) p값$=0.008107$이므로 이 회귀계수는 유의한 영향을 미치는 변수이다. 즉, p값이 유의수준 $\alpha=5\%$보다 작은 값이므로 예측에 도움을 줄 수 있는 유의한 변수이다.

표본으로부터 얻어진 회귀식은 어떻게 사용될 수 있을까? 앞절에서 계산한 것처럼 광고비(x)와 매출액 간의 관계가 $\hat{y}=46.5+52.6x$ (x와 y의 단위 : 천만원)로 주어져 있고 다음 달 광고비가 $x_p=1.25$천만원으로 책정되었다고 가정해 보자.

회귀식에 $x_p = 1.25$를 대입하면 $\hat{y} = 46.5 + (52.6)(1.25) = 112.25$가 되어, 다음 달 매출액은 112.25천만원일 것으로 예측된다. 이같이 구한 예측치는 점추정치이고 신뢰구간과 같은 예측의 구간추정도 가능하다.

독립변수값 x_p를 회귀식에 대입한 결과가 $\hat{y}_p$이라면, $x = x_p$일 때의 개별 예측치의 $(1-\alpha)100\%$ 예측구간은 아래와 같이 추정된다.

$$\text{예측치의 신뢰구간} \quad \hat{y}_p \pm t_{\alpha/2} S_{(y-\hat{y})}$$

여기서 자유도는 $n-2$이고 $S_{(y-\hat{y})}$는 표준오차의 추정치로서 다음 식을 이용하여 구한다.

$$S_{(y-\hat{y})} = \sqrt{\frac{SSE}{n-2}} \sqrt{1 + \frac{1}{n} + \frac{(x_p - \bar{x})^2}{\sum_{i=1}^{n} (x_i - \bar{x})^2}}$$

예제 10-5

〈표 10-6〉의 자료를 이용하여 광고비가 1.4천만원으로 책정되었을 경우, 개별 예측치의 98% 신뢰구간을 구하라.

풀이

우선 개별 예측치 표본분포의 표준오차를 구하면 8.59이다.

$$S_{(y-\hat{y})} = (6.84)\sqrt{1 + \frac{1}{10} + \frac{(1.40 - 0.94)^2}{0.4437}} = 8.59$$

회귀식의 독립변수에 1.4를 대입하면 y값은 $46.5 + (52.6)(1.4) = 120.14$가 된다. 위에서 구한 표준오차값을 대입하면, 98% 예측구간은 $120.14 \pm (2.896)(8.59) = (95.26,\ 145.02)$이다. 따라서 다음 달 광고비가 1.4천만원으로 책정되었다면 그달의 매출액은 95.26천만원과 145.02천만원 사이에 있을 것으로 예측된다.

2. 예측시의 주의사항

이제 회귀분석을 통해 예측하고자 할 때 주의해야 할 몇 가지 점에 대해 간략히 살펴보기로 하자. 광고비와 매출액 관계의 예를 다시 한번 고려해 보면 독립변수인 광고비의 범위는 0.6천만원에서 1.3천만원 사이이다. 이와 같은 독립변수값의 범위를 x의 영역(domain)이라 부르는데, x의 영역 내에서 예측을 행하는 경우 회귀식을 이용해도 별 문제가 없다. 그러나 x의 영역 밖, 즉 광고비가 0.6천만원보다 작거나 또는 1.3천만원보다 클 경우에도 회귀식을 이용한 예측이 유효할 것인가에 대해서는 재고해 볼 필요가 있다. 이와 같은 x의 영역 밖에서의 예측을 외삽적 예측(extrapolating prediction)이라 하는데, 이 경우 두 가지 위험이 따를 수 있다.

그 첫째가 논리적 위험으로 표본영역 안에서 발견된 관계가 표본영역 밖에서도 그대로 적용되는지 확신할 수 없기 때문에 나타나는 현상이다. 즉 이 연구에서 도출된 광고비와 매출액 간의 관계가 광고 수준 이상을 넘어서게 되면 전혀 성립하지 않을 수도 있다는 것이다. 이 수준이 어떤 수준인지 사전에 알 수 있는 방법이 없으므로 x의 표본영역에서 벗어날수록 예측자료의 사용에 따른 위험은 점점 더 커지게 된다.

두 번째 위험은 통계적 위험으로 제곱근 괄호 안의 셋째 항의 분자인 $(x_p - x$의 평균$)^2$을 검토해 보면 그 개념을 이해할 수 있다. x_p가 x의 평균으로부터 멀어질수록(외삽적 예측도 이 경우에 해당) 분자는 커지며 이에 따라 예측구간의 폭이 증가한다. 따라서 x의 영역 밖에서의 회귀선이 타당하다 하더라도 예측구간의 폭이 커져 그 효용성이 상당히 떨어질 우려가 크다. x의 영역 밖에서 예측을 하기 위해서는 회귀선이 x의 영역 밖에서도 여전히 타당한가 또는 예측구간의 폭이 의미 있는 내용을 제시해 줄 만큼 좁은가 등에 관한 예비적인 분석을 수행해야 한다.

마지막으로 회귀분석은 종속변수와 독립변수 간의 인과관계를 발견하는 것에 그 목적을 두지만 인과관계의 이론적·현실적 타당성을 판단하는 것은 통계학의 영역을 벗어나는 것임을 항상 염두에 두어야 한다.

보론 스피어만의 순위상관계수

두 변수 x와 y가 수치적 자료가 아니고 순위를 나타내는 경우 상관계수 대신 본 [보론]에서 설명하고자 하는 스피어만(Spearman)의 순위상관계수를 이용해야 한다. 두 변수 순위의 상관관계 정도는 다음과 같이 정의되는 순위상관계수에 의해 나타낼 수 있다.

$$r_s = 1 - \frac{6\sum_{i=1}^{n} {d_i}^2}{n(n^2-1)}$$

여기서 d_i는 x_i와 y_i에 부여된 순위값의 차이이고 n은 자료의 개수이다. r_s값은 -1과 $+1$ 사이에 위치하고, $+1$이나 -1에 가까울수록 상관관계가 높으며, 0에 가까울수록 두 변수는 거의 상관관계가 없다는 것을 나타낸다.

예제 10-6

다음 자료는 국내에서 판매되고 있는 10종의 담배에 대한 타르와 니코틴의 함유량을 정리한 것이다. 순위상관계수를 이용하여 타르 함유량과 니코틴 함유량 간의 관계를 측정하여라.

담배종류	타르 함유량	니코틴 함유량
1	14	0.9
2	17	1.1
3	28	1.6
4	17	1.3
5	16	1.0
6	13	0.8
7	24	1.5
8	25	1.4
9	18	1.2
10	31	2.0

풀이

10개씩 주어진 타르와 니코틴 함유량 수치에 각각 1부터 10까지의 순위를 부여하고 각 쌍의 순위의 차를 계산한다.

담배종류	타르(순위)	니코틴(순위)	d_i
1	2	2	0
2	4.5	4	0.5
3	9	9	0
4	4.5	6	−1.5
5	3	3	0
6	1	1	0
7	7	8	−1
8	8	7	1
9	6	5	1
10	10	10	0

r_s 값을 구하는 공식에 대입하면 0.97이 도출되어 타르와 니코틴 함유량간에는 아주 높은 상관관계가 있음을 보여준다.

$$r_s = 1 - \frac{(6)(5.5)}{(10)(100-1)} = 0.97$$

일단 순위상관계수를 구했으면 유의수준에 따른 기각역만 구하면 두 모집단간의 연관관계에 대한 가설을 검정할 수 있다. 대립가설 H_1이 두 변수 x와 y 사이에 음(−)의 상관관계가 있다는 주장을 담고 있으면 r_s 값이 작을수록 H_0을 기각한다. 반대로 대립가설 H_1이 두 변수 사이에 양(+)의 상관관계가 있다는 주장을 담고 있으면 r_s 값이 클수록 H_0을 기각한다. 양측검정을 하는 경우에는 [그림 10-13]에서와 같이 기각역이 양쪽에 위치한다.

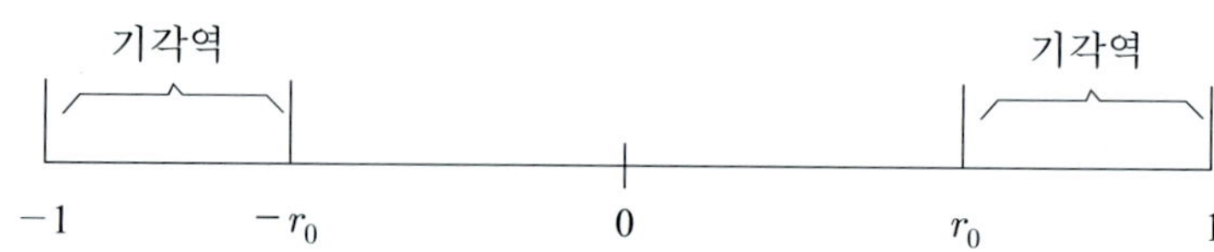

[그림 10-13] 양측검정시의 기각역

참고로 $n = 6$에서 30까지의 임계치 r_0를 발췌해 보면 〈표 10-11〉과 같다. 예를 들어 (x_i, y_i)쌍이 모두 8개(n=8)이고, 두 변수간에 양(+)의 상관관계가 있을 것이라 생각되면 r_s가 큰 값을 취할 때 H_0을 기각하게 된다. 이때에는 단측검정을 사용하며 α=0.05라면 n=8일 때 임계치는 r_0=0.643이다. 즉 r_s가 0.643보다 크거나 같으면 H_0을 기각한다. 양측검정을 하는

〈표 10-11〉 Spearman의 순위상관계수의 기각치

(단측검정기준이며 양측검정일 경우 해당 α의 값이 두 배가 되어야 함)

n	α=0.05	α=0.025	α=0.01	α=0.005
6	0.829	0.886	0.943	1.000
7	0.714	0.786	0.893	0.929
8	0.643	0.738	0.833	0.881
9	0.600	0.700	0.783	0.833
10	0.564	0.648	0.745	0.794
11	0.536	0.618	0.709	0.755
12	0.503	0.587	0.678	0.727
13	0.484	0.560	0.648	0.703
14	0.464	0.538	0.626	0.679
15	0.446	0.521	0.604	0.654
16	0.429	0.503	0.582	0.635
17	0.414	0.485	0.566	0.618
18	0.401	0.472	0.550	0.600
19	0.391	0.460	0.535	0.584
20	0.380	0.447	0.520	0.570
21	0.370	0.435	0.508	0.556
22	0.361	0.425	0.496	0.544
23	0.353	0.415	0.486	0.532
24	0.344	0.406	0.476	0.521
25	0.337	0.398	0.466	0.511
26	0.331	0.390	0.457	0.501
27	0.324	0.382	0.448	0.491
28	0.317	0.375	0.440	0.483
29	0.312	0.368	0.433	0.475
30	0.306	0.362	0.425	0.467

경우에는 $r_s \geq r_0$ 또는 $r_s \leq -r_0$일 때 H_0을 기각한다. 유의수준이 0.05라면 r_0는 $\alpha=0.025$에 해당하는 값을 취하게 된다.

순위상관계수의 검정

H_0 : 두 변수간에는 아무 연관관계가 없다.
H_1 : 두 변수간에는 연관관계가 있다(양측검정).
두 변수간에는 양의 연관관계가 있다(단측검정).
두 변수간에는 음의 연관관계가 있다(단측검정).
검정통계치 : r_s
기각역 : 양측검정시 $r_s \geq r_0$ 또는 $r_s \leq -r_0$(단, r_0는 $\alpha/2$에 해당)
단측검정시 $r_s \geq r_0$(H_1 : 양의 연관관계)
$r_s \leq -r_0$(H_1 : 음의 연관관계)

예제 10-7

앞의 예제에서 타르와 니코틴 함유량의 순위상관계수가 0.97로 나타났다. $\alpha=0.005$에서 양의 연관관계가 존재하는지 검정하여라.

풀이

① H_0 : 타르와 니코틴 함유량간에는 연관관계가 없다.
② H_1 : 타르와 니코틴 함유량간에는 양의 연관관계가 존재한다.
③ 기각역은 $r_s > r_0 = 0.794$이며, 검정통계치 $r_s = 0.97 > 0.794$이므로 H_0을 기각한다.

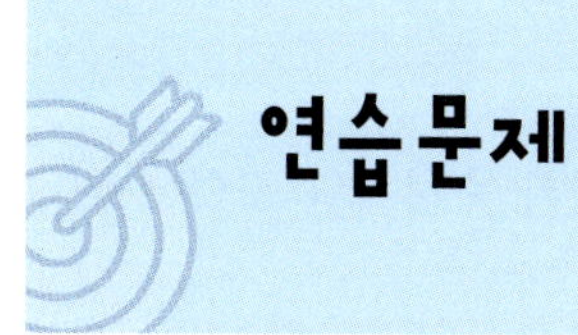

연습문제

선택형 문제

1. 다음 중 공분산과 상관계수에 관한 설명이 바르지 못한 것은?

① 공분산이 두 변수간의 관계정도를 나타내 주기는 하지만 측정단위에 따라 그 값이 크게 변할 수 있다.

② 공분산이나 상관계수는 음의 값을 취할 수 없다.

③ 상관계수는 측정단위의 영향을 배제시킬 수 있어 다양한 자료를 비교할 수 있다.

④ 공분산값을 x의 표준편차와 y의 표준편차로 나누어 구한 것이 상관계수이다.

2. 다음 중 상관계수에 관한 설명이 바르게 된 것은?

ㄱ. 상관계수 r은 -1과 1 사이의 값을 갖는다.

ㄴ. 상관계수 r이 $+1$에 가까울수록 강한 양(+)의 상관관계를 가지며 r이 -1에 가까울수록 강한 음(−)의 상관관계를 가진다.

ㄷ. 모집단 상관계수 ρ가 0이라는 귀무가설의 검정은 자유도가 $(n-2)$인 t분포를 이용한다.

---

① ㄱ, ㄴ　　② ㄴ, ㄷ

③ ㄱ, ㄷ　　④ ㄱ, ㄴ, ㄷ

3. 다음 중 회귀분석에 관한 설명이 바르게 된 것은?

① 회귀분석은 상관계수와는 달리 두 변수간의 인과관계를 추리해 낼 수 없다.

② 회귀분석에 있어서 인과관계는 독립변수라 불리는 하나의 변수가 종속변수라 불리는 또 다른 변수에 의해 어떻게 영향을 받는가 하는 관계를 설명해 준다.

③ 독립변수는 분산분석법에서의 실험요인 또는 처리요인과 같이 종속변수에 영향을 미치며 연구자가 조작할 수 있는 변수이다.

④ 회귀분석이 분산분석과 다른 점은 회귀분석의 경우 모든 변수가 범주형 자료이어야 한다는 점이다.

4. 회귀분석에서 계수값 a와 b를 구하는 데 사용되는 대표적인 방법인 최소자승법(least square method)에 관한 설명이 바르게 된 것은?

ㄱ. 편차의 제곱합을 최소화하는 방법이다. 여기서 편차는 실제 관측치와 추정치의 차이를 의미한다.

ㄴ. 상관계수에서와 같이 두 변수간의 밀접도를 도출한 후 이를 이용하여 계수를 추정하는 방식이다.

ㄷ. 이 방식을 이용하면 $a=\bar{y}-b\bar{x}$가 성립한다.

---

① ㄱ, ㄴ　　② ㄴ, ㄷ

③ ㄱ, ㄷ　　④ ㄱ, ㄴ, ㄷ

5. 판매가격(단위 : 천원)이 매출액(단위 : 천원)에 미치는 영향 정도를 알아보기 위해 회귀분석을 실시하였다. 그 결과 $Y=50{,}000-850x$라는 회귀식이 도출되었다. 다음 중 바르게 기술한 것은?

① 가격을 천원 올리면 매출액은 850,000원이 줄어든다.

② 가격을 천원 올리면 매출액은 850,000원이 늘어난다.

③ 가격을 천원 올리면 매출액은 850원이 줄어든다.

④ 가격을 천원 내리면 매출액은 850,000원이 줄어든다.

6. 다음 중 회귀식의 적합도에 관한 설명이 바르지 못한 것은?

① 결정계수 공식의 분자인 $SST-SSE$는 총변동에서 외생요인의 변동분을 뺀 것이다.

② 결정계수 공식의 분모는 총변동이므로 결정계수는 0과 1 사이의 값을 취할 수밖에 없다.

③ 종속변수의 변동폭이 클수록 적합도는 낮아진다.

④ 모든 관측치들이 회귀선상에 위치한다면 R^2은 1이 될 것이며, 독립변수가 종속변수의 변동을 설명해 주는 정도가 적으면 적을수록 R^2값은 0에 가까워진다.

7. 회귀분석 결과 결정계수값이 90%로 도출되었다. 그 의미를 제대로 설명한 것은?

① 전체 변동 중 10%가 회귀식에 의해 설명된다는 것을 의미한다.

② 독립변수는 종속변수 변동의 90%를 설명한다고 결론지을 수 있다.

③ 독립변수와 종속변수 간의 상관계수가 0.9라는 의미이다.

④ 독립변수값이 1단위 움직이면 종속변수는 0.9단위 변동한다.

8. 회귀분석에서 산점도를 그려본 결과 모든 자료들이 회귀식 선상에 위치하고 있음을 발견했다. 이 경우 결정계수값은 얼마인가?

① 1　　② 0
③ −1 또는 +1　　④ −1 또는 +1 사이의 임의의 값

9. 회귀분석 결과 $SST=500$ and $SSE=200$임이 도출되었다. 이 경우 결정계수값은 얼마인가?

① 0.4　　② 0.6
③ 0.6667　　④ 0.7

10. 단순회귀분석에서 계수에 대한 통계적 추론을 시도하고자 한다. 다음 중 설명이 바르게 된 것은?

ㄱ. 분산분석에서의 F값을 이용하여 추론이 가능하다.
ㄴ. 회귀계수의 표준오차는 $\sqrt{\dfrac{SSE/(n-2)}{\sum_{i=1}^{n}(x_i-\bar{x})^2}}$의 형태를 취한다.
ㄷ. 귀무가설의 내용은 "회귀식의 계수값=0"이다.

---

① ㄱ, ㄴ　　② ㄴ, ㄷ
③ ㄱ, ㄷ　　④ ㄱ, ㄴ, ㄷ

11. 회귀분석에서 독립변수값의 범위를 x의 영역(domain)이라 부르는데, x의 영역 내에서 예측을 행하는 경우 회귀식을 이용해도 별 문제가 없다. 그러나 x의 영역 밖에서의 예측은 재고해 볼 필요가 있다. 이와 같은 x의 영역 밖에서의 예측을 무엇이라 하는가?

① 편의적 예측　　② 외삽적 예측
③ 포괄적 예측　　④ 과잉예측

12. 다음의 회귀분석에 대한 설명 중 바른 것은?

ㄱ. 모든 관측치들이 회귀선상에 위치한다면 R^2은 1이 된다.
ㄴ. 회귀분석에서 도출된 Y절편값은 독립변수값이 0일 때의 y값이 음수인지 양수인지를 알려주는 정보이므로 결과해석에 상당히 중요한 역할을 한다.
ㄷ. 독립변수가 종속변수의 변동을 설명해 주는 정도가 적으면 적을수록 R^2값은 0에 가까워진다.

---

① ㄱ, ㄴ　　② ㄴ, ㄷ
③ ㄱ, ㄷ　　④ ㄱ, ㄴ, ㄷ

계산형 문제

1. 다음의 표본자료를 이용하여 두 변수간의 공분산과 상관계수를 구하여라.

x	1	2	3	4	5	6
y	6	4	3	5	4	2

2. 학생 9명의 리포트성적(x)과 기말고사성적(y)이 다음과 같다.

x	77	50	71	72	81	94	96	99	67
y	82	66	78	34	47	85	99	99	68

(a) 리포트성적을 독립변수, 기말고사성적을 종속변수로 설정하고 회귀식과 결정계수를 구하여라.

(b) 리포트성적이 85점인 학생은 기말고사에서 대략 몇 점을 받을 것으로 보이는가?

3. 다음은 생산공정의 불량률(x)과 시간외 근무시간(y)에 관한 자료이다.

불량률(x %)	시간외 근무시간(y 시간)
1.0	8.1
1.1	7.8
1.2	8.5
1.3	9.8
1.4	9.5
1.5	8.9
1.6	8.6
1.7	10.2
1.8	9.3
1.9	9.2
2.0	10.5

(a) 회귀식과 결정계수를 구하여라.

(b) 불량률이 1.75%이면 시간외 근무시간은 얼마나 될 것인가?

4. 다음 데이터는 올해 한국대학교 경영학 전공 취업생 5명의 학점평균과 연봉을 조사한 결과이다.

학점평균	2.6	3.4	3.6	3.2	3.5	2.9
연봉(만원)	3,300	3,600	4,000	3,500	3,900	3,600

엑셀을 이용한 회귀분석 결과가 다음과 같을 때 물음에 답하여라.

요약 출력

회귀분석 통계량	
다중 상관계수	0.863635
결정계수	0.745865
조정된 결정계수	0.682332
표준 오차	145.8896
관측수	6

분산 분석

	자유도	제곱합	제곱 평균	F 비	유의한 F
회귀	1	249864.9	249864.9	11.73968	0.02663
잔차	4	85135.14	21283.78		
계	5	335000			

	계수	표준 오차	t 통계량	P-값	하위 95%	상위 95%
Y 절편	1790.541	545.9568	3.279638	0.030511	274.721	3306.36
학점평균	581.0811	169.5932	3.426322	0.026625	110.215	1051.947

(a) 회귀식을 구하여라.

(b) 연봉을 예측하는 데 학점평균을 사용할 수 있는가? 유의수준 5%에서 평가하여라.

(c) 학점평균과 연봉 간에 선형관계가 있다고 볼 수 있는가? 유의수준 5%에서 평가하여라.

(d) 학점평균이 3.0인 학생들의 연봉은 평균적으로 얼마가 될 것으로 추정하는가?

5. 월드렌터카 회사는 임대용차량의 하루 평균 임대시간과 유지보수비용(만원/월) 간의 관계에 관심을 가지고 있다. 아래 자료는 이 회사 소유차량 중 2년 전에 구입한 자동차 10대를 무작위로 추출하여 지난달 하루 평균 임대시간과 유지보수비용 데이터를 수집하여 분석한 결과이다.

임대시간	7	5	10	14	15	8	12	16	19	20
비용(만원)	18	13	20	29	32	16	25	29	32	40

엑셀을 이용한 회귀분석 결과가 다음과 같을 때 물음에 답하여라.

회귀분석 통계량	
다중 상관계수	0.96717548
결정계수	0.93542841
조정된 결정계수	0.92735696
표준 오차	2.29473599
관측수	10

분산 분석

	자유도	제곱합	제곱 평균	F 비	유의한 F
회귀	1	610.273494	610.273494	115.8935	4.88159E-06
잔차	8	42.12650602	5.265813253		
계	9	652.4			

	계수	표준 오차	t 통계량	P-값	하위 95%	상위 95%
Y 절편	4.98192771	2.030721462	2.453279686	0.039733	0.299075626	9.664779796
사용시간	1.62048193	0.15052709	10.76538404	4.88E-06	1.273365837	1.967598018

(a) 하루 평균 임대시간을 이용하여 유지보수비용을 예측하는 회귀식을 구하여라.

(b) 이 회귀모형이 유의한가? 5% 유의수준에서 판단하여라.

(c) 임대시간이 유지보수비용에 정(+)의 영향을 미친다는 가설을 5%의 유의수준에서 검정하여라.

6. 대학입학성적과 대학입학 후의 학업성적 사이의 관계를 연구하기 위해 다음과 같은 자료를 수집하였다. 대학입학성적이 입학 후의 학력수준에 대한 좋은 예측치라 볼 수 있는가? 여기서 독립변수값은 입시성적을 25로 나눈 것이다.

x (입시성적 ÷ 25)	7	8	8.5	9.5	10	11	12.5	13
y (평균학점)	2.5	2.6	2.9	2.6	2.9	3.1	2.8	3.3

7. 임의로 선정한 12명의 회사원에 대해 학교졸업 평균성적과 사내교육훈련 후 시행한 시험의 평균성적을 조사하여 다음 자료를 얻었다.

학교성적	2.2	2.4	3.1	2.5	3.5	2.6	2.5	2.0	2.2	2.6	2.7	3.3
사내시험	76	89	83	79	91	95	82	69	66	75	80	88

(a) 회귀식을 구하여라.

(b) 결정계수를 구하여라.

(c) 학교성적(x)은 사내훈련시험성적(y)을 예측하는 데 사용될 수 있다고 말할 수 있는가? 5% 유의수준에서 평가하여라.

CHAPTER

다중회귀분석

제 1 절 다중회귀모형의 구조와 분석결과의 해석
제 2 절 다중회귀분석의 활용

예시 | 사례

소비자문제연구소는 기업들의 요구에 따라 다양한 종류의 소비자행동문제에 대한 연구를 수행하는 연구기관이다. 소비자문제연구소는 최근에 신용카드 사용액을 예측하는 데 도움이 될 소비자의 특성을 연구해 주도록 요청을 받았다. 이에 따라 무작위로 추출된 50명의 소비자를 대상으로 연소득(단위 : 백만원), 가족수, 연간 카드사용액(단위 : 천원)에 대한 자료를 수집하였다.

연소득	가족수	카드사용액	연소득	가족수	카드사용액
54	3	4,016	54	6	5,573
30	2	3,159	30	1	2,583
32	4	5,100	48	2	3,866
50	5	4,742	34	5	3,586
31	2	1,864	67	4	5,037
55	2	4,070	50	2	3,605
37	1	2,731	67	5	5,345
40	2	3,348	55	6	5,370
66	4	4,764	52	2	3,890
51	3	4,110	62	3	4,705
25	3	4,208	64	2	4,157
48	4	4,219	22	3	3,579
27	1	2,477	29	4	3,890
33	2	2,514	39	2	2,972
65	3	4,214	35	1	3,121
63	4	4,965	39	4	4,183
42	6	4,412	54	3	3,730
21	2	2,448	23	6	4,172
44	1	2,995	27	2	2,921
37	5	4,171	26	7	4,603
62	6	5,678	61	2	4,273
21	3	3,623	30	2	3,067
55	7	5,301	22	4	3,074
42	2	3,020	46	5	4,802
41	7	4,828	66	4	5,149

? 연소득과 가족수 중 어느 것이 연간 카드사용액을 예측하는 데 더 좋은가? 그리고 이 자료로 한 가구의 연간 카드사용액을 추정하려면 어떤 통계적 도구를 사용해야 하는가?

제 1 절 다중회귀모형의 구조와 분석결과의 해석

1. 다중회귀모형의 구조

앞장에서 논의한 회귀모형에서는 종속변수의 변동이 하나의 요인(독립변수)에 의해서만 설명된다고 가정하였다. 이러한 모형을 단순회귀모형(simple regression model)이라 부르는데, 실제 많은 문제에 있어서 단 하나의 요인으로 종속변수의 변동을 충분히 설명할 수 있는 경우는 그리 많지 않다. 이러한 경우 종속변수의 변동을 적절히 설명하기 위해서는 다수의 독립변수가 모형에 포함되어야 하며, 이러한 모형을 총괄하여 다중회귀모형(multiple regression model)이라 부른다. 다중회귀모형은 종속변수의 변동을 설명하기 위해 2개 이상의 독립변수가 동시에 사용된다는 점을 제외하고는 그 개념상 단순회귀모형과 상당히 유사하다. 본장에서는 다중회귀모형의 기본적인 구조와 분석결과의 해석방법에 대해 간략히 살펴보고, 회귀분석 사용시 야기되는 몇 가지 문제점에 대해 설명하고자 한다.

다중회귀모형은 앞장에서 살펴본 단순회귀모형에 독립변수를 더 추가한 것이다. 둘 이상의 독립변수를 이용하게 되면 단순회귀모형보다 더 우수한 예측치를 구할 가능성이 높다. 단순회귀분석에서와 마찬가지로 회귀식은 다음과 같이 1차식의 형태[1)]를 취한다.

$$y = b_0 + b_1 x_1 + b_2 x_2 + \cdots\cdots + b_k x_k$$

다중회귀분석에서는 서로 독립적인 행태를 취하는 k개의 독립변수를

1) 이론적으로 다중회귀모형은 $y = \beta_0 + \beta_1 x_1 + \beta_2 x_2 + \cdots\cdots + \beta_k x_k + \epsilon$으로 표현하며, ϵ은 잔차항(residual term)이라 부른다. 다중회귀모형은 (a) ϵ은 기대치가 0이고 ϵ의 분산값은 독립변수의 값에 관계없이 일정하며, (b) 잔차항 ϵ_i는 정규분포를 따르고, (c) 잔차항은 서로 독립적이라는 가정을 기반으로 한다. 그러나 대부분의 일반 사용자들은 이런 가정이 주어진 데이터에 적용되는지 여부를 분석하지 않고 회귀분석기법을 사용하곤 한다. 다시 말해, 이와 같은 이론적 분석은 대부분 생략해도 결과의 해석에 별다른 이의를 제기하지 않는 경향이 있다. 본서에서도 이에 관한 논의는 생략하기로 한다.

이용하여 종속변수인 y값의 변동을 알아보고자 하는 주된 목적이 있다. b_i값들은 단순회귀분석에서와 마찬가지로 표본데이터의 잔차의 제곱합이 최소가 되도록 하는 최소자승법을 이용하여 구한다. 즉, 다중회귀분석에서 b_i값($i = 0, 1, 2, \cdots, k$)은 SSE를 최소화시키는 값이다.

$$SSE = \sum_{i=1}^{n} (y_i - b_0 - b_1 x_{i1} - b_2 x_{i2} - \cdots\cdots - b_k x_{ik})^2$$

2. 엑셀분석결과의 해석

다중회귀분석의 적용과정에 관한 상세한 절차는 제10장에서 예로 든 매출액과 광고비 연관문제에 독립변수로 해당분기별 영업직원수를 추가한 자료를 이용하여 설명하기로 하자. 〈표 11-1〉은 독립변수인 광고비와 영업직원수, 그리고 종속변수인 매출액 자료를 정리한 것이다.

EXCEL 도구 메뉴의 데이터분석에 포함되어 있는 회귀분석 모듈을 이용하여 분석을 시도하면 〈표 11-2〉와 같은 결과물을 얻을 수 있다.

〈표 11-1〉 다중회귀분석을 위한 예시자료

기 간	광고비 (단위 : 천만원)	영업직원수	매출액 (단위 : 천만원)
1	1.2	100	101
2	0.8	94	92
3	1.0	101	110
4	1.3	103	120
5	0.7	88	90
6	0.8	78	82
7	1.0	79	93
8	0.6	80	75
9	0.9	87	91
10	1.1	100	105

〈표 11-2〉 EXCEL에서의 출력결과

회귀분석 통계량	
결정계수	0.890416758
조정된 결정계수	0.859107261
표준 오차	5.006164936
관측수	10

분산 분석

	자유도	제곱합	제곱 평균	F 비	유의한 F
회귀	2	1425.468	712.7341	28.43919	0.000436
잔차	7	175.4318	25.06169		
계	9	1600.9			

	계수	표준 오차	t 통계량	P-값	하위 95%	상위 95%
Y 절편	4.915462	16.44762	0.298856	0.773728	-33.977	43.8079
광고비	31.20527	10.6794	2.922006	0.022276	5.952501	56.45805
영업직원수	0.67749	0.240704	2.814622	0.025973	0.108316	1.246664

① 우선 회귀식을 찾아보기로 하자. x_1을 광고비, x_2를 영업직원수라 할 때 $y = b_0 + b_1 x_1 + b_2 x_2$에서 각각의 계수값에 해당하는 수치를 표에서 찾아보면 다음과 같다.

$$y = 4.915462 + 31.20527x_1 + 0.67749x_2$$

이 식에서 상수항(Y절편)에 대한 추정치는 어떤 특별한 통계적 의미를 갖지는 않는다. 광고비와 영업직원에 해당하는 변수값이 0인 경우에 해당되는 매출액 수준인데 현실적으로 별다른 의미를 부여할 수 없다. 따라서 해석과정에서 상수 그 자체만은 무시해도 된다.

다중회귀분석에서 어떤 한 독립변수의 회귀계수는 모든 다른 독립변수값들을 고정시킬 때 그 변수 한 단위가 종속변수에 미치는 영향을 나타낸다. 예를 들어 광고비 예산에 아무런 변화가 없을 때 영업직원을 한 명 추가하면 매출액은 0.67749천만원 증가한다. 물론 이러한 해석이 얼마나 신빙성이 있는가를 판단하기 위해서는 개별 회귀계수에 대한 가설의 검정절차를 거쳐야 한다.

② 결정계수(R^2)를 찾아보면 표 상단에 0.890417로 상당히 높은 수준을 기록하고 있다. 분산분석표에서 "회귀"에 해당하는 제곱합($SST-SSE$)이 1,425.468, "잔차"에 해당하는 제곱합(SSE)이 175.4318로 기록되어 있다. 결정계수의 정의를 이용하면 재차 확인해 볼 수 있다.

$$\text{결정계수} = \frac{SST-SSE}{SST} = \frac{1{,}600.9-175.4318}{1{,}600.9} = 0.890417$$

즉, 매출액의 총변동 중 89.0417%는 회귀모형에 의해 설명될 수 있으며, 나머지 10.9583%는 회귀모형에 포함시키지 않은 여러 변수들과 실제 자료를 구하는 과정에서 생긴 오류에 기인한다고 볼 수 있다.

결정계수 바로 밑에 조정된 결정계수(Adjusted R^2)라는 항목이 있다. 독립변수의 개수가 2개 이상인 다중회귀분석은 독립변수의 수가 증가할수록 결정계수값은 증가하는 경향이 있다. 특히 종속변수가 동일한 두 개 이상의 서로 다른 회귀모형을 비교·연구하는 경우에는 독립변수의 수와 표본의 크기가 결정계수에 미치는 영향을 감안해야 한다. 이런 경우에는 다음과 같이 정의되는 수정된 결정계수를 사용하기도 한다. 그렇지만 별다른 비교연구를 하지 않는 경우 R^2를 써도 무방하다.

$$\text{조정된 } R^2 = 1-(1-R^2)\frac{n-1}{n-k-1}$$

(단, n은 표본수, k는 독립변수 개수)

③ 조정된 결정계수 바로 밑에 있는 표준오차(=5.006165)는 모집단 회귀모형의 오차의 표준편차 추정치로서 $\sqrt{SSE/(n-k-1)}$로 계산되는데, 결과 해석에는 별로 도움이 되는 정보는 아니어서 무시해도 무방하다.

④ 일단 결정계수값을 통해 회귀식이 주어진 데이터들을 얼마나 잘 나타내고 있는가에 대한 정보를 얻었으면, 그 다음 단계는 회귀식에 대한 유의성 검정을 해야 한다. 다중회귀분석에서의 분산분석은 회귀식이 의미 있는가(즉, 유의성 여부)를 검정하는 도구이다. 회귀식이 의미 있다는 말은 분석하고자 하는 문제에 회귀식을 적용할 수 있다는 의미이며, 구체적으로 회

귀식에 포함되어 있는 독립변수들이 종속변수값의 변동을 설명할 수 있다는 의미이다.

회귀식이 의미가 없다면, 이는 바로 모든 독립변수들이 의미 없다는 말이다. 독립변수가 종속변수의 움직임을 전혀 설명하지 못하는 경우는, 바로 회귀식에서 독립변수의 회귀계수값들이 모두 0인 경우밖에 없다. 〈표 11-2〉에서 도출한 회귀식은 $y=4.915462+31.20527x_1+0.67749x_2$이지만, 통계적으로 x_1의 계수인 31.20527과 x_2의 계수인 0.67749가 둘 다 0일 수도 있다. 분산분석은 회귀식이 유의한가를 검정하는 도구이지만, 구체적인 내용을 살펴보면 독립변수인 x_1과 x_2의 계수가 모두 0이라는 귀무가설을 테스트하는 과정이다.

귀무가설 : 회귀식의 계수값들은 모두 0이다(즉, 회귀식은 무의미함. 모든 독립변수는 종속변수의 변동에 영향을 미치지 못함).

대립가설 : 회귀식의 계수값 중 최소한 하나는 0이 아니다(즉, 최소한 독립변수 하나는 종속변수의 변동에 영향을 미침).

귀무가설을 기각하면 최소한 회귀계수값이 0이 아닌 독립변수가 하나는 존재하게 되므로 나름대로 회귀식은 유의하다고 결론내릴 수 있다. 대립가설의 수용쪽으로 결론이 나면 그 다음 단계는 어떤 독립변수의 계수가 0이 아닌가를 테스트해봐야 한다. 모두 다 의미 있을 수도 있고, 단 하나의 독립변수만이 살아남을 수도 있다.

매출액 예제의 경우, 종속변수의 총변동(개별 y_i값들이 산술평균인 95.9보다 크거나 작은 값을 취하면서 변동하는 정도)은 1,600.9, 회귀식에 포함되어 있는 독립변수값들이 움직여서 발생시킨 변동의 크기는 1,425.468이다. 여기에 자유도를 감안하여 분산비율을 구해야 하는데, 표본에 포함된 자료(n)가 모두 10개이므로 전체 자유도는 $10-1=9$이고, 상수를 포함한 추정하고자 하는 계수가 3개이므로 회귀모형(Model)의 자유도는 $3-1=2$이다. 일반적으로 독립변수의 수를 k라 하면, 일반적으로 총자유도는 $n-1$, 회귀(모형)의 자유도는 k, 외생요인(잔차)의 자유도는 나머지 $n-k-1$이다.

본 예제의 경우 분산비율값이 28.43919이며, 유의한 F값(즉, p값)은 0.000436으로 매우 작으므로 회귀식은 유의한 것으로 결론내릴 수 있다.

⑤ 회귀식이 유의한 것으로 결론이 났으므로 이제는 어떤 독립변수가 유의한가를 판단해야 한다. 〈표 11-2〉의 일부분을 다시 살펴보면 변수명, 계수, 표준오차, t통계량 순으로 제시되어 있다.

광고비를 예로 들어보기로 하자. 회귀분석에서 나온 계수값은 31.20527이다. 이 값은 표본통계량으로 틀릴 수도 있다. 통계치를 검정하기 위해서는 표본분포가 필요하다. 이 문제의 경우 귀무가설은 독립변수인 광고비의 회귀계수가 0이다.

귀무가설 : $\beta_1 = 0$

대립가설 : $\beta_1 \neq 0$ 또는 $\beta_1 > 0$

이 귀무가설을 검정하기 위해서는 표본분포가 필요하다. 표본분포의 평균은 귀무가설에서 가정한 0이 되며, 표준오차(표본분포의 표준편차)는 표에 나와 있는 것처럼 10.6794이다. 따라서 검정통계치의 t검정치는 다음과 같이 정의된다.

$$t\text{검정치} = \frac{b_1 - 0}{s_{b_1}} = \frac{31.20527 - 0}{10.6794}$$

귀무가설을 기각하지 못하면 이는 곧 회귀모형에 포함된 다른 독립변수들이 모형 안에 그대로 존재하는 상황하에서 x_1변수는 y의 변동을 설명하는 데 별로 도움을 주지 못한다는 의미이다. 즉, x_1의 유용성이 별로 없다는 뜻이다.

〈표 11-3〉 회귀계수의 유의성 검정

	계수	표준 오차	t 통계량	P-값	하위 95%	상위 95%
Y 절편	4.915462	16.44762	0.298856	0.773728	-33.977	43.8079
광고비	31.20527	10.6794	2.922006	0.022276	5.952501	56.45805
영업직원수	0.67749	0.240704	2.814622	0.025973	0.108316	1.246664

대립가설을 $\beta_1 \neq 0$으로 설정하면 양측검정을 실시해야 한다. 그러나 회귀분석을 시도할 때 독립변수의 계수값이 0보다 커야 하는지, 작아야 하는지 전혀 모르는 경우는 없다. 분석자는 변수에 관련된 이론적 배경을 검토함으로써 이미 계수의 부호 정도는 파악하고 있는 것이 보통이다. 이런 정도의 배경지식도 없이 회귀분석을 시도하는 연구자는 거의 없다.

그렇다면 양측검정을 할 필요는 없다. 단측검정을 채택하는 것이 연구자에게 유리하기 때문이다. 본 예제에서도 광고비 액수나 영업직원수가 증가하면 당연히 매출액이 증가할 것으로 기대하고 있다. 따라서 대립가설은 $H_1 : \beta_i > 0$으로 설정하기로 한다.

광고비의 경우 t검정치(통계량)가 2.922006으로 표에 나와 있다. 교재의 부록에서는 찾아볼 수 없지만 단측검정의 경우 p값은 0.011138로 표에 나와 있는 p값의 절반이다. 컴퓨터 출력물을 해석할 때에는 이 점을 주의해야 한다. 표에 나와 있는 p값이 10%에 가깝더라도 단측검정을 하는 경우 실제 p값은 그 절반으로서 5%에 미달되어, 해당 독립변수는 유의한 것으로 판정될 수 있기 때문이다. 같은 방법으로 영업직원수에 대한 $H_0 : \beta_2 = 0$, $H_1 : \beta_2 > 0$을 검정해도 p값$=0.025973 \div 2 = 0.012986$ 또는 1.3% 정도에 불과하다. 두 변수 모두 종속변수의 움직임을 잘 설명해 준다고 결론내릴 수 있다.

참고로 표의 마지막 열의 상하위 95%는 회귀계수의 신뢰구간을 의미한다. 예를 들어 광고비의 회귀계수의 95% 신뢰구간은 5.952501과 56.45805 사이가 된다. 그렇지만 현실적으로 회귀계수의 신뢰구간은 별로 용도가 없다.

예제 11-1

월드닷컴은 PC용 게임소프트웨어를 판매하고 있다. 다음은 판매가격(단위 : 천원)과 판촉비용(단위 : 만원)을 독립변수로 설정하고 매출액(단위 : 만원)을 종속변수로 하여 회귀분석을 시도한 결과이다. 물음에 답하여라.

결정계수	0.757
조정된 결정계수	0.742
표준오차	638.06
관측수	34

분산분석					
	자유도	제곱합	제곱 평균	F비	유의한 F
회 귀	2	39,472,730	19,736,365	48.477	2.862E−10
잔 차	31	12,620,946	407,127		
계	33	52,093,677			
회귀계수의 유의성 검정					
	계 수	표준오차	t통계량	p값	
Y절편	5,837.5	628.1	9.29	1.79E−10	
가 격	−53.2	6.85	−7.766	9.20E−09	
판촉비	3.61	0.68	5.273	9.82E−06	

(a) 회귀식을 구하여라.

(b) 결정계수(R^2)는 얼마인지 구하고, 그 의미도 해석하여라.

(c) 회귀식은 의미가 있는가? 회귀식의 유의성을 검정하여라.

(d) 어떤 독립변수가 의미 있는가? 각 독립변수의 유의성을 검정하여라.

(e) 판매가격을 10(천원)으로 설정하고 판촉비용을 400(만원) 투입시 기대되는 매출액은 얼마인가?

풀이

(a) x_1을 가격, x_2를 판촉비라 할 때 $y = b_0 + b_1x_1 + b_2x_2$에서 각각의 계수값에 해당하는 수치를 표에서 찾아보면 다음과 같다.

$$y = 5{,}837.5 - 53.2x_1 + 3.61x_2$$

(b) 결정계수는 0.757로 높은 수준을 기록하고 있다. 매출액의 총변동 중 75.7%는 회귀모형에 의해 설명될 수 있으며, 나머지 24.3%는 회귀모형에 포함시키지 않은 여러 변수들과 실제 자료를 구하는 과정에서 생긴 오류에 기인한다고 볼 수 있다.

(c) 회귀식의 계수값들이 모두 0이라는 귀무가설에 대해 검정을 하기 위해서는 분산분석의 유의한 F값(즉, p값)을 보면 된다. 2.862의 10의 마이너스 10승이므로 거의 0에 가깝다. 따라서 귀무가설을 기각하고 회귀식은 유의한 것으로 결론내린다.

(d) 회귀식이 유의한 것으로 결론이 났으므로 이제는 어떤 독립변수가 유의한가를 판단해야 한다. 단측검정을 실시하면, 가격이나 판촉비 모두 p값이 거의 0에 가까우므로 두 변수 모두 종속변수의 움직임을 잘 설명해 준다고 결론내릴 수 있다.

(e) 판매가격 10, 판촉비용 400을 회귀식에 대입하면 매출액은 6,749.5만원이다.

$$y = 5{,}837.5 - (53.2)(10) + (3.61)(400) = 6{,}749.5$$

제 2 절 다중회귀분석의 활용

1. 범주적 자료의 분석

회귀분석에 사용되는 자료가 수치적 자료에 한정될 필요는 없다. 남자・여자, 봄・여름・가을・겨울, 국내・국외 등과 같은 범주적 자료도 회귀분석에 활용하여 의미 있는 결과를 도출해 낼 수 있다. 범주적 자료를 다루는 일반적인 방법은 가상변수(dummy variable)를 이용하는 것이다. 가상변수는 두 개의 값만을 취하는 변수로 관측대상이 해당범주에 속하면 “1”, 속하지 않으면 “0”의 값을 갖는다.

예를 들어 봄, 여름, 가을, 겨울의 4범주를 고려해야 할 때 다음과 같이 3개의 가상변수를 도입한다.

x_1 : 봄에 해당하면 1, 아니면 0

x_2 : 여름에 해당하면 1, 아니면 0

x_3 : 가을에 해당하면 1, 아니면 0

그리고 겨울은 $x_1 = x_2 = x_3 = 0$으로 표시하면 되므로 실제 필요한 가상변수의 개수는 범주 수보다 하나가 적다. 이제 다음 예제를 통해 범주적 자료가 포함된 경우의 분석과정을 살펴보기로 하자.

예제 11-2

글로벌미디어개발연구소는 70세 이상 되는 노년계층의 일상생활에서 TV시청이 차지하는 비중을 알아보기 위해 25명을 표본으로 추출하였다. 개별 면담을 통해 다음 네 가지 변수에 대해 조사한 결과 〈표 11-4〉의 자료를 얻을 수 있었다.

x_1=배우자 유무(배우자와 같이 살고 있으면 $x_1=1$, 아니면 $x_1=0$)

x_2=나이

x_3=교육수준(교육을 받은 연수)

y =하루 TV시청시간

〈표 11-4〉 면담 결과자료

번 호	y	x_1	x_2	x_3
1	0.5	1	73	14
2	0.5	1	66	16
3	0.8	0	65	15
4	0.8	0	65	16
5	0.8	1	68	9
6	0.9	1	69	10
7	1.1	1	82	12
8	1.6	1	83	12
9	1.6	1	81	12
10	2.0	0	72	10
11	2.5	1	69	8
12	2.8	0	71	16
13	2.8	0	71	12
14	3.0	0	80	9
15	3.0	0	73	6
16	3.0	0	75	6
17	3.2	0	76	10
18	3.2	0	78	6
19	3.3	1	79	6
20	3.3	0	79	4
21	3.4	1	78	6
22	3.5	0	76	8
23	3.6	0	65	12
24	3.7	0	72	12
25	3.7	0	80	6

다음과 같은 회귀모형에 따라 컴퓨터를 이용한 통계분석결과가 〈표 11-5〉와 같을 때 다음에 답하여라.

$$y = b_0 + b_1 x_1 + b_2 x_2 + b_3 x_3$$

〈표 11-5〉 엑셀을 이용한 회귀분석 결과

회귀분석 통계량	
다중 상관계수	0.795
결정계수	0.632
조정된 결정계수	0.579
표준 오차	0.744
관측수	25

분산 분석

	자유도	제곱합	제곱 평균	F 비	유의한 F
회귀	3	19.92023	6.640076	11.99872	8.63E-05
잔차	21	11.62137	0.553399		
계	24	31.5416			

	계수	표준 오차	t 통계량	P-값	하위 95%	상위 95%
Y 절편	1.619	2.607373	0.620851	0.541378	-3.80354	7.041118
배우자 유무	-1.17	0.312114	-3.74664	0.001189	-1.81846	-0.5203
나이	0.037	0.031594	1.172844	0.253991	-0.02865	0.102759
교육수준	-0.152	0.049357	-3.08954	0.005555	-0.25513	-0.04985

(a) 회귀식을 구하여라.

(b) 교육수준이 12이고 나이가 70세인 노년계층의 경우 배우자 유무에 따라 TV시청시간이 어떻게 다른지 분석하여라.

(c) 회귀식이 유의한지 검증하여라.

(d) 회귀식은 종속변수인 TV시청시간의 변동 정도를 몇 %나 설명할 수 있는가?

(e) 모든 독립변수가 TV시청시간의 변동을 설명할 수 있는 유의한 변수인가? 어떤 변수들이 통계적으로 유의하지 않은가?

풀이

(a) $y = 1.619 - 1.170x_1 + 0.037x_2 - 0.152x_3$ 혹은

TV시청시간 = 1.619 − (1.17)(배우자 유무) + (0.037)(나이) − (0.152)(교육수준)

(b) 다중회귀분석에서 어떤 한 독립변수의 측정회귀계수는 모든 다른 독립변수값들을 고정시킬 때 그 변수 한 단위가 종속변수에 미치는 영향을 나타낸다. 예를 들어 나이와 배우자 유무가 같을 때 교육수준이 높을수록 TV시청시간은 교육수준 1단위당 0.152시간만큼 줄어든다. 마찬가지로 같은 나이에 같은 정도의 교육을 받은 경우 배우자가 없는 노인이 있는 노인보다 평균적으로 1.17시간 더 TV를 시청한다. 교육수준이 12이고 나이가 70세인 노인의 경우 회귀식은 배우자의 유무에 따라 아래와 같이 계산된다.

배우자가 있는 경우의 TV시청시간
$=1.619-(1.170)(1)+(0.037)(70)-(0.152)(12)=1.215$

배우자가 없는 경우의 TV시청시간
$=1.619-(1.170)(0)+(0.037)(70)-(0.152)(12)=2.385$

물론 이러한 해석이 얼마나 신빙성이 있는가를 판단하기 위해서는 개별 회귀계수에 대한 가설의 검정절차를 거쳐야 한다.

(c) 회귀식의 F값은 $H_0 : \beta_1=\beta_2=\cdots=\beta_k=0$이라는 귀무가설의 검정치이다. 만약 H_0을 기각할 수 있다면 $x_1, x_2, \cdots, x_k$ 중 최소한 1개는 y값의 변동에 영향을 준다는 결론에 도달할 수 있다. 즉, 회귀모형이 유용하다는 것이다. F값(F비)은 11.998인데 분자의 자유도가 3, 분모의 자유도가 21인 F값($\alpha = 5\%$)이 3.07이므로 H_0을 기각할 수 있다. p값(표에서는 유의한 F)이 $(8.53)(10)^{-5}$으로 유의수준 1% 또는 5%보다 작아 귀무가설을 기각하고 회귀모형이 유용하다고 결론을 내릴 수 있다.

(d) TV시청시간 변동의 설명 정도는 결정계수 R^2값을 이용하면 된다. 결정계수가 0.632이므로 TV시청시간의 총변동 중 63.16%는 회귀모형에 의해 설명될 수 있으며, 나머지 36.84%는 회귀모형에 포함시키지 않은 여러 변수들과 실제 자료를 구하는 과정에서 생긴 오류에 기인한다고 볼 수 있다.

(e) x_1의 p값은 0.001189로서 일반적으로 흔히 사용하는 유의수준인 1%나 5%보다 매우 작다. 따라서 $H_0 : \beta_1 = 0$이라는 가설은 기각할 수 있다. 그러나 x_2의 경우 p값이 25.3991%로서 유의수준보다 큰 값이어서 $H_0 : \beta_2=0$이라는 가설을 기각하기 어렵다. 즉, 독립변수 x_2는 종속변수 y에 별다른 영향을 미치지 못한다는 귀무가설을 기각하기 어렵다. x_3의 p값은 0.005555이므로 $H_0 : \beta_3=0$이라는 가설을 기각할 수 있다.

2. 베타계수의 추정

제1절에서 통계적 검정과정을 통해 광고비와 영업직원수가 모두 매출액과 상관관계가 있음을 알 수 있었다. 그렇다면 광고비와 영업직원수 중 어느 독립변수가 매출액에 더 큰 영향을 미치는가? 단순히 b_1과 b_2 값만을 비교하는 것은 광고비가 천만원 증가할 때의 효과와 영업직원수가 1명 증가할 때의 효과를 비교하는 것과 마찬가지이므로 공정한 비교를 할 수 없다.

두 독립변수의 상대적 중요도를 평가하기 위해서는 두 변수의 분산값이 같아지도록 그 값을 전환해야 한다. 즉 종속변수를 포함한 모든 변수의 관측값을 다음과 같이 표준편차의 배수로 정규화(이를 Z-score normalization이라고도 지칭함)시킨 후 최소자승법으로 회귀식을 추정하면 독립변수의 상대적 중요도를 비교할 수 있다.

$$\text{정규화된 독립변수} = \frac{x_i - x_i\text{의 평균값}}{x_i\text{의 표준편차}}$$

$$\text{정규화된 종속변수} = \frac{y - y\text{의 평균값}}{y\text{의 표준편차}}$$

이와 같은 과정을 거쳐 얻어진 추정치를 표준화 계수(standardized coefficients) 또는 베타계수(beta coefficients)라 부르며, 이 값은 표준편차를 단위로 하여 독립변수가 한 단위 변화할 때 종속변수는 몇 단위 변동할 것인가를 알려준다.

이미 원자료로부터의 추정치 b_i가 얻어진 경우에는, 추정치 b_i에 독립변수 x_i의 표준편차를 곱한 뒤 종속변수 y의 표준편차를 나누어 베타계수를 구할 수도 있다. 즉,

$$\text{베타계수} = b_i \frac{s_x}{s_y}$$

이제 이 공식을 〈표 11-1〉의 광고비와 매출액 예에 적용해 보자. 우선 각 변수의 표준편차부터 구해 보면 다음과 같다.

$$\text{광고비}(x_1)\text{의 표준편차} = 0.222$$

$$\text{영업사원수}(x_2)\text{의 표준편차} = 9.854$$

$$\text{매출액}(y)\text{의 표준편차} = 13.38$$

따라서 두 독립변수의 베타계수는 다음과 같다.

$$\text{광고비 변수의 베타계수} = (31.20527)\frac{0.222}{13.38} = 0.518$$

$$\text{영업사원수 변수의 베타계수} = (0.67749)\frac{9.854}{13.38} = 0.499$$

따라서 만약 광고비를 1표준편차(약 0.222천만원)만큼 증가시키면 매출액은 (0.518)(매출액의 표준편차)=(0.518)(13.38)=6.93천만원만큼 증가하게 되며, 영업사원수를 1표준편차(약 9.854명)만큼 증가시키면 매출액은 (0.499)(매출액의 표준편차)=(0.499)(13.38)=6.677천만원만큼 증가하게 되어, 결국 광고비가 영업사원수보다 매출액에 상대적으로 더 큰 영향을 미친다고 말할 수 있다.

3. 회귀분석 적용상의 주의점

회귀분석에서 독립변수들은 서로 독립적이어야 회귀계수의 해석이 가능해진다. 다중공선성이라는 현상은 조사자료(survey data)의 회귀분석에서 많이 발생하는데, 이 문제에 대한 해결이 전제되지 않으면 회귀분석의 결과를 신뢰하기 어려워진다.

다중공선성(multicollinearity)이란 한 독립변수의 값이 증가할 때 다른 독립변수값이 이에 연계되어 증가하거나 감소하는 현상을 말한다. 다중공선성에 대한 공식적인 통계적 분석방법은 없지만 모든 가능한 쌍의 독립변수에 대해 산점도를 그려 보면 어느 정도 알 수 있다. 만약 이 점들이 폭이 좁은 타원형으로 표시된다면 심각한 다중공선성이 존재한다고 볼 수 있으며, 이에 반해 점들이 원형으로 분포되어 있다면 다중공선성은 존재하지 않는다고 볼 수 있다.

다중공선성은 그것이 존재하느냐 하지 않느냐보다는 어느 정도 존재하느냐가 중요한 문제가 된다. 독립변수들이 단지 미약하게 관련되어 있다면(폭이 넓은 타원에 의해 점들이 대표될 때) 회귀분석의 결과를 활용할 수 있을 것이고 독립변수들이 상당히 관련되어 있다면(폭 좁은 타원), 다중공선성을 줄이거나 또는 회귀분석을 실시하지 말아야 할 것이다. 그렇다면 다중공선성이 왜 문제가 되는가? 다중공선성이 심각하다면 회귀식의 기울기와 절편은 별 의미가 없어진다. 예를 들어, 광고비와 영업사원수가 서로 강한 연관이 있다면 단지 하나의 변수(광고비)만을 증가시킬 때 매출액의 변화를 어떻게 예측할 수 있는가?

두 변수 사이에 연관관계가 있다면 한 변수가 변함에 따라 다른 변수도 변하게 되어 개별 독립변수의 영향 정도를 식별할 수 없게 된다. 다시 말해 다중공선성이 심각하다면 표본분석의 결과는 의미가 없어지게 된다. 조사자료에서는 독립변수의 수치를 통제할 수 없으며 어떠한 수치가 얻어지더라도 그것을 사용할 수밖에 없다. 다만 이 경우 높은 관련이 있는 변수들을 연구에서 제외시킴으로써 다중공선성을 어느 정도 극복할 수 있으나, 만약 이처럼 배제된 독립변수가 종속변수에 관련이 있다면 상당한 정보를 포기하는 결과가 된다. 대부분의 다중회귀분석에 있어서 독립변수들은 어느 정도의 상관관계를 보이고 있으나 문제가 되는 것은 독립변수들이 강한 상관관계를 보이는 경우일 뿐이다.

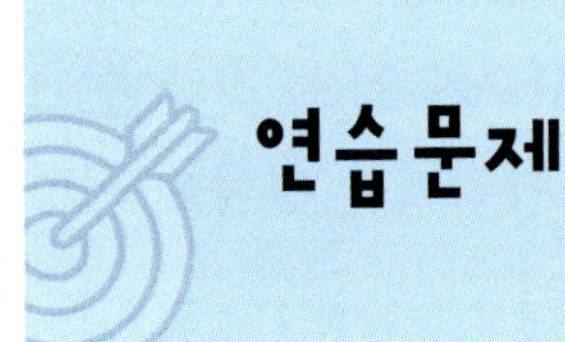

연습문제

선택형 문제

1. 다음 중 다중회귀모형에 관한 설명이 바르지 못한 것은?

① 다중회귀모형은 종속변수의 변동을 설명하기 위해 2개 이상의 독립변수가 동시에 사용된다.

② 다중회귀분석에서는 서로 독립적인 행태를 취하는 k개의 독립변수를 이용하여 종속변수인 y값의 변동을 알아보고자 하는 주된 목적이 있다.

③ 회귀계수의 도출은 단순회귀분석의 경우와는 달리 표본데이터 잔차의 절댓값을 이용하여 구한다.

④ 분석과정에서 도출되는 F값은 회귀식의 모든 계수값들은 0이라는 가설을 검정하는 데 사용된다.

2. 다중회귀분석에는 조정된 결정계수(Adjusted R^2)라는 항목이 있다. 이 항목에 관련된 설명이 바르게 된 것은?

ㄱ. 독립변수의 개수가 2개 이상인 다중회귀분석은 독립변수의 측정단위가 서로 다를 때 결정계수값이 증가하는 경향이 있는데, 이를 보정하는 데 사용된다.

ㄴ. 종속변수가 동일한 두 개 이상의 서로 다른 회귀모형을 비교・연구하는 경우에는 독립변수의 수와 표본의 크기가 결정계수에 미치는 영향을 감안해야 한다.

ㄷ. 조정된 R^2 계수는 $1-(1-R^2)\dfrac{n-1}{n-k-1}$로 정의된다.

---

① ㄱ, ㄴ　　② ㄴ, ㄷ

③ ㄱ, ㄷ　　④ ㄱ, ㄴ, ㄷ

3. 다중회귀분석에서의 통계적 추론에 대한 설명 중 바르지 못한 것은?

① 분산분석은 회귀식이 의미 있는가(즉, 유의성 여부)를 검정하는 도구이다.

② 분산분석은 회귀식에 포함되어 있는 독립변수들이 종속변수값의 변동을 설명할 수 있는가를 검정하는 데 이용된다.
③ 분산분석에서 귀무가설을 기각하면 모든 독립변수가 의미 있다는 결론을 내릴 수 있다.
④ 회귀식이 유의한 것으로 결론이 나면 t통계량을 이용하여 개별 계수값에 대한 귀무가설을 검정한다.

4. 다음의 베타계수(beta coefficients)에 대한 설명 중 바른 것은?

① 두 독립변수의 인과관계를 평가하기 위한 도구이다.
② 종속변수를 포함한 모든 변수의 관측값을 분산값의 배수로 정규화시킨 후 분석한다.
③ 결정계수로 불리기도 한다.
④ 표준편차를 단위로 하여 독립변수가 한 단위 변화할 때 종속변수는 몇 단위 변동할 것인가를 알려준다.

5. 회귀분석에서의 다중공선성(multicollinearity)에 관한 설명으로 바르게 된 것은?

ㄱ. 회귀분석에서 한 독립변수의 값이 증가할 때 다른 독립변수값이 이에 연계되어 증가하거나 감소하는 현상을 말한다.
ㄴ. 다중공선성이 심각하더라도 회귀식의 기울기와 절편은 통계적 의미를 제공한다.
ㄷ. 다중공선성에 대한 공식적인 통계적 분석방법은 없지만 모든 가능한 쌍의 독립변수에 대해 산점도를 그려 보면 어느 정도 알 수 있다. 만약 이들 점들이 폭이 좁은 타원형으로 표시된다면 심각한 다중공선성이 존재한다고 볼 수 있으며, 이에 반해 점들이 원형으로 분포되어 있다면 다중공선성은 존재하지 않는다고 볼 수 있다.

① ㄱ, ㄴ　　② ㄴ, ㄷ
③ ㄱ, ㄷ　　④ ㄱ, ㄴ, ㄷ

6. 다중회귀분석에서의 통계적 추론에 대한 설명 중 바른 것은?

ㄱ. 분산분석은 회귀식에 포함되어 있는 독립변수들이 종속변수값의 변동을 설명할 수 있는가를 검증하는 데 이용된다.
ㄴ. 분산분석에서 귀무가설을 기각하면 모든 독립변수가 의미 있다는 결론을 내릴 수 있다.
ㄷ. 회귀식이 유의한 것으로 결론이 나면 t통계량을 이용하여 개별 계수값에 대한 귀무가설을 검증한다.

① ㄱ, ㄴ　　② ㄴ, ㄷ
③ ㄱ, ㄷ　　④ ㄱ, ㄴ, ㄷ

계산형 문제

1. 유료고속도로 이용자수를 추정하기 위해 다음과 같은 세 가지 독립변수를 이용하여 회귀모형을 구축하였다. 회귀식의 결과가 다음과 같을 때 물음에 답하여라.

x_1=휴일수, x_2=자동차증가율

y =고속도로 이용자수(단위 : 만명)

회귀모형 : $y=a+b_1x_1+b_2x_2$

회귀분석 통계량	
결정계수	0.811
조정된 결정계수	0.779
표준 오차	2.262
관측수	15

분산 분석

	자유도	제곱합	제곱 평균	F 비	유의한 F
회귀	2	263.7	131.85	25.755	4.55E-05
잔차	12	61.4	5.11		
계	14	325.1			

	계수	표준 오차	t 통계량	P-값
Y 절편	50.09	4.35	11.51	7.67E-08
휴일수	16.18	2.57	6.28	4.02E-05
자동차 증가율	3.85	1.24	3.1	0.009

(a) 위에서 추정한 회귀식이 고속도로 이용자수의 증감을 제대로 설명해 줄 수 있는가?

(b) 위에서 추정한 회귀식은 종속변수의 변동 중 약 몇 %나 설명해 줄 수 있는가?

(c) x_1의 계수가 0이라는 가설을 검정하여라($\alpha=5\%$).

(d) x_2의 계수가 0이라는 가설을 검정하여라($\alpha=5\%$).

2. B건설은 택지의 넓이, 고도, 경사도가 주택판매가격에 미치는 영향을 분석하기 위해 다음과 같이 변수를 정의하고 20개의 자료를 이용하여 회귀식을 도출하였다.

x_1=택지의 넓이, x_2=택지의 고도, x_3=택지의 경사도

y=판매가격(단위 : 백만원)

회귀모형 : $y=a+b_1x_1+b_2x_2+b_3x_3$

회귀분석 통계량	
결정계수	0.86707563
조정된 결정계수	0.842152311
표준 오차	69.42862844
관측수	20

분산 분석

	자유도	제곱합	제곱 평균	F 비	유의한 F
회귀	3	503094.4489	167698.15	34.78973	3.0554E-07
잔차	16	77125.35114	4820.33445		
계	19	580219.8			

	계수	표준 오차	t 통계량	P-값
Y 절편	458.4040656	330.7173489	1.38609017	0.184734
넓이	0.346082169	0.131269393	2.63642699	0.017959
고도	-214.6000294	31.30074065	-6.85606874	3.86E-06
경사도	5.052509697	2.476056111	2.04054733	0.058154

(a) 위에서 추정한 회귀식이 판매가격의 증감을 제대로 설명해 줄 수 있는가?

(b) 위에서 추정한 회귀식은 종속변수의 변동 중 약 몇 %나 설명해 줄 수 있는가?

(c) x_1의 계수가 0이라는 가설을 검정하여라($\alpha=5\%$).

(d) x_2의 계수가 0이라는 가설을 검정하여라($\alpha=5\%$).

3. 다음은 92개 식당을 대상으로 한 설문조사 결과이다. 고객의 재방문의사를 종속변수로 설정하고 맛, 가격, 영양가, 요깃거리(제공하는 음식량이 충분한지 평가)를 독립변수로 설정하여 각각 1점에서 7점까지의 점수를 부여하도록 요청하였다. 고객의 재방문의사, 맛, 영양가, 요깃거리는 점수가 높을수록 긍정적인 평가로 볼 수 있으며, 가격은 점수가 높을수록 비싼 것으로 평가된다. 다음의 회귀분석 결과를 참고하여 물음에 답하여라.

회귀분석 통계량	
다중 상관계수	0.74
결정계수	0.54
조정된 결정계수	0.52
표준 오차	0.99
관측수	92.00

분산 분석

	자유도	제곱합	제곱 평균	F 비	유의한 F
회귀	4.00	100.54	25.14	25.75	0.0001
잔차	87.00	84.94	0.98		
계	91.00	185.48			

	계수	표준 오차	t 통계량	P-값
Y 절편	-0.26	0.57	-0.46	0.64
맛	0.16	0.07	2.15	0.03
가격	0.63	0.14	4.64	0.00
영양가	0.01	0.19	0.06	0.95
요깃거리	0.25	0.16	1.53	0.13

(a) 모든 독립변수를 포함하는 회귀식을 구하여라.

(b) 회귀식은 재방문의사 값의 변동을 얼마나 설명하고 있는가?

(c) 재방문의사에 영향을 미치는 독립변수는 어떤 것들이 있는가? 단, 유의수준은 5%로 가정한다.

4. 전국에 27개의 체인점을 두고 있는 베이커리의 경영현황을 분석하고자 한다. 월매출액(단위 : 천원)을 종속변수로 설정하고 베이커리 면적(단위 : 평), 월별 고객수(단위 : 백명), 경쟁업체수(단위 : 개) 등을 독립변수로 설정하여 분석한 결과가 다음과 같다.

회귀분석 통계량	
다중 상관계수	0.93001
결정계수	0.86492
조정된 결정계수	0.8473
표준 오차	5.73196
관측수	27

분산 분석

	자유도	제곱합	제곱 평균	F 비	유의한 F
회귀	3	4838.678069	1612.89269	49.09	3.71E-10
잔차	23	755.6737824	32.85538184		
계	26	5594.351852			

	계수	표준 오차	t 통계량	P-값
Y 절편	43.6789	11.3685921	3.842070948	8E-04
베이커리 면적(단위 : 평)	0.10976	0.071808216	1.528469305	0.14
월별고객수(백명)	0.11706	0.075313877	1.554325825	0.134
1Km내 경쟁업체수	-2.5381	0.860888556	-2.94826691	0.007

(a) 회귀식을 구하여라.

(b) 회귀식은 매출액의 변동을 얼마나 설명하고 있는가?

(c) 매출액에 영향을 미치는 독립변수는 어떤 것들이 있는가? 단, 유의수준은 5%이다.

5. 다음은 월드닷리얼터가 지난 6개월간 판매한 빌라형아파트에 관한 자료이다. 판매가격을 종속변수로 설정하고, 자산가치와 아파트연령을 독립변수로 투입하여 회귀분석을 실시하여라. 유의성을 검정하고 결과에 대한 해석도 덧붙여라.

사 례	자산가치(천만원)	판매가격(천만원)	연령(단위 : 년)
1	78.17	94.10	10
2	80.24	101.90	10
3	74.03	88.65	11
4	86.31	115.50	2
5	75.22	87.50	5
6	65.54	72.00	4
7	72.43	91.50	17
8	85.61	113.90	13
9	60.80	69.34	6
10	81.88	96.90	5
11	79.11	96.00	7
12	59.93	61.90	4
13	75.27	93.00	11
14	85.88	109.50	10
15	76.64	93.75	17
16	84.36	106.70	12
17	72.94	81.50	5
18	76.50	94.50	14
19	66.28	69.00	1
20	79.74	96.90	3
21	72.78	86.50	14
22	77.90	97.90	12
23	74.31	83.00	11
24	79.85	97.30	12
25	84.78	100.80	2
26	81.61	97.90	6
27	74.92	90.50	12
28	79.98	97.00	4
29	77.96	92.00	9
30	79.07	95.90	12

6. 다음은 개인들의 신용카드사용에 관한 자료이다. 월별 신용카드사용액을 종속변수로 하여 회귀식을 구축하고, 유의성을 검정한 뒤 적절한 해석도 추가하여라.

소비자구분	카드사용액(단위 : 천원)	자산(단위 : 백만원)	월소득(단위 : 만원)	가족수(단위 : 명)
1	645	638	414	3
2	477	633	598	3
3	771	958	656	3
4	511	872	631	3
5	496	439	528	3
6	335	689	409	3
7	395	334	382	3
8	418	293	399	3
9	416	325	343	3
10	447	311	338	3
11	454	304	353	5
12	246	312	289	4
13	415	283	388	2
14	461	307	402	2
15	174	322	151	2
16	545	635	228	2
17	301	350	271	3
18	483	339	440	3
19	437	327	475	2
20	475	628	347	3
21	452	619	449	2
22	488	325	336	2
23	288	322	267	2
24	497	917	235	2
25	261	315	164	2
26	432	531	270	2

7. 다음은 357명의 백화점 고객을 대상으로 월 백화점 이용규모(단위 : 만원)를 분석한 것이다. 독립변수로 수입(단위 : 만원), 교육받은 정도(고졸 이하 : 1, 대졸 : 2, 대학원졸 : 3), 고객으로 백화점을 이용한 기간(단위 : 개월) 등 3개를 선택했고 종속변수는 월 백화점 사용액수이다.

회귀분석 통계량	
다중 상관계수	0.6839999
결정계수	0.4678559
조정된 결정계수	0.4633334
표준 오차	2.631839
관측수	357

분산 분석

	자유도	제곱합	제곱 평균	F 비	유의한 F
회귀	3	2149.6915	716.56384	103.4513676	4.54316E-48
잔차	353	2445.0816	6.9265768		
계	356	4594.7731			

	계수	표준 오차	t 통계량	P-값	하위 95%	상위 95%
Y 절편	-3.125402	1.1019679	-2.8362	0.004828676	-5.292647356	-0.958156
수입	0.2268819	0.0158763	14.290618	7.1105E-37	0.195657958	0.2581059
교육년수	0.0528038	0.0786445	0.6714244	0.502389361	-0.101866649	0.2074743
고객년수	0.0298236	0.0309725	0.9629053	0.3362542	-0.031090172	0.0907373

(a) 회귀식을 구하여라.

(b) 회귀식은 고객의 백화점 이용규모의 변동을 얼마나 설명하고 있는가?

(c) 고객의 백화점 이용정도에 영향을 미치는 독립변수는 어떤 것들이 있는가?

8. 다음은 이번에 입사한 신입직원들의 TOEIC성적, 적성검사점수 그리고 6개월간의 근무평점(2점만점)을 정리한 것이다. TOEIC성적과 적성검사성적이 근무평점에 영향을 미친다고 볼 수 있는가?

직 원	TOEIC성적	적성검사점수(만점 : 1,000점)	근무평점(만점 : 3점)
1	844	842	2.00
2	774	860	1.71
3	757	833	1.45
4	859	640	1.76
5	791	742	1.93
6	704	380	1.20
7	758	620	1.55
8	859	298	1.93
9	785	375	1.59
10	792	475	1.50
11	867	319	1.90
12	793	420	1.39
13	745	658	1.54
14	838	475	1.89
15	768	317	1.59

9. 다음은 가족형 레스토랑의 지점별 매장면적과 연간 방문고객수, 일일 평균 순이익을 요약한 자료이다. 순이익을 종속변수로 설정하고 회귀식을 구하여라. 그 결과에 대한 간략한 해석도 덧붙여라.

지점위치	레스토랑 면적 (단위 : 평)	방문고객수 (단위 : 백명)	순이익 (단위 : 만원)
서울 강북1	195	236	84.2
서울 강북2	187	211	75.5
서울 강남1	184	197	70.5
서울 강남2	185	194	71.8
서울 강남3	170	185	65.9
서울 서초1	167	175	64.9
서울 서초2	105	163	65.0
인천북	138	160	57.2
인천남	119	151	62.7
인천중	118	149	59.4
부천북	179	145	55.8
부천남	111	142	40.4
성남동	154	137	62.2
성남서	125	135	51.9
성남남	110	130	48.3
성남분당	108	123	51.2
과천1	109	117	46.7
과천2	101	112	34.1
과천3	105	109	33.9
과천4	89	100	41.5
의정부1	100	96	38.3
의정부2	91	91	53.7
의정부3	86	89	42.5
의정부4	94	79	46.7
동두천북	78	78	39.1
동두천남	67	72	36.1
동두천중	80	70	24.1

10. 다음은 글로벌 기업의 자산과 순이익, 시장가치를 요약한 자료이다.

회사명	자산 (단위 : 백만달러)	순이익 (단위 : 백만달러)	시장가치 (단위 : 백만달러)
Deutsche Bank	955,579	2,933	55,386
Bank of Tokyo-Mitsubishi	726,286	1,251	53,865
Citigroup	716,937	9,855	249,292
BNP Paribas	703,091	2,632	43,871
Bank of America	632,574	7,876	92,721
UBS	616,798	3,962	64,790
HSBC Holdings	601,847	5,410	129,949
Fannie Mae	575,092	3,843	59,053
Fuji Bank	561,345	517	23,187
Bayerische Hypo Bank	559,860	417	24,142
Sumitomo Bank	519,153	605	36,216
AXA	518,234	2,034	60,109
Dai-Ichi-Kangyo Bank	503,203	693	20,879
ING Group	495,968	4,932	67,537
Sakura Bank	474,474	612	27,003
Dresdner Bank	460,139	1,223	25,634
ABN Amro	459,574	2,506	38,097
Sanwa Bank	453,454	1,169	25,386
Credit Suisse	452,143	3,283	60,198
Allianz	435,602	2,593	86,504

(a) 이들 세 변수간의 상관계수를 구하여라.

(b) 시장가치를 종속변수로 설정하고 회귀식을 구하여라. 그 결과에 대한 간략한 해석도 덧붙여라.

11. 다음은 기업의 자산규모와 증권시장에서의 소속시장에 따른 지난 1년간의 주가수익률을 정리한 자료이다. 자산규모와 소속시장이 주가수익률에 영향을 미치는지 분석하여라. 단, 코스피시장에 속하는 기업은 $x_2=0$, 코스닥시장에 속하는 기업은 $x_2=1$로 설정하고 분석하여라.

기 업	주가수익률 (단위 : %)	기업의 자산규모 (단위 : 10억원)	소속시장
1	17	151	코스피
2	26	92	코스피
3	21	175	코스피
4	30	53	코스피
5	22	104	코스피
6	2	277	코스피
7	12	210	코스피
8	19	120	코스피
9	4	290	코스피
10	16	238	코스피
11	28	164	코스닥
12	15	272	코스닥
13	11	295	코스닥
14	38	68	코스닥
15	31	85	코스닥
16	21	224	코스닥
17	20	166	코스닥
18	13	305	코스닥
19	30	124	코스닥
20	14	246	코스닥

CHAPTER

카이제곱 검정

제 1 절 세 개 이상의 모집단비율의 비교
제 2 절 독립성 검정
제 3 절 동질성 검정
제 4 절 적합성 검정

예시 | 사례

재화나 서비스를 제공하는 기업에게는 시장에서 그들의 고객들이 무엇을 원하는지 파악하는 것이 매우 중요하다. 시장은 마케팅특성이 유사한 그룹으로 나뉠 수 있으며, 이 그룹들을 시장세그먼트라 부른다. 시장을 세그먼트로 세분화하고 각 세그먼트별로 특성에 맞는 마케팅전략을 세워야 기업이 성공적으로 운영될 수 있다. 월드닷컴호텔은 3가지 유형의 객실을 고객에게 제공하고 있다. 펜트하우스, 스위트, 비즈니스로 나뉘는 객실은 유형별로 투숙객들의 재방문율이 조금씩 다르다. 지난 6개월간 고객들의 투숙패턴과 재방문의사에 대한 조사결과를 요약한 표가 다음과 같다.

재방문의사	펜트하우스	스위트	비즈니스	합 계
예	128	199	186	513
아니오	88	33	66	187
합 계	216	232	252	700

유형별 객실 투숙객의 재방문의사에는 차이가 없다면 투숙객의 유형에 관계없이 마케팅전략을 수립할 것이고, 차이가 있다면 각 유형별 특성에 맞는 고객만족전략을 수립해야 할 것이다.

그렇다면, 펜트하우스 투숙객 중 재방문하겠다는 투숙객의 비율이나, 스위트나 비즈니스 투숙객 중 재방문하겠다는 투숙객의 비율이 통계적으로 동일한가?

제 1 절 세 개 이상의 모집단비율의 비교

통계적 자료는 수량적 자료와 범주적 자료로 분류해 볼 수 있다. 이 중 범주적 자료는 그 나름대로의 측정치로 이루어지지 못하고 범주별로 빈도로만 기록될 수 있는 자료를 말한다. 예를 들어 남성·여성과 같이 자연적으로 둘 이상의 범주로 나누어지거나, 합격품·불합격품과 같이 분석의 목적에 따라 임의로 구분한 자료를 말한다. 범주별 자료의 분석은 카이제곱분포를 많이 이용한다.

본절에서는 우선 예시사례의 자료를 이용하여, 세 개 이상의 모집단에 대한 비율차이를 검정하는 통계적 방식을 살펴보고자 한다.

예제 12-1

월드닷컴호텔은 펜트하우스, 스위트, 비즈니스 등 3가지 유형의 객실을 고객에게 제공하는데, 유형별로 투숙객들의 재방문율이 조금씩 다르다. 지난 6개월간의 조사결과가 〈표 12-1〉과 같을 때 유형별로 재방문율에 차이가 있는가?

〈표 12-1〉 객실 유형별 재방문율 데이터

재방문의사	펜트하우스	스위트	비즈니스	합 계
예	128	199	186	513
아니오	88	33	66	187
합 계	216	232	252	700

만약 귀무가설, 즉 세 유형의 객실 투숙객의 재방문의사에는 별다른 차이가 없다면, 펜트하우스 투숙객 중 재방문하겠다는 투숙객의 비율이나, 스위트나 비즈니스 투숙객 중 재방문하겠다는 투숙객의 비율이 통계적으로 동일해야 한다.

투숙객 전체를 기준으로 하면 재방문율은 대략 $513 \div 700 = 0.733$이다. 만약 세 유형의 객실 투숙객의 재방문의사에는 별다른 차이가 없다면, 펜트하우스 투숙객의 재방문율이나 스위트 및 비즈니스 투숙객의 재방문율도 0.733이어야 한다. 그렇지만 표본을 대상으로 하는 만큼 세 유형의 투숙객 재방문율이 정확히 같을 수는 없을 것이다. 각 투숙객 유형별로 모집단 전체를 감안한다면 재방문율이 같을 수도 있겠지만, 전체의 일부인 표본을 이용하는 경우 다소의 오차는 감안해 주어야 한다. 그러나 각 유형별 재방문율이 0.733보다 아주 크거나 작으면 재방문율에 차이가 있다고 보아야 한다.

펜트하우스 투숙객의 경우 실제 재방문의사를 밝힌 투숙객은 128명이지만 전체 투숙객을 감안한 재방문율은 0.733이어서 $216 \times 0.733 = 158.328$명이 재방문의사를 밝혀야 정상이므로 $158.328 - 128 = 30.328$명의 차이가 난다. 같은 방식으로 스위트 투숙객의 경우 재방문의사를 밝힌 투숙객은 199명이지만 전체 투숙객을 감안한 재방문율을 고려하면 $232 \times 0.733 = 170.06$명이 재방문의사를 밝혀야 정상이므로 $199 - 170.06 = 28.94$명의 차이가 난다. 비즈니스 투숙객은 $186 - 252 \times 0.733 = 1.28$명의 차이가 난다. 이와 같이 기대치와 실제 관측치 간에 차이를 구할 수 있으면, 이를 이용하여 집단간 비율에 차이가 있는지 여부를 검정할 수 있다.

귀무가설, 즉 세 유형의 객실 투숙객의 재방문의사(비율)에 차이가 없다면 다음과 같이 정의되는 검정통계치는 자유도가 (비교하고자 하는 모집단 개수$-1) = 3 - 1 = 2$인 카이제곱(χ^2)분포라는 표본분포를 가정한다.

$$\text{검정통계치 } \chi^2 = \frac{(128 - 158.328)^2}{158.328} + \frac{(199 - 170.06)^2}{170.06} + \frac{(186 - 184.72)^2}{184.72}$$
$$= 10.747$$

카이제곱(χ^2)값은 제곱한 값을 빈도수로 나누어 합산한 것이기 때문에 항상 0보다 작을 수 없으며, 따라서 $\chi^2 = 0$을 중심으로 하여 좌우대칭이 될 수도 없다. 참고로 자유도가 4일 때와 7일 때의 χ^2분포를 그려보면 [그림 12-1 (a)]와 같다. 또한 [그림 12-1 (b)]에서 알 수 있듯이 χ^2_α값은 오른쪽 끝부분의 넓이가 α에 해당하는 χ^2값을 의미한다.

카이제곱 검정에서 비율차이가 없다는 귀무가설이 옳으면, 실제 드러난 관측치의 빈도수(o_i)는 전체를 기준으로 계산한 비율을 감안한 각 집단의

[그림 12-1]
(a) 자유도가 4와 7인 χ^2 분포

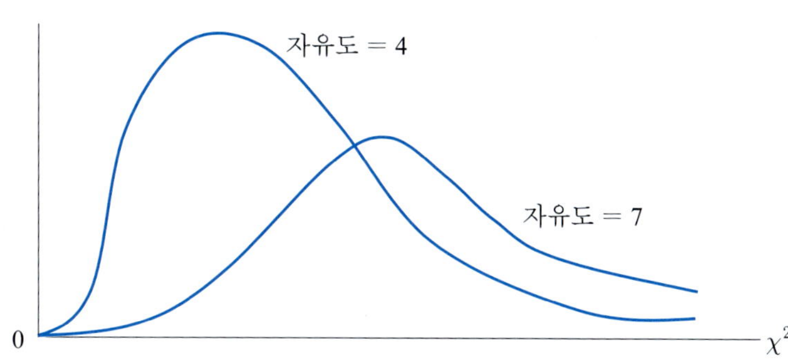

(b) 기각역 χ^2_α의 위치

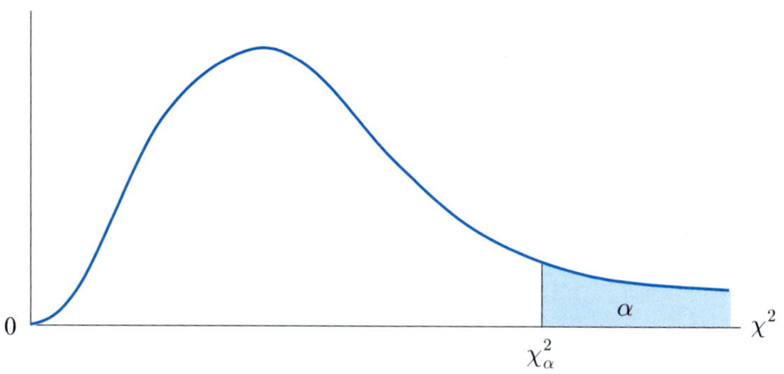

기대빈도수(e_i)와 비슷한 값을 취하며, 결과적으로 검정통계치 χ^2 값은 작아진다. 따라서 카이제곱분포에서 기각역은 카이제곱분포의 오른쪽 끝부분에 위치한다. 예제 12-1 의 경우, 자유도가 2이고 유의수준이 5%일 때의 카이제곱값이 5.99이므로, 객실 유형별로 투숙객들의 재방문율이 같다는 귀무가설은 기각한다. 즉, 펜트하우스, 스위트, 비즈니스의 3가지 유형별로 고객의 재방문율은 다르다.

카이제곱 검정에서 k개의 범주 또는 구간이 존재할 때, 자유도가 $k-1$인 검정통계치 χ^2값은 아래와 같은 공식을 이용하여 계산한다.

$$\chi^2 = \sum_{i=1}^{k} (o_i - e_i)^2 / e_i$$

여기서 o_i는 범주 i의 실제 관측빈도수, 그리고 e_i는 귀무가설이 옳다는 가정하에 기대되는 범주 i의 기대빈도수이다. 이 검정통계치가 χ^2_α 값보다 클 때 귀무가설을 기각한다. 카이제곱 검정에서 주의할 점은 각 범주의 기대빈도수이다. 만약 한 범주의 기대빈도수가 5 미만이면 χ^2 적합도검정의 결과를 신뢰하기가 힘들다고 알려져 있다. 따라서 기대빈도수가 5 미만인 범주는 그 바로 앞이나 바로 뒤의 범주와 통합(pooling)해야 한다. 지금까지의 논의를 요약하면 다음과 같다.

> k개의 범주 또는 집단이 존재할 때, 검정통계치는 다음과 같이 정의한다.
>
> $$\chi^2 = \sum_{i=1}^{k}(o_i - e_i)^2 / e_i \quad (\text{단, 자유도는 } k-1)$$
>
> - k는 범주 또는 집단의 총개수, o_i는 범주 i의 실제 관측빈도수, 그리고 e_i는 귀무가설이 옳다는 가정하에 기대되는 범주 i의 기대빈도수
> - 이 검정통계치가 $\chi_\alpha{}^2$보다 클 때 귀무가설 기각(기각역은 카이제곱분포의 오른쪽 끝부분에 위치)
> - 단, 기대빈도수 e_i가 5 미만인 범주는 그 바로 앞이나 바로 뒤의 범주와 통합(pooling)하는 것이 바람직함

예제 12-2

지난해 우리나라 외제 고급자동차 시장은 A사가 22%, B사가 21%, C사가 18%, D사가 39%를 점유하였다. 올해에 들어와 경쟁이 심화되면서 가격인하와 공격적 광고 등으로 인해 시장점유율 패턴이 변화할 가능성이 매우 높아졌다. 한 자동차 포털에서 올해 외제 고급차 구매자 220명을 대상으로 조사한 결과 A, B, C, D사의 자동차 구매빈도는 각각 46, 67, 33, 74대로 나타났다.

(a) 유의수준 1%에서 시장점유율 패턴이 달라졌는지를 판단하여라. p값은?

(b) 어느 회사의 시장점유율이 가장 많이 변화하였는가?

풀이

회 사	작년점유율	실제빈도	예상빈도	차이의 제곱	차이의 제곱/예상빈도
A	0.22	46	48.4	5.76	0.119008
B	0.21	67	46.2	432.64	9.364502
C	0.18	33	39.6	43.56	1.1
D	0.39	74	85.8	139.24	1.622844
합 계	1.0	220	220	621.2	12.206354

(a) $\chi^2=12.206354$이고 자유도$=4-1=3$이므로 p값은 0.0067로서 유의수준 $\alpha=1\%$보다 작다. 따라서 점유율에 변동이 있다고 결정지을 수 있다.

(b) 실제 시장점유율을 보면 B사만 작년에 비해 증가했음을 알 수 있다. B사의 작년도 점유율은 21%인데, 샘플에 나타난 B사의 시장점유율은 67/220=30.4545%로 작년 대비 9%포인트 이상 상승한 것으로 나타났다.

제 2 절 독립성 검정

카이제곱 검정은 두 변수간의 독립성 여부를 분석하는 데에도 사용된다. 다음은 학력수준과 선호하는 주거양식 간의 독립성 여부에 관한 예제이다.

예제 12-3

학력수준과 선호하는 주거양식 간의 독립성 여부를 알아보기 위해 1,000명을 무작위로 추출하여 조사했다고 하자. 학력수준과 주거양식 간에 독립성이 존재하지 않는다면 선호하는 주거양식이 학력수준에 따라 달라질 것으로 기대한다. 1,000명을 학력수준에 따라 세 그룹으로 나누고, 다시 주거양식에 따라 단독주택과 공동주택으로 나누어 〈표 12-2〉와 같은 분할표를 작성하였다. 유의수준 $\alpha=5\%$에서 카이제곱 검정을 실시하여라.

〈표 12-2〉 학력수준과 선호 주거양식의 차이

	대학원졸 이상	대 졸	고졸 이하	합 계
단독주택	182	213	203	598
공동주택	154	138	110	402
합 계	336	351	313	1,000

여기서 가설은 독립적이라는 귀무가설과 독립적이지 않다는 대립가설로 나뉜다. 학력수준과 선호하는 주거양식은 서로 독립적이라는 귀무가설을

검정하기 위해서는 분할표를 구성하는 각각의 조합에 들어갈 수 있는 기대빈도수(expected frequency)부터 계산해야 한다. 기대빈도수는 독립성의 가정하에 계산된다. 분석의 편의상 다음과 같이 변수를 정의해 보자.

A : 대학원졸 이상	B : 대졸	C : 고졸 이하
X : 단독주택	Y : 공동주택	

〈표 12-2〉의 분할표를 이용하면 다음과 같은 단순확률을 구할 수 있다.

$$P(A)=0.336,\ P(B)=0.351,\ P(C)=0.313$$
$$P(X)=0.598,\ P(Y)=0.402$$

만약 귀무가설이 옳다면 대학원졸 이상 학력소지자의 59.8%가 단독주택을 선호하고 나머지 40.2%는 공동주택을 선호할 것이다. 마찬가지로 대졸과 고졸 이하의 학력소지자들도 59.8%와 40.2%의 비율로 선호 주거양식이 나타날 것이다. 학력수준과 선호 주거양식 간에 아무런 연관관계가 없다면, 즉 학력이 높을수록 단독주택을 선호하는 경향이 있다든가, 반대로 학력이 낮을수록 단독주택을 선호하는 경향이 있다든가 하는 식의 뚜렷한 경향을 찾아볼 수 없다면 학력수준과 선호 주거양식은 독립적인 사건이다. 따라서 귀무가설이 옳을 경우 특정 학력수준과 특정 주거양식 선호현상이 동시에 일어날 결합확률(joint probability)은 각각의 사건이 일어날 단순확률의 곱이다.

대학원졸 이상 학력이면서 단독주택을 선호할 확률=(0.336)(0.598)
대학원졸 이상 학력이면서 공동주택을 선호할 확률=(0.336)(0.402)
대졸 학력이면서 단독주택을 선호할 확률=(0.351)(0.598)
대졸 학력이면서 공동주택을 선호할 확률=(0.351)(0.402)
고졸 이하 학력이면서 단독주택을 선호할 확률=(0.313)(0.598)
고졸 이하 학력이면서 공동주택을 선호할 확률=(0.313)(0.402)

각각의 조합에 해당되는 기대빈도수는 이들 확률값에 총관측치 개수인 1,000을 곱하면 된다. 〈표 12-3〉에서 실제 관측치 옆의 괄호 안에 있는 숫자가 바로 기대빈도수이다.

〈표 12-3〉 기대빈도수의 계산

	대학원졸 이상	대 졸	고졸 이하
단독주택	182 (200.9)	213 (209.9)	203 (187.2)
공동주택	154 (135.1)	138 (141.1)	110 (125.8)
합 계	336	351	313

이 경우에도 각 조합의 기대빈도수는 5 이상이어야 하며, 만약 기대빈도수가 5 미만인 조합이 있을 경우에는 이웃하는 행이나 열을 합해야 한다.

r을 행(row)의 개수, c를 열(column)의 개수라 할 때 다음과 같이 정의되는 χ^2값이 $(r-1)(c-1)$의 자유도를 가지는 카이제곱분포의 χ^2_α값보다 크면 아무런 차이가 없다는 귀무가설을 기각한다.

$$\chi^2 = \sum_i \frac{(o_i - e_i)^2}{e_i} \quad \text{(여기서 } i\text{는 모든 조합을 다 포함함)}$$

앞의 예에 이 공식을 적용하면

$$\begin{aligned}\chi^2 &= \frac{(182-200.9)^2}{200.9} + \frac{(213-209.9)^2}{209.9} + \frac{(203-187.2)^2}{187.2} \\ &\quad + \frac{(154-135.1)^2}{135.1} + \frac{(138-141.1)^2}{141.1} + \frac{(110-125.8)^2}{125.8} \\ &= 7.854\end{aligned}$$

이다. 자유도가 $(2-1)(3-1)=2$일 때 $\chi^2_{0.05}=5.99$이므로 귀무가설은 기각된다. 즉, 학력수준과 선호 주거양식은 독립적인 사상이 아니고 학력수준에 따라 선호하는 주거양식이 다르다.

예제 12-4

우리나라 성인남성의 수면시간에 대한 조사결과가 아래와 같다. 일반적으로 나이가 들어가면서 수면시간이 줄어드는 등 수면시간의 패턴에 변화가 있는 것으로 알려져 있다. 아래 데이터를 이용하여 나이와 수면시간 분포 간 관계의 존재 여부를 밝혀라.

	6시간 이하	6~7시간	7~8시간	8시간 이상	합 계
49세 이하	38	60	77	65	240
50세 이상	36	57	75	92	260
합 계	74	117	152	157	500

풀이

EXCEL작업을 통해 다음 결과를 얻을 수 있다. 그리고 EXCEL의 Chitest함수를 이용하여 p값을 구하면 26.07%이어서, 독립성의 귀무가설을 기각할 수 없다는 결론을 내리게 된다. 즉, 나이와 수면시간 간에는 별다른 관계가 존재하지 않는다.

	6시간 이하	6~7시간	7~8시간	8시간 이상	합 계
49세 이하	35.52	56.16	72.96	75.36	240
50세 이상	38.48	60.84	79.04	81.64	260
합 계	74	117	152	157	500

제3절 동질성 검정

동질성 검정(test of homogeneity)은 앞절의 독립성 검정과 크게 다를 바 없다. 다른 점이라면 독립성 검정은 동일한 모집단으로부터 일정크기의 표본을 추출하고 두 개의 요인을 기준으로 하여 분할표를 작성하고, 동질성 검정에서는 여러 모집단으로부터 미리 정해진 크기의 표본을 하나씩 추출하여 분류를 한다는 것뿐이다. 앞절의 학력수준과 선호 주거양식의 예에서는 동일한 모집단으로부터 하나의 표본 1,000명을 추출하여 분석하였다. 그러나 아래 예제에서 3개의 교대조가 생산한 제품은 3개의 다른 모집단인 것이다.

독립성 검정은 동일 모집단을 이용하여 두 요인간의 연관관계의 유무를 알아보는 목적을 가지고 있는 반면, 동질성 검정은 여러 모집단이 어느 특정속성의 관점에서 볼 때 동일한지를 판단하는 데 목적을 둔다. 동질성 검정은 절차상 독립성 검정과 똑같다. 이제 아래 예제를 통해 검정절차를 알아보자.

예제 12-5

A사는 3교대근무로 공장을 24시간 가동한다. 교대조에 따라 불량률이 달라지는지 알아보기 위해 낮, 저녁, 밤의 교대조별로 양품과 불량품 생산개수에 대한 자료를 수집하였다. $\alpha=0.025$로 놓고 교대조에 따라 불량률이 다른지 분석하여라.

	낮	저 녁	밤	합 계
불량품	45	55	70	170
양 품	905	890	870	2,665
합 계	950	945	940	2,835

풀이

가설의 형태는 앞절의 경우와 유사하다.

귀무가설 : 교대조에 관계없이 품질이 동일하다.
대립가설 : 교대조에 따라 품질에 차이가 있다.

각 교대조별로 발생하리라 기대할 수 있는 불량품 개수를 계산하면 다음과 같다.

$$e_1=\frac{(950)(170)}{2,835}=57.0$$

$$e_2=\frac{(945)(170)}{2,835}=56.7$$

$$e_3=\frac{(940)(170)}{2,835}=56.3$$

	낮	저 녁	밤	합 계
불량품	45 (57.0)	55 (56.7)	70 (56.3)	170
양 품	905 (893.0)	890 (888.3)	870 (883.7)	2,665
합 계	950	945	940	2,835

교대조별로 실제로 발생한 불량품 개수와 기대빈도수 차이를 이용하여 카이제곱 검정치를 구하면 6.288이 나온다.

$$\chi^2 = \frac{(45-57.0)^2}{57.0} + \frac{(55-56.7)^2}{56.7} + \frac{(70-56.3)^2}{56.3} + \frac{(905-893.0)^2}{893.0} + \frac{(890-888.3)^2}{888.3} + \frac{(870-883.7)^2}{883.7} = 6.288$$

자유도가 $(2-1)(3-1)=2$인 카이제곱분포에서 유의수준 α가 0.025일 때 기각역은 $\chi^2 > 7.38$이다. 앞에서 계산한 카이제곱값은 기각역에 포함되지 않으므로 H_0을 기각할 수 없다. 즉, 근무시간대에 관계없이 불량률은 같다고 결론내릴 수 있다.

예제 12-6

자동차시장은 A회사가 62.5%, B회사가 22.6%, C회사가 10.5%, D회사가 1.4%를 점유하고 나머지 3%는 기타 회사들이 점유하고 있는 것으로 집계되었다. 최근 한 아파트단지에 사는 사람들의 소유 차량 200대를 조사하여 다음과 같은 자료를 얻었다.

회 사	A	B	C	D	기 타
차 대수	108	52	28	8	4

위의 자료를 볼 때 이 아파트단지 차량의 회사별 분포가 전체의 회사별 시장점유율과 같은 분포를 이루고 있다고 볼 수 있는가? 유의수준 0.01에서 검정하여라.

풀이

이 예제에서의 귀무가설은 자동차시장에서의 점유율이 이 아파트 단지에 적용된다는 내용을 포함해야 하므로 다음과 같은 형태를 취한다.

귀무가설 : $p_A=0.625,\ p_B=0.226,\ p_C=0.105,\ p_D=0.014,\ p_{기타}=0.030$
대립가설 : 위 확률 중 최소한 하나는 틀렸다.

귀무가설이 옳다는 가정하에 기대빈도수와 검정통계치를 계산하면 아래와 같다.

회 사	기대빈도수	관측빈도수	$(o_i - e_i)^2/e_i$
A	(0.625)(200)=125	108	2.312
B	(0.226)(200)=45.2	52	1.023
C	(0.105)(200)=21	28	2.333
D	(0.014)(200)=2.8	8	9.657
기 타	(0.030)(200)=6	4	0.666
합 계	200	200	15.992(검정통계치)

그런데 기타 범주의 관측빈도수가 4로 5개 미만이므로 이 범주를 D와 통합하여 다시 계산해야 한다.

회 사	기대빈도수	관측빈도수	$(o_i - e_i)^2/e_i$
A	(0.625)(200)=125	108	2.312
B	(0.226)(200)=45.2	52	1.023
C	(0.105)(200)=21	28	2.333
기 타	(0.044)(200)=8.8	12	1.164
합 계	200	200	6.832(검정통계치)

이제 범주의 수는 하나 줄어 자유도도 4−1=3이고 같은 유의수준 0.01에서 기각역은 $\chi^2 > \chi^2_{0.01} = 11.3$이 된다. 따라서 이 경우에는 귀무가설을 기각하지 못하며, 서울 전체의 점유율 분포와 다르지 않다고 결론을 내려야 한다.

제4절 적합성 검정

χ^2 검정은 모집단이 특정 확률분포에 근사한지의 여부를 판정하는 데 사용되기도 한다. 여기서는 본서 초반부에 자주 등장했던 정규모집단의 가정을 염두에 두고, 특정분포가 정규분포에 해당하는지 여부를 판단하는 통계적 문제에 χ^2 검정이 어떻게 적용될 수 있는지 살펴보기로 하자.

그룹의 인사부에서 매년 수백 명의 신입사원을 채용하는 데 가장 중요한 기준으로 삼는 것이 지원자의 적성검사 점수이다. 인사담당이사는 지원자의 적성검사 점수가 정규분포를 이루는지를 알고 싶어 한다. 이를 위해 인사부는 50명의 지원자 점수를 무작위로 추출하였다. 다음 표는 이 50명의 점수를 보여주며, 평균과 표준편차는 각각 68.42와 10.41인 것으로 계산되었다.

〈표 12-4〉 50명 지원자들의 적성검사 점수

71	66	61	65	54	93	60	86	70	70
73	73	55	63	56	62	76	54	82	79
76	68	53	58	85	80	56	61	61	64
65	62	90	69	76	79	77	54	64	74
65	65	61	56	63	80	56	71	79	84

귀무가설은 지원자들의 적성검사 점수(모집단)가 정규분포를 따른다는 것이고, 대립가설은 정규분포를 따르지 않는다는 것이다. 가설검정을 하기 위해서는 우선 모집단의 평균과 표준편차의 추정치가 필요하고 범주에 해당하는 구간의 설정이 필요하다. 모집단의 평균과 표준편차 추정치로 표본의 평균(68.42점)과 표준편차(10.41점)를 사용하기로 하자. 그 다음 구간의 설정은 기대도수가 5 이상이어야 한다는 점을 고려하는 것이 좋다. 즉, 각 구간의 기대도수가 5 이상이려면 표본의 크기가 50이므로 각 구간의 확률이 10% 이상 되어야 한다. 각 구간의 확률을 10%로 잡으면 기대도수가 5(= 50×0.10)인 범주가 설정되는 셈이다. 표준정규분포표에 의하면 최하위 10%부터 10%씩에 해당하는 Z값은 아래와 같다.

구간	하위 10%	하위 20%	하위 30%	하위 40%	중간
Z값	−1.28	−0.84	−0.52	−0.25	0.00
구간	상위 40%	상위 30%	상위 20%	상위 10%	
Z값	0.25	0.52	0.84	1.28	

이를 적성검사 점수를 이용한 구간으로 다시 표시하면 다음과 같다.

구간	하위 10%	하위 20%	하위 30%
점수	68.42−1.28(10.41)=55.10	68.42−0.84(10.41)=59.68	68.42−0.52(10.41)=63.01
구간	하위 40%	중간	상위 40%
점수	68.42−0.25(10.41)=65.82	68.42	68.42+0.25(10.41)=71.02
구간	상위 30%	상위 20%	상위 10%
점수	68.42+0.52(10.41)=73.83	68.42+0.84(10.41)=77.16	68.42+1.28(10.41)=81.74

위 구간에 해당하는 실제 도수를 세면 하위 10%부터 상위 10%까지 (5, 5, 9, 6, 2, 5, 2, 5, 5, 6)임을 알 수 있다. 귀무가설이 옳다는 가정하에 기대되는 도수는 5이므로 검정통계치는 다음과 같다.

$$\begin{aligned}\chi^2 &= 0^2/5+0^2/5+4^2/5+1^2/5+(-3)^2/5+0^2/5+(-3)^2/5+0^2/5+0^2/5+1^2/5 \\ &= 7.2\end{aligned}$$

이 검정에 쓰이는 χ^2분포의 자유도는 $k-p-1$이다. 여기서 k는 범주의 개수, p는 기대도수 계산에 사용된 모집단모수의 추정치 개수이다. 위에서 기대도수를 계산하는 데 두 개의 모집단모수의 추정치(표본의 평균과 표준편차)가 필요하였으므로 $p=2$이고 따라서 자유도는 $k-p-1=10-2-1=7$이다. 유의수준을 5%로 하면 기각역은 $\chi^2>14.1$로 검정통계치를 포함하지 않는다. 따라서 적성검사 점수의 분포가 정규분포를 따르지 않는다고 할 수 없다. 즉, 정규분포를 따른다고 가정해도 무방하다.

예제 12-7

이번에 생산을 개시한 배터리의 수명이 정규분포를 띠는가를 알아보기 위해 40개의 배터리를 무작위로 추출하여 수명을 측정하였다. 40개 표본의 평균이 $\bar{x}=3.41$이고 표준편차 $s=0.703$이며 관측도수가 다음 표와 같을 때 유의수준 5%에서 배터리의 수명이 정규분포를 띠고 있는지 검정하여라.

(단위 : 연)

구 간(수명)	빈도수
1.45～1.95	2
1.95～2.45	1
2.45～2.95	4
2.95～3.45	15
3.45～3.95	10
3.95～4.45	5
4.45～4.95	3

풀이

표본의 평균과 표준편차가 주어졌으므로 이를 이용하여 정규분포에서 각 구간이 차지하는 확률과 이 값에 40을 곱한 기대도수를 계산할 수 있다. 예를 들어 정규분포에서 확률변수가 2.95와 3.45 사이에 있을 확률은 약 0.2661이다. 총관측치도수가 40개이므로 그 구간에 속하는 기대도수는

$$e_4 = (0.2661)(40) = 10.644$$

가 된다. 여기서 주의할 점은 각 구간의 기대도수가 5가 안 되는 구간은 인접한 구간과 합하여 최소한 기대도수가 5가 되도록 조정해야 한다는 것이다. 구간별 기대도수가 5가 안 되면 χ^2 검정을 쓸 수 없다.

구 간	관측치도수		기대도수	구간의 조정
1.45～1.95	2		0.8	
1.95～2.45	1	7	2.7	10.4
2.45～2.95	4		6.9	
2.95～3.45	15		10.6	
3.45～3.95	10		10.2	
3.95～4.45	5	8	6.0	8.8
4.45～4.95	3		2.8	

$$\chi^2 = \frac{(7-10.4)^2}{10.4} + \frac{(15-10.6)^2}{10.6} + \frac{(10-10.2)^2}{10.2} + \frac{(8-8.8)^2}{8.8}$$
$$= 3.015$$

여기서 χ^2의 자유도는 $k-p-1=4-2-1=1$이다. p가 2인 이유는 기대도수를 구하기 위해 표본의 평균과 표준편차를 모집단의 평균과 표준편차를 대신하여 이용했기 때문이다. 자유도가 1인 카이제곱표에서 $\chi^2_{0.05}$값은 3.84이므로 배터리의 수명이 정규분포를 띤다는 귀무가설을 기각할 수 없다.

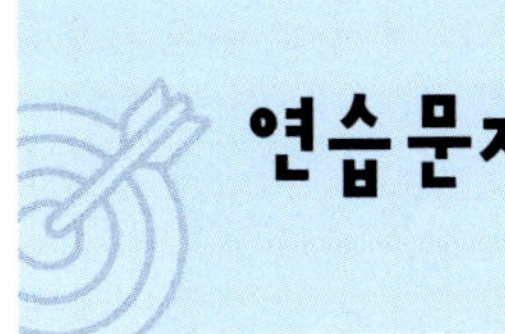

연습문제

선택형 문제

1. 다음 중 카이제곱분포 및 검정에 관한 설명이 바르게 된 것은?

① 카이제곱분포는 $\chi^2=1$을 중심으로 좌우대칭이다.

② 카이제곱분포에서 기각역은 카이제곱분포의 왼쪽 끝부분에 위치한다.

③ 카이제곱 검정에서 k개의 범주 또는 구간이 존재할 때 검정통계치 χ^2값은 $\chi^2=\sum_{i=1}^{k}(o_i-e_i)^2/e_i$ 이 된다.

④ 카이제곱 검정은 상관계수와 같이 수치적 자료 성격을 띠는 두 변수간의 밀접도 분석에 활용된다.

2. 카이제곱 검정에서 기대빈도수가 얼마 미만인 범주는 그 바로 앞이나 바로 뒤의 범주와 통합(pooling) 해야 하는가?

① 5 ② 10

③ 15 ④ 20

3. 카이제곱 검정에서 k개의 범주 또는 구간이 존재할 때, 자유도는 얼마인가?

① $k-2$ ② $k-1$

③ k ④ $k+1$

4. 카이제곱 검정은 두 변수간의 독립성 여부를 분석하는 데에도 사용된다. r을 행(row)의 개수, c를 열(column)의 개수라 할 때 자유도는 얼마인가?

① $(r-1)(c)$ ② $(r)(c-1)$

③ $(r-1)(c-1)$ ④ $(r)(c)$

5. 다음 표는 10대, 20~30대 간에 선호하는 음료의 차이를 보여주는 자료이다.

	10대	20~30대	합 계
커 피	50	200	250
홍 차	100	150	250
콜 라	200	200	400
과일주스	50	50	100
합 계	400	600	1,000

(a) 커피를 선호하는 20~30대의 기대빈도수는 얼마인가?

① 0.25　　② 33
③ 150　　④ 200

(b) 독립성 검정을 위한 통계치는 얼마인가?

① 1.25　　② 8.4
③ 62.5　　④ 82.5

(c) 어떤 결론을 내려야 하는가?

① 두 변수는 독립적이지 않다.
② 두 변수는 독립적이다.
③ 결론을 내릴 만큼 통계결과가 명확하지 않다.

계산형 문제

1. (주)글로벌정수기의 마케팅 담당 임원은 본인이 관할하는 4개 영업구역의 판매잠재력에는 별 차이가 없다고 생각하고 있다. 이를 테스트하기 위해 지난 한 달 동안 발생한 200개의 판매건을 영업구역별로 정리한 결과가 아래와 같다. 마케팅 담당 임원의 생각이 옳은가? 5% 유의수준에서 평가하여라.

	영업구역 1	영업구역 2	영업구역 3	영업구역 4
판매건수	60	45	59	36

2. 지난 4주일간 발생한 사고의 요일별 분포가 다음과 같았다. 유의수준 1%에서 요일별 사고율이 동일하다는 가정을 검정하여라.

	일요일	월요일	화요일	수요일	목요일	금요일	토요일	합 계
사고건수	19	14	12	12	15	20	13	105

3. 400명의 학생들을 연령별로 분류한 뒤 다시 주량에 따라 상, 중, 하로 세분화했다. 연령과 주량이 독립적인 사상인지 $\alpha=0.05$에서 검정하여라.

	18~19	20~21	22~23	24~25
상	29	41	33	28
중	32	29	36	39
하	55	34	27	17

4. 다음은 서로 경쟁관계에 있는 3개 경영대학의 MBA학위과정 등록률이다. 학교에 따라 등록률에 차이가 있다고 볼 수 있는가?

	월드MBA	차이나MBA	굿윌MBA	합 계
등 록	490	689	986	2,165
미등록	18	33	46	97
합 계	508	722	1,032	2,262

5. 고객의 성별과 자동차모델 선호도 사이에 관계가 있는지를 알고 싶어 150명의 잠재적 고객을 추출하여 다음과 같은 자료를 얻었다. 유의수준 5%에서 성별과 모델선호도 사이의 독립성을 검정하여라.

	모델 I	모델 II	모델 III
남	20	40	20
여	30	30	10

6. 자동차 5사에서 생산한 소형자동차의 출고 후 1년 이내에 발생하는 불량원인을 조사한 결과가 다음과 같다. 이 자료를 근거로 하여 불량원인의 패턴이 자동차회사에 따라 달라지는가를 분석하여라. 유의수준은 5%로 하여라.

메이커	불량의 원인		
	전기적 불량	연료계통 불량	기 타
A	17	19	7
B	14	7	9
C	6	21	12
D	33	44	19
E	7	9	6

7. 최근 이슈에 대한 의견을 조사하기 위해 20대, 30대, 40대, 50대 이상의 네 그룹으로 나누어 각각 92명, 95명, 59명, 52명을 무작위로 추출하였다. 각 그룹의 응답결과가 다음과 같을 때 연령대에 관계없이 찬반양상이 모두 같다고 볼 수 있는가? $\alpha=5\%$로 설정하고 검정하여라.

응 답	20대	30대	40대	50대 이상
적극 찬성	12	12	7	1
찬 성	56	39	18	16
반 대	20	42	32	26
매우 반대	4	2	2	9

8. 20세에서 30세 사이의 젊은 남녀 사이에 혼인상태의 분포에 차이가 있는지를 조사하였다. 아래 데이터에 의하면 혼인상태의 분포가 성별과 종속관계에 있는가? 아니면 독립적인가?

	미 혼	기 혼	이 혼	합 계
남 성	234	106	10	350
여 성	216	168	16	400
합 계	450	274	26	750

9. 다음 자료(평균=76.85, 표준편차=12.42939, $n=40$)가 정규분포를 따르고 있는지 여부를 검정하여라. 단, 구간은 60 이하, 60 초과 70 이하, 70 초과 80 이하, 80 초과 90 이하, 90 초과의 5구간으로 나누어 분석하여라.

55	85	72	99	48	71	88	70
59	98	80	74	93	85	74	72
95	79	51	85	82	90	71	83
60	95	77	84	73	63	76	81
79	65	75	87	86	70	80	64

10. 글로벌자산운영은 이번에 158개 펀드의 수익률을 요약, 정리하여 다음과 같은 표를 작성하였다. 158개 펀드 수익률의 평균은 10.149%, 표준편차는 4.773%이다. 유의수준 1%에서 펀드 수익률이 정규분포를 가정할 수 있는지 분석하여라.

수익률 구간	각 구간별 펀드개수	정규분포하에서의 기대도수
0% 이하	4	2.6228
0% 초과 5% 이하	14	19.5130
5% 초과 10% 이하	58	54.9682
10% 초과 15% 이하	61	56.5798
15% 초과 20% 이하	17	21.2036
20% 초과	4	3.1126
합 계	158	

부록 Ⅰ EXCEL 활용의 예
부록 Ⅱ SPSS 활용의 예
부록 Ⅲ 연습문제 풀이

부록 Ⅰ EXCEL 활용의 예

2장 데이터의 요약과 정리

① 엑셀의 통계 데이터분석 메뉴의 활성화

엑셀에서 기초적인 통계나 수식의 계산은 [수식] → [함수삽입]을 선택한 뒤 여러 함수 중에서 필요한 것을 택해 사용할 수 있지만, 본격적인 엑셀을 이용한 통계분석은 [데이터] 메뉴를 선택할 때 가장 오른쪽 끝편에 위치해 있는 [데이터분석]이라는 메뉴를 이용한다. 만약 [데이터분석]이란 메뉴가 나타나지 않는다면 [추가기능]을 이용하여 프로그램을 활성화해야 한다. 우선 엑셀화면의 왼쪽 최상단에 위치한 [Office 단추]를 클릭하여 나타난 창의 하단에 위치한 [Excel 옵션]을 선택하면 다음 창이 나타난다.

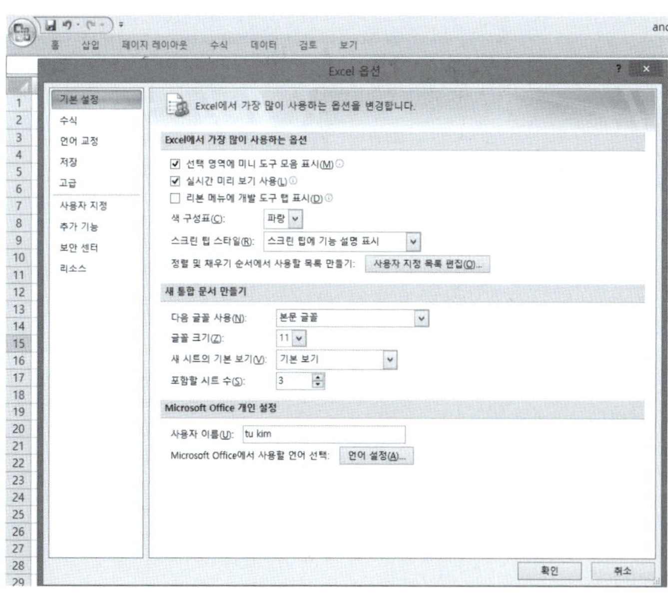

이 창에서 왼편 중하단의 [추가기능]을 클릭하면 다음과 같은 화면이 뜨게 되며, 이 창 하단의 Excel 추가기능 이동단추를 클릭한다.

관리: Excel 추가 기능 이동(G)...

추가기능 선택 창에서 사용가능한 추가기능을 모두 체크하고 확인한다.

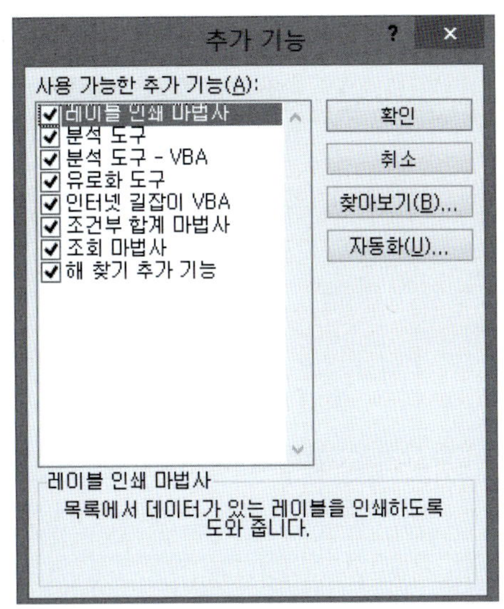

② 히스토그램 작성하기

이제 예제 2-1 의 수익률 데이터를 이용하여 도수분포표와 히스토그램을 작성해 보기로 하자. 최솟값이 5.4, 최댓값이 28.6이므로 5에서 29까지를 기준으로 6개 정도의 구간을 설정하고, 5-9, 9-13, 13-17, 17-21, 21-25, 25-29로 각 구간을 정의한다.

20.5	19.5	15.6	24.1	9.9
15.4	12.7	5.4	17.0	28.6
16.9	7.8	23.3	11.8	18.4
13.4	14.3	19.2	9.2	16.8
8.8	22.1	20.8	12.6	15.9

첫 번째 열에 입력한 데이터를 이용하여, 엑셀 메뉴에서 [도구] → [데이터 분석] → [히스토그램]을 클릭하여 빈도표와 히스토그램을 구축해 보기로 하자. 이 모듈을 이용하기 위해서는 다음과 같이 각 구간을 구분하는 값인 9, 13, 17, 21, 25, 29를 미리 엑셀에 입력해 놓아야 한다.

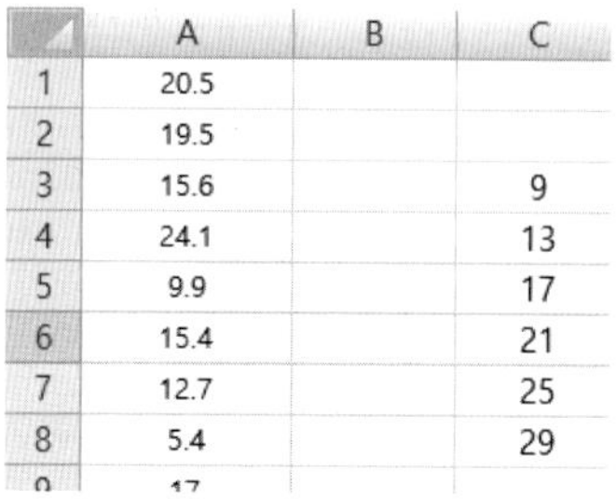

	A	B	C
1	20.5		
2	19.5		
3	15.6		9
4	24.1		13
5	9.9		17
6	15.4		21
7	12.7		25
8	5.4		29
9	17		

그 다음 엑셀 메뉴에서 [도구] → [데이터분석] → [히스토그램]을 클릭하여 대화상자를 불러낸다.

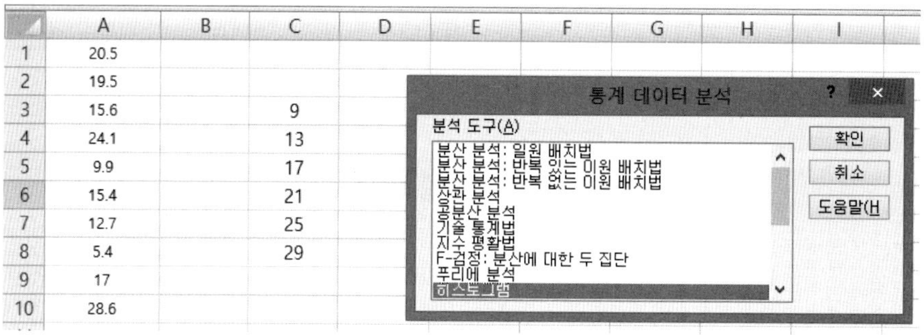

	A	B	C	D	E	F	G	H	I
1	20.5								
2	19.5								
3	15.6		9						
4	24.1		13						
5	9.9		17						
6	15.4		21						
7	12.7		25						
8	5.4		29						
9	17								
10	28.6								

통계 데이터 분석
분석 도구(A)
분산 분석: 일원 배치법
분산 분석: 반복 있는 이원 배치법
분산 분석: 반복 없는 이원 배치법
상관 분석
공분산 분석
기술 통계법
지수 평활법
F-검정: 분산에 대한 두 집단
푸리에 분석
히스토그램
확인
취소
도움말(H)

다음과 같이 대화상자에 입력하고 확인을 클릭한다.

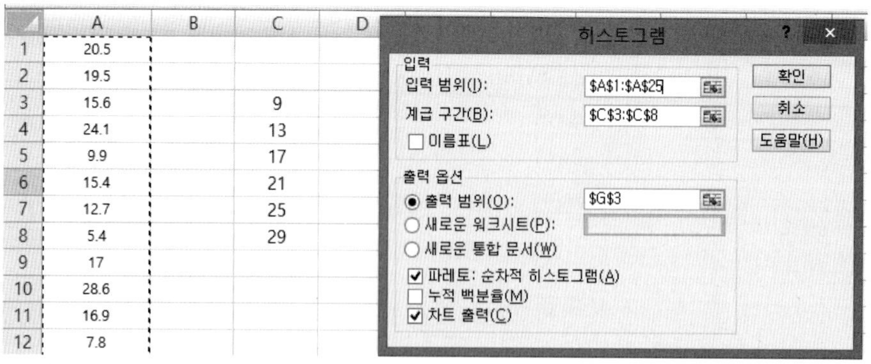

	A	B	C	D
1	20.5			
2	19.5			
3	15.6		9	
4	24.1		13	
5	9.9		17	
6	15.4		21	
7	12.7		25	
8	5.4		29	
9	17			
10	28.6			
11	16.9			
12	7.8			

히스토그램
입력
입력 범위(I): $A$1:$A$25
계급 구간(B): $C$3:$C$8
☐ 이름표(L)
출력 옵션
◉ 출력 범위(O): $G$3
○ 새로운 워크시트(P):
○ 새로운 통합 문서(W)
☑ 파레토: 순차적 히스토그램(A)
☐ 누적 백분율(M)
☑ 차트 출력(C)
확인
취소
도움말(H)

최종결과물은 다음과 같다.

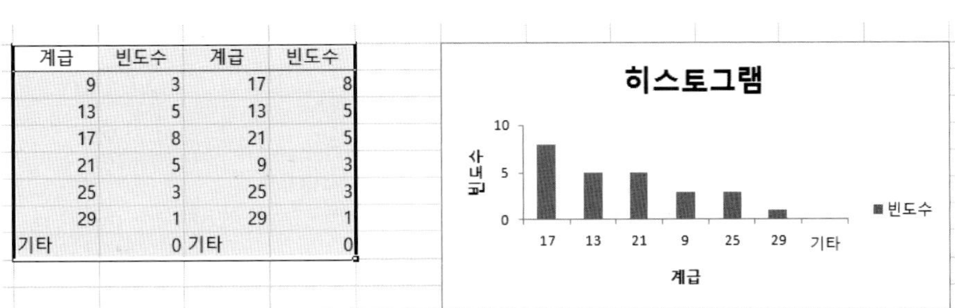

계급	빈도수	계급	빈도수
9	3	17	8
13	5	13	5
17	8	21	5
21	5	9	3
25	3	25	3
29	1	29	1
기타	0	기타	0

③ 피벗(pivot)테이블을 이용한 통계분할표의 작성

피벗테이블의 다양한 기능을 적절히 활용하면 복잡해 보이는 데이터도 쉽게 요약, 정리할 수 있다. 다음은 27곳에 위치한 레스토랑 면적, 방문고객수, 순이익을 정리한 자료이다(제3장 연습문제 10번). 이 자료를 토대로 피벗테이블의 기능을 살펴보기로 한다. [삽입] → [피벗테이블]을 택하고 다음 그림에서와 같이 분석할 데이터의 범위와 피벗테이블 보고서의 위치를 선택한다.

	A	B	C	D
1	위치	레스토랑 면적	방문고객수	순이익(만원)
2	1	195	236	84.2
3	2	187	211	75.5
4	3	184	197	70.5
5	4	185	194	71.8
6	5	170	185	65.9
7	6	167	175	64.9
8	7	105	163	65
9	8	138	160	57.2
10	9	119	151	62.7
11	10	118	149	59.4
12	11	179	145	55.8
13	12	111	142	40.4

피벗 테이블 만들기

분석할 데이터를 선택하십시오.

◉ 표 또는 범위 선택(S)

표/범위(T): Sheet10!$A$1:$D$28

○ 외부 데이터 원본 사용(U)

연결 선택(C)...

연결 이름:

피벗 테이블 보고서를 넣을 위치를 선택하십시오.

○ 새 워크시트(N)

◉ 기존 워크시트(E)

위치(L): Sheet10!$E$1

확인 취소

그러면 다음과 같이 피벗테이블 작업을 위한 영역이 나타난다.

위치	레스토랑 면적	방문고객수	순이익(만원)
1	195	236	84.2
2	187	211	75.5
3	184	197	70.5
4	185	194	71.8
5	170	185	65.9
6	167	175	64.9
7	105	163	65
8	138	160	57.2
9	119	151	62.7
10	118	149	59.4
11	179	145	55.8
12	111	142	40.4
13	154	137	62.2
14	125	135	51.9
15	110	130	48.3
16	108	123	51.2
17	109	117	46.7
18	101	112	34.1
19	105	109	33.9
20	89	100	41.5
21	100	96	38.3
22	91	91	53.7

피벗 테이블3

보고서를 작성하려면 피벗 테이블 필드 목록에서 필드를 선택하십시오.

피벗 테이블 필드 목록

보고서에 추가할 필드 선택:

- 위치
- 레스토랑 면적
- 방문고객수
- 순이익(만원)

아래 영역 사이에 필드를 끌어 놓으십시오.

보고서 필터 / 열 레이블 / 행 레이블 / Σ 값

나중에 레이아웃 ... 업데이트

다음 그림에서와 같이 레스토랑 면적, 방문고객수, 순이익 변수를 각각 끌어다가, 열과 행 그리고 Σ값 위치로 이동시킨다.

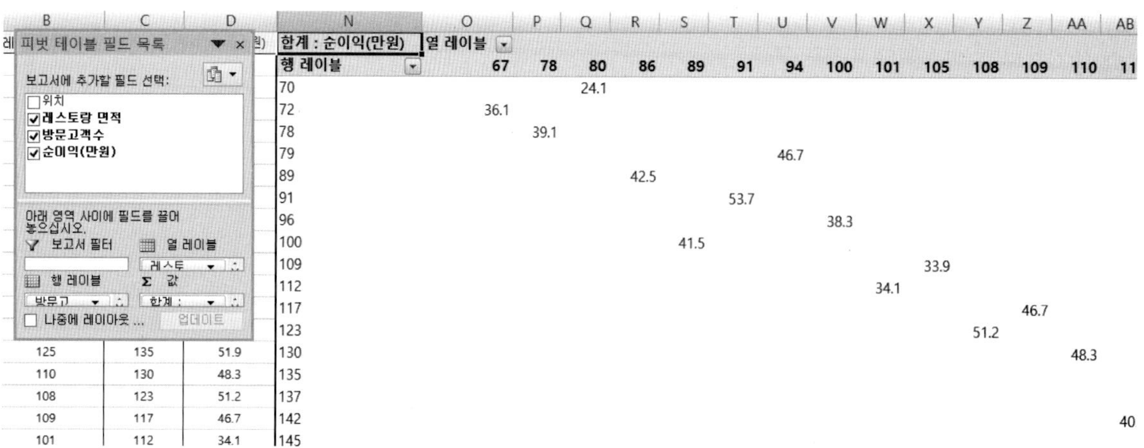

행에서는 방문고객수가 나타나 있는데, 너무 복잡하므로 몇 개의 구간으로 나누어 보기로 하자. 시작과 끝을 각각 70, 236으로 설정하고 구간의 길이를 20으로 정하기로 하자. 마우스를 행데이터가 있는 곳으로 이동한 후 오른쪽 마우스를 클릭하면 다양한 메뉴가 나타난다. 이 중 [그룹화]를 택하여 해당수치를 입력한다. 열의 데이터로 이동하여 같은 방식으로 구간을 설정한다.

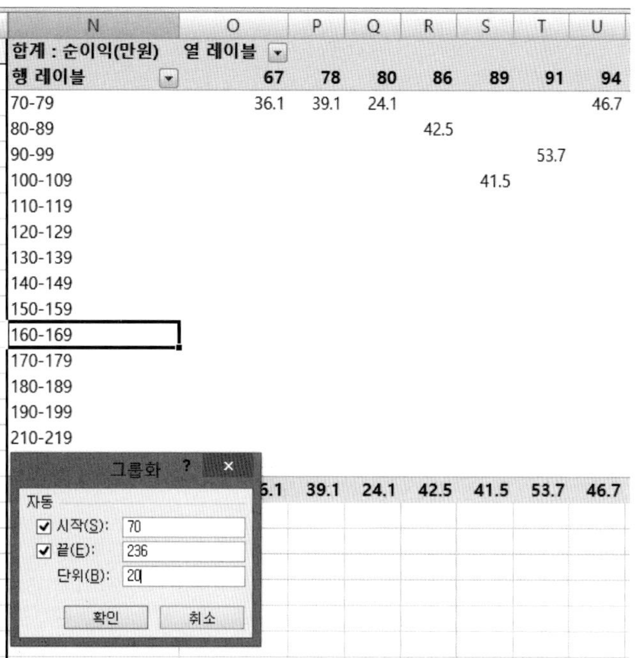

열도 같은 방법으로 60에서 200까지 7개 구간으로 나누어 정리하면 각 셀에는 해당구간에 속하는 레스토랑 순이익 합계가 계산되어 나타난다.

합계 : 순이익(만원)	열 레이블							
행 레이블	60-79	80-99	100-119	120-139	140-159	160-179	180-200	총합계
70-89	75.2	113.3						188.5
90-109		95.2	72.2					167.4
110-129			132					132
130-149			148.1	51.9	62.2	55.8		318
150-169			127.7	57.2				184.9
170-189						130.8		130.8
190-209							142.3	142.3
210-229							75.5	75.5
230-249							84.2	84.2
총합계	75.2	208.5	480	109.1	62.2	186.6	302	1423.6

순이익 합계 대신에 각 구간에 속하는 레스토랑 개수를 구할 수도 있다. 마우스를 순이익 합계가 표기된 셀로 이동한 다음 오른쪽 마우스를 클릭하면 합계, 개수, 평균, 최솟값, 최댓값, 곱 등 다양한 옵션을 택할 수 있다. 여기서는 [개수]를 택하여 다음 표를 도출한다.

N	O	P	Q	R	S	T	U	V
개수 : 순이익(만원)	열 레이블							
행 레이블	60-79	80-99	100-119	120-139	140-159	160-179	180-200	총합계
70-89	2	3						5
90-109		2	2					4
110-129			3					3
130-149			3	1	1	1		6
150-169			2	1				3
170-189						2		2
190-209							2	2
210-229							1	1
230-249							1	1
총합계	2	5	10	2	1	3	4	27

3장 집중경향치와 산포도

[데이터] → [데이터분석]을 택한 다음 [기술통계법]을 선택하여 다양한 기술통계량을 구해보기로 하자. 입력범위, 데이터 방향, 출력범위, 요약통계량 등을 체크하고 확인을 누르면 결과가 도출된다(연습문제 10번).

	A	B	C	D
1	위치	레스토랑 면적	방문고객수	순이익(만원)
2	1	195	236	84.2
3	2	187	211	75.5
4	3	184	197	70.5
5	4	185	194	71.8
6	5	170	185	65.9
7	6	167	175	64.9
8	7	105	163	65
9	8	138	160	57.2
10	9	119	151	62.7
11	10	118	149	59.4

통계 데이터 분석

분석 도구(A)

분산 분석: 반복 없는 이원 배치법
상관 분석
공분산 분석
기술 통계법
지수 평활법
F-검정: 분산에 대한 두 집단
푸리에 분석
히스토그램
이동 평균법
난수 생성

확인
취소
도움말(H)

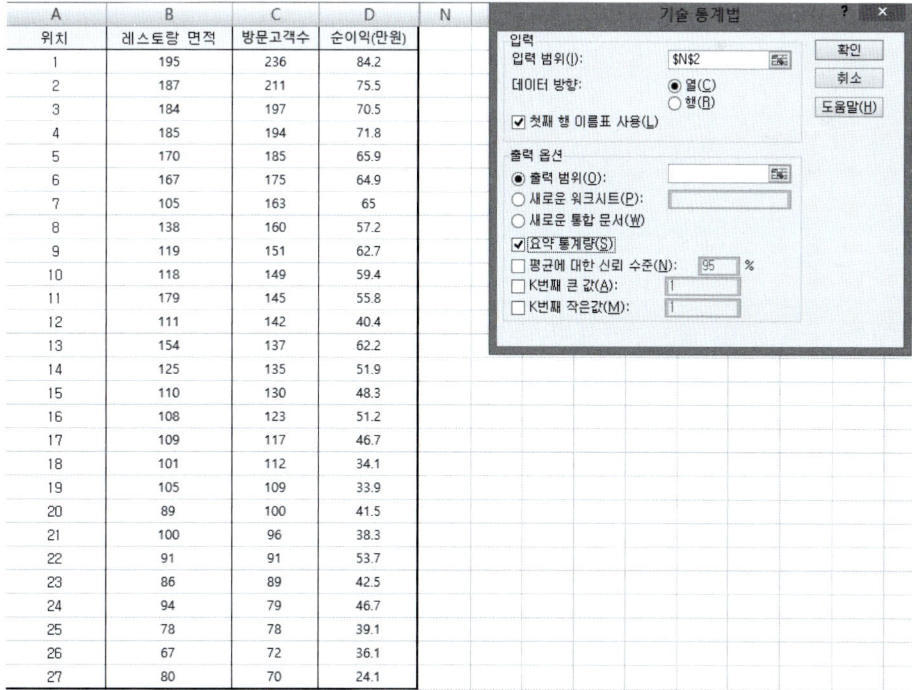

A	B	C	D
위치	레스토랑 면적	방문고객수	순이익(만원)
1	195	236	84.2
2	187	211	75.5
3	184	197	70.5
4	185	194	71.8
5	170	185	65.9
6	167	175	64.9
7	105	163	65
8	138	160	57.2
9	119	151	62.7
10	118	149	59.4
11	179	145	55.8
12	111	142	40.4
13	154	137	62.2
14	125	135	51.9
15	110	130	48.3
16	108	123	51.2
17	109	117	46.7
18	101	112	34.1
19	105	109	33.9
20	89	100	41.5
21	100	96	38.3
22	91	91	53.7
23	86	89	42.5
24	94	79	46.7
25	78	78	39.1
26	67	72	36.1
27	80	70	24.1

레스토랑 면적		방문고객수		순이익(만원)	
평균	124.2592593	평균	135.03704	평균	52.72592593
표준 오차	7.463986201	표준 오차	8.6471644	표준 오차	2.822970454
중앙값	110	중앙값	135	중앙값	51.9
최빈값	105	최빈값	#N/A	최빈값	46.7
표준 편차	38.78400998	표준 편차	44.931984	표준 편차	14.66858476
분산	1504.19943	분산	2018.8832	분산	215.1673789
첨도	-1.01481597	첨도	-0.514486	첨도	-0.551379418
왜도	0.578604849	왜도	0.4278272	왜도	0.159779658
범위	128	범위	166	범위	60.1
최소값	67	최소값	70	최소값	24.1
최대값	195	최대값	236	최대값	84.2
합	3355	합	3646	합	1423.6
관측수	27	관측수	27	관측수	27

7장 신뢰구간의 설정

엑셀의 기술통계 메뉴를 이용하면 매우 쉽게 신뢰구간을 구할 수 있다. [데이터분석]에서 [기술통계법]을 선택한 뒤, 요약통계량과 평균에 대한 신뢰수준을 클릭하면 신뢰구간을 계산하기 위한 정보가 제공된다. 연습문제 18번의 신용카드 사용액 자료를 예로 들어 보자(여기서는 95% 신뢰구간을 가정).

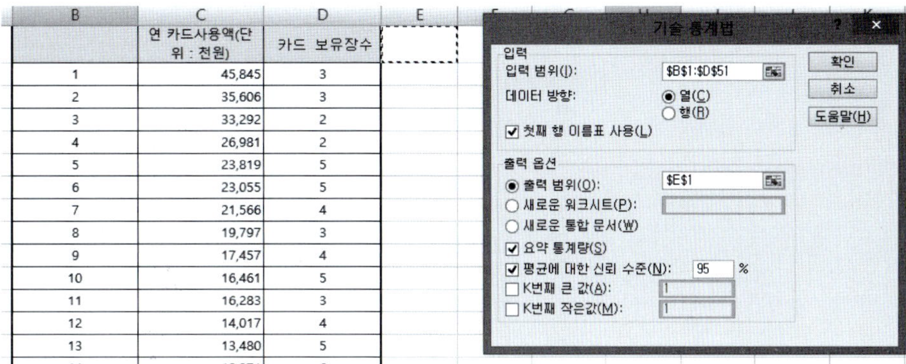

분석결과 평균 가구당 카드사용액의 평균값은 25.5이고, 신뢰수준(95.0%)은 약 4.1428임을 알 수 있다. 4.1428은 오차의 한계로서 가구당 소득의 95% 신뢰구간이 25.5±4.1428이라는 의미이다. 99% 신뢰구간을 구하고 싶다면 [기술통계법]에서 평균에 대한 신뢰수준을 99%로 설정해야 한다.

		연 카드사용액(단위 : 천원)		카드 보유장수	
평균	25.5	평균	11672.18	평균	3.32
표준 오차	2.061552813	표준 오차	1242.918	표준 오차	0.172473
중앙값	25.5	중앙값	7890	중앙값	3
최빈값	#N/A	최빈값	#N/A	최빈값	3
표준 편차	14.57737974	표준 편차	8788.755	표준 편차	1.219568
분산	212.5	분산	77242222	분산	1.487347
첨도	-1.2	첨도	4.714673	첨도	-0.36289
왜도	-3.7763E-17	왜도	2.130706	왜도	0.121847
범위	49	범위	41587	범위	5
최소값	1	최소값	4258	최소값	1
최대값	50	최대값	45845	최대값	6
합	1275	합	583609	합	166
관측수	50	관측수	50	관측수	50
신뢰 수준(95.0%)	4.142845405	신뢰 수준(95.0%)	2497.737	신뢰 수준(95.0%)	0.346597

가설의 검정

① t-검정 : 등분산가정 두 집단차이 비교

다음은 연습문제 18번의 가설 검정문제이다. 엑셀의 도구메뉴 중 데이터분석을 사용해 보고자 한다. [데이터] → [데이터분석] → [t-검정 : 등분산가정 두 집단]을 선택하면 아래와 같은 대화상자가 나타난다.

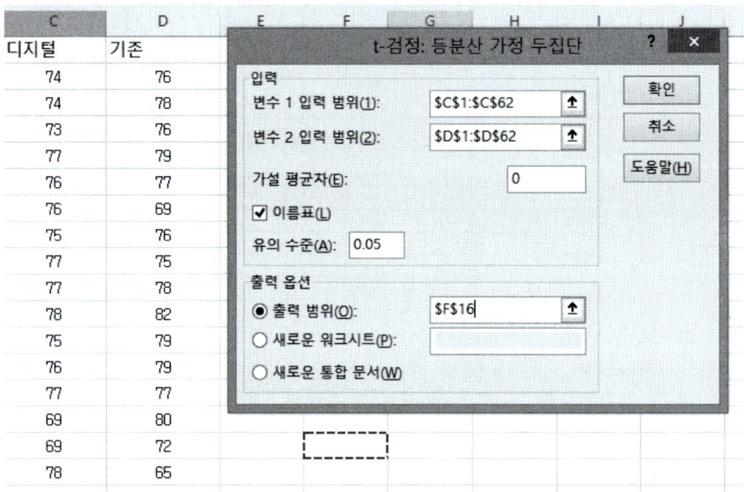

대화상자 내의 모든 입력을 마치고 확인을 클릭하면 아래와 같은 t-검정 결과가 출력된다. 단측검정에 해당하는 p값이 0.439로서 유의수준 5%에서는 차이가 없다는 귀무가설을 기각할 수 없다. 양측검정의 경우도 p값이 0.8788로서 유의수준 5%에서는 차이가 없다는 귀무가설을 기각할 수 없다. 두 경우 모두 두 교육방식의 교육효과는 별다른 차이가 없다고 할 수 있다.

t-검정: 등분산 가정 두 집단		
	디지털	기존
평균	75.42622951	75.06557
분산	6.281967213	15.5623
관측수	61	61
공동(Pooled) 분산	10.92213115	
가설 평균차	0	
자유도	120	
t 통계량	0.602683181	
P(T<=t) 단측 검정	0.273928366	
t 기각치 단측 검정	1.657650899	
P(T<=t) 양측 검정	0.547856732	
t 기각치 양측 검정	1.979930405	

② t-검정 : 대응비교(쌍체검정)

대응비교를 하는 경우에는 [데이터] → [데이터분석] → [t-검정 : 쌍체비교]를 선택한다. 예제 8-11 에서 다음과 같이 10명의 다이어트 프로그램 참가자에 대해 실시 전과 후의 체중을 측정하여 실시 전후의 차이에 대해 분석해 보자.

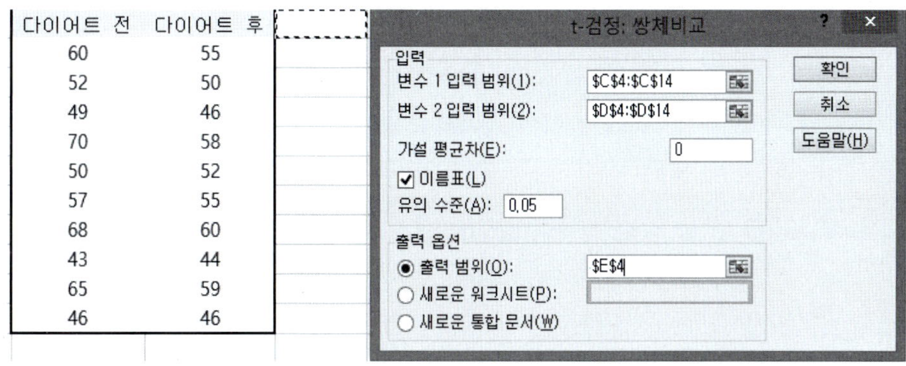

위와 같이 대화상자 입력을 마치면 다음과 같은 결과가 출력된다. 단측검정을 가정하는 경우 p값이 0.015395657로 일반적인 유의수준 $\alpha = 5\%$보다 작으므로 이 다이어트 프로그램은 효과가 있다고 볼 수 있다. 양측검정을 하더라도 p값이 0.030791314로 $\alpha = 5\%$보다 작으므로 다이어트 전이나 다이어트 후나 체중은 동일하다라는 귀무가설을 기각할 수 있다.

다이어트 전	다이어트 후
60	55
52	50
49	46
70	58
50	52
57	55
68	60
43	44
65	59
46	46

t-검정: 쌍체 비교

	다이어트 전	다이어트 후
평균	56	52.5
분산	89.77777778	33.83333333
관측수	10	10
피어슨 상관 계수	0.951574225	
가설 평균차	0	
자유도	9	
t 통계량	2.55793407	
P(T<=t) 단측 검정	0.015395657	
t 기각치 단측 검정	1.833112923	
P(T<=t) 양측 검정	0.030791314	
t 기각치 양측 검정	2.262157158	

9장 분산분석

① 일원분산분석

예제 9-4 에서 교육방법에 따라 학습효과 차이가 있는지 여부를 살펴보기 위한 문제를 분석해 보자. [데이터] → [데이터분석] → [분산분석 : 일원배치법]을 클릭하여 일원분산분석을 시도한다.

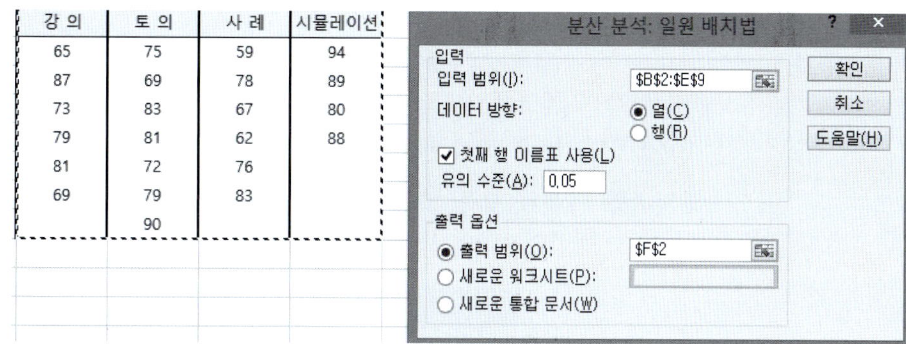

강 의	토 의	사 례	시뮬레이션
65	75	59	94
87	69	78	89
73	83	67	80
79	81	62	88
81	72	76	
69	79	83	
	90		

대화상자 입력 후 확인을 클릭하면 아래와 같은 결과가 출력되는데, p값이 0.029371이므로 집단간에 차이가 있다고 결론내릴 수 있다.

분산 분석: 일원 배치법

요약표

인자의 수준	관측수	합	평균	분산
강 의	6	454	75.66667	66.66667
토 의	7	549	78.42857	50.61905
사 례	6	425	70.83333	91.76667
시뮬레이션	4	351	87.75	33.58333

분산 분석

변동의 요인	제곱합	자유도	제곱 평균	F 비	P-값	F 기각치
처리	712.5864	3	237.5288	3.771461	0.028041	3.12735
잔차	1196.631	19	62.98058			
계	1909.217	22				

② 블록을 고려한 분산분석

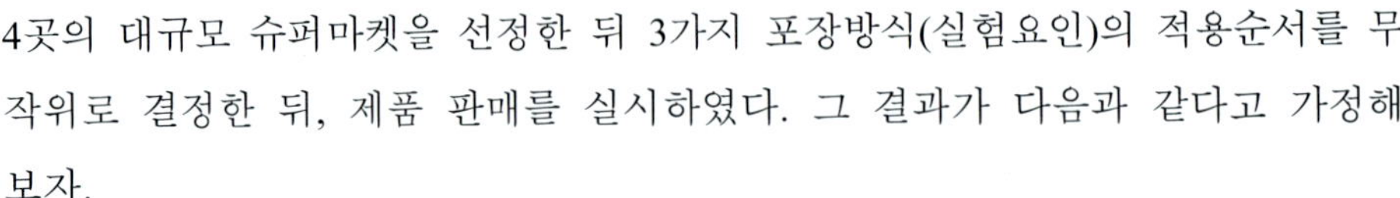

4곳의 대규모 슈퍼마켓을 선정한 뒤 3가지 포장방식(실험요인)의 적용순서를 무작위로 결정한 뒤, 제품 판매를 실시하였다. 그 결과가 다음과 같다고 가정해 보자.

	포장방식 A	포장방식 B	포장방식 C
슈퍼마켓 1	17	34	23
슈퍼마켓 2	15	26	21
슈퍼마켓 3	1	23	8
슈퍼마켓 4	6	22	16

엑셀의 메뉴에서 [도구] → [데이터분석] → [분산분석] : 반복 없는 이원배치법을 클릭하여 대화상자를 아래와 같이 작성한다. 대화상자 입력 후 확인을 클릭하면 아래와 같은 분산분석 결과가 출력된다.

통계 데이터 분석

분석 도구(A)

분산 분석: 일원 배치법
분산 분석: 반복 있는 이원 배치법
분산 분석: 반복 없는 이원 배치법
상관 분석
공분산 분석
기술 통계법
지수 평활법
F-검정: 분산에 대한 두 집단
푸리에 분석
히스토그램

확인 취소 도움말(H)

분산 분석: 반복 없는 이원 배치법

입력
입력 범위(I): $C$2:$F$6
☑ 이름표(L)
유의 수준(A): 0.05

출력 옵션
◉ 출력 범위(O): $C$8
○ 새로운 워크시트(P):
○ 새로운 통합 문서(W)

확인 취소 도움말(H)

다음 표에서 p값이 0.000452이므로 집단간에 차이가 있다고 결론내릴 수 있다. 즉, 포장방식에는 차이가 있음을 알 수 있다. 평균값을 보면 포장방식 B가 가장 우수한 것으로 판단된다.

분산 분석

변동의 요인	제곱합	자유도	제곱 평균	F 비	P-값	F 기각치
인자 A(행)	348	3	116	15.2967	0.003232	4.757063
인자 B(열)	547.1666667	2	273.583333	36.07692	0.000452	5.143253
잔차	45.5	6	7.58333333			
계	940.6666667	11				

③ 이원분산분석

예제 9-6 에서 교육방식과 기술수준에 따라 교호작용이 나타나는지 이원분산분석법을 이용하여 분석해 보기로 하자. [데이터] → [데이터분석] → [분산분석 : 반복 있는 이원배치법]을 이용하여 아래의 첫 번째 그림과 같이 데이터를 입력한다. 이 예제에서는 모두 4×3=12가지 경우가 가능하다. 엑셀에서는 이 12가지 경우 모두에 대해 동일한 수의 표본이 배정되어야 한다. 표본의 수가 일치하지 않으면 데이터분석 수행이 불가능하다.

	미숙련	준숙련	숙 련
강의식	58	99	74
	62	99	76
토의식	60	89	80
	60	91	80
사례연구방식	64	80	85
	66	80	85
사이버강의방식	59	75	94
	61	75	96

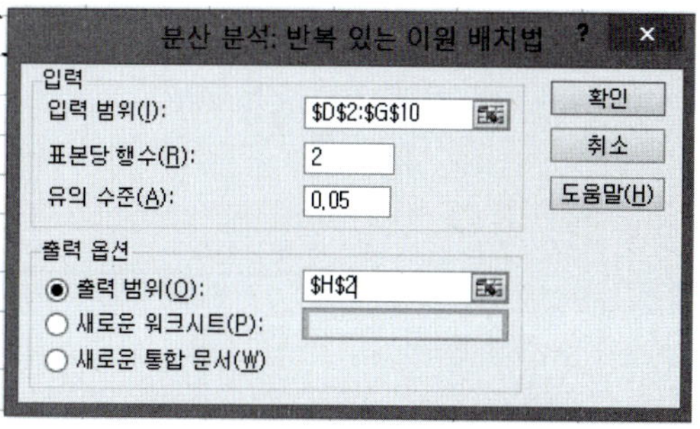

분산 분석: 반복 있는 이원 배치법 ? ×

입력
입력 범위(I): $D$2:$G$10
표본당 행수(R): 2
유의 수준(A): 0.05

출력 옵션
◉ 출력 범위(O): $H$2
○ 새로운 워크시트(P):
○ 새로운 통합 문서(W)

확인
취소
도움말(H)

분산분석 결과 다음과 같은 표가 도출되는데, p값이 3.63E－10으로 거의 0에 가까운 값을 취하므로 교호작용이 존재함을 알 수 있다.

요약표	미숙련	준숙련	숙 련	계
강의식				
관측수	2	2	2	6
합	120	198	150	468
평균	60	99	75	78
분산	8	0	2	311.6
토의식				
관측수	2	2	2	6
합	120	180	160	460
평균	60	90	80	76.66666667
분산	0	2	0	187.0666667
사례연구방식				
관측수	2	2	2	6
합	130	160	170	460
평균	65	80	85	76.66666667
분산	2	0	0	87.06666667
사이버강의방식				
관측수	2	2	2	6
합	120	150	190	460
평균	60	75	95	76.66666667
분산	2	0	2	247.4666667
계				
관측수	8	8	8	
합	490	688	670	
평균	61.25	86	83.75	
분산	7.071428571	98	63.07142857	

분산 분석

변동의 요인	제곱합	자유도	제곱 평균	F 비	P-값	F 기각치
인자 A(행)	8	3	2.666666667	1.77777778	0.204847	3.490295
인자 B(열)	2997	2	1498.5	999	4.53E-14	3.885294
교호작용	1151	6	191.8333333	127.888889	3.63E-10	2.99612
잔차	18	12	1.5			
계	4174	23				

상관과 단순회귀분석

① 상관분석

예제 10-2 의 의사 1인당 인구수와 평균수명 간의 밀접도를 알아보기 위해 [데이터] → [데이터분석] → [상관분석]을 사용한다.

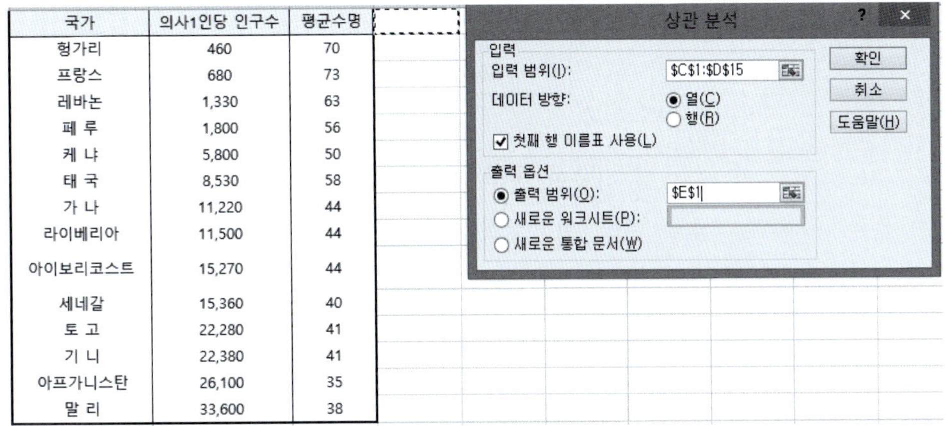

국가	의사1인당 인구수	평균수명
헝가리	460	70
프랑스	680	73
레바논	1,330	63
페 루	1,800	56
케 냐	5,800	50
태 국	8,530	58
가 나	11,220	44
라이베리아	11,500	44
아이보리코스트	15,270	44
세네갈	15,360	40
토 고	22,280	41
기 니	22,380	41
아프가니스탄	26,100	35
말 리	33,600	38

분석결과 이 두 변수간에는 음의 상관관계가 존재하며, 상관계수는 −0.853967738 이다.

의사1인당 인구수	평균수명
460	70
680	73
1,330	63
1,800	56
5,800	50
8,530	58
11,220	44
11,500	44
15,270	44
15,360	40
22,280	41
22,380	41
26,100	35
33,600	38

	의사1인당 인구수	평균수명
의사1인당 인구	1	
평균수명	-0.853967738	1

둘 이상의 변수들간의 상관계수도 한꺼번에 구할 수 있다. 예를 들어 레스토랑 면적, 방문고객수, 순이익 자료가 주어져 있을 때(제3장 연습문제 10번 참조) 이들 세 변수간의 밀접도를 알아보기로 하자.

A	B	C	D
위치	레스토랑 면적	방문고객수	순이익(만원)
1	195	236	84.2
2	187	211	75.5
3	184	197	70.5
4	185	194	71.8
5	170	185	65.9
6	167	175	64.9
7	105	163	65
8	138	160	57.2
9	119	151	62.7
10	118	149	59.4
11	179	145	55.8
12	111	142	40.4
13	154	137	62.2
14	125	135	51.9
15	110	130	48.3
16	108	123	51.2
17	109	117	46.7
18	101	112	34.1
19	105	109	33.9
20	89	100	41.5
21	100	96	38.3
22	91	91	53.7
23	86	89	42.5
24	94	79	46.7
25	78	78	39.1
26	67	72	36.1
27	80	70	24.1

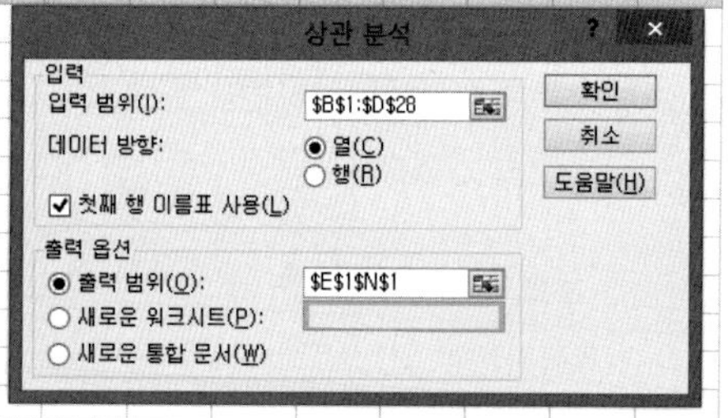

상관 분석
입력
입력 범위(I): $B$1:$D$28
데이터 방향: ◉ 열(C) ○ 행(R)
☑ 첫째 행 이름표 사용(L)
출력 옵션
◉ 출력 범위(O): E1$N$1
○ 새로운 워크시트(P):
○ 새로운 통합 문서(W)
확인
취소
도움말(H)

그 결과 레스토랑 면적과 방문고객수 간의 상관계수는 0.907988, 순이익과 레스토랑 면적 간의 상관계수는 0.841988, 순이익과 방문고객수 간의 상관계수는 0.900239인 것으로 나타났다.

	레스토랑 면	방문고객수	순이익(만원)
레스토랑 면적	1		
방문고객수	0.907988	1	
순이익(만원)	0.841988	0.900239284	1

② 회귀분석

예제 10-2 의 의사 1인당 인구수와 평균수명 자료를 이용하여 [데이터] → [데이터분석] → [회귀분석]을 시도해 본다. 회귀분석 대화상자에서 Y축과 X축 입력범위에 각각 평균수명과 의사 1인당 인구수 데이터범위를 지정하고 신뢰수준을 설정한 다음 확인을 클릭하면 결과를 출력할 수 있다.

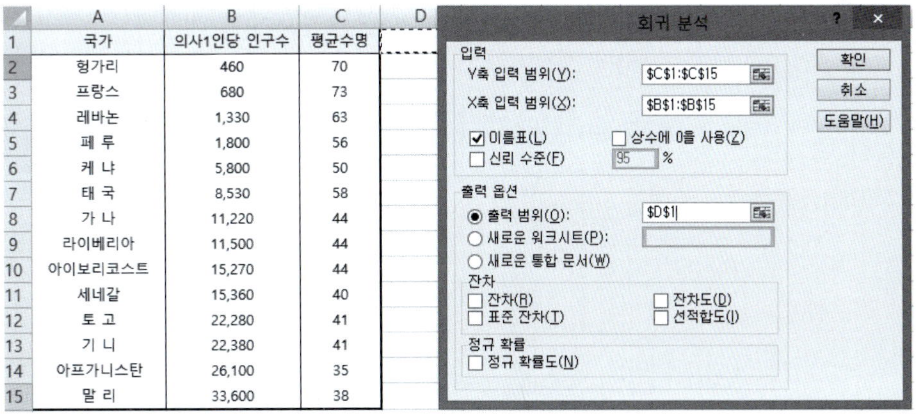

	A	B	C
1	국가	의사1인당 인구수	평균수명
2	헝가리	460	70
3	프랑스	680	73
4	레바논	1,330	63
5	페 루	1,800	56
6	케 냐	5,800	50
7	태 국	8,530	58
8	가 나	11,220	44
9	라이베리아	11,500	44
10	아이보리코스트	15,270	44
11	세네갈	15,360	40
12	토 고	22,280	41
13	기 니	22,380	41
14	아프가니스탄	26,100	35
15	말 리	33,600	38

회귀 분석
입력
Y축 입력 범위(Y): $C$1:$C$15
X축 입력 범위(X): $B$1:$B$15
☑ 이름표(L) ☐ 상수에 0을 사용(Z)
☐ 신뢰 수준(F) 95 %
출력 옵션
◉ 출력 범위(O): $D$1
○ 새로운 워크시트(P):
○ 새로운 통합 문서(W)
잔차
☐ 잔차(R) ☐ 잔차도(D)
☐ 표준 잔차(T) ☐ 선적합도(I)
정규 확률
☐ 정규 확률도(N)
확인
취소
도움말(H)

분석결과, 유의한 F값이 유의수준 5% 또는 1%보다 작으므로 회귀식은 의미가 있다고 볼 수 있으며, 회귀식은 다음과 같다.

Y(평균수명)=62.31611−(0.00099)(의사 1인당 인구수)

회귀분석 통계량						
다중 상관계수	0.853967738					
결정계수	0.729260897					
조정된 결정계수	0.706699305					
표준 오차	6.609636877					
관측수	14					
분산 분석						
	자유도	제곱합	제곱 평균	F 비	유의한 F	
회귀	1	1412.11	1412.11	32.32311	0.000101	
잔차	12	524.2476	43.6873			
계	13	1936.357				
	계수	표준 오차	t 통계량	P-값	하위 95%	상위 95%
Y 절편	62.31610851	2.824546	22.06234	4.42E-11	56.16195	68.47027
의사1인당 인구수	-0.000994983	0.000175	-5.68534	0.000101	-0.00138	-0.00061

③ 추세선 구하기

이번에는 X와 Y 변수로 주어진 데이터를 산점도 형태로 작성한 후, 데이터 패턴에 가장 적합한 직선이나 곡선을 구해보는 과정을 살펴보기로 하자. 다음 그림에서와 같이 의사 1인당 인구수를 X, 평균수명을 Y로 설정한 후 [차트] 기능을 이용하여 분산형 그래프를 그려보기로 하자.

국가	의사1인당 인구수	평균수명
헝가리	460	70
프랑스	680	73
레바논	1,330	63
페 루	1,800	56
케 냐	5,800	50
태 국	8,530	58
가 나	11,220	44
라이베리아	11,500	44
아이보리코스트	15,270	44
세네갈	15,360	40
토 고	22,280	41
기 니	22,380	41
아프가니스탄	26,100	35
말 리	33,600	38

분산형 그래프가 완성되면, 마우스를 (x,y) 데이터에 올려놓고 오른쪽 마우스를 클릭한다. [추세선 추가]를 선택하여 원하는 유형의 곡선을 선택한다.

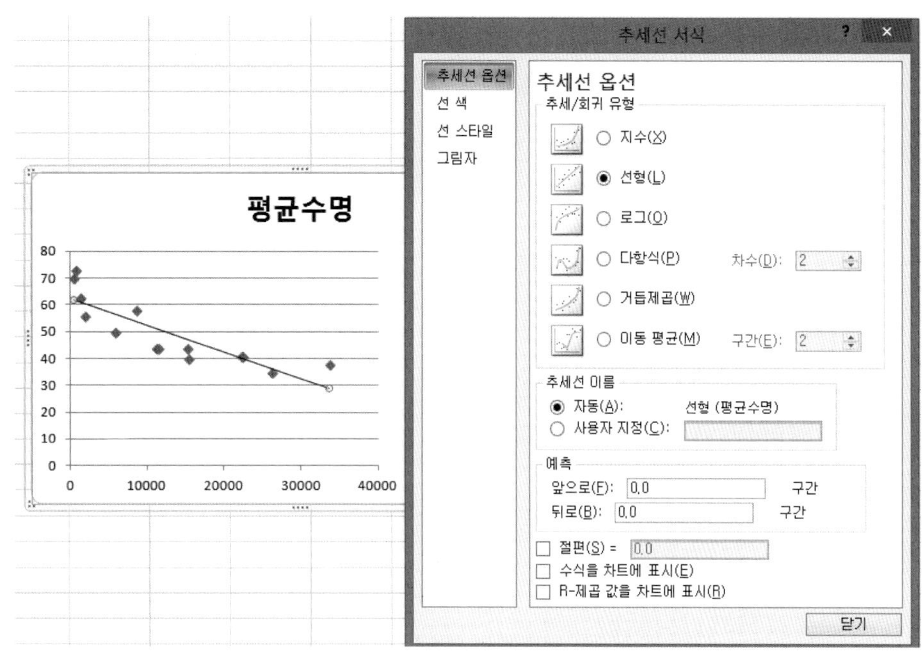

직선형의 함수를 택하면 다음과 같이 y=62.316+−0.001x가 도출된다.

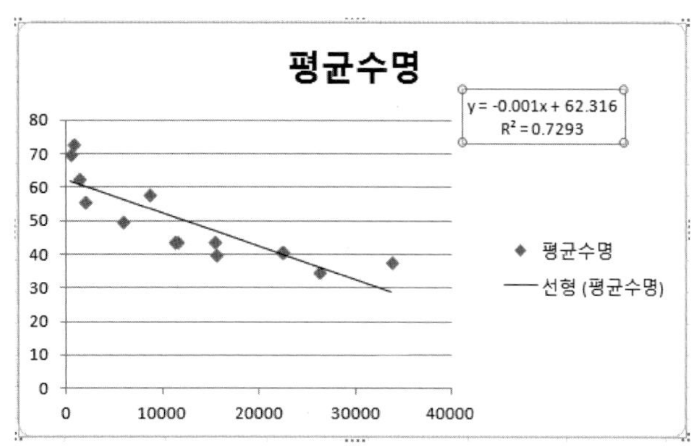

다중회귀분석

레스토랑 면적과 방문고객수가 순이익에 미치는 영향을 분석해 보기 위해 다중회귀분석을 시도해 보고자 한다(연습문제 9번). [데이터] → [데이터분석] → [회귀분석]을 이용하며, 단순회귀분석과 마찬가지로 회귀분석 대화상자의 Y축과 X축 입력범위에 해당 변수관련 데이터를 입력하고 확인을 클릭하면 결과가 출력된다.

A	B	C	D
위치	레스토랑 면적	방문고객수	순이익(만원)
1	195	236	84.2
2	187	211	75.5
3	184	197	70.5
4	185	194	71.8
5	170	185	65.9
6	167	175	64.9
7	105	163	65
8	138	160	57.2
9	119	151	62.7
10	118	149	59.4
11	179	145	55.8
12	111	142	40.4
13	154	137	62.2
14	125	135	51.9
15	110	130	48.3
16	108	123	51.2
17	109	117	46.7
18	101	112	34.1
19	105	109	33.9
20	89	100	41.5
21	100	96	38.3
22	91	91	53.7
23	86	89	42.5
24	94	79	46.7
25	78	78	39.1
26	67	72	36.1
27	80	70	24.1

회귀 분석

입력

Y축 입력 범위(Y): $D$1:$D$28

X축 입력 범위(X): $B$1:$C$28

☑ 이름표(L) ☐ 상수에 0을 사용(Z)

☐ 신뢰 수준(F) 95 %

출력 옵션

◉ 출력 범위(O): $N$1

○ 새로운 워크시트(P):

○ 새로운 통합 문서(W)

잔차

☐ 잔차(R) ☐ 잔차도(D)

☐ 표준 잔차(T) ☐ 선적합도(I)

정규 확률

☐ 정규 확률도(N)

확인 취소 도움말(H)

회귀분석 통계량	
다중 상관계수	0.90215
결정계수	0.81387
조정된 결정계수	0.79836
표준 오차	6.5868
관측수	27

분산 분석

	자유도	제곱합	제곱 평균	F 비	유의한 F
회귀	2	4553.08996	2276.544982	52.471986	1.7E-09
잔차	24	1041.26189	43.38591199		
계	26	5594.35185			

	계수	표준 오차	t 통계량	P-값	하위 95%	상위 95%
Y 절편	12.0637	4.33864309	2.780519166	0.0103882	3.10916	21.0182
레스토랑 면적	0.05296	0.07949209	0.666190504	0.5116427	-0.11111	0.21702
방문고객수	0.25239	0.06861531	3.678318972	0.0011827	0.11077	0.394004

카이제곱 검정

예제 12-3 의 학력수준과 선호하는 주거양식 간의 독립성 여부를 분석해 보기로 하자. 우선 아래 그림과 같이 관측도수를 입력하고 기대도수를 계산한다. 기대치에 대한 계산이 마무리되면 CHITEST 함수를 이용하여 p값을 구한다.

	A	B	C	D	E	F
1						
2			대학원졸 이상	대 졸	고졸 이하	합 계
3		단독주택	182	213	203	598
4		공동주택	154	138	110	402
5		합 계	336	351	313	1,000
6						
7						
8			200.928	209.898	187.174	
9			135.072	141.102	125.826	
10						
11			=chitest(C3:E4,C8:E9)			

	A	B	C	D	E	F
1						
2			대학원졸 이상	대 졸	고졸 이하	합 계
3		단독주택	182	213	203	598
4		공동주택	154	138	110	402
5		합 계	336	351	313	1,000
6						
7						
8			200.928	209.898	187.174	
9			135.072	141.102	125.826	
10						
11			0.019465613			

이 예제의 경우 p값이 0.01946561로서 5% 미만이므로 두 변수 사이에 독립적이라는 귀무가설을 기각한다. 즉, 학력에 따라 선호하는 주거양식이 다르다고 결론지을 수 있다. 한편 카이제곱값은 p값을 구한 뒤 CHIINV 함수를 이용하여 다시 계산해야 한다. 대화상자에 앞에서 구한 p값과 자유도를 입력하고 확인을 클릭하면 된다. 카이제곱값은 약 7.878이다.

	A	B	C	D	E	F
1						
2			대학원졸 이상	대 졸	고졸 이하	합 계
3		단독주택	182	213	203	598
4		공동주택	154	138	110	402
5		합 계	336	351	313	1,000
6						
7						
8			200.928	209.898	187.174	
9			135.072	141.102	125.826	
10						
11			0.019465613			
12						
13		카이제곱값 =	=chiinv(C11,2)			

	A	B	C	D	E	F
1						
2			대학원졸 이상	대 졸	고졸 이하	합 계
3		단독주택	182	213	203	598
4		공동주택	154	138	110	402
5		합 계	336	351	313	1,000
6						
7						
8			200.928	209.898	187.174	
9			135.072	141.102	125.826	
10						
11			0.019465613			
12						
13		카이제곱값 =	7.878211595			

부록 Ⅱ SPSS 활용의 예

Ⅰ. SPSS 프로그램 패키지 개요

SPSS(Statistical Package for the Social Sciences)는 사회과학, 경영, 보건, 교육 등에서 널리 쓰이는 통계 소프트웨어이다. 1968년에 노먼 니에(Norman H. Nie), C. 해들리 헐(C. Hadlai "Tex" Hull), 데일 벤트(Dale Bent)가 초기 버전을 개발했고, 2009년에 IBM이 SPSS Inc.를 인수한 뒤 제품명은 IBM SPSS Statistics로 바뀌었다. Windows, macOS, Linux 등 주요 운영체제에서 동작하며, 표 형식 데이터를 전제로 데이터 관리, 통계 분석, 결과 보고를 하나의 환경에서 처리하도록 설계되었다.

SPSS의 강점은 직관적인 메뉴 기반 인터페이스와 표준화된 출력 체계에 있다. 변수·값 라벨 지정, 결측 정의, 가중치 적용, 층화·집락 처리 같은 조사 실무 기능을 일관된 흐름으로 지원하며, 기술통계, 교차분석, t검정, ANOVA, 회귀, 요인·신뢰도 분석 등 핵심 절차를 안정적으로 제공한다. 동일 분석을 재현하고 자동화할 수 있는 Syntax 기능을 갖추었고, 필요시 파이썬·R 연동으로 기능을 확장한다. 구조방정식모형을 위한 AMOS, 예측·데이터마이닝을 위한 Modeler, 고급 통계를 위한 모듈(Advanced Statistics, Regression, Custom Tables, Exact Tests 등)도 갖추어 실무와 교육, 연구 전반에서 활용 폭이 넓다. 방대한 사용자층, 풍부한 문서와 예제가 축적되어 학습 진입장벽이 낮다. 상용 라이선스 기반이라는 제약이 있으나, 표준화된 리포팅과 교육·행정 자료 분석에 강점을 보여 사실상의 표준 도구로 자리 잡았다.

사회조사분석사 실기에서는 실제 설문자료를 바탕으로 코딩, 정제, 기술통계, 교차분석, 회귀, 요인·신뢰도 분석을 수행하므로 SPSS 숙련이 실질적으로 필요하다. SPSS는 메뉴 중심으로 절차를 표준화하고 출력 형식을 규격화해 시간과 오류를 줄이며, 시험 이후에도 조사 설계부터 분석·시각화·보고에 이르는 전 과정을 효율적으로 지원한다.

Ⅱ. 분석 방법

① 파일 열기와 작업 윈도 확인, 변수 정의

1) SPSS 파일 불러오기

IBM SPSS Statistics 29를 실행하면 프로그램 시작 화면이 나타난다. 이 화면에서는 새 데이터 세트를 생성하거나, 최근에 사용한 파일을 불러오거나, 기존 데이터 파일을 불러올 수 있다.

이미 저장된 데이터 파일을 불러오기 위해서는 왼쪽 영역에서 「다른 파일 열기(Open another file)」를 선택한다. 해당항목을 클릭하면 파일의 위치와 파일 형식을 지정할 수 있는 [열기] 대화상자가 나타난다.

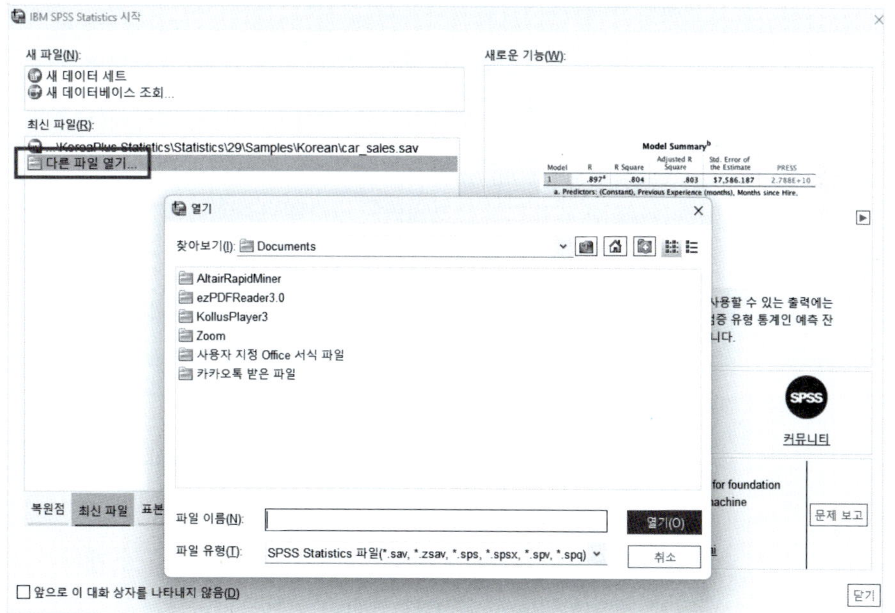

2) 파일 위치 및 파일 형식 지정

[열기] 대화상자에서 데이터 파일이 저장되어 있는 폴더로 이동한 후, 화면 하단의 「파일 형식(Files of type)」에서 불러올 데이터의 형식에 맞는 파일 유형을 지정한다.

- SPSS 전용 데이터 파일(.sav)을 선택할 경우, 파일을 선택한 뒤 [열기]를 클릭하면 데이터가 즉시 SPSS 데이터 편집기에 로드된다.
- 엑셀 파일(.xls, .xlsx)을 선택할 경우에는 파일을 여는 과정에서 추가 설정 창이 나타난다.

엑셀 파일을 불러올 때 나타나는 설정 창에서는 기본적으로 「데이터 첫 행에서 변수 이름 읽기(Read variable names from the first row of data)」 옵션이 선택되어 있다.

엑셀 데이터의 첫 번째 행에 변수명이 입력되어 있는 경우에는 해당옵션을 그대로 유지한다. 반대로, 첫 행부터 바로 관측값(데이터)이 입력되어 있는 경우에는 해당옵션의 체크를 해제해야 한다.

또한 「워크시트(Worksheet)」 항목에는 엑셀 파일 내에 존재하는 시트 목록이 표시된다. 원본 엑셀 파일에 여러 개의 시트가 포함되어 있을 경우, 실제 분석에 사용할 데이터가 포함된 시트를 선택해야 한다.

한편, 엑셀 파일이 엑셀 프로그램에서 이미 열려 있는 상태일 경우 SPSS에서 해당파일을 정상적으로 불러올 수 없으므로, 데이터를 불러오기 전에 엑셀 파일이 모두 종료되어 있는지 반드시 확인해야 한다.

3) SPSS 작업화면 구성 및 예제 데이터 소개

데이터를 불러오고 나면 그림과 같은 작업화면이 나타나며, 윈도 하단에 '데이터 보기(Data View)' 탭과 '변수 보기(Variable View)' 탭이 있다. 가장 먼저 변수에 대한 정의를 내리는 작업을 해야 하므로, '변수 보기(Variable View)' 탭을 클릭한다. 엑셀로 작성된 데이터 파일을 열었을 경우 'Name'에는 엑셀 데이터 파일의 첫 행에 쓰인 이름이 나타난다.

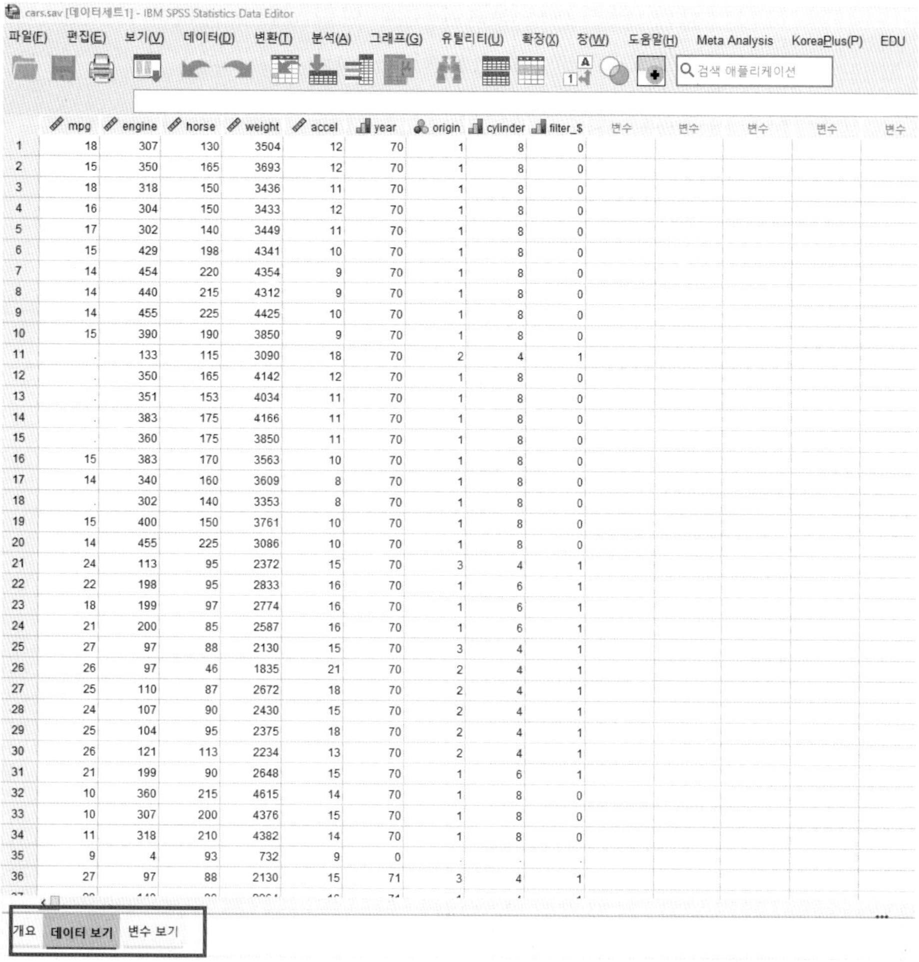

cars.sav [데이터세트1] - IBM SPSS Statistics Data Editor

파일(F) 편집(E) 보기(V) 데이터(D) 변환(T) 분석(A) 그래프(G) 유틸리티(U) 확장(X) 창(W) 도움말(H) Meta Analysis KoreaPlus(P) EDU

검색 애플리케이션

	mpg	engine	horse	weight	accel	year	origin	cylinder	filter_$	변수	변수	변수	변수	변수
1	18	307	130	3504	12	70	1	8	0					
2	15	350	165	3693	12	70	1	8	0					
3	18	318	150	3436	11	70	1	8	0					
4	16	304	150	3433	12	70	1	8	0					
5	17	302	140	3449	11	70	1	8	0					
6	15	429	198	4341	10	70	1	8	0					
7	14	454	220	4354	9	70	1	8	0					
8	14	440	215	4312	9	70	1	8	0					
9	14	455	225	4425	10	70	1	8	0					
10	15	390	190	3850	9	70	1	8	0					
11	.	133	115	3090	18	70	2	4	1					
12	.	350	165	4142	12	70	1	8	0					
13	.	351	153	4034	11	70	1	8	0					
14	.	383	175	4166	11	70	1	8	0					
15	.	360	175	3850	11	70	1	8	0					
16	15	383	170	3563	10	70	1	8	0					
17	14	340	160	3609	8	70	1	8	0					
18	.	302	140	3353	8	70	1	8	0					
19	15	400	150	3761	10	70	1	8	0					
20	14	455	225	3086	10	70	1	8	0					
21	24	113	95	2372	15	70	3	4	1					
22	22	198	95	2833	16	70	1	6	1					
23	18	199	97	2774	16	70	1	6	1					
24	21	200	85	2587	16	70	1	6	1					
25	27	97	88	2130	15	70	3	4	1					
26	26	97	46	1835	21	70	2	4	1					
27	25	110	87	2672	18	70	2	4	1					
28	24	107	90	2430	15	70	2	4	1					
29	25	104	95	2375	18	70	2	4	1					
30	26	121	113	2234	13	70	2	4	1					
31	21	199	90	2648	15	70	1	6	1					
32	10	360	215	4615	14	70	1	8	0					
33	10	307	200	4376	15	70	1	8	0					
34	11	318	210	4382	14	70	1	8	0					
35	9	4	93	732	9	0	.	.	.					
36	27	97	88	2130	15	71	3	4	1					

개요 데이터 보기 변수 보기

예제 데이터의 양식은 다음과 같다. 본 교재에서 사용되는 데이터는 자동차의 성능과 특성이 연비에 미치는 영향을 분석하기 위해 구성된 예제 데이터이다. 해당 데이터는 1970년대부터 1980년대 초반까지 생산된 자동차를 대상으로 수집된 자료를 기반으로 하며, 연비(mpg), 엔진 배기량(engine), 마력(horse), 차량 중량(weight), 가속 성능(accel), 모델 연도(year), 생산 국가(origin), 실린더 수(cylinder) 등의 변수를 포함하고 있다.

이 데이터는 명목, 서열, 척도 등 다양한 측정수준의 변수를 동시에 포함하고 있어 기술통계, 상관분석, 회귀분석, 분산분석 등 여러 통계 분석 기법을 단계적으로 학습하기에 적합하다. 특히 변수 간 관계가 직관적으로 이해되기 때문에 통계 분석 결과의 해석 연습에도 유용하다. 본 교재에서는 해당 데이터를 활용하여 SPSS의 기본적인 데이터 관리 방법과 주요 분석 절차를 실습 중심으로 살펴본다.

변수이름	측 정	범 위	측정내용
mpg	척도	연속형	연비(Miles per Gallon)
engine	척도	연속형	엔진 배기량(Engine Displacement)
horse	척도	연속형	마력(Horsepower)
weight	척도	연속형	차량 중량(Vehicle Weight)
accel	척도	연속형	0~60mph 가속 시간
year	서열	연도	차량 모델 연도
origin	명목	1-3	생산 국가 (1=미국, 2=유럽, 3=일본)
cylinder	서열	3-8	실린더 수

이름	유형	너비	소수점이...	레이블	값	결측값	열	맞춤	측도	역할
mpg	숫자	4	0	Miles per Gallon	지정않음	지정않음	8	오른쪽	척도	입력
engine	숫자	5	0	Engine Displac...	지정않음	지정않음	8	오른쪽	척도	입력
horse	숫자	5	0	Horsepower	지정않음	지정않음	8	오른쪽	척도	입력
weight	숫자	4	0	Vehicle Weight ...	지정않음	지정않음	8	오른쪽	척도	입력
accel	숫자	4	0	Time to Acceler...	지정않음	지정않음	8	오른쪽	척도	입력
year	숫자	2	0	Model Year (m...	{0, 0 (Missi...	0	8	오른쪽	순서형	입력
origin	숫자	1	0	Country of Origin	{1, America...	지정않음	8	오른쪽	명목형	입력
cylinder	숫자	1	0	Number of Cyli...	{3, 3 Cylind...	지정않음	8	오른쪽	순서형	입력
filter_$	숫자	1	0	cylrec = 1 | cylr...	{0, Not Sele...	지정않음	8	오른쪽	순서형	입력

4) 변수 이름(Name) 설정

'Name' 열의 셀은 더블클릭하여 변수 이름을 변경할 수 있다. 변수 이름에는 띄어쓰기를 사용할 수 없으며, 필요할 경우 밑줄 기호(_)를 사용하여 단어를 구분한다. 예를 들어 차량 연비를 의미하는 변수는 mpg, 차량 중량은 weight와 같이 간결하게 입력한다. 변수 이름은 분석 과정 전반에서 반복적으로 사용되므로 의미를 쉽게 유추할 수 있도록 작성하는 것이 바람직하다.

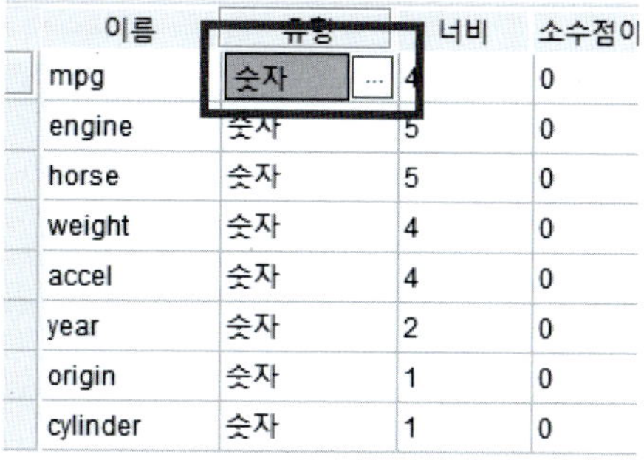

	이름	유형	너비	소수점이
	mpg	숫자	4	0
	engine	숫자	5	0
	horse	숫자	5	0
	weight	숫자	4	0
	accel	숫자	4	0
	year	숫자	2	0
	origin	숫자	1	0
	cylinder	숫자	1	0

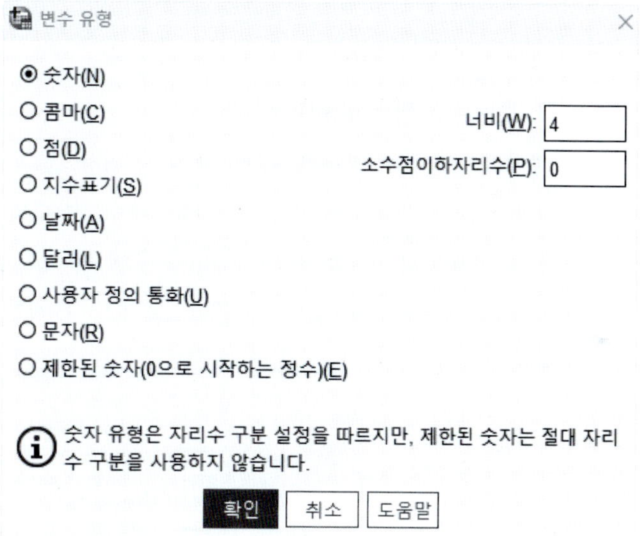

변수 유형

◉ 숫자(N)
○ 콤마(C)
○ 점(D)
○ 지수표기(S)
○ 날짜(A)
○ 달러(L)
○ 사용자 정의 통화(U)
○ 문자(R)
○ 제한된 숫자(0으로 시작하는 정수)(E)

너비(W): 4
소수점이하자리수(P): 0

숫자 유형은 자리수 구분 설정을 따르지만, 제한된 숫자는 절대 자리수 구분을 사용하지 않습니다.

확인 취소 도움말

5) 변수 유형(Type) 지정

각 변수의 자료 유형을 지정하고자 할 경우, 'Type' 열의 셀 오른쪽 끝에 있는 아이콘을 클릭하면 유형(Type) 설정 창이 나타난다. 특별한 지정이 없는 경우 변수는 기본적으로 숫자형(Numeric)으로 설정된다.

이 설정 창에서 '자릿수(Width)'는 전체 자릿수를 의미하며, '소수점 이하 자리(Decimal Places)'는 소수점 아래 자릿수를 지정한다. 본 데이터에서는 연비, 엔진 배기량, 마력, 중량 등 대부분의 변수가 수치형 자료이므로 Numeric으로 설정하였다.

이름	유형	너비	소수점이..	레이블	값	결측값	열
mpg	숫자	4	0	Miles per Gallon	지정않음	지정않음	8
engine	숫자	5	0	Engine Displac...	지정않음	지정않음	8
horse	숫자	5	0	Horsepower	지정않음	지정않음	8
weight	숫자	4	0	Vehicle Weight ...	지정않음	지정않음	8
accel	숫자	4	0	Time to Acceler...	지정않음	지정않음	8
year	숫자	2	0	Model Year (m...	{0, 0 (Missi...	0	8
origin	숫자	1	0	Country of Origin	{1, America...	지정않음	8
cylinder	숫자	1	0	Number of Cyli...	{3, 3 Cylind...	지정않음	8
filter_$	숫자	1	0	cylrec = 1 | cylr...	{0, Not Sele...	지정않음	8

6) 변수 설명(Label) 입력

'레이블' 열에는 변수에 대한 추가 설명을 입력할 수 있다. 이 항목은 변수 이름만으로 의미를 파악하기 어려운 경우, 변수의 내용을 보다 명확히 전달하기 위해 사용된다. 예를 들어 mpg 변수에는 "Miles per Gallon", weight 변수에는 "Vehicle Weight"와 같이 간단한 설명을 기재한다. 입력된 레이블은 분석결과 출력시 함께 표시되어 결과 해석에 도움을 준다.

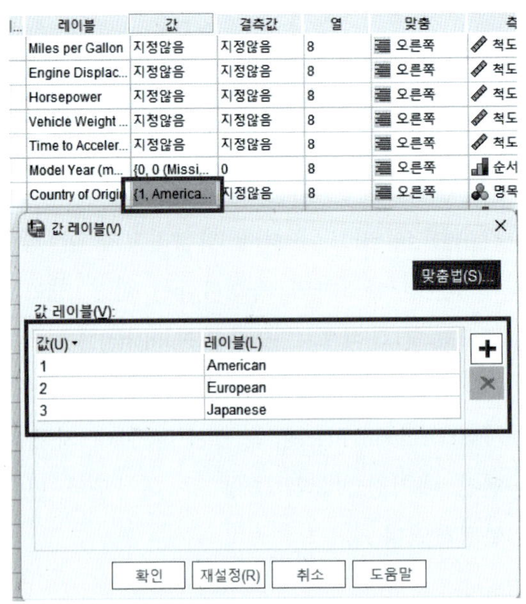

7) 변수값 설명(Values) 설정

범주형 변수의 경우 ‘Values’ 열의 셀 오른쪽 끝 아이콘을 클릭하면 변수값 설명(Value Labels)을 입력할 수 있는 창이 나타난다. 이곳에는 각 숫자 값이 의미하는 범주를 정의한다.

예를 들어 생산 국가를 나타내는 origin 변수의 경우, 1=America, 2=Europe, 3=Japan과 같이 값에 대한 설명을 입력한다. 이러한 설정을 통해 분석결과에서는 숫자 대신 의미 있는 범주명이 출력되어 결과 해석이 보다 용이해진다.

8) 측도(Measure) 설정

‘Measure’ 열에서는 각 변수의 측정 수준에 맞는 측도를 지정한다. 측도 설정은 분석 기법 선택에 직접적인 영향을 미치므로 변수의 성격에 맞게 정확히 지정해야 한다.

- Scale(척도) : 등간척도 또는 비율척도로 측정된 연속형 변수(예 : mpg, engine, horse, weight, accel)
- Ordinal(서열) : 값의 크기에 순서 의미가 있는 변수(예 : year, cylinder)
- Nominal(명목) : 범주 간 순서 개념이 없는 변수(예 : origin)

② 빈도분석 및 기술통계분석과 Output파일 활용

1) 빈도분석(Frequencies)

수집된 데이터 중 인구통계적 특성이나 범주형 변수의 분포 현황을 파악하기 위해서는 '빈도분석(Frequencies)' 또는 '기술통계분석(Descriptive Statistics)'을 수행한다. 빈도분석은 각 범주의 출현 빈도와 비율을 제시함으로써 자료의 기본적인 분포 특성을 파악하는 데 목적이 있다. 빈도분석의 실행 순서는 메뉴에서 '분석(Analyze)'–'기술통계량(Descriptive Statistics)'–'빈도분석(Frequencies)'을 차례로 선택한다.

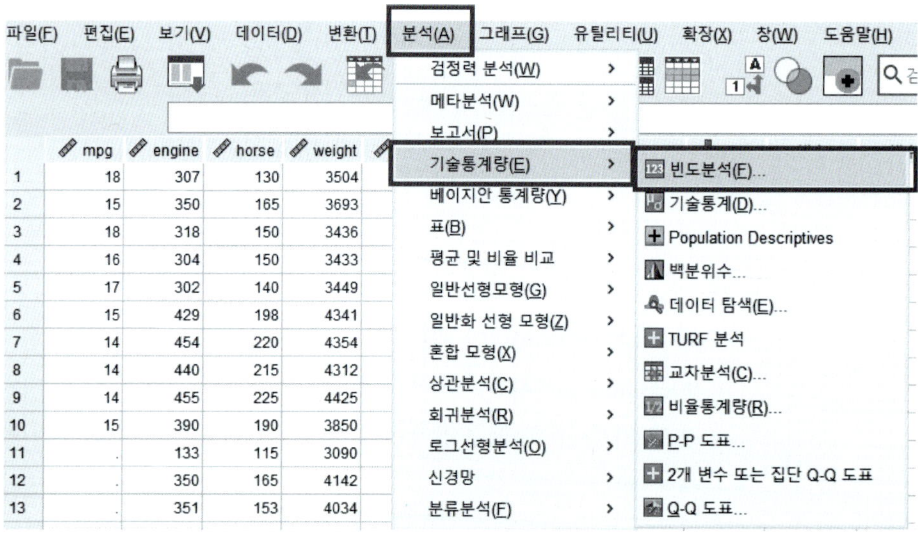

'빈도분석'을 선택하면 다음 그림과 같은 빈도분석(Frequencies) 변수 선택창이 나타난다. 빈도분석을 수행하고자 하는 변수를 선택한 후, 가운데에 위치한 화살표 버튼을 클릭하여 '변수(Variable)' 영역으로 이동시키거나 변수를 더블클릭하여 선택할 수 있다. 여러 개의 변수를 동시에 선택하고자 할 경우 Ctrl 키를 누른 상태에서 개별 변수를 선택하면 누적 선택이 가능하며, Shift 키를 누른 상태에서 시작 변수와 끝 변수를 선택하면 그 사이에 포함된 모든 변수가 한 번에 선택된다.

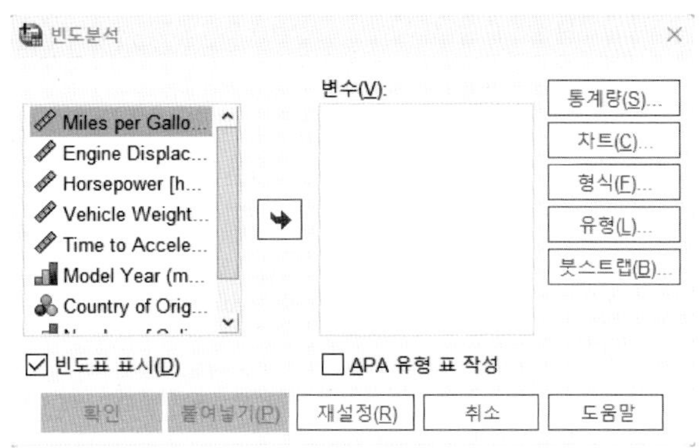

기본 설정 상태에서는 각 변수에 대해 빈도표와 백분율이 함께 출력된다. 필요에 따라 '통계량(Statistics)' 버튼을 클릭하여 평균, 표준편차, 최솟값, 최댓값 등의 추가 통계량을 함께 산출할 수 있으며, '차트(Charts)' 버튼을 통해 막대그래프나 원형그래프와 같은 시각적 결과도 출력할 수 있다.

설정이 완료되면 '확인(OK)' 버튼을 클릭하여 분석을 실행하며, 분석 결과는 Output 창에 자동으로 출력된다.

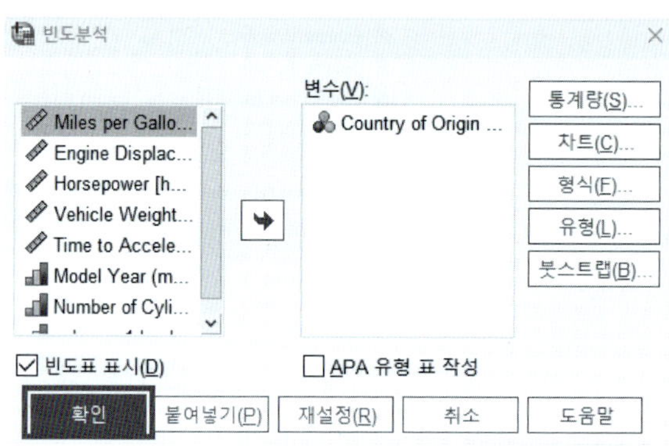

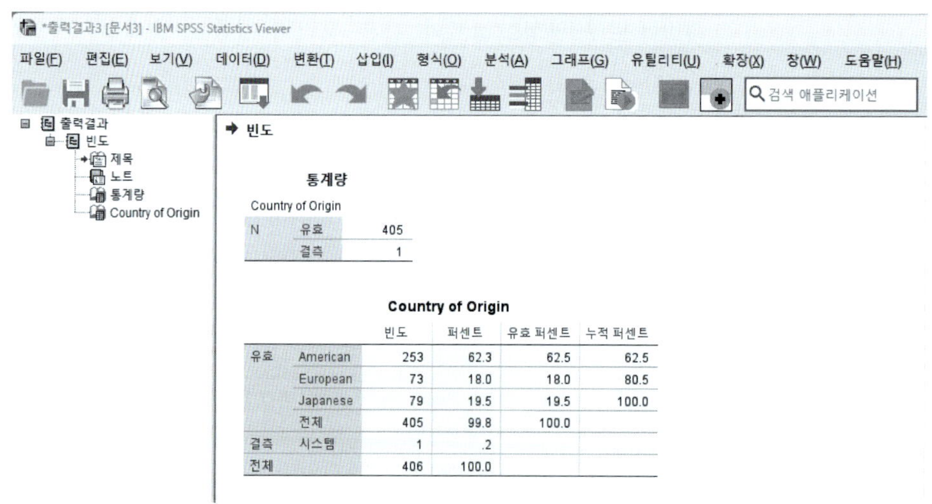

빈도

통계량

Country of Origin

N	유효	405
	결측	1

Country of Origin

		빈도	퍼센트	유효 퍼센트	누적 퍼센트
유효	American	253	62.3	62.5	62.5
	European	73	18.0	18.0	80.5
	Japanese	79	19.5	19.5	100.0
	전체	405	99.8	100.0	
결측	시스템	1	.2		
전체		406	100.0		

2) 기술통계분석(Descriptives)

연비(mpg), 엔진 배기량(engine), 마력(horse), 차량 중량(weight)과 같이 연속형 척도 변수의 전반적인 분포 특성을 파악하기 위해서는 기술통계분석을 수행한다. 기술통계분석의 실행 순서는 '분석(Analyze)'–'기술통계량(Descriptive Statistics)'–'기술통계(Descriptives)'를 선택한다.

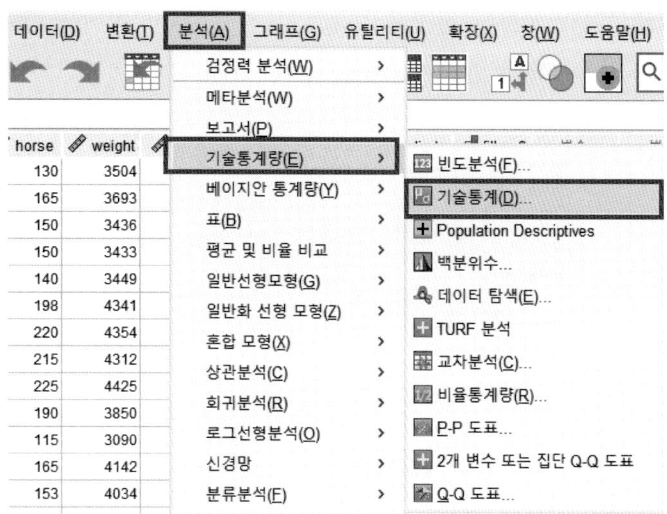

기술통계분석 창이 나타나면 분석 대상 변수를 선택하여 '변수(Variable)' 영역으로 이동시킨다. '옵션(Options)' 버튼을 클릭하면 평균, 표준편차, 분산, 최솟값, 최댓값 등 필요한 통계량을 선택하여 출력할 수 있다.

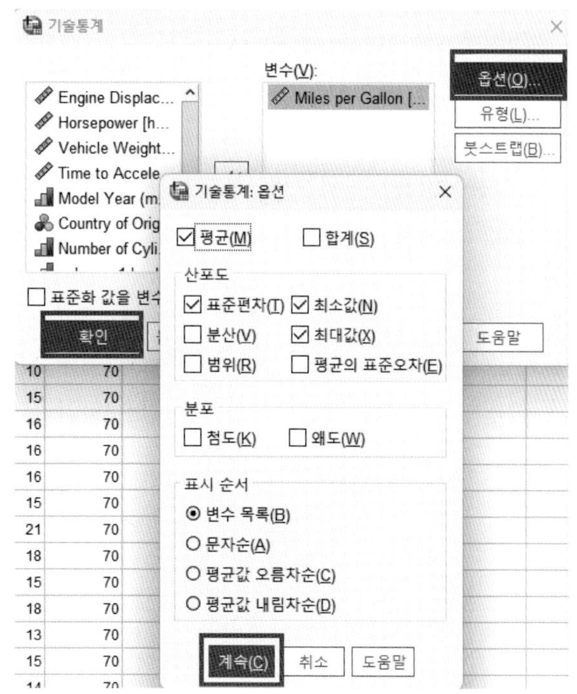

모든 설정을 마친 후 '확인(OK)' 버튼을 클릭하면 선택된 변수에 대한 기술통계 결과가 Output 창에 표 형태로 제시된다.

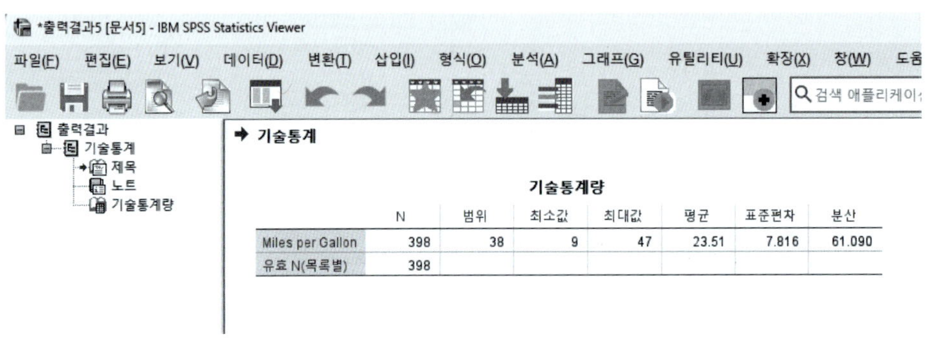

3) Output 파일 활용

SPSS에서 수행한 모든 분석 결과는 Output 창에 누적되어 저장된다. Output 창에서는 분석 결과를 트리 구조 형태로 확인할 수 있으며, 각 결과표나 그래프를 클릭하여 선택할 수 있다.

Output 파일은 .spv 형식으로 저장되며, 메뉴의 '파일(File)'–'다른 이름으로 저장(Save As)'을 선택하여 저장할 수 있다. 저장된 Output 파일은 이후 분석 결과 검토, 보고서 작성, 논문 작성시 재활용이 가능하다.

Output 창에 제시된 결과표는 복사하여 워드프로세서나 프레젠테이션 자료에 붙여넣을 수 있으며, 불필요한 결과는 삭제하거나 순서를 조정하여 분석 결과를 체계적으로 정리할 수 있다.

③ 신뢰구간 설정(t-test)

1) 신뢰구간과 평균 비교의 개념

신뢰구간(confidence interval)이란 표본으로부터 추정한 통계량이 모집단의 실제 모수를 포함할 것으로 기대되는 범위를 의미한다. 신뢰구간은 일정한 신뢰수준(confidence level)을 전제로 설정되며, 사회과학 및 경영학 연구에서는 일반적으로 95% 신뢰수준이 가장 널리 사용된다.

평균 비교 분석은 단순히 평균값의 크기를 비교하는 것이 아니라, 표본 평균 간의 차이가 우연에 의한 것인지, 통계적으로 유의미한 차이인지를 판단하는 데 목적이 있다. SPSS에서는 이러한 평균 비교를 t-검정(t-test)을 통해 수행하며, 분석 대상과 자료 구조에 따라 일표본 t-검정, 독립표본 t-검정, 대응표본 t-검정으로 구분된다. t-검정 결과에서는 평균 차이의 유의성뿐만 아니라, 평균 차이에 대한 신뢰구간이 함께 제시된다. 신뢰구간에 기준값이 포함되는지 여부를 통해 평균 차이의 통계적 유의성을 직관적으로 해석할 수 있다.

2) 일표본 t-검정(One-Sample t-test)

일표본 t-검정은 하나의 표본 평균이 특정 기준값(이론적 값 또는 모집단 평균)과 통계적으로 유의한 차이가 있는지를 검정하는 방법이다. 예를 들어 자동차 연비(mpg)의 평균이 기준 연비 수준과 차이가 있는지를 검정할 때 활용할 수 있다.

일표본 t-검정을 수행하기 위한 절차는 메뉴에서 '분석(Analyze)'–'평균 비교(Compare Means)'–'일표본 t-검정(One-Sample T Test)'을 선택한다.

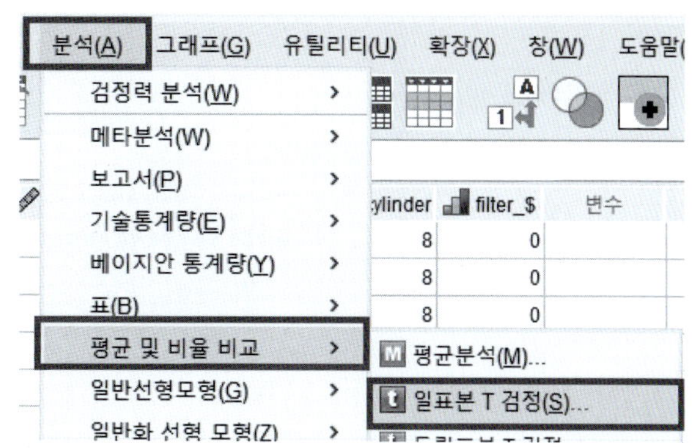

분석 창이 나타나면 분석 대상 변수를 '검정 변수(Test Variable(s))' 영역으로 이동시키고, 비교 기준이 되는 값을 '검정값(Test Value)'에 입력한다. 설정을 완료한 후 '확인(OK)' 버튼을 클릭하면 분석이 실행된다.

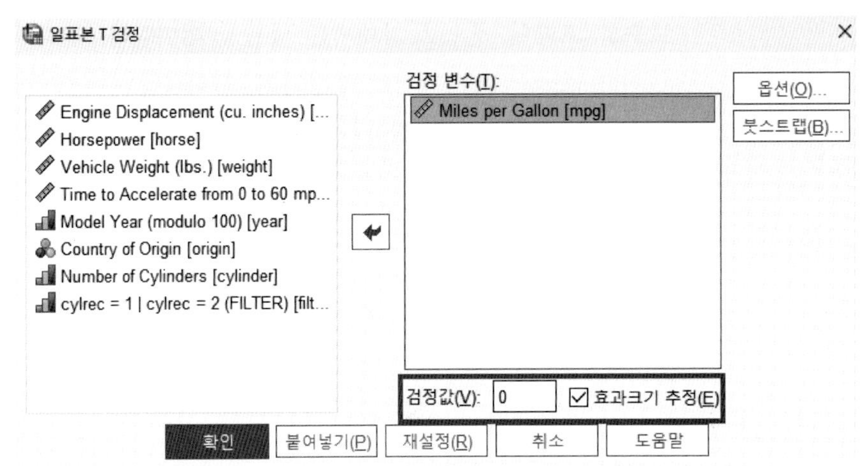

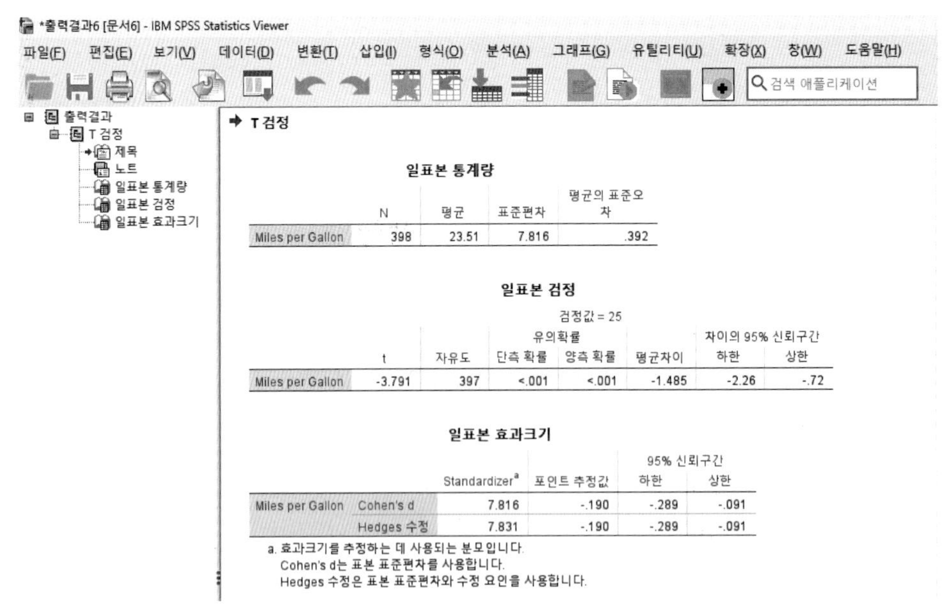

일표본 통계량

	N	평균	표준편차	평균의 표준오차
Miles per Gallon	398	23.51	7.816	.392

일표본 검정

	검정값 = 25						
			유의확률			차이의 95% 신뢰구간	
	t	자유도	단측 확률	양측 확률	평균차이	하한	상한
Miles per Gallon	-3.791	397	<.001	<.001	-1.485	-2.26	-.72

일표본 효과크기

		Standardizer[a]	포인트 추정값	95% 신뢰구간 하한	95% 신뢰구간 상한
Miles per Gallon	Cohen's d	7.816	-.190	-.289	-.091
	Hedges 수정	7.831	-.190	-.289	-.091

a. 효과크기를 추정하는 데 사용되는 분모입니다.
Cohen's d는 표본 표준편차를 사용합니다.
Hedges 수정은 표본 표준편차와 수정 요인을 사용합니다.

Output 창에는 표본 평균, 표준편차, t값, 자유도(df), 유의확률(p-value), 그리고 평균 차이에 대한 신뢰구간이 제시된다. 유의확률이 설정한 유의수준($\alpha=0.05$)보다 작을 경우, 표본 평균은 기준값과 통계적으로 유의한 차이가 있다고 해석한다. 분석 결과, 연비(mpg)의 표본 평균은 23.51로 나타났으며, 이는 검정값으로 설정한 기준값 25와 비교하여 통계적으로 유의한 차이를 보였다($t=-3.791$, $df=397$, $p<.001$).

3) 독립표본 t-검정(Independent-Samples t-test)

독립표본 t-검정은 서로 독립적인 두 집단의 평균이 통계적으로 유의한 차이를 보이는지를 검정하는 방법이다. 이때 두 집단은 서로 중복되지 않으며, 하나의 관측치는 하나의 집단에만 속한다. 예를 들어 자동차의 생산 국가(origin)에 따라 연비(mpg)의 평균 차이가 존재하는지를 검정할 때 활용할 수 있다.

독립표본 t-검정을 수행하기 위한 절차는 메뉴에서 '분석(Analyze)'–'평균 비교(Compare Means)'–'독립표본 t-검정(Independent-Samples T Test)'을 선택한다.

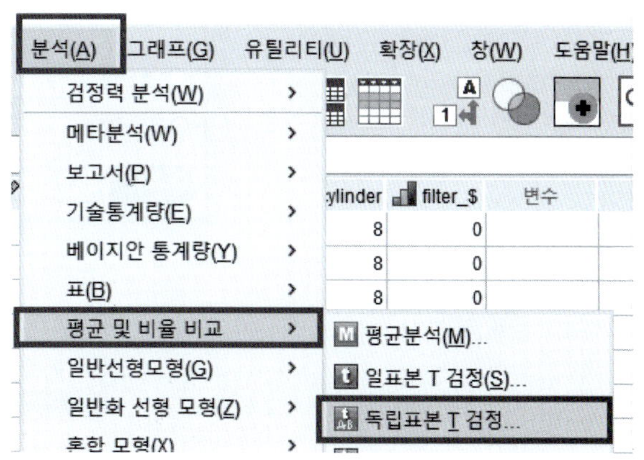

분석 창이 나타나면 분석 대상이 되는 연속형 변수를 '검정 변수(Test Variable(s))' 영역으로 이동시키고, 집단을 구분하는 범주형 변수를 '집단 변수(Grouping Variable)'로 지정한다. 이후 '집단 정의(Define Groups)' 버튼을 클릭하여 각 집단에 해당하는 값을 입력한다. 설정을 완료한 후 '확인(OK)' 버튼을 클릭하면 분석이 실행된다.

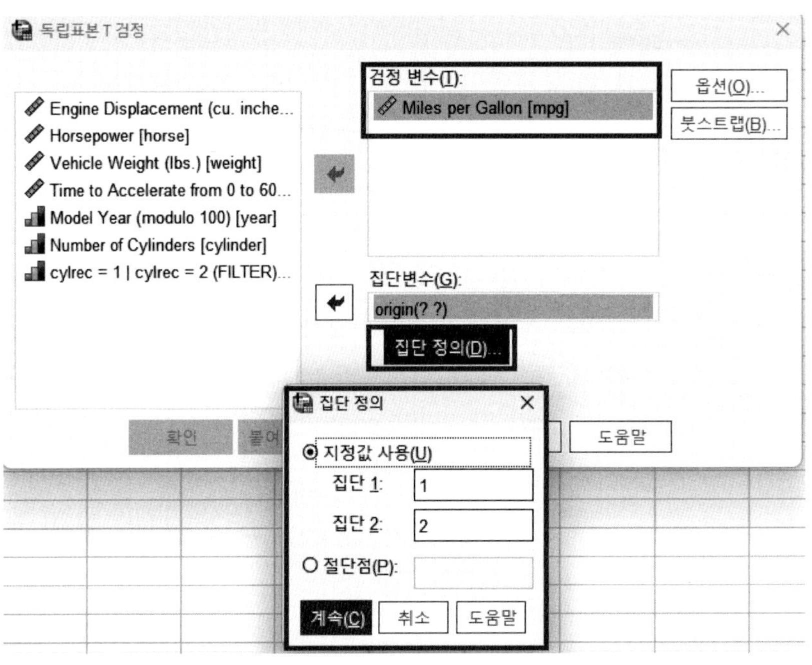

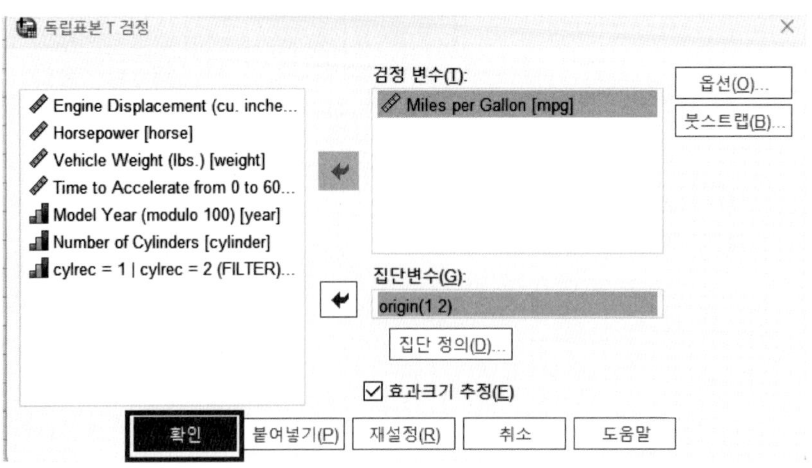

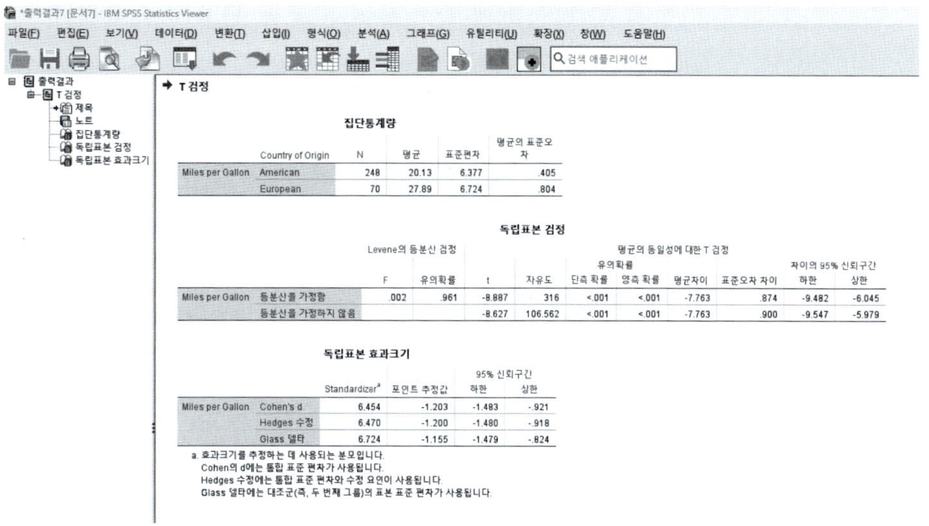

집단통계량

	Country of Origin	N	평균	표준편차	평균의 표준오차
Miles per Gallon	American	248	20.13	6.377	.405
	European	70	27.89	6.724	.804

독립표본 검정

		Levene의 등분산 검정		평균의 동일성에 대한 T 검정							
						유의확률				차이의 95% 신뢰구간	
		F	유의확률	t	자유도	단측 확률	양측 확률	평균차이	표준오차 차이	하한	상한
Miles per Gallon	등분산을 가정함	.002	.961	-8.887	316	<.001	<.001	-7.763	.874	-9.482	-6.045
	등분산을 가정하지 않음			-8.627	106.562	<.001	<.001	-7.763	.900	-9.547	-5.979

독립표본 효과크기

		Standardizer[a]	포인트 추정값	95% 신뢰구간 하한	95% 신뢰구간 상한
Miles per Gallon	Cohen's d	6.454	-1.203	-1.483	-.921
	Hedges 수정	6.470	-1.200	-1.480	-.918
	Glass 델타	6.724	-1.155	-1.479	-.824

a. 효과크기를 추정하는 데 사용되는 분모입니다.
Cohen의 d에는 통합 표준 편차가 사용됩니다.
Hedges 수정에는 통합 표준 편차와 수정 요인이 사용됩니다.
Glass 델타에는 대조군(즉, 두 번째 그룹)의 표본 표준 편차가 사용됩니다.

Output 창에는 먼저 Levene의 등분산 검정 결과가 제시된다. 본 분석에서 Levene의 등분산 검정 결과는 유의확률이 0.961로 나타나 유의수준 0.05보다 크므로, 두 집단의 분산은 동일하다고 가정할 수 있다. 따라서 "등분산을 가정함" 행의 t-검정 결과를 기준으로 해석한다.

분석 결과, 미국산 자동차의 평균 연비는 20.13, 유럽산 자동차의 평균 연비는 27.89로 나타났으며, 두 집단 간 평균 차이는 통계적으로 유의하였다($t=-8.887$, $df=316$, $p<.001$). 평균 차이는 -7.763으로 나타나 유럽산 자동차의 평균 연비가 미국산 자동차보다 높은 것으로 확인되었다. 또한 평균 차이에 대한 95% 신뢰구간은 -9.482에서 -6.045로 제시되어, 신뢰구간에 0이 포함되지 않으므로 두 집단 간 평균 차이는 통계적으로 유의하다고 해석할 수 있다.

4) 대응표본 t-검정(Paired-Samples t-test)

대응표본 t-검정은 동일한 대상에 대해 두 시점 또는 두 조건에서 측정된 평균 차이가 통계적으로 유의한지를 검정하는 방법이다. 이 분석은 동일한 대상이 두 번 측정된 경우에 적용되며, 서로 독립적인 집단을 비교하는 독립표본 t-검정과 구분된다. 예를 들어 동일한 자동차에 대해 일반 도로 주행시 연비와 오프로드 도로 주행시 연비의 차이를 비교할 때 대응표본 t-검정을 활용할 수 있다.

대응표본 t-검정을 수행하기 위한 절차는 메뉴에서 '분석(Analyze)'－'평균 비교(Compare Means)'－'대응표본 t-검정(Paired-Samples T Test)'을 선택한다.

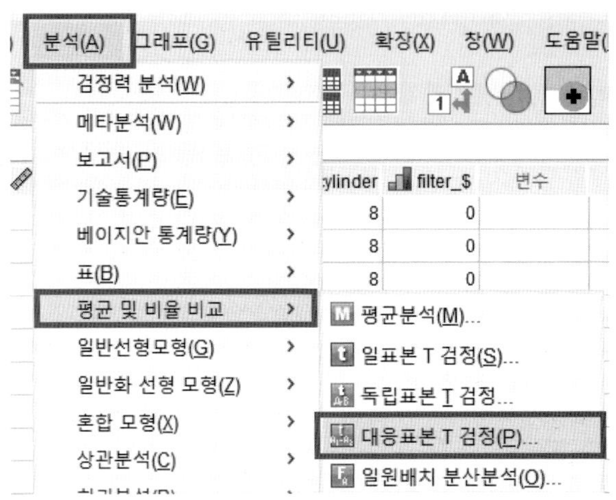

분석 창이 나타나면 서로 대응되는 두 변수를 한 쌍으로 지정하여 '대응 변수(Paired Variables)' 영역으로 이동시킨다. 예를 들어 동일한 자동차의 일반 도로 주행 연비와 오프로드 주행 연비를 각각 하나의 변수로 지정하여 한 쌍으로 설정한다. 설정을 완료한 후 '확인(OK)' 버튼을 클릭하면 분석이 실행된다.

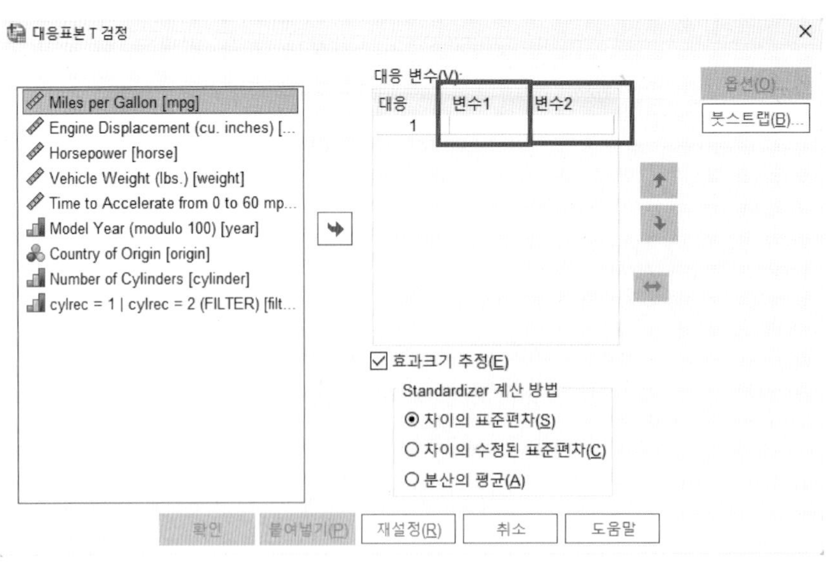

Output 창에는 두 조건에서의 평균, 평균 차이, t값, 자유도(df), 유의확률(p-value), 그리고 평균 차이에 대한 신뢰구간이 제시된다. 유의확률이 설정한 유의수준($\alpha=0.05$)보다 작을 경우, 일반 도로 주행과 오프로드 도로 주행 시의 평균 연비는 통계적으로 유의한 차이가 있다고 해석한다. 또한 평균 차이에 대한 신뢰구간에 0이 포함되지 않을 경우, 두 주행 조건간 연비 차이는 통계적으로 유의하다고 판단할 수 있다.

본 항에서는 평균 비교를 위한 신뢰구간 설정과 t-검정의 세 가지 유형을 살펴보았다. 다음 항에서는 세 집단 이상의 평균을 비교하는 분산분석(ANOVA)에 대해 살펴본다.

④ 분산분석(ANOVA)

1) 일원분산분석의 개념

일원분산분석(One-Way ANOVA)은 하나의 범주형 독립변수에 따라 세 개 이상 집단의 평균 차이가 통계적으로 유의한지를 검정하는 방법이다. 앞에서 다룬 독립표본 t-검정은 두 집단 간 평균 비교에 사용되지만, 비교 대상 집단이 세 개 이상인 경우에는 분산분석을 적용하는 것이 적절하다.

일원분산분석은 전체 변동을 집단간 변동(between-group variance)과 집단내 변동(within-group variance)으로 분해하고, 이 두 변동의 비율을 이용하여 평균 차이의 유의성을 검정한다. 본 교재에서는 자동차의 생산 국가(origin)에 따라 연비(mpg)의 평균 차이가 존재하는지를 일원분산분석을 통해 살펴본다.

2) 일원분산분석 분석 절차

'분석(Analyze)'-'평균 및 비율 비교(Compare Means)'-'일원배치 분산분석(One-Way ANOVA)'을 선택한다.

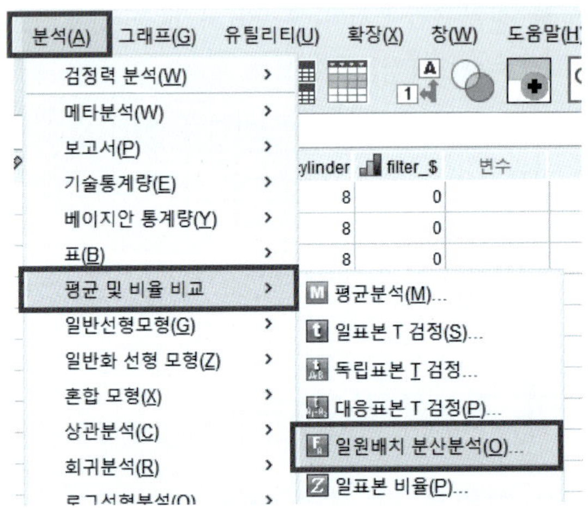

분석 창이 나타나면 종속변수에 해당하는 연속형 변수인 연비(mpg)를 '종속변수(Dependent List)' 영역으로 이동시키고, 집단을 구분하는 범주형 변수인 생산 국가(origin)를 '요인(Factor)' 영역으로 지정한다.

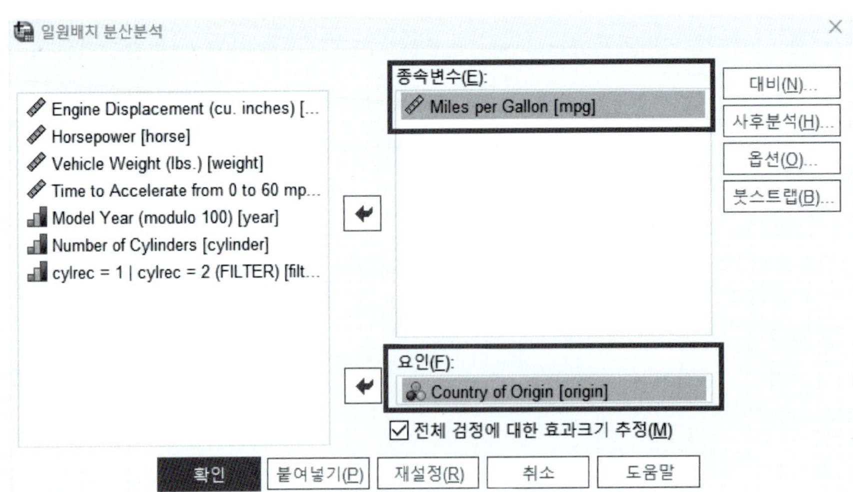

3) 사후검정(Post Hoc Test) 설정

일원분산분석에서 F 검정 결과가 유의하게 나타날 경우, 어느 집단 간에 평균 차이가 존재하는지를 확인하기 위해 사후검정(Post Hoc Test)을 수행한다. 이를 위해 분석 창에서 '사후검정(Post Hoc)' 버튼을 클릭한다.

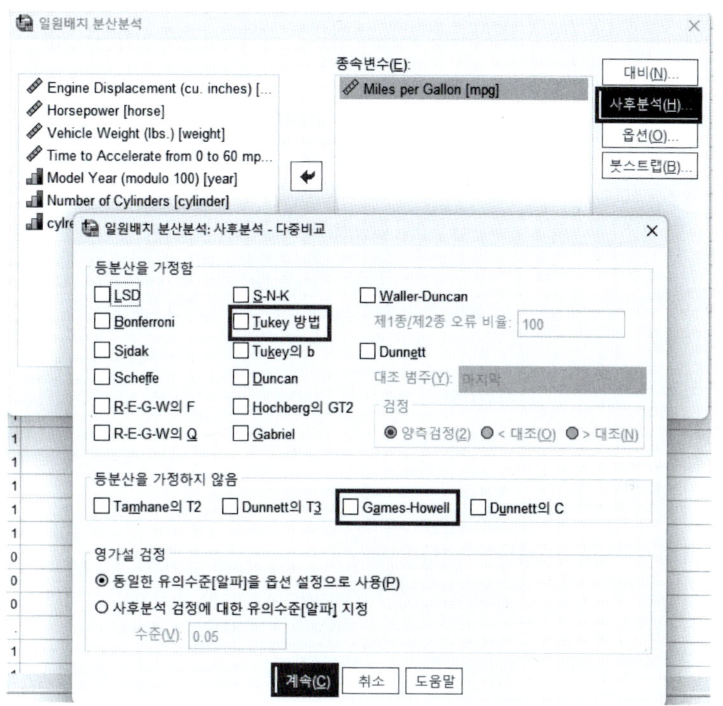

본 분석에서는 집단 간 분산이 동일하다고 가정할 수 있는 경우에 주로 사용되는 Tukey의 방법을 선택한다. 분산의 동질성 가정이 충족되지 않는 경우에는 Games-Howell 검정과 같은 대안을 사용할 수 있다. 사후검정 방법을 선택한 후 '계속(Continue)' 버튼을 클릭하여 설정을 완료한다.

4) 일원분산분석 결과 해석

➡ **일원배치 분산분석**

ANOVA

Miles per Gallon

	제곱합	자유도	평균제곱	F	유의확률
집단-간	7984.957	2	3992.479	97.969	<.001
집단-내	16056.415	394	40.752		
전체	24041.372	396			

ANOVA 효과 크기[a]

		포인트 추정값	95% 신뢰구간 하한	95% 신뢰구간 상한
Miles per Gallon	에타 제곱	.332	.258	.396
	엡실런 제곱	.329	.255	.393
	오메가 제곱 고정 효과	.328	.254	.393
	오메가 제곱 변량효과	.196	.146	.244

a. 에타 제곱 및 엡실런 제곱은 고정 효과 모델을 기반으로 추정됩니다.

사후검정

다중비교

종속변수: Miles per Gallon

Tukey HSD

(I) Country of Origin	(J) Country of Origin	평균차이(I-J)	표준오차	유의확률	95% 신뢰구간 하한	95% 신뢰구간 상한
American	European	-7.763*	.864	<.001	-9.80	-5.73
	Japanese	-10.322*	.825	<.001	-12.26	-8.38
European	American	7.763*	.864	<.001	5.73	9.80
	Japanese	-2.559*	1.048	.040	-5.02	-.09
Japanese	American	10.322*	.825	<.001	8.38	12.26
	European	2.559*	1.048	.040	.09	5.02

*. 평균차이는 0.05 수준에서 유의합니다.

동질적 부분집합

Miles per Gallon

Tukey HSD[a,b]

Country of Origin	N	유의수준 = 0.05에 대한 부분집합 1	2	3
American	248	20.13		
European	70		27.89	
Japanese	79			30.45
유의확률		1.000	1.000	1.000

동질적 부분집합에 있는 집단에 대한 평균이 표시됩니다.

a. 조화평균 표본크기 96.849을(를) 사용합니다.

b. 집단 크기가 동일하지 않습니다. 집단 크기의 조화평균이 사용됩니다. I 유형 오차 수준은 보장되지 않습니다.

Output 창에 제시된 일원분산분석 결과, 자동차의 생산 국가(origin)에 따른 연비(mpg)의 평균 차이는 통계적으로 유의한 것으로 나타났다($F=97.969$, $df=2, 394$, $p<.001$). 이는 생산 국가에 따라 자동차 연비의 평균이 동일하다는 귀무가설을 기각함을 의미하며, 적어도 하나 이상의 집단 간 평균 차이가 존재함을 시사한다.

집단별 평균을 살펴보면, 미국산 자동차의 평균 연비는 20.13, 유럽산 자동차는 27.89, 일본산 자동차는 30.45로 나타나 생산 국가에 따라 연비 수준에 뚜렷한 차이가 있음을 확인할 수 있다.

일원분산분석 결과가 유의하게 나타남에 따라, 집단 간 평균 차이가 구체적으로 어떤 집단 간에서 발생하는지를 확인하기 위해 Tukey의 HSD 사후검정을 수행하였다. 사후검정 결과, 미국산 자동차와 유럽산 자동차 간 평균 차이는 −7.763으로 통계적으로 유의하였으며($p<.001$), 미국산 자동차와 일본산 자동차 간 평균 차이 역시 −10.322로 유의한 차이를 보였다($p<.001$). 또한 유럽산 자동차와 일본산 자동차 간 평균 차이도 −2.559로 나타나 유의수준 0.05에서 통계적으로 유의한 차이가 확인되었다($p=.040$).

평균 차이에 대한 95% 신뢰구간을 살펴보면, 모든 집단 쌍에서 신뢰구간에 0이 포함되지 않아 집단 간 평균 차이가 통계적으로 유의함을 다시 한 번 확인할 수 있다. 특히 일본산 자동차의 평균 연비가 가장 높고, 미국산 자동차의 평균 연비가 가장 낮은 것으로 나타났다.

추가적으로 분산분석의 효과크기를 살펴본 결과, 에타 제곱(η^2)은 0.332로 나타나 생산 국가가 연비에 미치는 영향력은 중간에서 큰 수준의 효과를 가지는 것으로 해석할 수 있다.

일원분산분석과 사후검정 결과, 자동차의 생산 국가에 따라 연비의 평균은 통계적으로 유의한 차이를 보였으며, 일본산, 유럽산, 미국산 순으로 평균 연비가 높은 것으로 나타났다.

⑤ 상관분석과 단순회귀분석

1) 상관분석과 회귀분석의 개념

상관분석과 회귀분석은 변수 간의 관계를 분석하는 대표적인 통계 기법이다. 상관분석은 두 변수 간 관계의 방향과 강도를 파악하는 데 목적이 있으며, 회귀분석은 하나의 변수가 다른 변수에 어떠한 영향을 미치는지를 분석하는 데 목적이 있다. 상관분석은 변수 간 관계의 존재 여부와 정도를 파악하는 데 중점을 두는 반면, 회귀분석은 독립변수가 종속변수를 얼마나 설명하는지를 수식 형태로 제시한다. 본 항에서는 먼저 상관분석을 통해 변수 간 관계를 확인한 후, 이를 바탕으로 단순회귀분석을 수행한다.

2) 상관분석(Correlation Analysis)

상관분석은 두 연속형 변수 간의 선형적 관계의 방향과 강도를 측정하는 방법이다. 상관계수는 −1에서 +1 사이의 값을 가지며, 값의 절댓값이 클수록 두 변수 간 관계가 강함을 의미한다. 일반적으로 SPSS에서는 피어슨 상관계수(Pearson's r)가 가장 널리 사용된다. 예를 들어 자동차의 차량 중량(weight)과 연비(mpg) 간에는 음의 상관관계가 존재할 것으로 예상할 수 있으며, 상관분석을 통해 이러한 관계를 통계적으로 확인할 수 있다.

상관분석을 수행하기 위한 절차는 메뉴에서 '분석(Analyze)'−'상관분석(Correlate)'−'이변량(Bivariate)'을 선택한다.

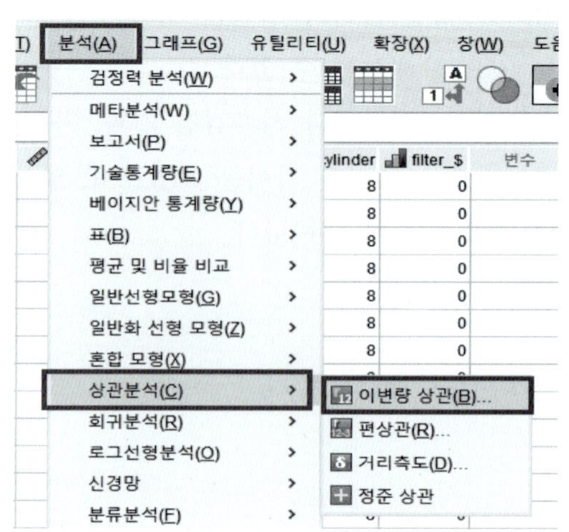

분석 창이 나타나면 분석 대상이 되는 두 개 이상의 연속형 변수를 선택하여 '변수(Variables)' 영역으로 이동시킨다. 기본 설정에서는 피어슨 상관계수가 선택되어 있으며, 양측 검정이 적용된다. 설정을 완료한 후 '확인(OK)' 버튼을 클릭하면 분석이 실행된다.

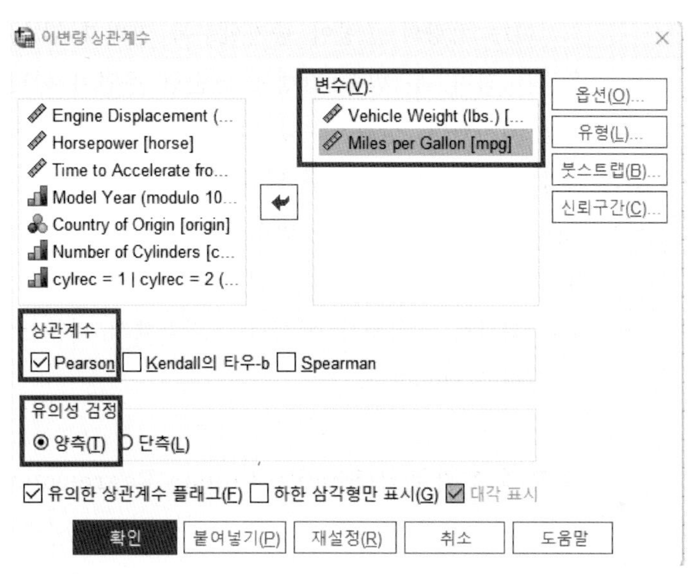

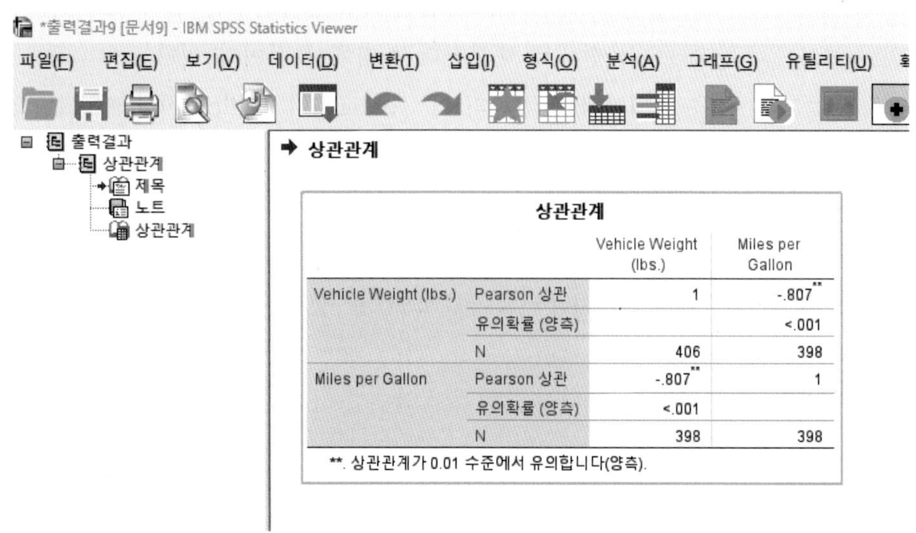

상관관계

		Vehicle Weight (lbs.)	Miles per Gallon
Vehicle Weight (lbs.)	Pearson 상관	1	-.807**
	유의확률 (양측)		<.001
	N	406	398
Miles per Gallon	Pearson 상관	-.807**	1
	유의확률 (양측)	<.001	
	N	398	398

**. 상관관계가 0.01 수준에서 유의합니다(양측).

Output 창에 제시된 상관분석 결과, 차량 중량(weight)과 연비(mpg) 간의 피어슨 상관계수(Pearson's r)는 −0.807로 나타났으며, 이는 두 변수 간에 강한 음의 상관관계가 존재함을 의미한다. 해당 상관계수의 유의확률은 $p < .001$로 나타나 유의수준 0.05보다 작으므로, 차량 중량과 연비 간의 상관관계는 통계적으로 유의한 것으로 해석할 수 있다.

이는 차량의 중량이 증가할수록 연비가 감소하는 경향이 뚜렷하게 나타남을 의미하며, 두 변수 간에는 단순한 우연이 아닌 체계적인 선형 관계가 존재함을 시사한다. 상관계수의 절댓값이 0.8 이상으로 비교적 크게 나타났으므로, 차량 중량은 연비와 매우 밀접한 관련성을 가지는 변수라고 볼 수 있다.

다만 상관분석은 두 변수 간의 관계의 방향과 강도를 나타낼 뿐, 인과관계를 직접적으로 의미하지는 않는다. 따라서 차량 중량이 연비에 미치는 영향을 보다 명확히 분석하기 위해서는 다음에서 다루는 단순회귀분석을 통해 추가적인 검증이 필요하다.

3) 단순회귀분석(Simple Linear Regression)

단순회귀분석은 하나의 독립변수가 하나의 종속변수에 미치는 영향을 분석하는 방법이다. 상관분석이 두 변수 간 관계의 방향과 강도를 파악하는 데 목적이 있다면, 회귀분석은 독립변수가 종속변수를 얼마나, 어떤 방향으로 설명하는지를 수식 형태로 제시한다는 점에서 차이가 있다.

여기서는 차량의 중량(weight)이 연비(mpg)에 미치는 영향을 단순회귀분석을 통해 분석한다. 이를 통해 차량 중량이 연비를 예측하는 데 유의미한 설명변수가 되는지를 확인하고자 한다.

단순회귀분석을 수행하기 위한 절차는 메뉴에서 '분석(Analyze)'−'회귀분석(Regression)'−'선형(Linear)'을 선택한다.

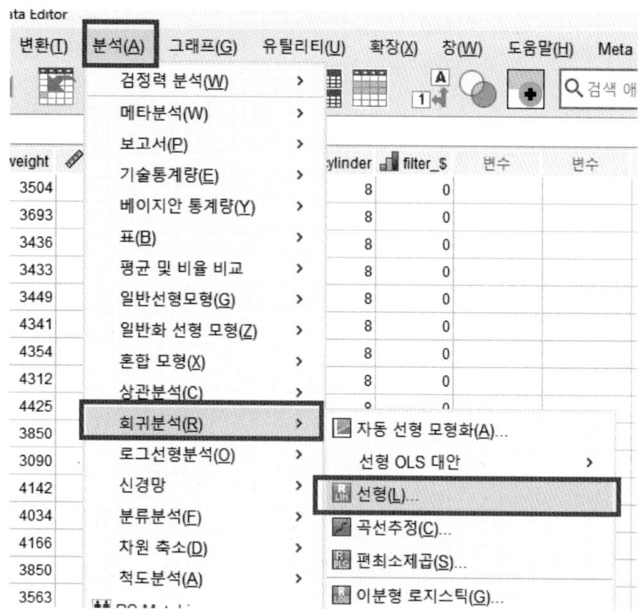

분석 창이 나타나면 연비(mpg)를 '종속변수(Dependent)'로 지정하고, 차량 중량(weight)을 '독립변수(Independent(s))'로 설정한다. 기본 설정 상태에서 '확인(OK)' 버튼을 클릭하면 분석이 실행된다.

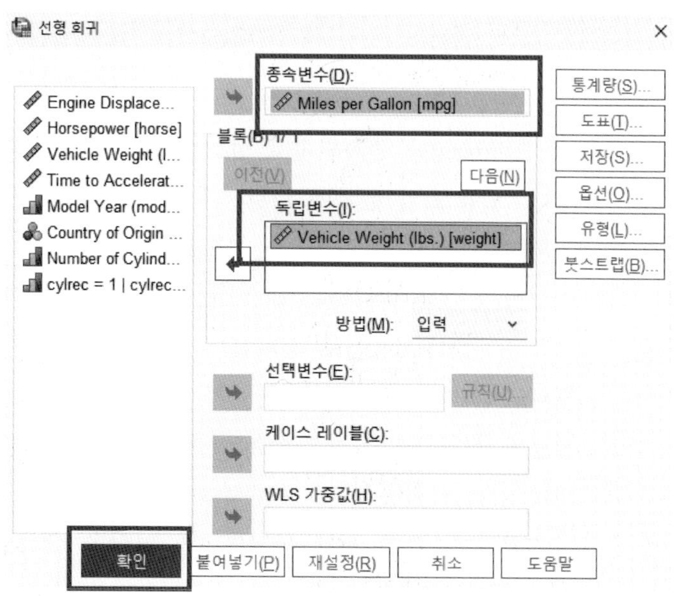

➡ **회귀**

입력/제거된 변수[a]

모형	입력된 변수	제거된 변수	방법
1	Vehicle Weight (lbs.)[b]	.	입력

a. 종속변수: Miles per Gallon

b. 요청된 모든 변수가 입력되었습니다.

모형 요약

모형	R	R 제곱	수정된 R 제곱	추정값의 표준오차
1	.807[a]	.651	.650	4.622

a. 예측자: (상수), Vehicle Weight (lbs.)

ANOVA[a]

모형		제곱합	자유도	평균제곱	F	유의확률
1	회귀	15794.632	1	15794.632	739.503	<.001[b]
	잔차	8457.943	396	21.358		
	전체	24252.575	397			

a. 종속변수: Miles per Gallon

b. 예측자: (상수), Vehicle Weight (lbs.)

계수[a]

모형		비표준화 계수		표준화 계수		
		B	표준화 오류	베타	t	유의확률
1	(상수)	45.492	.841		54.110	<.001
	Vehicle Weight (lbs.)	-.007	.000	-.807	-27.194	<.001

a. 종속변수: Miles per Gallon

Output 창에 제시된 단순회귀분석 결과, 차량 중량(weight)을 독립변수로 하고 연비(mpg)를 종속변수로 설정한 회귀모형은 통계적으로 유의한 것으로 나타났다. 모형 요약 결과에서 결정계수(R^2)는 0.651로 나타나, 차량 중량이 연비 변동의 약 65.1%를 설명하는 것으로 확인되었다. 이는 단일 독립변수로서 차량 중량이 연비를 설명하는 데 매우 높은 설명력을 가지는 변수임을 의미한다.

분산분석(ANOVA) 결과를 살펴보면, 회귀모형의 F값은 739.503으로 나타났으며, 이에 대한 유의확률은 $p<.001$로 유의수준 0.05보다 작게 나타났다. 이는 설정된 회귀모형이 통계적으로 유의하며, 독립변수가 종속변수를 설명하는 데 의미 있는 역할을 하고 있음을 의미한다.

회귀계수표를 통해 독립변수의 영향을 살펴보면, 차량 중량(weight)의 비표준화 회귀계수(B)는 −0.007로 나타났으며, 이에 대한 t값은 −27.194, 유의확률은 p<.001로 통계적으로 유의하였다. 이는 차량 중량이 증가할수록 연비는 유의하게 감소함을 의미한다. 구체적으로 차량 중량이 1lb 증가할 경우, 연비는 평균적으로 약 0.007mpg 감소하는 것으로 해석할 수 있다.

또한 표준화 회귀계수(β)는 −0.807로 나타나, 앞서 수행한 상관분석에서 확인된 차량 중량과 연비 간의 강한 음의 상관관계와 일관된 결과를 보였다. 이를 통해 차량 중량은 연비에 부정적인 영향을 미치는 주요 요인임을 확인할 수 있다.

본 회귀분석 결과를 회귀식으로 나타내면 다음과 같다.

$$\text{연비(mpg)} = 45.492 - 0.007 \times \text{차량 중량(weight)}$$

⑥ 다중회귀분석

1) 다중회귀분석의 개념

다중회귀분석은 두 개 이상의 독립변수가 하나의 종속변수에 미치는 영향을 동시에 분석하는 방법이다. 앞에서 다룬 단순회귀분석이 하나의 독립변수와 종속변수 간의 관계를 분석하였다면, 다중회귀분석은 여러 독립변수를 함께 고려함으로써 보다 현실적인 설명과 예측을 가능하게 한다.

다중회귀분석의 주요 목적은 개별 독립변수가 종속변수에 미치는 순수한 영향(effect)을 파악하는 데 있으며, 다른 변수들의 영향을 통제한 상태에서 각 독립변수의 기여도를 해석할 수 있다는 점에서 중요한 분석 기법이다.

본 교재에서는 자동차의 연비(mpg)를 종속변수로 설정하고, 차량 중량(weight), 엔진 배기량(engine), 마력(horse) 등을 독립변수로 포함한 다중회귀모형을 통해 연비에 영향을 미치는 요인을 분석한다.

2) 다중회귀분석 분석 절차

다중회귀분석을 수행하기 위한 절차는 단순회귀분석을 위한 절차와 동일하다. 메뉴에서 '분석(Analyze)'−'회귀분석(Regression)'−'선형(Linear)'을 선택한다.

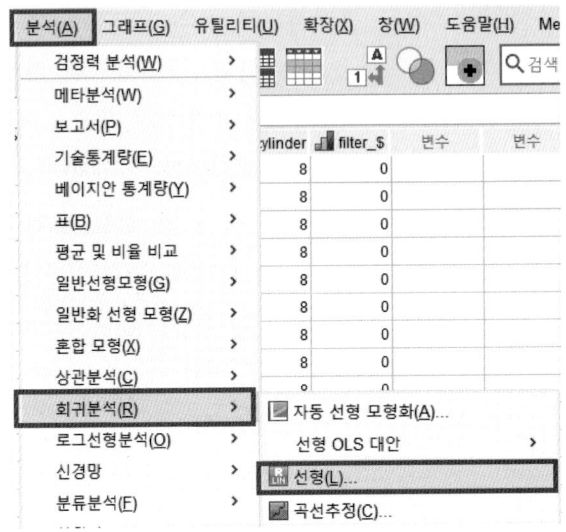

분석 창이 나타나면 연비(mpg)를 '종속변수(Dependent)'로 지정하고, 차량 중량(weight), 엔진 배기량(engine), 마력(horse) 등 분석에 포함할 변수를 '독립변수(Independent(s))' 영역으로 이동시킨다. 방법(Method)은 기본 설정인 '입력(Enter)' 방식을 사용한다.

설정을 완료한 후 '확인(OK)' 버튼을 클릭하면 다중회귀분석이 실행된다.

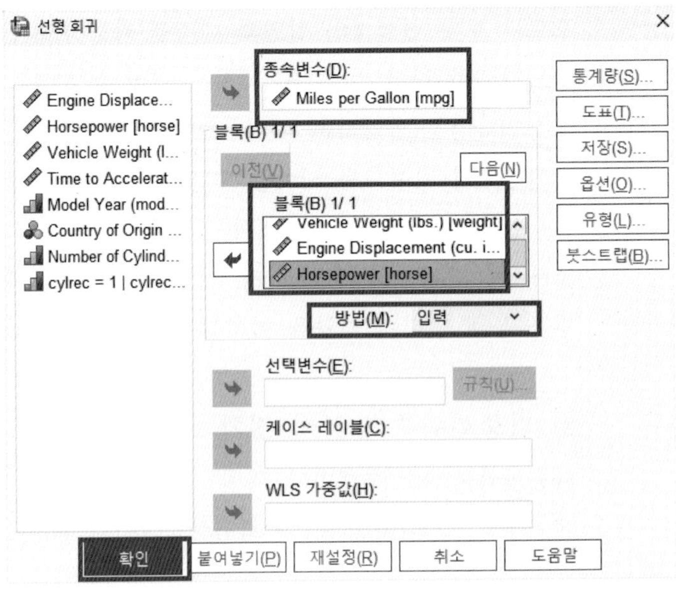

➡ **회귀**

입력/제거된 변수[a]

모형	입력된 변수	제거된 변수	방법
1	Horsepower, Vehicle Weight (lbs.), Engine Displacement (cu. inches)[b]	.	입력

a. 종속변수: Miles per Gallon
b. 요청된 모든 변수가 입력되었습니다.

모형 요약

모형	R	R 제곱	수정된 R 제곱	추정값의 표준오차
1	.822[a]	.676	.673	4.461

a. 예측자: (상수), Horsepower, Vehicle Weight (lbs.), Engine Displacement (cu. inches)

ANOVA[a]

모형		제곱합	자유도	평균제곱	F	유의확률
1	회귀	16098.158	3	5366.053	269.664	<.001[b]
	잔차	7720.836	388	19.899		
	전체	23818.993	391			

a. 종속변수: Miles per Gallon
b. 예측자: (상수), Horsepower, Vehicle Weight (lbs.), Engine Displacement (cu. inches)

계수[a]

모형		비표준화 계수		표준화 계수	t	유의확률
		B	표준화 오류	베타		
1	(상수)	44.015	1.272		34.597	<.001
	Vehicle Weight (lbs.)	-.005	.001	-.504	-6.186	<.001
	Engine Displacement (cu. inches)	-.006	.007	-.074	-.786	.432
	Horsepower	-.056	.013	-.273	-4.153	<.001

a. 종속변수: Miles per Gallon

Output 창에 제시된 다중회귀분석 결과, 차량의 연비(mpg)를 종속변수로 하고 차량 중량(weight), 엔진 배기량(engine), 마력(horsepower)을 독립변수로 설정한 회귀모형은 통계적으로 유의한 것으로 나타났다. 모형 요약 결과에서 결정계수(R^2)는 0.676, 수정된 결정계수는 0.673으로 나타나, 본 다중회귀모형은 연비 변동의 약 67.6%를 설명하는 것으로 확인되었다. 이는 단순회귀분석에 비해 모형의 설명력이 증가하였음을 의미한다.

분산분석(ANOVA) 결과를 살펴보면, 회귀모형의 F값은 269.664로 나타났으며, 이에 대한 유의확률은 $p<.001$로 유의수준 0.05보다 작게 나타났다. 이는 설정된 다중회귀모형이 통계적으로 유의하며, 포함된 독립변수들이 연비를 설명하는 데 의미 있는 역할을 하고 있음을 의미한다.

회귀계수표를 통해 각 독립변수의 영향을 살펴보면, 차량 중량(weight)의 비표준화 회귀계수(B)는 −0.005로 나타났으며, 이에 대한 유의확률은 $p<.001$로 통계적으로 유의하였다. 이는 다른 변수들의 영향을 통제한 상태에서도 차량 중량이 증가할수록 연비는 유의하게 감소함을 의미한다. 표준화 회귀계수(β)는 −0.504로 나타나, 본 모형에서 차량 중량이 연비에 미치는 영향력이 가장 큰 변수임을 확인할 수 있다.

마력(horsepower)의 경우 비표준화 회귀계수(B)는 −0.056, 유의확률은 $p<.001$로 나타나 통계적으로 유의한 영향을 미치는 변수로 확인되었다. 이는 마력이 증가할수록 연비가 감소하는 경향이 있음을 의미하며, 표준화 회귀계수($\beta=-0.273$)를 통해 차량 중량 다음으로 큰 영향력을 가지는 변수임을 알 수 있다.

반면, 엔진 배기량(engine displacement)의 비표준화 회귀계수(B)는 −0.006으로 나타났으나, 이에 대한 유의확률은 $p=.432$로 유의수준 0.05보다 크게 나타나 통계적으로 유의하지 않은 것으로 확인되었다. 이는 차량 중량과 마력을 함께 고려할 경우, 엔진 배기량은 연비에 독립적인 영향을 미치지 않는 변수로 해석할 수 있다.

본 다중회귀분석 결과를 회귀식으로 나타내면 다음과 같다.

$$\text{연비(mpg)} = 44.015 - 0.005 \times \text{차량 중량(weight)} - 0.006 \times \text{엔진 배기량(engine)} - 0.056 \times \text{마력(horsepower)}$$

⑦ 카이제곱검정

1) 카이제곱검정의 개념

카이제곱검정(Chi-square test)은 범주형 변수 간의 관계가 통계적으로 유의한지를 검정하는 방법이다. 이 분석은 두 변수 간의 독립성 여부를 검정하는 데 사용되며, 각 범주에 속하는 관측 빈도를 기반으로 분석이 수행된다.

카이제곱검정은 연속형 변수를 직접 분석하는 상관분석이나 회귀분석과 달리, 명목척도 또는 서열척도로 측정된 변수를 대상으로 한다는 점에서 차이가 있다. 따라서 카이제곱검정은 성별, 지역, 유형, 범주 등과 같이 범주로 구분되는 자료의 관계를 분석하는 데 적합하다.

2) 카이제곱검정의 적용조건

카이제곱검정을 적용하기 위해서는 다음과 같은 조건이 충족되어야 한다.

- 분석 대상 변수는 모두 범주형 변수이어야 한다.
- 각 관측치는 하나의 범주에만 속해야 하며, 중복되어서는 안 된다.
- 기대빈도(expected frequency)는 일반적으로 각 셀에서 5 이상인 것이 바람직하다.

연속형 변수만으로 구성된 자료의 경우에는, 카이제곱검정을 적용하기 위해 변수를 범주형으로 재분류하는 과정이 필요할 수 있다.

3) 카이제곱검정 분석절차

카이제곱검정을 수행하기 위한 절차는 메뉴에서 '분석(Analyze)'－'기술통계량(Descriptive Statistics)'－'교차분석(Crosstabs)'을 선택한다.

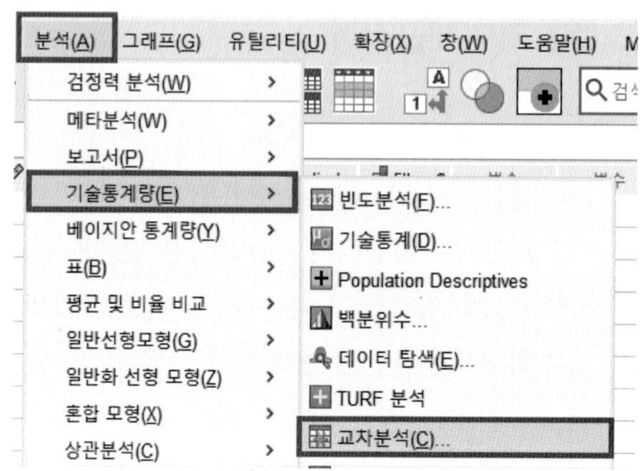

분석 창이 나타나면, 두 개의 범주형 변수를 각각 '행(Row)'과 '열(Column)' 영역으로 이동시킨다. 이후 '통계량(Statistics)' 버튼을 클릭하여 '카이제곱(Chi-square)' 옵션을 선택한다.

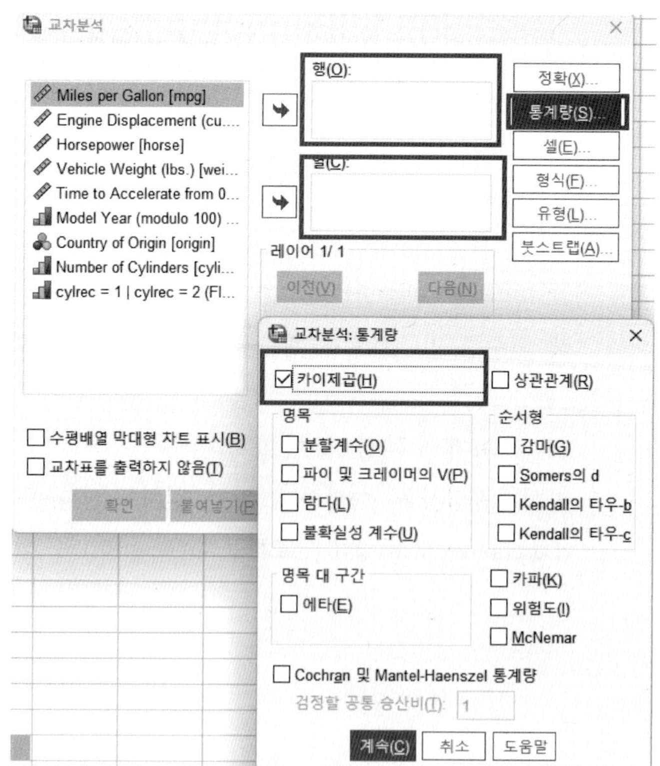

필요에 따라 '셀(Cell)' 버튼을 클릭하여 관측빈도, 기대빈도, 행 백분율 또는 열 백분율 등을 함께 출력하도록 설정할 수 있다. 모든 설정을 완료한 후 '확인(OK)' 버튼을 클릭하면 분석이 실행된다.

4) 결과 해석 방법

Output 창에는 카이제곱 통계량(χ^2), 자유도(df), 그리고 유의확률(p-value)이 제시된다. 유의확률이 설정한 유의수준($\alpha = 0.05$)보다 작을 경우, 두 범주형 변수 간에는 통계적으로 유의한 관계가 존재한다고 해석한다.

반대로 유의확률이 유의수준보다 클 경우에는, 두 변수 간의 관계가 통계적으로 유의하지 않으며 서로 독립적이라고 판단한다.

부록 Ⅲ 연습문제 풀이

1장 통계의 의의와 목적

선택형 문제

1. ④ 2. ① 3. ④ 4. ③ 5. ① 6. ④ 7. ④ 8. ③

2장 데이터의 요약과 정리

선택형 문제

1. ③ 2. ④ 3. ① 4. ④ 5. ④

3장 집중경향치와 산포도

선택형 문제

1. ③ 2. ③ 3. ④ 4. ② 5. ① 6. ④ 7. ④ 8. ① 9. ② 10. ②
11. ① 12. ② 13. ① 14. ② 15. ③

계산형 문제

1. (a) $\mu = \dfrac{4+7+0+7+10+4+1+6+3+5+8+7}{12}$

$= 5.17$

(b) 자료를 크기순으로 재배열하면, 0 1 3 4 4 5 6 7 7 7 8 10이 된다.
총관측치의 개수가 12개이므로 중앙값은 $\dfrac{12}{2}=6$번째 자료와 $\dfrac{12}{2}+1=7$번째 자료의 산술평균값이 중앙값이 된다. 그러므로 중앙값은 5.5가 된다.

(c) 최빈값은 가장 자주 나타나는 관측치이므로 7이 된다.

3. 평균 $\bar{x} = \dfrac{48{,}000+53{,}000+45{,}000+61{,}000+53{,}000+59{,}000+56{,}000+63{,}000+49{,}000+54{,}000}{10}$

$= 54{,}100$

표준편차 $s =$

$$\sqrt{\frac{(48{,}000-54{,}100)^2+(53{,}000-54{,}100)^2+(45{,}000-54{,}100)^2+\cdots+(54{,}000-54{,}100)^2}{10-1}}$$

$= 5{,}801.34$

변동계수 $CV = \dfrac{s}{\bar{x}}$ 이므로 $\dfrac{5{,}801.34}{54{,}100} = 0.1072$

따라서 타이어 수명의 변동계수는 10.72%이다.

5. 평균 $\bar{x}=25.4$

표준편차 $s=5.317$

변동계수 $CV=\dfrac{5.317}{25.4}=0.209331 \fallingdotseq 20.93\%$

제1사분위수 : $(0.25)(10+1)=2.75$번째이므로

$20+(20-20)(0.75)=20$

제3사분위수 : $(0.75)(10+1)=8.25$번째이므로

$30+(32-30)(0.25)=30.5$

7. 체비셰프의 정리에서 $\overline{x}=27.5$, $s=3.5$로 주어져 있으므로

(a) i) 20.5와 34.5 사이

$x=20.5$일 때 $Z=\dfrac{20.5-27.5}{3.5}=-2$

$x=34.5$일 때 $Z=\dfrac{34.5-27.5}{3.5}=2$

$h=2$이므로

$100\times\left(1-\dfrac{1}{2^2}\right)=75\%$이다.

ii) 18.75와 36.25 사이

$x=18.75$일 때 $Z=\dfrac{18.75-27.5}{3.5}=-2.5$

$x=36.25$일 때 $Z=\dfrac{36.25-27.5}{3.5}=2.5$

$h=2.5$이므로

$100\times\left(1-\dfrac{1}{2.5^2}\right)=84\%$이다.

(b) 20.5와 34.5 사이

$Z=\pm2$이므로 경험규칙에 의해 95%이다.

9. 중국펀드의 연평균증가율=7.0706%

동유럽펀드의 연평균증가율=45.4215%

중국펀드	증가계수		동유럽펀드	증가계수
1.1			0.56	
1.2	1.090909		0.63	1.125
1.3	1.083333		0.69	1.095238
1.4	1.076923		0.76	1.101449
1.5	1.071429		0.85	1.118421
1.6	1.066667		0.92	1.082353
1.7	1.0625		0.99	1.076087
1.8	1.058824		10.6	10.70707
1.9	1.055556		11.2	1.056604
기하평균	1.070706		기하평균	1.454215

11. (a)와 (b)

구 분	재 산 (단위 : 만원)	연수입 (단위 : 천원)	카드 보유장수	연카드사용액 (단위 : 천원)
평 균	15391.84	37146.04	3.31	2964.51
표준편차	15985.17	36654.41	1.26	2263.70
변동계수	104%	99%	38%	76%
+3배 표준편차	63347.359	147109.261	7.0911628	9755.603842
−3배 표준편차	−32563.69	−72817.18	−0.478918	−3826.583434
3표준편차 이내 비율	97.95%	97.95%	100%	100%

(c)와 (d) 엑셀의 피벗테이블 기능을 이용하면 결과가 다음과 같다.

개수 : 고객	열 레이블			
행 레이블	1-2	3-4	5-6	총합계
7251-67250	11	24	8	43
67251-127250	1	2	1	4
127251-187250	2			2
총합계	**14**	**26**	**9**	**49**

평균 : 연카드사용액	열 레이블			
행 레이블	1-2	3-4	5-6	총합계
7251-67250	2,146	2,437	2,263	2,330
67251-127250	8,203	6,298	8,460	7,315
127251-187250	7,904			7,904
총합계	**3,401**	**2,734**	**2,951**	**2,965**

4장 확률의 기초

선택형 문제

1. ④ **2.** ② **3.** ② **4.** ① **5.** ① **6.** ③ **7.** ①

1. 고졸 : A 대학졸 : B 대학원졸 : C 남 : M 여 : W

(a) $P(M \mid B) = \dfrac{P(M \cap B)}{P(B)}$

$P(B \cap M) = \dfrac{28}{200}$, $P(B) = \dfrac{78}{200}$이므로

$P(M \mid B) = \dfrac{28/200}{78/200} = \dfrac{28}{78} = 0.3590$이다.

(b) 여성은 112명이고 이 중 대학원졸이 아닌 성인은 67명이므로

$P(A \cup B \mid W) = \dfrac{P[(A \cup B) \cap W]}{P(W)} = \dfrac{67}{112} = 0.5982$

3. (a) 421/890=0.473

(b) 593/1,039=0.571

(c) Full time 학생일 확률=890/1,929=0.461

명성 때문에 학교를 선택할 확률=821/1,929=0.426

두 사건이 독립적이라면 Full time 학생이면서 명성 때문에 학교를 선택했을 확률은 0.461 ×0.426=0.196이 된다.

표를 보면 1,929명 중 421명이 이에 해당하는데, 이 확률은 421/1,929=0.218이다. 이 두 개의 수치가 상당한 차이를 보인다고 생각되면 독립적이 아니고, 비슷한 값으로 인정된다면 독립적이다. 다소 애매하지만 독립적인 것으로 판단된다.

5. 100명을 진단한다고 할 때 이 중 98명은 건강한 사람일 것이다. 건강한 사람을 암환자로 오진할 확률이 6%이므로 98×0.06=5.88명은 암환자로 오진할 것이고 나머지 98×0.94=92.12명은 제대로 진단할 것이다.

그리고 암환자 2명 중 2×0.78=1.56명은 암환자로 제대로 진단하고 나머지 2×0.22=0.44명은 건강한 사람으로 오진할 것이다. 이를 확률로 정리하면 다음과 같다.

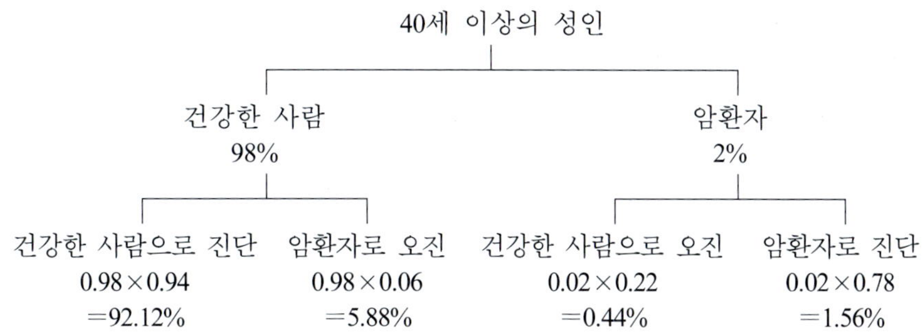

(a) 암환자로 판정받을 확률

5.88%+1.56%=7.44%

(b) 암환자로 판정받은 사람이 진짜 암환자일 확률

$$\frac{1.56\%}{5.88\% + 1.56\%} = 20.97\%$$

7. 김 교수가 총 100회를 퇴근했다면 평균적으로 A대교는 20회, B대교는 50회, C대교는 30회를 거쳐 집으로 갔을 것이다.

	30분 이상	30분 미만	
A	1	19	20
B	2	48	50
C	2.4	27.6	30
	5.4	94.6	100

(a) $\frac{5.4}{100} = 5.4\%$

(b) $\frac{2.4}{5.4} = 44.44\%$

9.

	연체	연체 안 함	
신용불량	5	0	5
신용우수	95×0.2=19	95−19=76	95
	24	76	100

(a) 24명이 연체이고 이 중 5명이 불량이므로 5/24=0.2083

(b) 연체했을 때 신용불량일 확률은 20.83%이다. 임의로 연체한 고객을 택했을 때 신용불량일 상태에 있을 가능성이 20%를 넘는다는 의미이다. 카드 취소는 이 정책과 일치한다.

11. (a)

	18~30세 미만	30세 이상	
블로거	$8\times0.54=4.32$	$8-4.32=3.68$	8
비블로거	$92\times0.24=22.08$	$92-22.08=69.92$	92
	$4.32+22.08=26.4$	$3.68+69.92=73.6$	100

(b) 0.264 (c) 0.0432 (d) $\frac{4.32}{26.4}=0.1636$

5장 확률변수와 확률분포

선택형 문제

1. ① **2.** ③ **3.** ① **4.** ③ **5.** ④ **6.** ③ **7.** ② **8.** ③ **9.** ④ **10.** ①
11. ④ **12.** ④ **13.** ③ **14.** ① **15.** ② **16.** ③ **17.** ② **18.** ③ **19.** ④

계산형 문제

1.

500원	100원	T	$P(T)$
3	0	1,500	$\frac{{}_4C_3}{{}_6C_3}=\frac{1}{5}$
2	1	1,100	$\frac{{}_4C_2\times{}_2C_1}{{}_6C_3}=\frac{3}{5}$
1	2	700	$\frac{{}_4C_1\times{}_2C_2}{{}_6C_3}=\frac{1}{5}$

3. $E(2X-1)=2E(X)-1$

$$E(X)=\left(14\times\frac{1}{12}\right)+\left(15\times\frac{1}{12}\right)+\left(16\times\frac{1}{4}\right)+\left(17\times\frac{1}{4}\right)+\left(18\times\frac{1}{6}\right)+\left(19\times\frac{1}{6}\right)$$

$=\frac{202}{12}$이므로

평균값은 $2\times\frac{202}{12}-1=32.67$

5. (a) $0.9 \times 0.1 + 0.1 \times 0.9 + 0.9 \times 0.9 = 0.99$

(b) 1－모두 다 작동하지 않을 확률$= 1-(0.1)^3 = 0.999$

(c) 평균$= np = (10)(0.9) = 9$

표준편차$= \sqrt{np(1-p)} = \sqrt{(10)(0.9)(0.1)} = 0.9487$

7. (a) (11명이 나타날 확률)+(12명이 나타날 확률)

$= {}_{12}C_{11} \times (0.95)^{11}(0.05)^1 + {}_{12}C_{12}(0.95)^{12}(0.05)^0$

$= 0.3413 + 0.5404 = 0.8817$

(b) 기대치$= np$ 이고 (a)에서 구한 확률에 의해

1명 초과+2명 초과$= 1 \times 0.3413 + 2 \times 0.5404 = 1.4221$이 된다.

9. 정규분포표에서 우측 끝부분이 0.05일 때 Z값을 찾을 때 부록의 표를 이용하면 대략 1.65 근처값이다.

$1.65 = \dfrac{x-500}{50}$에서 $x = 582.5$만원이 도출된다.

11. 88점에서 94점을 받을 확률은

$P(88 < X < 94) = P(1.2 < Z < 2.4)$

$= 0.4918 - 0.3849 = 0.1069$

A를 받은 학생이 8명이므로 총인원은 75명이 된다.

13. (a) EXCEL을 이용하면

NORM.DIST(1,800,000, 2,000,000, 260,400, 1)≒0.221229이다.

(b) EXCEL을 이용하면

NORM.DIST(2,300,000, 2,000,000, 260,400, 1)≒0.875355

따라서 답은 $1-0.875355 = 0.124645$이다.

(c) 상위 5%는 z값으로 1.644854(계산의 편의상 1.645로 반올림함)이므로

$2{,}000{,}000 + (1.645)(260{,}400) = 2{,}428{,}358$이 된다.

15. (a) $p(-0.5 < z < 1.5) = 0.1915 + 0.4332 = 0.6247 = 62.47\%$

(b) $p(1.6 < z) = 0.0548 = 5.48\%$

(c) $p(-1.64 < z < 1.6) = 0.4495 + 0.4452 = 0.8947 = 89.47\%$

표본분포

1. ② **2.** ④ **3.** ① **4.** ④ **5.** ① **6.** ④ **7.** ③ **8.** ②

계산형 문제

1.

표본에 포함된 값	4, 7	4, 9	4, 12	7, 9	7, 12	9, 12
표본평균	5.5	6.5	8	8	9.5	10.5

(a) ${}_4C_2 = \frac{4!}{2!2!} = 6$

(b) $\frac{5.5+6.5+8+8+9.5+10.5}{6} = \frac{48}{6} = 8$

(c) $\frac{4+7+9+12}{4} = \frac{32}{4} = 8$

3. (a) 중심극한정리에 의해 $\mu_{\bar{x}} = \mu$이고 표준오차 $\sigma_{\bar{x}} = \frac{\sigma}{\sqrt{n}}$이므로 표본분포의 평균은 200, 표준오차는 $\frac{50}{\sqrt{100}} = 5$이다.

(b) 정규분포

5. $n=40$일 때의 표본분포는 평균이 240g, 표준오차가 $15/\sqrt{40} = 2.37$인 정규분포를 띤다. 평균으로부터 2배의 표준오차 이내의 구간을 구하면 235.26~244.74이다. 이번에 구한 표본의 평균값은 236g으로 이 구간 안에 포함되므로 별다른 조치를 취할 필요가 없다.

7. $\mu = 170.5$, $\sigma = 3.9$

(a) $\mu_{\bar{x}} = \mu$이므로 평균은 170.5

표본 25명은 모집단 크기의 5% 이내이므로 조정계수는 큰 영향을 끼치지 못해 무시된다.

따라서 표준편차 $\sigma_{\bar{x}} = \frac{3.9}{\sqrt{25}} = 0.78$이다.

(b) $P(168.5 < \bar{x} < 171.8)$

$= P(-2.56 < Z < 1.67) = 0.4948 + 0.4525 = 0.9473$

9. $\dfrac{\sigma}{\sqrt{n}} \times \dfrac{1}{2} = \dfrac{\sigma}{\sqrt{4n}}$ 이므로 표본의 개수가 4배로 늘어나야 한다. 즉, $n=100$이어야 한다.

11.

(a) 표본분포가 정규분포를 따르므로 $\mu_{\bar{x}} = \mu = 67$, $\sigma_{\bar{x}} = \dfrac{\sigma}{\sqrt{n}} = \dfrac{\sigma}{\sqrt{16}} = 1.5$

(b) $P(X > 65) = P(Z > -1.33)$

$= 0.5 + P(0 < Z < 1.33)$

$= 0.5 + 0.4082 = 0.9082$

13. $P(|\mu - \mu_{\bar{x}}| < 500) = 0.95$라면

$P(0 < \mu - \mu_{\bar{x}} < 500) = 0.475$가 되고 이에 해당하는 Z값은 1.96이다.

$$1.96 = \frac{500}{\sigma_{\bar{x}}} = \frac{500}{\dfrac{4{,}000}{\sqrt{n}}}$$

$n = 245.8624$이므로 표본의 크기는 246으로 해야 한다.

15.

16명의 평균은 $1{,}300 \div 16 = 81.25$kg이고 표준편차는 $\dfrac{17.5}{\sqrt{16}} = 4.375$이다.

81.25kg을 초과할 확률을 구하면

$$P(X > 81.25) = 0.5 - P\left(Z > \frac{81.25 - 75}{4.375}\right) = 0.0764$$

그러므로 16인의 몸무게가 최대허용중량을 초과할 확률은 7.64%이다.

17. (a) 정규분포를 가정해도 될 것이며,

평균=95, 표준오차=$14/\sqrt{30} = 2.56$으로 가정한다.

(b) 평균이 95, 표준오차(편차)=2.56인 정규분포에서 x가 92와 98 사이에 있을 확률이다.

$z = \dfrac{98 - 95}{2.56} = 1.171875$이며 95와 98 사이에 있을 확률은 0.3794 정도이다. 따라서 답은 $0.3794 \times 2 = 0.7588 \fallingdotseq 75.9\%$이다.

(c) 여성표본이 더 높다. 그 이유는 표본의 크기가 크면 표준오차가 줄어들기 때문이다.

19. 정규분포를 띨 것이며 평균은 21,550원, 표준오차는 500원이다.

7장 신뢰구간의 설정

선택형 문제

1. ① **2.** ④ **3.** ① **4.** ② **5.** ② **6.** ① **7.** ① **8.** ② **9.** ① **10.** ②
11. ①

계산형 문제

1. (a) 표준오차를 계산하면 $5{,}000/\sqrt{49}=714.286$이므로 오차한계는 $1.96\times714.286=1{,}400$이다.
(b) 24,800원 ± 1,400원

3. 전체 집단의 표준편차가 3,000만원이므로, 표준오차는 $3{,}000/\sqrt{80}=335.4$이다. 신뢰수준에 따라 Z값만 바꾸어 주면 원하는 값이 다음과 같이 도출된다.
(a) 113.638 ~ 124.672(단위 : 백만원)
(b) 112.581 ~ 125.729
(c) 110.515 ~ 127.795
(d) 신뢰수준이 증가하면 해당 Z값도 증가하게 되어 오차한계가 커진다. 따라서 신뢰구간의 폭도 증가할 수밖에 없다.

5. 신뢰수준 90%에 해당하는 t값을 구해보면, 자유도가 $61-1=60$이므로 부록의 통계표에서 오른쪽 끝부분이 5%($\alpha=0.05$)이고 자유도가 60인 t값을 찾아보면 1.671이다. 따라서 90% 신뢰구간은 $668{,}470.2\le\mu\le721{,}529.8$이다.

$$695{,}000-\left(1.671\times\frac{124{,}000}{\sqrt{61}}\right)\le\mu\le695{,}000+\left(1.671\times\frac{124{,}000}{\sqrt{61}}\right)$$

7. $Z_{\alpha/2}=Z_{0.01}=2.326$이므로

$$n\ge\left(\frac{2.326\times1.8}{0.5}\right)^2=70.1172$$

그러므로 적정표본의 크기가 71임을 알 수 있다.

9. 표본비율 $\bar{p}=\frac{80}{400}=0.2$이고 $Z_{0.05}=1.645$이므로 90% 신뢰구간은 다음과 같다.

$$0.2-\left(1.645\times\sqrt{\frac{0.2\times0.8}{400}}\right)\le p\le 0.2+\left(1.645\times\sqrt{\frac{0.2\times0.8}{400}}\right)$$

$0.1671\le p\le 0.2329$

11. 90% 신뢰구간부터 구하면, 오른쪽 끝부분이 5%이고 자유도가 $65-1=64$에 해당하는 t값은 1.669이다(엑셀에서 =TINV(0.1, 64)를 입력하면 1.669가 도출된다).

90% 신뢰구간은 $19.5\pm(1.669)(5.2/\sqrt{65})\Rightarrow 18.42\sim20.58$

같은 방식으로 95% 신뢰구간을 구하면 18.21~20.79이다.

13. $p=0.2$이고 $Z_{0.05}=1.645$이다.

$n\ge pq\left(\frac{Z}{e}\right)^2$, 오차한계 $e=0.02$이므로 $n\ge0.2\times0.8\times\left(\frac{1.645}{0.02}\right)^2=1{,}082.41$

따라서 적정표본의 크기가 1,083임을 알 수 있다.

15. (a) $P=281/611=0.4599$

(b) 90%에 해당하는 Z값은 1.645이다.

신뢰구간은 $0.4599\pm(1.645)\sqrt{(0.4599)(1-0.4599)/611}$

$=0.4599\pm(1.645)(0.02)$

$=0.4599\pm0.033$

17. 먼저 각 요인들의 평균과 표준편차를 구하면 다음과 같다.

구 분	레스토랑 면적	연간 방문고객수	순이익
평 균	130.42	142.75	55.18
표준편차	36.61	41.50	13.46

표본이 30보다 적으므로(24개) t분포를 이용해야 한다. 자유도가 $24-1=23$이고, 신뢰구간이 95%일 때, $t_{0.025}=2.069$이다.

레스토랑 면적의 95% 신뢰구간은

$$130.42-2.069\cdot\frac{36.61}{\sqrt{24}}\le\mu\le130.42+2.069\cdot\frac{36.61}{\sqrt{24}}=114.956\le\mu\le145.877$$

위와 같은 방식으로 구하면 방문고객수의 95% 신뢰구간은 $125.224\le\mu\le160.276$이고, 순이익의 95% 신뢰구간은 $49.494\le\mu\le60.865$이다.

19. $n=64$, $\bar{x}=3.3\text{kg}$, $s=0.8\text{kg}$, $\alpha=0.05$

표준오차$=\dfrac{s}{\sqrt{n}}=\dfrac{0.8}{\sqrt{64}}=\dfrac{0.8}{8}=0.1$

$Z_{0.025}=1.96$

신뢰구간은 $3.3\pm(1.96)(0.1)=3.3\pm0.196$

95% 신뢰구간은 $3.104 \le \mu \le 3.496$

8장 가설의 검정

선택형 문제

1. ① **2.** ④ **3.** ① **4.** ③ **5.** ① **6.** ② **7.** ① **8.** ① **9.** ① **10.** ③
11. ③

계산형 문제

1. (a) 시민운동단체의 부정적 의견을 귀무가설로 설정하면,

H_0 : $\mu \ge 9$, H_1 : $\mu < 9$가 된다.

표준오차를 구하면 $6.38/\sqrt{85}=0.692$

검정통계치는 $(7.27-9)/0.692=-2.5$이다.

엑셀을 이용하여 해당 p값을 구하면 =tdist(2.5, 84, 1)=0.0072=0.72%가 도출된다.

(b) p값이 0.72%로 유의수준 1%보다 작으므로 귀무가설을 기각한다. 즉, 9년이 넘는다고 볼 수 없다.

3. 귀무가설은 일일생산량이 1,100톤 이하라는 부정적인 내용으로 설정하고, 대립가설은 일일생산량이 1,100톤을 넘는다는 긍정적인 주장으로 설정한다.

검정통계치 $t=\dfrac{1,040-1,100}{360/\sqrt{260}}=-2.6874$

자유도가 $260-1=259$인 t값은 구하기 어려우므로 정규분포를 대신 사용하면 기각역은 검정

통계치가 1.645보다 크거나 같은 영역이다. 이 문제에서는 t 값이 음수이므로 당연히 기각역에 포함되지 않는다. 따라서 귀무가설을 기각할 수 없다. 즉, 생산성에 문제가 생긴 것으로 판단해야 한다.

5. 월드닷은행의 입장에서 귀무가설을 설정하고 단측검정을 시도한다.

귀무가설 : 경쟁사 고객의 연간카드사용액≥월드닷은행 고객의 연간카드사용액

대립가설 : 경쟁사 고객의 연간카드사용액<월드닷은행 고객의 연간카드사용액

합동분산 $S_p{}^2 = \dfrac{(11)(40)^2 + (11)(44)^2}{12+12-2} = 1,768$

$$t = \frac{(288-325)-0}{\sqrt{1,768\left(\dfrac{1}{12}+\dfrac{1}{12}\right)}} = -2.16$$

기각역은 자유도가 12+12−2=22인 t-분포에서 $t_{-0.05} = -1.717$보다 작거나 같은 영역이므로 귀무가설을 기각할 수 있다. 즉, 월드닷은행 고객의 연간카드사용액이 더 높다고 결론지을 수 있다.

7. 월드베스트백화점의 입장에서 귀무가설을 설정하면 다음과 같다.

귀무가설 : 경쟁사 고객의 카드사용액 ≥ 월드베스트백화점 고객의 카드사용액

대립가설 : 경쟁사 고객의 카드사용액 < 월드베스트백화점 고객의 카드사용액

합동분산 $S_p{}^2 = \dfrac{(11)(150)^2 + (9)(120)^2}{12+10-2} = 18,855$

$$s_{\bar{x}_1 - \bar{x}_2} = \sqrt{(18,855)\left(\frac{1}{12}+\frac{1}{10}\right)} = 58.79$$

$$t = \frac{(850-1,000)-0}{58.79} = -2.551$$

기각역은 자유도가 12+10−2=20인 t-분포에서 $t_{-0.05} = -1.725$보다 작거나 같은 영역이다. 따라서 귀무가설을 기각하고 대립가설을 채택한다. 월드베스트백화점 고객의 카드사용액이 경쟁사 고객의 카드사용액보다 더 크다고 할 수 있다.

9. 차이의 평균을 구하면 $\bar{d} = 0.625$이며, 차이의 표준편차는 1.302이다. 표준오차가 $1.302/\sqrt{8} = 0.460$이므로 검정통계치는 $(0.625-0)/0.460 = 1.358$이다.

p 값을 구하면 엑셀에서 tdist(1.358, 7, 1)=0.1083으로 유의수준보다 크므로, 귀무가설을 기각할 만한 근거가 없다는 결론을 내린다. 즉, 광고의 효과가 없다.

11. 귀무가설 : $P \le 0.25$

대립가설 : $P > 0.25$

기각역 : $Z > Z_{0.05} = 1.645$

검정통계치 : $Z = \dfrac{0.2 - 0.25}{\sqrt{\dfrac{0.25 \times 0.75}{100}}} = -1.1547$

검정통계치 Z가 기각역에 포함되지 않으므로 H_0을 기각할 수 없다. 따라서 A전자의 주장을 뒷받침할 수 없다.

13. H_0 : $P \le 0.6$

H_1 : $P > 0.6$

기각역 : $Z > Z_{0.05} = 1.645$

검정통계치 : $Z = \dfrac{\dfrac{590}{1,000} - 0.6}{\sqrt{\dfrac{0.6 \times 0.4}{1,000}}} = -0.6455$

검정통계치 Z가 기각역에 포함되지 않으므로 H_0을 기각할 수 없다. 따라서 SBC의 발표를 신뢰할 수 없다.

15. H_0 : $P \le 0.4$

H_1 : $P > 0.4$

기각역 : $Z > Z_{0.05} = 1.645$

검정통계치 : $Z = \dfrac{\dfrac{80}{150} - 0.4}{\sqrt{\dfrac{0.4 \times 0.6}{150}}} = 3.333$

검정통계치 Z가 기각역에 포함되므로 H_0를 기각한다. 따라서 반대하는 사람의 비율이 증가했다고 볼 수 있다.

17. (a) H_0 : $P \le 0.5$ (대졸여성의 금연성공률이 50%를 넘지 못한다)

H_1 : $P > 0.5$

(b) $\sqrt{(0.5)(0.5)/100} = 0.05$ ($p = 0.5$를 이용하여 표준오차 계산)

검정통계치$=(0.64-0.5)/0.05=2.80$

1%에 해당하는 Z값이 2.33에 불과하므로, 즉 p값이 2.33보다 작으므로 귀무가설을 기각한다. 따라서 금연성공률이 50%를 초과한다고 볼 근거가 충분하다.

분산분석

선택형 문제

1. ② **2.** ④ **3.** ① **4.** ④ **5.** ③ **6.** ① **7.** ② **8.** (a) ② (b) ③ (c) ①
9. (a) ② (b) ③ (c) ① **10.** ① **11.** (a) ③ (b) ① (c) ①

계산형 문제

1. • 상품전시법이 판매액에 미치는 영향

상품전시 1	상품전시 2	상품전시 3
4	6	7
2	5	7
3	4	7

• 분산분석 : 일원배치법

요약표				
인자의 수준	관측수	합	평 균	분 산
상품전시 1	3	9	3	1
상품전시 2	3	15	5	1
상품전시 3	3	21	7	0

분산분석				
변동의 요인	제곱합	자유도	제곱평균	F비
처 리	24	2	12	18
잔 차	4	6	0.666667	
계	28	8		

분자의 자유도가 2, 분모의 자유도가 6인 F값을 찾아보면 $F=5.14$이다. 분산분석에서의 F비가 18.0으로 기각역 F값$=5.14$보다 크므로 상품전시방법에 따라 매출액에 차이가 있음을 알 수 있다.

3.

A	B	C
16.9	10.0	15.2
15.0	13.1	12.5
16.2	12.3	13.0
15.8	10.5	17.4
17.1	8.9	11.7

• 분산분석 : 일원배치법

요약표				
인자의 수준	관측수	합	평 균	분 산
A	5	81	16.2	0.725
B	5	54.8	10.96	2.938
C	5	69.8	13.96	5.383

분산분석						
변동의 요인	제곱합	자유도	제곱평균	F비	p-값	F기각치
처 리	69.12533	2	34.56267	11.4623	0.001646	3.88529
잔 차	36.184	12	3.015333			
계	105.3093	14				

① H_0 : $\mu_A = \mu_B = \mu_C$

② H_1 : 최소한 두 개의 평균은 서로 값이 다르다.

③ $\alpha = 0.05$

④ 기각역 : $F > F(2,\ 12\ ;\ 0.05) = 3.88529$

⑤ 검정통계치

$F = 11.4623$

⑥ 결론 : 검정통계치 F비가 기각역 안에 포함되므로 귀무가설을 기각할 수 있다.

위의 결과는 엑셀을 이용한 것이며, 계산기를 이용하여 풀면 p값인 0.001646을 구할 수 없다. 이 경우 F비인 11.4623과 분자의 자유도가 2, 분모의 자유도가 12인 F값=3.89를 비교한다. 검정통계치 F값인 11.4623이 기각역을 결정짓는 F값인 3.89보다 크므로 귀무가설을 기각한다.

5. 분산분석표에 주어진 p값이 0.245946으로 유의수준 5%를 초과하므로, 세 상품에 대한 만족도에 차이가 없다는 귀무가설을 기각할 수 없다. 즉, 차이가 없다.

7. 심장수축의 정도를 블록으로 설정하였으며, p 값이 0.012216으로 $\alpha=0.05$보다 작으므로 약 효과에 근본적 차이가 없다는 가설을 기각한다. 평균값을 보면 약 2와 약 4의 효과가 다른 두 약보다 큰 것으로 판단된다. 여기서 인자 A(심장수축 정도)는 블록으로 이에 대한 분석은 할 필요가 없다.

9.

분산분석

변동의 요인	제곱합	자유도	제곱평균	F비	p-값	F기각치
인자 A(행)	482	2	241	45.90476	0.000231	5.143249
인자 B(열)	1140.75	1	1140.75	217.2857	6.13E-06	5.987374
교호작용	62	2	31	5.904762	0.038238	5.143249
잔 차	31.5	6	5.25			
계	1716.25	11				

① H_0 : $\alpha_1=\alpha_2=\alpha_3$(학습콘텐츠 유형의 차이는 없음)
H_0 : $\beta_1=\beta_2$(교육방법의 차이는 없음)
H_0 : $(\alpha\beta)_{11}=(\alpha\beta)_{12}=\ldots\ (\alpha\beta)_{32}$(교호효과는 존재하지 않음)

② $\alpha=0.05$

③ 기각역
실험요인 A : $F>F(2,\ 6\ ;\ 0.05)=5.14$
실험요인 B : $F>F(1,\ 6\ ;\ 0.05)=5.9$
교호작용 : $F>F(2,\ 6\ ;\ 0.05)=5.14$

④ 교호효과가 존재하지 않는다는 귀무가설을 기각할 수 있으므로(검정통계치 5.904762, 기각역을 결정짓는 F값=5.14) 학습콘텐츠의 종류에 따라 적절한 교육방법이 다를 수 있다는 결론을 내릴 수 있다. 자료를 보면 콘텐츠 유형 1은 교육방법 A나 B 모두 적절한 것으로 보이지만, 콘텐츠 유형 2와 3은 교육방법 A가 더 적절한 것으로 보인다.

11. p 값이 0.0005574로 5%도 되지 않으므로 기관에 관계없이 실적에 차이가 없다는 귀무가설을 기각한다. 기관에 따라 실적차이가 존재한다.

13. 교호효과에 관한 F값을 보면, 18.59128로서 p 값이 1%도 되지 않는다. 따라서 교호효과가 존재한다고 볼 수 있다. 남학생의 경우는 블렌디드 강의가 적절하고, 여학생은 사이버 강의의 교육효과가 가장 우수한 것으로 판단된다.

15. 교호효과에 관한 p값을 보면, 0.2519로 유의하지 않아 교호효과는 존재하지 않는다. 열(small, large)의 p값도 5%를 초과하지 못해 유의한 영향을 미치지 못함을 알 수 있다. 결국 디자인만이 유의한 영향을 미침을 알 수 있다.

10장 상관과 단순회귀분석

선택형 문제

1. ② **2.** ④ **3.** ③ **4.** ③ **5.** ① **6.** ③ **7.** ② **8.** ① **9.** ② **10.** ④
11. ② **12.** ③

계산형 문제

1. 엑셀의 통계 데이터분석기능을 이용하면 x의 표준편차=1.870829, y의 표준편차=1.414214, x와 y 간의 공분산=−1.5, 상관계수=−0.68034

3.

회귀분석 통계량	
다중 상관계수	0.707026
결정계수	0.499886
조정된 결정계수	0.444318
표준오차	0.632607
관측수	11

분산분석

	자유도	제곱합	제곱평균	F비	유의한 F
회 귀	1	3.600091	3.600091	8.995911	0.014973
잔 차	9	3.601727	0.400192		
계	10	7.201818			

	계 수	표준오차	t통계량	p-값	하위 95%	상위 95%
y절편	6.413636	0.924638	6.936375	6.79E-05	4.321958	8.505314
불량률	1.809091	0.603167	2.999318	0.014973	0.444631	3.173551

(a) y 절편의 계수가 6.413636이고 불량률(x)의 계수가 1.809091이므로 회귀식은 $y=1.809091x+6.413636$이다.
결정계수가 0.4999가 되어 불량률의 변동이 시간외 근무시간 변동의 49.99%를 설명한다고 볼 수 있다.

(b) $x=1.75\%$일 때 $y=9.57954$이므로 시간외 근무시간은 약 9.6시간이 될 것이다.

5. (a) $y=4.982+(1.6205)$(임대시간)

(b) F값$=115.8935$, p값$=(4.88)(10)^{-6}$이므로(즉, 유의수준 5%보다 매우 작음), 이 회귀모형은 유의하다고 결론지을 수 있다.

(c) 독립변수인 임대시간에 해당하는 p값이 (b)에서와 같이 유의수준 5%보다 작으므로 임대시간은 유지보수비용에 영향을 미친다고 볼 수 있다.

7.

회귀분석 통계량	
다중 상관계수	0.646104336
결정계수	0.417450813
조정된 결정계수	0.359195894
표준 오차	7.032323331
관측수	12

분산 분석

	자유도	제곱합	제곱 평균	F 비	유의한 F
회귀	1	354.381	354.381	7.165932	0.023215
잔차	10	494.5357	49.45357		
계	11	848.9167			

	계수	표준 오차	t 통계량	P-값	하위 95%	상위 95%
Y 절편	48.30102041	12.41337	3.891047	0.003004	20.6423	75.95974
학교성적	12.44897959	4.650476	2.676926	0.023215	2.087074	22.81089

(a) 사내훈련시험성적$=48.301+12.4489$(학교성적)

(b) 41.745%

(c) p값이 0.023215로 5% 미만이므로 예측에 유용하게 사용될 수 있다.

11장 다중회귀분석

선택형 문제

1. ③ **2.** ② **3.** ③ **4.** ④ **5.** ③ **6.** ③

계산형 문제

1. (a) $y=50.09+(16.18)$(휴일수)$+(3.85)$(자동차증가율)
분산분석표에서 F비가 25.755이고 유의한 F가 1%도 되지 않으므로 회귀식은 의미 있다고 볼 수 있다. 즉, 이용자수의 증감을 설명해 줄 수 있는 설명력을 가진다.
(b) 결정계수값이 81.1%이므로, 이용자수 증감의 81.1%를 설명해 준다고 볼 수 있다.
(c) 휴일수와 관련된 p값이 0.01도 되지 않으므로 휴일수의 계수가 0이라는 귀무가설은 기각할 수 있다.
(d) 자동차증가율과 관련된 p값도 0.01이 되지 않으므로 1% 유의수준에서도 x_2의 계수가 0이라는 귀무가설을 기각할 수 있다.

3. (a) $y=-0.26+(0.16)$(맛)$+(0.63)$(가격)$+(0.01)$(영양가)$+(0.25)$(요깃거리)
(b) 결정계수$=0.54$, 따라서 54%의 변동을 설명
(c) 독립변수의 p값을 보면 $\alpha=5\%$에서 맛과 가격의 회귀계수가 0이 아님을 알 수 있다. 따라서 이 두 변수만이 재방문의사에 영향을 미친다.

5. 회귀식 y(판매가격)$=-44.9882+(1.7506)$(자산가치)$+(0.3679)$(연령)이며, 분산분석표에서 F비가 223.4575이고 유의한 F가 1%도 되지 않으므로 회귀식은 의미 있다고 볼 수 있으며, 결정계수는 0.943으로 회귀식에 의해 판매가격 변동의 94.3%가 설명된다.
자산가치와 연령 모두 유의수준 1%에서 유의한 영향력이 있으며, 두 변수의 단위가 다르므로 t값으로 영향력의 크기를 비교해 보면 자산가치의 t값이 20.413으로 훨씬 크기 때문에 자산가치의 영향력이 더 크다고 할 수 있다.

회귀분석 통계량						
다중 상관계	0.971096					
결정계수	0.943028					
조정된 결정	0.938808					
표준 오차	3.096749					
관측수	30					
분산 분석						
	자유도	제곱합	제곱 평균	F 비	유의한 F	
회귀	2	4285.849	2142.925	223.4575	1.59E-17	
잔차	27	258.926	9.589852			
계	29	4544.775				
	계수	표준 오차	t 통계량	P-값	하위 95%	상위 95%
Y 절편	-44.9882	6.552734	-6.86557	2.24E-07	-58.4333	-31.5431
자산가치(천	1.750601	0.085756	20.41374	6.06E-18	1.574644	1.926558
면렴	0.367952	0.128054	2.873412	0.007818	0.105207	0.630697

7. (a) 백화점 이용규모 $= -3.125 + (0.227)$(수입) $+ (0.053)$(교육연수) $+ (0.03)$(고객연수)

(b) 분산분석표에서 F비가 103.45이고 유의한 F가 1%도 되지 않으므로 회귀식은 의미 있다고 볼 수 있으며, 결정계수는 0.4678로 회귀식에 의해 백화점 이용규모 변동의 46.78%가 설명된다.

(c) 수입은 유의수준 1%에서 유의한 영향력이 있으며, 교육연수와 고객연수는 유의한 영향력이 없는 것으로 나타났다.

9. (a) y(순이익) $= 12.063 + (0.053)$(면적) $+ (0.252)$(방문고객수)이며, 분산분석표에서 F비가 52.47이고 유의한 F가 1%도 되지 않으므로 회귀식은 의미 있다고 볼 수 있으며, 결정계수는 0.8138로 회귀식에 의해 순이익 변동의 81.38%가 설명된다.

(b) 면적의 p값이 0.5로 유의한 영향력이 없는 것으로 나타났으며, 방문고객수의 $t = 3.68(p = 0.001)$로 순이익에 대한 영향력이 유의한 것으로 나타난다.

회귀분석 통계량						
다중 상관계수	0.90215					
결정계수	0.81387					
조정된 결정계수	0.79836					
표준 오차	6.5868					
관측수	27					
분산 분석						
	자유도	제곱합	제곱 평균	F 비	유의한 F	
회귀	2	4553.08996	2276.544982	52.471986	1.7E-09	
잔차	24	1041.26189	43.38591199			
계	26	5594.35185				
	계수	표준 오차	t 통계량	P-값	하위 95%	상위 95%
Y 절편	12.0637	4.33864309	2.780519166	0.0103882	3.10916	21.0182
레스토랑 면적	0.05296	0.07949209	0.666190504	0.5116427	-0.11111	0.21702
방문고객수	0.25239	0.06861531	3.678318972	0.0011827	0.11077	0.394004

11.

수익률	자산규모	소속시장	
17	151	0	코스피
26	92	0	코스피
21	175	0	코스피
30	53	0	코스피
22	104	0	코스피
0	277	0	코스피
12	210	0	코스피
19	120	0	코스피
4	290	0	코스피
16	238	0	코스피
28	164	1	코스닥
15	272	1	코스닥
11	295	1	코스닥
38	68	1	코스닥
31	85	1	코스닥
21	224	1	코스닥
20	166	1	코스닥
13	305	1	코스닥
30	124	1	코스닥
14	246	1	코스닥

회귀분석 통계량	
다중 상관계수	0.945867
결정계수	0.894664
조정된 결정계수	0.882272
표준 오차	3.227167
관측수	20

분산 분석

	자유도	제곱합	제곱 평균	F 비	유의한 F
회귀	2	1503.752	751.8758	72.19434279	4.9192E-09
잔차	17	177.0483	10.41461		
계	19	1680.8			

	계수	표준 오차	t 통계량	P-값	하위 95%	상위 95%
Y 절편	34.479	1.861636	18.52081	1.04652E-12	30.5512912	38.40671
자산규모	-0.10397	0.009105	-11.4188	2.14224E-09	-0.12318109	-0.08476
소속시장	7.884901	1.459547	5.402293	4.76513E-05	4.80552576	10.96428

- $y = b_0 + b_1 x_1 + b_2 x_2$에서 각각의 계수값에 해당하는 수치를 표에서 찾아보면 다음과 같다.
  $y = 34.479 - 0.10397x_1 + 7.884901x_2$
- 결정계수는 0.894664로 높은 수준을 기록하고 있다. 매출액의 총변동 중 약 89.5%는 회귀모형에 의해 설명될 수 있으며, 나머지 10.5%는 회귀모형에 포함시키지 않은 여러 변수들과 실제 자료를 구하는 과정에서 생긴 오류에 기인한다고 볼 수 있다.
- 회귀식의 계수값들이 모두 0이라는 귀무가설에 대해 검증을 하기 위해서는 분산분석의 유의한 F값(즉, p값)을 보면 된다. 4.9192의 10의 마이너스 9승이므로 거의 0에 가깝다. 따라

서 귀무가설을 기각하고 회귀식은 유의한 것으로 결론내린다.

- 회귀식이 유의한 것으로 결론이 났으므로 이제는 어떤 독립변수가 유의한가를 판단해야 한다. 단측검정을 실시하든 또는 양측검정을 실시하든 간에 두 변수의 p값이 거의 0에 가까우므로 두 변수 모두 종속변수의 움직임을 잘 설명해 준다고 결론내릴 수 있다.
- $y=34.479-0.10397x_1+7.884901x_2$에 소속시장에 따라 $x_2=0$ 또는 1을 대입하면
  코스피 소속 $(x_2=0)$: $y=34.479-0.10397x_1$
  코스닥 소속 $(x_2=1)$: $y=34.479-0.10397x_1+7.884901$
  $=42.364-0.10397x_1$

12장 카이제곱 검정

1. ③ **2.** ① **3.** ② **4.** ③ **5.** (a) ③ (b) ③ (c) ①

계산형 문제

1.

실제빈도	예상빈도	차이의 제곱	차이제곱/예상빈도
60	50	100	2
45	50	25	0.5
59	50	81	1.62
36	50	196	3.92
200		402	8.04

$\chi^2=8.04$, p값$=0.04519$이므로 지역간 판매건수에 차이가 없다는 귀무가설을 기각한다. 즉, 영업잠재력이 상대적으로 뛰어난 지역이 존재한다.

3.

독립성검정					
관측도수	18～19	20～21	22～23	24～25	계
상	29	41	33	28	131
중	32	29	36	39	136
하	55	34	27	17	133
계	116	104	96	84	400

기대도수	18～19	20～21	22～23	24～25	계
상	37.99	34.06	31.44	27.51	131
중	39.44	35.36	32.64	28.56	136
하	38.57	34.58	31.92	27.93	133
계	116	104	96	84	400

검정통계치	18～19	20～21	22～23	24～25
상	2.127405	1.414081	0.077405	0.008728
중	1.403489	1.143937	0.345882	3.816303
하	6.998831	0.009728	0.758346	4.277297

χ^2값이 22.38143이므로 이 값을 자유도가 $(3-1)(4-1)=6$인 카이제곱값인 12.6과 비교해 보면, 귀무가설을 기각할 수 있다는 결론을 내릴 수 있다.

5.

	모델 Ⅰ	모델 Ⅱ	모델 Ⅲ	
남	26.67	37.33	16.00	80
여	23.33	32.67	14.00	70
	50	70	30	150

$\chi^2=6.1224$이며 $(2-1)(3-1)=2$의 자유도를 가지는 카이제곱분포에서 유의수준이 5%인 χ^2값이 5.99이므로 서로 독립적이라는 귀무가설을 기각한다. 즉, 남녀에 따라 선호모델에 차이가 있다.

7.

관측도수					
응 답	20대	30대	40대	50대 이상	계
적극 찬성	12	12	7	1	32
찬 성	56	39	18	16	129
반 대	20	42	32	26	120
매우 반대	4	2	2	9	17
계	92	95	59	52	298

기대도수					
응 답	20대	30대	40대	50대 이상	계
적극 찬성	9.879194631	10.20134	6.33557	5.583893	32
찬 성	39.82550336	41.12416	25.54027	22.51007	129
반 대	37.04697987	38.25503	23.75839	20.9369	120
매우 반대	5.248321148	5.419463	3.365772	2.966443	17
계	92	95	59	52	298

단, 이 경우 40대와 50대의 '매우 반대'의 기대도수가 5 미만이므로 '반대'와 '매우 반대'를 합하여 다시 계산하고자 한다. 물론 40대와 50대를 합하여 40대 이상으로 설정하고 분석을 다시 할 수도 있다. 엑셀을 활용하여 다시 분석해 보면 그 결과가 다음과 같다.

응 답	20대	30대	40대	50대 이상	계
적극 찬성	12	12	7	1	32
찬 성	56	39	18	16	129
반 대	24	44	34	35	137
계	92	95	59	52	298
기대도수					
적극 찬성	9.879194631	10.20134	6.33557	5.583893	
찬 성	39.82550336	41.12416	25.54027	22.51007	
반 대	42.29530201	43.67449664	27.12416107	23.90604027	
p값 =	3.6008E-05				
카이제곱값 =	30.20025659				

χ^2값이 30.20025659, p값이 거의 0에 가까우므로 독립적이라는 귀무가설을 기각한다.

9. 유의수준=0.05, 자유도=37일 때 기각역은 카이제곱값이 52.19229보다 커야 한다. 다음에서 구한 카이제곱값이 2.230268로 기각역에 포함되지 않으므로 정규분포를 띤다는 귀무가설을 기각할 수 없다. 즉 정규분포로 보아도 무방하다.

구 간	상한계	관찰도수	정규확률	기대도수	$(v_i - e_i)$	$(v_i - e_i)^2/e_i$
60 이하	60	5	0.087604	3.504164	1.495836	0.638534
60 초과~70 이하	70	5	0.203174	8.126958	−3.12696	1.20314
70 초과~80 이하	80	14	0.309255	12.37018	1.629818	0.214735
80 초과~90 이하	90	11	0.254934	10.19737	0.80263	0.063175
90 초과	150	5	0.145033	5.081326	−0.80133	0.110686
		40	1	40		2.230268

〈표 1〉 t-분포표
〈표 2〉 F분포표
〈표 3〉 χ^2 분포표
〈표 4〉 표준정규분포표

〈표 1〉 t-분포표

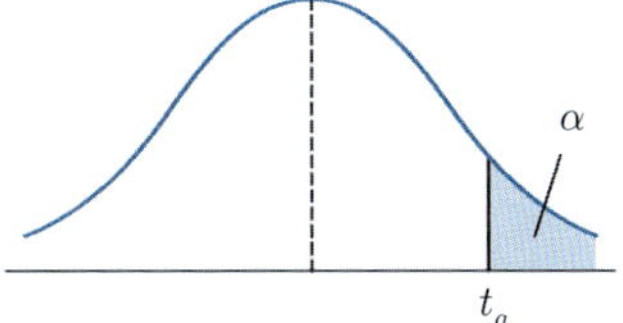

자유도	$\alpha=0.4$	0.25	0.1	0.05	0.025	0.01	0.005
1	0.325	1.000	3.078	6.314	12.706	31.821	63.657
2	.289	.816	1.886	2.920	4.303	6.965	9.925
3	.277	.765	1.638	2.353	3.182	4.541	5.841
4	.271	.741	1.533	2.132	2.776	3.747	4.604
5	0.267	0.727	1.476	2.015	2.571	3.365	4.032
6	.265	.718	1.440	1.943	2.447	3.143	3.707
7	.263	.711	1.415	1.895	2.365	2.998	3.499
8	.262	.706	1.397	1.860	2.306	2.896	3.355
9	.261	.703	1.383	1.833	2.262	2.821	3.250
10	0.260	0.700	1.372	1.812	2.228	2.764	3.169
11	.260	.697	1.363	1.796	2.201	2.718	3.106
12	.259	.695	1.356	1.782	2.179	2.681	3.055
13	.259	.694	1.350	1.771	2.160	2.650	3.012
14	.258	.692	1.345	1.761	2.145	2.624	2.977
15	0.258	0.691	1.341	1.753	2.131	2.602	2.947
16	.258	.690	1.337	1.746	2.120	2.583	2.921
17	.257	.689	1.333	1.740	2.110	2.567	2.898
18	.257	.688	1.330	1.734	2.101	2.552	2.878
19	.257	.688	1.328	1.729	2.093	2.539	2.861
20	0.257	0.687	1.325	1.725	2.086	2.528	2.845
21	.257	.686	1.323	1.721	2.080	2.518	2.831
22	.256	.686	1.321	1.717	2.074	2.508	2.819
23	.256	.685	1.319	1.714	2.069	2.500	2.807
24	.256	.685	1.318	1.711	2.064	2.492	2.797
25	0.256	0.684	1.316	1.708	2.060	2.485	2.787
26	.256	.684	1.315	1.706	2.056	2.479	2.779
27	.256	.684	1.314	1.703	2.052	2.473	2.771
28	.256	.683	1.313	1.701	2.048	2.467	2.763
29	.256	.683	1.311	1.699	2.045	2.462	2.756
30	0.256	0.683	1.310	1.697	2.042	2.457	2.750
40	.255	.681	1.303	1.684	2.021	2.423	2.704
60	.254	.679	1.296	1.671	2.000	2.390	2.660
120	.254	.677	1.289	1.658	1.980	2.358	2.617
∞	.253	.674	1.282	1.645	1.960	2.326	2.576

(예 : 자유도가 15일 때 t값이 2.131이면 오른쪽 끝의 빗금친 부분의 면적은 0.025임)

〈표 2〉 F 분포표

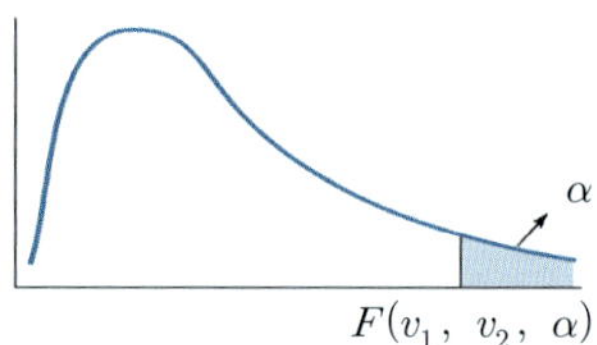

α=10%(v_1=분자의 자유도, v_2=분모의 자유도)

v_2 \ v_1	1	2	3	4	5	6	7	8	9
1	39.86	49.50	53.59	55.83	57.24	58.20	58.91	59.44	59.86
2	8.53	9.00	9.16	9.24	9.29	9.33	9.35	9.37	9.38
3	5.54	5.46	5.39	5.34	5.31	5.28	5.27	5.25	5.24
4	4.54	4.32	4.19	4.11	4.05	4.01	3.98	3.95	3.94
5	4.06	3.78	3.62	3.52	3.45	3.40	3.37	3.34	3.32
6	3.78	3.46	3.29	3.18	3.11	3.05	3.01	2.98	2.96
7	3.59	3.26	3.07	2.96	2.88	2.83	2.78	2.75	2.72
8	3.46	3.11	2.92	2.81	2.73	2.67	2.62	2.59	2.56
9	3.36	3.01	2.81	2.69	2.61	2.55	2.51	2.47	2.44
10	3.29	2.92	2.73	2.61	2.52	2.46	2.41	2.38	2.35
11	3.23	2.86	2.66	2.54	2.45	2.39	2.34	2.30	2.27
12	3.18	2.81	2.61	2.48	2.39	2.33	2.28	2.24	2.21
13	3.14	2.76	2.56	2.43	2.35	2.28	2.23	2.20	2.16
14	3.10	2.73	2.52	2.39	2.31	2.24	2.19	2.15	2.12
15	3.07	2.70	2.49	2.36	2.27	2.21	2.16	2.12	2.09
16	3.05	2.67	2.46	2.33	2.24	2.18	2.13	2.09	2.06
17	3.03	2.64	2.44	2.31	2.22	2.15	2.10	2.06	2.03
18	3.01	2.62	2.42	2.29	2.20	2.13	2.08	2.04	2.00
19	2.99	2.61	2.40	2.27	2.18	2.11	2.06	2.02	1.98
20	2.97	2.59	2.38	2.25	2.16	2.09	2.04	2.00	1.96
21	2.96	2.57	2.36	2.23	2.14	2.08	2.02	1.98	1.95
22	2.95	2.56	2.35	2.22	2.13	2.06	2.01	1.97	1.93
23	2.94	2.55	2.34	2.21	2.11	2.05	1.99	1.95	1.92
24	2.93	2.54	2.33	2.19	2.10	2.04	1.98	1.94	1.91
25	2.92	2.53	2.32	2.18	2.09	2.02	1.97	1.93	1.89
26	2.91	2.52	2.31	2.17	2.08	2.01	1.96	1.92	1.88
27	2.90	2.51	2.30	2.17	2.07	2.00	1.95	1.91	1.87
28	2.89	2.50	2.29	2.16	2.06	2.00	1.94	1.90	1.87
29	2.89	2.50	2.28	2.15	2.06	1.99	1.93	1.89	1.86
30	2.88	2.49	2.28	2.14	2.05	1.98	1.93	1.88	1.85
40	2.84	2.44	2.23	2.09	2.00	1.93	1.87	1.83	1.79
60	2.79	2.39	2.18	2.04	1.95	1.87	1.82	1.77	1.74
120	2.75	2.35	2.13	1.99	1.90	1.82	1.77	1.72	1.68
∞	2.71	2.30	2.08	1.94	1.85	1.77	1.72	1.67	1.63

(예 : 분자의 자유도(v_1)가 9, 분모의 자유도(v_2)가 10이고 오른쪽 끝의 빗금친 부분의 면적이 10%일 때 F값은 2.35임)

10	12	15	20	24	30	40	60	120	∞
60.19	60.71	61.22	61.74	62.00	62.26	62.53	62.79	63.06	63.33
9.39	9.41	9.42	9.44	9.45	9.46	9.47	9.47	9.48	9.49
5.23	5.22	5.20	5.18	5.18	5.17	5.16	5.15	5.14	5.13
3.92	3.90	3.87	3.84	3.83	3.82	3.80	3.79	3.78	3.76
3.30	3.27	3.24	3.21	3.19	3.17	3.16	3.14	3.12	3.10
2.94	2.90	2.87	2.84	2.82	2.80	2.78	2.76	2.74	2.72
2.70	2.67	2.63	2.59	2.58	2.56	2.54	2.51	2.49	2.47
2.54	2.50	2.46	2.42	2.40	2.38	2.36	2.34	2.32	2.29
2.42	2.38	2.34	2.30	2.28	2.25	2.23	2.21	2.18	2.16
2.32	2.28	2.24	2.20	2.18	2.16	2.13	2.11	2.08	2.06
2.25	2.21	2.17	2.12	2.10	2.08	2.05	2.03	2.00	1.97
2.19	2.15	2.10	2.06	2.04	2.01	1.99	1.96	1.93	1.90
2.14	2.10	2.05	2.01	1.98	1.96	1.93	1.90	1.88	1.85
2.10	2.05	2.01	1.96	1.94	1.91	1.89	1.86	1.83	1.80
2.06	2.02	1.97	1.92	1.90	1.87	1.85	1.82	1.79	1.76
2.03	1.99	1.94	1.89	1.87	1.84	1.81	1.78	1.75	1.72
2.00	1.96	1.91	1.86	1.84	1.81	1.78	1.75	1.72	1.69
1.98	1.93	1.89	1.84	1.81	1.78	1.75	1.72	1.69	1.66
1.96	1.91	1.86	1.81	1.79	1.76	1.73	1.70	1.67	1.63
1.94	1.89	1.84	1.79	1.77	1.74	1.71	1.68	1.64	1.61
1.92	1.87	1.83	1.78	1.75	1.72	1.69	1.66	1.62	1.59
1.90	1.86	1.81	1.76	1.73	1.70	1.67	1.64	1.60	1.57
1.89	1.84	1.80	1.74	1.72	1.69	1.66	1.62	1.59	1.55
1.88	1.83	1.78	1.73	1.70	1.67	1.64	1.61	1.57	1.53
1.87	1.82	1.77	1.72	1.69	1.66	1.63	1.59	1.56	1.52
1.86	1.81	1.76	1.71	1.68	1.65	1.61	1.58	1.54	1.50
1.85	1.80	1.75	1.70	1.67	1.64	1.60	1.57	1.53	1.49
1.84	1.79	1.74	1.69	1.66	1.63	1.59	1.56	1.52	1.48
1.83	1.78	1.73	1.68	1.65	1.62	1.58	1.55	1.51	1.47
1.82	1.77	1.72	1.67	1.64	1.61	1.57	1.54	1.50	1.46
1.76	1.71	1.66	1.61	1.57	1.54	1.51	1.47	1.42	1.38
1.71	1.66	1.60	1.54	1.51	1.48	1.44	1.40	1.35	1.29
1.65	1.60	1.55	1.48	1.45	1.41	1.37	1.32	1.26	1.19
1.60	1.55	1.49	1.42	1.38	1.34	1.30	1.24	1.17	1.00

α=5%(v_1=분자의 자유도, v_2=분모의 자유도)

v_2 \ v_1	1	2	3	4	5	6	7	8	9
1	161.4	199.5	215.7	224.6	230.2	234.0	238.9	238.9	240.5
2	18.51	19.00	19.16	19.25	19.30	19.33	19.35	19.37	19.38
3	10.13	9.55	9.28	9.12	9.01	8.94	8.89	8.85	8.81
4	7.71	6.94	6.59	6.39	6.26	6.16	6.09	6.04	6.00
5	6.61	5.79	5.41	5.19	5.05	4.95	4.88	4.82	4.77
6	5.99	5.14	4.76	4.53	4.39	4.28	4.21	4.15	4.10
7	5.59	4.74	4.35	4.12	3.97	3.87	3.79	3.73	3.68
8	5.32	4.46	4.07	3.84	3.69	3.58	3.50	3.44	3.39
9	5.12	4.26	3.86	3.63	3.48	3.37	3.29	3.23	3.18
10	4.96	4.10	3.71	3.48	3.33	3.22	3.14	3.07	3.02
11	4.84	3.98	3.59	3.36	3.20	3.09	3.01	2.95	2.90
12	4.75	3.89	3.49	3.26	3.11	3.00	2.91	2.85	2.80
13	4.67	3.81	3.41	3.18	3.03	2.92	2.83	2.77	2.71
14	4.60	3.74	3.34	3.11	2.96	2.85	2.76	2.70	2.65
15	4.54	3.68	3.29	3.06	2.90	2.79	2.71	2.64	2.59
16	4.49	3.63	3.24	3.01	2.85	2.74	2.66	2.59	2.54
17	4.45	3.59	3.20	2.96	2.81	2.70	2.61	2.55	2.49
18	4.41	3.55	3.16	2.93	2.77	2.66	2.58	2.51	2.46
19	4.38	3.52	3.13	2.90	2.74	2.63	2.54	2.48	2.42
20	4.35	3.49	3.10	2.87	2.71	2.60	2.51	2.45	2.39
21	4.32	3.47	3.07	2.84	2.68	2.57	2.49	2.42	2.37
22	4.30	3.44	3.05	2.82	2.66	2.55	2.46	2.40	2.34
23	4.28	3.42	3.03	2.80	2.64	2.53	2.44	2.37	2.32
24	4.26	3.40	3.01	2.78	2.62	2.51	2.42	2.36	2.30
25	4.24	3.39	2.99	2.76	2.60	2.49	2.40	2.34	2.28
26	4.23	3.37	2.98	2.74	2.59	2.47	2.39	2.32	2.27
27	4.21	3.35	2.96	2.73	2.57	2.46	2.37	2.31	2.25
28	4.20	3.34	2.95	2.71	2.56	2.45	2.36	2.29	2.24
29	4.18	3.33	2.93	2.70	2.55	2.43	2.35	2.28	2.22
30	4.17	3.32	2.92	2.69	2.53	2.42	2.33	2.27	2.21
40	4.08	3.23	2.84	2.61	2.45	2.34	2.25	2.18	2.12
60	4.00	3.15	2.76	2.53	2.37	2.25	2.17	2.10	2.04
120	3.92	3.07	2.68	2.45	2.29	2.17	2.09	2.02	1.96
∞	3.84	3.00	2.60	2.37	2.21	2.10	2.01	1.94	1.88

10	12	15	20	24	30	40	60	120	∞
241.9	243.9	245.9	248.0	249.1	250.1	251.1	252.2	253.3	254.3
19.40	19.41	19.43	19.45	19.45	19.46	19.48	19.48	19.49	19.50
8.79	8.74	8.70	8.66	9.64	8.62	8.57	8.57	8.55	8.53
5.96	5.91	5.86	5.80	5.77	5.75	5.72	5.69	5.66	5.63
4.74	4.68	4.62	4.56	4.53	4.50	4.46	4.43	4.40	4.36
4.06	4.00	3.94	3.87	3.84	3.81	3.77	3.74	3.70	3.67
3.64	3.57	3.51	3.44	3.41	3.38	3.34	3.30	3.27	3.23
3.35	3.28	3.22	3.15	3.12	3.08	3.04	3.01	2.97	2.93
3.14	3.07	3.01	2.94	2.90	2.86	2.83	2.79	2.75	2.71
2.98	2.91	2.85	2.77	2.74	2.70	2.66	2.62	2.58	2.54
2.85	2.79	2.72	2.65	2.61	2.57	2.53	2.49	2.45	2.40
2.75	2.69	2.62	2.54	2.51	2.47	2.43	2.38	2.34	2.30
2.67	2.60	2.53	2.46	2.42	2.38	2.34	2.30	2.25	2.21
2.60	2.53	2.46	2.39	2.35	2.31	2.27	2.22	2.18	2.13
2.54	2.48	2.40	2.33	2.29	2.25	2.20	2.16	2.11	2.07
2.49	2.42	2.35	2.28	2.24	2.19	2.15	2.11	2.06	2.01
2.45	2.38	2.31	2.23	2.19	2.15	2.10	2.06	2.01	1.96
2.41	2.34	2.27	2.19	2.15	2.11	2.06	2.02	1.97	1.92
2.38	2.31	2.23	2.16	2.11	2.07	2.03	1.98	1.93	1.88
2.35	2.28	2.20	2.12	2.08	2.04	1.99	1.95	1.90	1.84
2.32	2.25	2.18	2.10	2.05	2.01	1.96	1.92	1.87	1.81
2.30	2.23	2.15	2.07	2.03	1.98	1.94	1.89	1.84	1.78
2.27	2.20	2.13	2.05	2.01	1.96	1.91	1.86	1.81	1.76
2.25	2.18	2.11	2.03	1.98	1.94	1.89	1.84	1.79	1.73
2.24	2.16	2.09	2.01	1.96	1.92	1.87	1.82	1.77	1.71
2.22	2.15	2.07	1.99	1.95	1.90	1.85	1.80	1.75	1.69
2.20	2.13	2.06	1.97	1.93	1.88	1.84	1.79	1.73	1.67
2.19	2.12	2.04	1.96	1.91	1.87	1.82	1.77	1.71	1.65
2.18	2.10	2.03	1.94	1.90	1.85	1.81	1.75	1.70	1.64
2.16	2.09	2.01	1.93	1.89	1.84	1.79	1.74	1.68	1.62
2.08	2.00	1.92	1.84	1.79	1.74	1.69	1.64	1.58	1.51
1.99	1.92	1.84	1.75	1.70	1.65	1.59	1.53	1.47	1.39
1.91	1.83	1.75	1.66	1.61	1.55	1.50	1.43	1.35	1.25
1.83	1.75	1.67	1.57	1.52	1.46	1.39	1.32	1.22	1.00

α=1%(v_1=분자의 자유도, v_2=분모의 자유도)

v_2 \ v_1	1	2	3	4	5	6	7	8	9
1	4052	4999.5	5403	5625	5764	5859	5928	5982	6022
2	98.50	99.00	99.17	99.25	99.30	99.33	99.36	99.37	99.39
3	34.12	30.82	29.46	28.71	28.24	27.91	27.67	27.49	27.35
4	21.20	18.00	16.69	15.98	15.52	15.21	14.98	14.80	14.66
5	16.26	13.27	12.06	11.39	10.97	10.67	10.46	10.29	10.16
6	13.75	10.92	9.78	9.15	8.75	8.47	8.26	8.10	7.98
7	12.25	9.55	8.45	7.85	7.46	7.19	6.99	6.84	6.72
8	11.26	8.65	7.59	7.01	6.63	6.37	6.18	6.03	5.91
9	10.56	8.02	6.99	6.42	6.06	5.80	5.61	5.47	5.35
10	10.04	7.56	6.55	5.99	5.64	5.39	5.20	5.06	4.98
11	9.65	7.21	6.22	5.67	5.32	5.07	4.89	4.74	4.63
12	9.33	6.93	5.95	5.41	5.06	4.82	4.64	4.50	4.39
13	9.07	6.70	5.74	5.21	4.86	4.62	4.44	4.30	4.19
14	8.86	6.51	5.56	5.04	4.69	4.46	4.28	4.14	4.03
15	8.68	6.36	5.42	4.89	4.56	4.32	4.14	4.00	3.89
16	8.53	6.23	5.29	4.77	4.44	4.20	4.03	3.89	3.78
17	8.40	6.11	5.18	4.67	4.34	4.10	3.93	3.79	3.68
18	8.29	6.01	5.09	4.58	4.25	4.01	3.84	3.71	3.60
19	8.18	5.93	5.01	4.50	4.17	3.94	3.77	3.63	3.52
20	8.10	5.85	4.94	4.43	4.10	3.87	3.70	3.56	3.46
21	8.02	5.78	4.87	4.37	4.04	3.81	3.64	3.51	3.40
22	7.95	5.72	4.82	4.31	3.99	3.76	3.59	3.45	3.35
23	7.88	5.66	4.76	4.26	3.94	3.71	3.54	3.41	3.30
24	7.82	5.61	4.72	4.22	3.90	3.67	3.50	3.36	3.26
25	7.77	5.57	4.68	4.18	3.85	3.63	3.46	3.32	3.22
26	7.72	5.53	4.64	4.14	3.82	3.59	3.42	3.29	3.18
27	7.68	5.49	4.60	4.11	3.78	3.56	3.39	3.26	3.15
28	7.64	5.45	4.57	4.07	3.75	3.53	3.36	3.23	3.12
29	7.60	5.42	4.54	4.04	3.73	3.50	3.33	3.20	3.09
30	7.56	5.39	4.51	4.02	3.70	3.47	3.30	3.17	3.07
40	7.31	5.18	4.31	3.83	3.51	3.29	3.12	2.99	2.89
60	7.08	4.98	4.13	3.65	3.34	3.12	2.95	2.82	2.72
120	6.85	4.79	3.95	3.48	3.17	2.96	2.79	2.66	2.56
∞	6.63	4.61	3.78	3.32	3.02	2.80	2.64	2.51	2.41

10	12	15	20	24	30	40	60	120	∞
6056	6106	6157	6209	6235	6261	6287	6313	6339	6366
99.40	99.42	99.43	99.45	99.46	99.47	99.47	99.48	99.46	99.50
27.23	27.05	26.87	26.69	26.60	26.50	26.41	26.32	26.22	26.13
14.55	14.37	14.20	14.02	13.93	13.84	13.75	13.65	13.56	13.46
10.05	9.89	9.72	9.55	9.47	9.38	9.29	9.20	9.11	9.02
7.87	7.72	7.56	7.40	7.31	7.23	7.14	7.06	6.97	6.88
6.62	6.47	6.31	6.16	6.07	5.99	5.91	5.82	5.74	5.65
5.81	5.67	5.52	5.36	5.28	5.20	5.12	5.03	4.95	4.86
5.26	5.11	4.96	4.81	4.73	4.65	4.57	4.48	4.40	4.31
4.85	4.71	4.56	4.41	4.33	4.25	4.17	4.08	4.00	3.91
4.54	4.40	4.25	4.10	4.02	3.94	3.86	3.78	3.69	3.60
4.30	4.16	4.01	3.86	3.78	3.70	3.62	3.54	3.45	3.36
4.10	3.96	3.82	3.66	3.59	3.51	3.43	3.34	3.25	3.17
3.94	3.80	3.66	3.51	3.43	3.35	3.27	3.18	3.09	3.00
3.80	3.67	3.52	3.37	3.29	3.21	3.13	3.05	2.96	2.87
3.69	3.55	3.41	3.26	3.18	3.10	3.02	2.93	2.84	2.75
3.59	3.46	3.31	3.16	3.08	3.00	2.92	2.83	2.75	2.65
3.51	3.37	3.23	3.08	3.00	2.92	2.84	2.75	2.66	2.57
3.43	3.30	3.15	3.00	2.92	2.84	2.76	2.67	2.58	2.49
3.37	3.23	3.09	2.94	2.86	2.78	2.69	2.61	2.52	2.42
3.31	3.17	3.03	2.88	2.80	2.72	2.64	2.55	2.46	2.36
3.26	3.12	2.98	2.83	2.75	2.67	2.58	2.50	2.40	2.31
3.21	3.07	2.93	2.78	2.70	2.62	2.54	2.45	2.35	2.26
3.17	3.03	2.89	2.74	2.66	2.58	2.49	2.40	2.31	2.21
3.13	2.99	2.85	2.70	2.62	2.54	2.45	2.36	2.27	2.17
3.09	2.96	2.81	2.66	2.58	2.50	2.42	2.33	2.23	2.13
3.06	2.93	2.78	2.63	2.55	2.47	2.38	2.29	2.20	2.10
3.03	2.90	2.75	2.60	2.52	2.44	2.35	2.26	2.17	2.06
3.00	2.87	2.73	2.57	2.49	2.41	2.33	2.23	2.14	2.03
2.98	2.84	2.70	2.55	2.47	2.39	2.30	2.21	2.11	2.01
2.80	2.66	2.52	2.37	2.29	2.20	2.11	2.02	1.92	1.80
2.63	2.50	2.35	2.20	2.12	2.03	1.94	1.84	1.73	1.60
2.47	2.34	2.19	2.03	1.95	1.86	1.76	1.66	1.53	1.38
2.32	2.18	2.04	1.88	1.79	1.70	1.59	1.47	1.32	1.00

〈표 3〉 χ^2 분포표

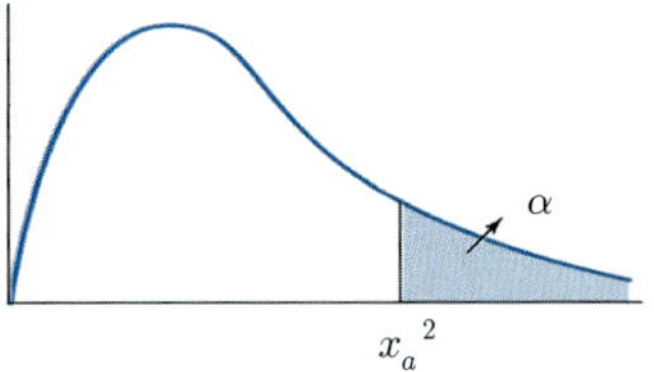

자유도 \ α	.995	.990	.975	.950	.900	.750	.500	.250	.100	.050	.025	.010	.005
1	0.00004	0.00016	0.00098	0.00393	.0158	.102	.455	1.32	2.71	3.84	5.02	6.63	7.88
2	.0100	.0201	.0506	.103	.211	.575	1.39	2.77	4.61	5.99	7.38	9.21	10.6
3	.0717	.115	.216	.352	.584	1.21	2.37	4.11	6.25	7.81	9.35	11.3	12.8
4	.207	.297	.484	.711	1.06	1.92	3.36	5.39	7.78	9.49	11.1	13.3	14.9
5	.412	.554	.831	1.15	1.61	2.67	4.35	6.63	9.24	11.1	12.8	15.1	16.7
6	.676	.872	1.24	1.64	2.20	3.45	5.35	7.84	10.6	12.6	14.6	16.8	18.5
7	.989	1.24	1.69	2.17	2.83	4.25	6.35	9.04	12.0	14.1	16.0	18.5	20.3
8	1.34	1.65	2.18	2.73	3.49	5.07	7.34	10.2	13.4	15.5	17.5	20.1	22.0
9	1.73	2.09	2.70	3.33	4.17	5.90	8.34	11.4	14.7	16.9	19.0	21.7	23.6
10	2.16	2.56	3.25	3.94	4.87	6.74	9.34	12.5	16.0	18.3	20.5	23.2	25.2
11	2.60	3.05	3.82	4.57	5.58	7.58	10.3	13.7	17.3	19.7	21.9	24.7	26.8
12	3.07	3.57	4.40	5.23	6.30	8.44	11.3	14.8	18.5	21.0	23.3	26.2	28.3
13	3.57	4.11	5.01	5.89	7.04	9.30	12.3	16.0	19.8	22.4	24.7	27.7	29.8
14	4.07	4.66	5.63	6.57	7.79	10.2	13.3	17.1	21.1	23.7	26.1	29.1	31.3
15	4.60	5.23	6.26	7.26	8.55	11.0	14.3	18.2	22.3	25.0	27.5	30.6	32.8
16	5.14	5.81	6.91	7.96	9.31	11.9	15.3	19.4	23.5	26.3	28.8	32.0	34.3
17	5.70	6.41	7.56	8.67	10.1	12.8	16.3	20.5	24.8	27.6	30.2	33.4	35.7
18	6.26	7.01	8.23	9.39	10.9	13.7	17.3	21.6	26.0	28.9	31.5	34.8	37.2
19	6.84	7.63	8.91	10.1	11.7	14.6	18.3	22.7	27.2	30.1	32.9	36.2	38.6
20	7.43	8.26	9.56	10.9	12.4	15.5	19.3	23.8	28.4	31.4	34.2	37.6	40.0
21	8.03	8.90	10.3	11.6	13.2	16.3	20.3	24.9	29.6	32.7	35.5	38.9	41.4
22	8.64	9.54	11.0	12.3	14.0	17.2	21.3	26.0	30.8	33.9	36.8	40.3	42.8
23	9.26	10.2	11.7	13.1	14.8	18.1	22.3	27.1	32.0	35.2	38.1	41.6	44.2
24	9.89	10.9	12.4	13.8	15.7	19.0	23.3	28.2	33.2	36.4	39.4	43.0	45.6
25	10.5	11.5	13.1	14.6	16.5	19.9	24.3	29.3	34.4	37.7	40.6	44.3	46.9
26	11.2	12.2	13.8	15.4	17.3	20.8	25.3	30.4	35.6	38.9	41.9	45.6	48.3
27	11.8	12.9	14.6	16.2	18.1	21.7	26.3	31.5	36.7	40.1	43.2	47.0	49.6
28	12.5	13.6	15.3	16.9	18.9	22.7	27.3	32.6	37.9	41.3	44.5	48.3	51.0
29	13.1	14.3	16.0	17.7	19.8	23.6	28.3	33.7	39.1	42.6	45.7	49.6	52.3
30	13.8	15.0	16.8	18.5	20.6	24.5	29.3	34.8	40.3	43.8	47.0	50.9	53.7

(예 : 자유도가 6이고 카이제곱의 값이 12.6일 때 오른쪽 끝의 빗금친 부분의 확률은 0.05임)

〈표 4〉 표준정규분포표

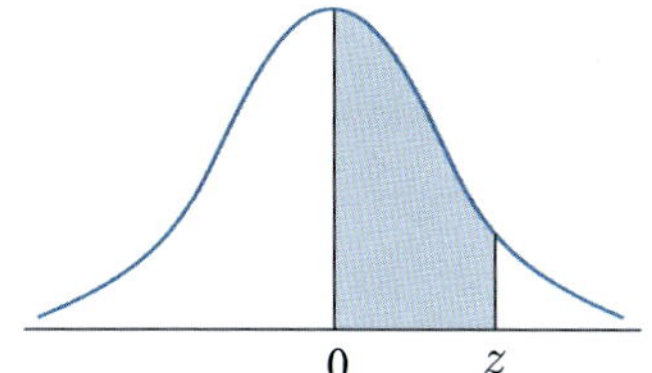

z	.00	.01	.02	.03	.04	.05	.06	.07	.08	.09
0.0	.0000	.0040	.0080	.0120	.0160	.0199	.0239	.0279	.0319	.0359
0.1	.0398	.0438	.0478	.0517	.0557	.0596	.0636	.0675	.0714	.0753
0.2	.0793	.0832	.0871	.0910	.0948	.0987	.1026	.1064	.1103	.1141
0.3	.1179	.1217	.1255	.1293	.1331	.1368	.1406	.1443	.1480	.1517
0.4	.1554	.1591	.1628	.1664	.1700	.1736	.1772	.1808	.1844	.1879
0.5	.1915	.1950	.1985	.2019	.2054	.2088	.2123	.2157	.2190	.2224
0.6	.2257	.2291	.2324	.2357	.2389	.2422	.2454	.2486	.2518	.2549
0.7	.2580	.2612	.2642	.2673	.2704	.2734	.2764	.2794	.2823	.2852
0.8	.2881	.2910	.2939	.2967	.2995	.3023	.3051	.3078	.3106	.3133
0.9	.3159	.3186	.3212	.3238	.3264	.3289	.3315	.3340	.3365	.3389
1.0	.3413	.3438	.3461	.3485	.3508	.3531	.3554	.3577	.3599	.3621
1.1	.3643	.3665	.3686	.3708	.3729	.3749	.3770	.3790	.3810	.3830
1.2	.3849	.3869	.3888	.3907	.3925	.3944	.3962	.3980	.3997	.4015
1.3	.4032	.4049	.4066	.4082	.4099	.4115	.4131	.4147	.4162	.4177
1.4	.4192	.4207	.4222	.4236	.4251	.4265	.4279	.4292	.4306	.4319
1.5	.4332	.4345	.4357	.4370	.4382	.4394	.4406	.4418	.4429	.4441
1.6	.4452	.4463	.4474	.4484	.4495	.4505	.4515	.4525	.4535	.4545
1.7	.4554	.4564	.4573	.4582	.4591	.4599	.4608	.4616	.4625	.4633
1.8	.4641	.4649	.4656	.4664	.4671	.4678	.4686	.4693	.4699	.4706
1.9	.4713	.4719	.4726	.4732	.4738	.4744	.4750	.4756	.4761	.4767
2.0	.4772	.4778	.4783	.4788	.4793	.4798	.4803	.4808	.4812	.4817
2.1	.4821	.4826	.4830	.4834	.4838	.4842	.4846	.4850	.4854	.4857
2.2	.4861	.4864	.4868	.4871	.4875	.4878	.4881	.4884	.4887	.4890
2.3	.4893	.4896	.4898	.4901	.4904	.4906	.4909	.4911	.4913	.4916
2.4	.4918	.4920	.4922	.4925	.4927	.4929	.4931	.4932	.4934	.4936
2.5	.4938	.4940	.4941	.4943	.4945	.4946	.4948	.4949	.4951	.4952
2.6	.4953	.4955	.4956	.4957	.4959	.4960	.4961	.4962	.4963	.4964
2.7	.4965	.4966	.4967	.4968	.4969	.4970	.4971	.4972	.4973	.4974
2.8	.4974	.4975	.4976	.4977	.4977	.4978	.4979	.4979	.4980	.4981
2.9	.4981	.4982	.4982	.4983	.4984	.4984	.4985	.4985	.4986	.4986
3.0	.4987	.4987	.4987	.4988	.4988	.4989	.4989	.4989	.4990	.4990
4.0	.4999685									

(예 : z=1.96일 때 빗금친 부분의 확률은 0.4750임)

○ 찾아보기

[ㄱ]

가설 191

가설검정 191

결정계수(coefficient determination) 313

결합확률(joint probability) 71, 368

계단식 도표(step diagram) 33

공분산(covariance) 293

교호효과(interaction effect) 264

구간추정치(interval estimate) 163

귀무가설(null hypothesis) 191

기대빈도수(expected frequency) 368

기대치(expected value) 95

기술통계(descriptive statistics) 18

기하평균(geometric mean) 45

꺾은선그림표 33

[ㄴ]

누적상대도수 31

[ㄷ]

다중공선성(multicollinearity) 346

다중회귀모형(multiple regression model) 333

다중회귀분석 333

단계적 집단 표본추출법(multistage cluster sampling) 143

단순무작위 표본추출법(simple random sampling) 143

단순확률 71

단순회귀모형(simple regression model) 333

단순회귀분석 300

단측검정(one-tailed test) 197

대립가설(alternative hypothesis) 192

도수(counts) 17

도수분포표(frequency distribution table) 29

독립모집단 209

독립변수(independent variable) 300

독립성 검정 367

동질성 검정 370

[ㅁ]

막대그림표 33

모수(parameter) 139

모집단(population) 15, 139

모집단비율 177, 220

무응답오류(nonresponse bias) 142

[ㅂ]

범위(range) 49

범주적 자료(categorical data) 17, 33

베르누이 과정(Bernoulli process) 102

베이스 정리(Bayes' Theorem) 77
베타계수(beta coefficients) 345
변동계수(coefficient of variation) 54
변수(variable) 91
본페로니(Bonferroni) 255
분산(variance) 51
분산분석(analysis of variance) 243

[ㅅ]

사건(event) 69
산술평균(mean) 42
산점도(scatter diagram) 301
산포도(variability, dispersion, spread) 49
상관계수(correlation coefficient) 298
상관분석(correlation analysis) 293
상대도수분포표(relative frequency distribution table) 31
선정오류(selection bias) 141
수치적 자료(numerical data) 17
수학적 확률 69
스피어만의 순위상관계수 321
신뢰구간(confidence level) 168
실험요인(experimental factor) 243, 245
쌍대비교(paired comparison) 215

[ㅇ]

양측검정 197
연속확률변수 93
연속확률분포 94
오류 140
오차(error) 305
오차의 한계(margin of error) 175
외삽적 예측(extrapolating prediction) 320
외생요인(extraneous factor) 245
원그림표 34
유의수준(confidence level) 197
응답오류(response bias) 142
이산확률모형 93
이산확률변수 93
이산확률분포 93
이원분산분석(two-way analysis of variance) 244, 264
이항분포(binomial probability distribution) 102
이항확률변수 100
일원분산분석(one-way analysis of variance) 244

[ㅈ]

자유도(degree of freedom) 53
잔차(residual) 305
잔차항(residual term) 333
점추정치(point estimate) 163
정규분포 112
조건부확률 71
조합(combination) 105
종속변수(dependent variable) 243, 300
주관적 확률(subjective probability) 70
중심극한정리(central limit theorem) 149, 165
중앙값(median) 43
집중경향치 41

[ㅊ]

체비셰프의 정리 56
최빈값(mode) 44

최소자승법(least square method) 306
추측통계(inferential statistics) 19
측정회귀계수 343

[ㅋ]

카이제곱 364
카이제곱 검정 364

[ㅌ]

통계 13, 15
통계분할표(contingency table) 71
통계적 독립(statistical independence) 74
통계적 방법(statistical methods) 18
통계적 확률 70
특이값(outlier) 43

[ㅍ]

편차(deviation) 305
표본(sample) 15, 139
표본분포(sampling distribution) 145
표준오차(standard error of estimate) 147, 316
표준편차(standard deviation) 52
표준화 계수(standardized coefficients) 345
프로필분석 258
피셔 256

[ㅎ]

합동분산(pooled variance) 210
확률(probability) 15, 69
확률모형 93
확률변수(random variable) 91
회귀계수 315
회귀분석(regression analysis) 300
히스토그램 32

[기타]

F분포 248
t-분포 170
Z값 55

김 태 웅

- 성균관대학교 경영대학 명예교수
- 미국 인디애나대학교에서 MBA, 퍼듀대학교에서 생산운영관리 전공으로 경영학박사 학위 취득 후 성균관대학교 경영대학에 부임하였음
- 30년 넘게 생산공급망관리, 경영통계학, 경영과학 등을 강의한 바 있음
- 현재, 중소식품기업의 SCM 및 정보화시스템 구축에 많은 관심을 가지고 활동하고 있음

박 경 보

- 경남대학교 경영학과 졸업
- 성균관대학교 경영대학 경영학박사(생산운영 · 경영정보)
- 현, 국립경국대학교 경영학부 조교수

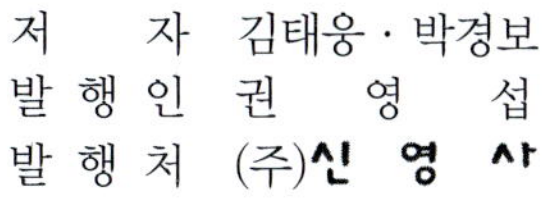

엑셀과 SPSS를 활용한 통계

2026년 2월 10일 제1판 1쇄 인쇄
2026년 2월 20일 제1판 1쇄 발행

저 자 김태웅 · 박경보
발 행 인 권 영 섭
발 행 처 (주)신 영 사

경기도 파주시 심학산로 12(출판문화단지)
등 록 : 1988. 5. 2 / 제406-1988-000020호
전 화 : 031-946-2894(代)
F A X : 031-946-0799
e-mail : sys28945@naver.com
홈페이지 : http://www.shinyoungsa.co.kr

정가 **33,000**원

ISBN 978-89-5501-904-9